증 보

# 유아교육에서의 교수학습 및 교육공학

유구종 · 강병재 · 박선희

창지사

일/러/두/기

본 책 ICT 자료는 'www.youngchild.kr'의 자료실(본문 참조)

# 머리말

인공지능과 가상 현실·증강 현실, 빅데이터, 3D프린터 등이 시대의 화두가 되고 있는 4차 산업혁명 시대에 있어 유아교육 분야에서의 교육 패러다임은 특히 교육공학과 교수-학습 방법 측면에서 변화를 요구받고 있습니다. 이러한 시점에서 미래의 유아교사는 교수-학습과 매체 측면에서의 패러다임 전환에 대한 인식과 더불어 다양한 스마트 매체와 앱 활용 지식과 기술이 요구된다 할 것입니다.

이에 따라 이 책에서는 미래사회 유아교육에서의 교수-학습과 교육 패러다임을 제시하는 데 목표를 두었습니다.

교육방법과 교육공학은 어떻게 가르칠 것인가 하는 문제에서 출발하며 그런 의미에서 하나의 답만을 구할 수는 없습니다. 다만 바람직한 방법을 모색해 나갈 뿐입니다. 어떻게 가르칠 것인가라는 교육방법은 체계적인 교육공학적 접근을 통하여 개선될 수 있으며 이러한 점이 교육공학에서 제시하는 다양한 교수설계와 매체 활용 등의 방법들을 도입하고 통합해야 하는 이유입니다. 이 책에서는 교수-학습과 공학이라는 아주 중요한 교육문제를 고민해 보고 유아교육 현장을 주 대상으로 하여 해결책을 제시해 보고자 합니다.

정보통신기기들을 어린 시기부터 접하게 됨으로써 여러 유아발달 측면에 도움이 된다는 연구들을 인용하지 않고도 정보통신기기들과 함께 살아가야 할 디지털 원주민인 우리 유아들은 선택의 여지가 없습니다. 생태유아교육을 한다는 유치원의 원아들은 원시시대가 아닌 정보통신 시대에 살아가야 할 존재들인 것입니다. 독일 숲 유치원의 아이들이라 해도 나무토막으로 만든 핸드폰을 들고 생활할 수는 없습니다. 과거는 우리에게 위안도 주고 정체성을 갖게 해 주지만 과거 속의 생활이 유아들의 미래일 수는 없습니다.

본 집필진은 다음과 같은 주요한 내용을 중심으로 구성하였습니다.

1장 '교육공학의 개념 및 영역'에서는 교육공학의 정의, 교육공학의 발달과정, 교육공학의 영역, 그리고 교수-학습에 대한 교육공학적 접근을 다루었습니다.

2장 '교수-학습 관련 변인의 탐색'에서는 교수-학습의 3대 관련 요소로서 학습자, 교사, 그리고 교육내용에 대하여 다루었습니다.

3장 '교육공학의 심리학적 기초'에서는 행동주의 학습이론, 인지주의 학습이론, 그리고 구성주의 학습이론이 교육공학에 미친 시사점에 대하여 다루었습니다.

4장 '교수-학습 방법'에서는 교수-학습 방법의 개념과 분류, 교수방법의 선택 기준, 그리고 유형에 대해서 다루었습니다.

5장 '교수설계 이론 및 교수설계 모형'에서는 교수설계 개념과 기본원리, 교수설계 이론, 그리고 교수설계 모형에 대해서 다루었습니다.

6장 '교수설계 실행'에서는 수업을 준비하는 교사가 분석, 설계, 개발, 실행, 평가 단계마다 해야 할 내용에 대해 다루었습니다.

7장 '교수매체'에서는 교수매체의 개념과 기능, 교수매체의 선정과 활용, 그리고 유아교육에서 활용되는 아날로그 매체와 디지털 매체의 종류에 대해서 다루었습니다.

8장 '교육공학과 영유아 교수-학습'은 4차 산업혁명과 유아 교육공학 환경과 유아교육과정에서 교육공학과 스마트 활동 통합, 발현적 ICT 유아교육과정, ICT 활용 프로젝트 접근법 등에 대해서 다루었습니다.

9장 '새 누리과정과 놀이 기록, 놀이 읽어내기'는 놀이 기록을 위한 디지털기록화 프로그램, 앱 활동 놀이 사례 및 활동안에 대해서 다루었습니다.

10장 '유아교육에서의 스마트 교수매체 활용'은 스마트 스캐너, 팩스, 프린터 등의 스마트기기와 360도 카메라, 전자태그 등의 매체 활용에 대하여 다루었습니다.

11장 '유아교육에서의 스마트 매체 환경'은 영·유아교육 분야의 교사들이 필수적으로 알고 있어야 할 스마트 매체 환경으로 3D프린터, 360도 카메라, 인터넷 방송 등의 사용 방법과 더불어 유아코딩교육에 대하여 다루었습니다.

12장 '원격교육과 ICT 기반 교수-학습'은 원격교육과 테크놀로지 기반 교육, 이러닝, 블랜디드 러닝, 원격 수업을 위한 영상제작 프로그램으로 GOM cam 활용과 화상회의 시스템인 ZOOM을 활용하여 실시간 원격 수업을 하는 방법에 대하여 다루었습니다.

이 책의 9장 등에 사용된 프로그램들은 무료 공개프로그램들로 인터넷상의 프로그램 사이트에서 직접 다운로드 받을 수 있게 하였으며, 'www.youngchild.kr' 사이트에 접속하여 '멀티교사교육〉프로그램 활용' 등에서 다운받아 사용할 수 있게 하였습니다.

이 책에서는 제약 없이 사용 가능한 프로그램들을 대상으로 인터넷상에서 다운받아 실기 활동에 사용할 수 있게 하였습니다. 다만 대학의 컴퓨터실에서 사용할 경우 저작권 문제가 발생할 수 있습니다. 학교 컴퓨터실의 경우는 지속적으로 사용 가능한지의 여부를 확인하시기 바랍니다.

교정에 도움을 준 이건우 선생님과 삽화를 그려 준 신예지 선생님, 그리고 출판에 도움을 주신 창지사 편집부 여러분께 감사의 말씀을 드립니다.

2020년 7월

유구종, 강병재, 박선희

# 차례

01

CHAPTER

# 교육공학의 개념 및 영역

**학습 및 활동내용**

1. 교육공학과 교수공학의 의미에 대해서 알아본다.
2. 교육공학의 발달과정과 배경에 대해서 이해한다.
3. 우리나라에서의 교육공학의 발달과정을 이해한다.
4. 교육공학의 영역에 대해서 알아본다.

효과적인 수업이 이루어지기 위해서 교사는 다양한 노력을 기울여야 한다. 그렇다면 교사가 준비하여야 하는 노력에는 무엇이 있는가? 이러한 질문에 쉽게 답할 수 있는 사람은 없을 것이다. 그것은 교사가 하여야 하는 것이 너무나 많기 때문이다. 따라서 많은 사람 또는 교사들이 자신의 경험에 비추어 많은 답을 이야기할 수 있을 것이다. 어떤 사람은 수업준비에 만전을 기하여야 할 것이라고 말할 것이며, 어떤 사람은 학습자에 대한 이해가 선행되어야 할 것이라고 말할 것이다. 그리고 또 어떤 사람들은 수업 이해도를 높이기 위한 노력이 이루어져야 할 것이라고 말할 것이다. 분명한 것은 이 모든 것이 다 옳다는 것이다.

교육 현장에서 교사에 의한 수업이 제대로 이루어지기 위해서는 수업이 '정보의 전달'에 중심을 두는 것이 아니라, 학습자의 특성에 맞게 '처방적'으로 이루어져야 한다는 것이다. 교수-학습과정에서 중요한 것은 있는 그대로의 지식과 정보를 교사에게서 학습자에게로 전달하는 것이 아니라, 그러한 지식과 정보가 어떠한 경우에 어떻게 사용되는 것인지 그리고 그러한 지식과 정보가 학습자에게 어떠한 의미를 가지는 것인지에 대해서 학습자들에게 인식시키고, 학습자의 언어와 경험으로 재해석되어야 하는 것이다.

잘 구성된 수업은 교수의 효율성과 학습의 효과성이 보장되어야 하는 것이다. 교수의 효율성과 학습의 효과성을 보장하기 위한 노력 중의 하나가 교육의 공학적인 접근이다. 교수-학습과정에서 공학적인 체제를 접목시킴으로써 교수의 효율성과 학습의 효과성을 높이는 것이 교육공학이 다루는 학문적 영역이다.

## 1. 교육공학의 정의

### 1) 교육공학의 출현 배경

교육 현장에서 공학적인 시도 또는 교육의 과정에서 매체를 사용하여 교육내용의 전달에 활용하기 시작한 것은 일반적으로 코메니우스(Johann Amos Comenius, 1592~1670)의 대교수학이라고 한다. 그렇지만 현대적인 의미의 교육공학의 시초는 1900년대 미국에서 시작된 시청각교육으로 볼 수 있다. 하나의 학문 분야로서 교육공학은 본래 '시청각교육'의 전통에서 출발하였다. 시청각적 매체, 즉 라디오, 영화, 텔레비전 등과 같은 것을 어떠한 방식으로 교육에 활용할 수 있으며, 그것의 효과성은 어디에서 찾을 수 있는지에 관한 연구 등이 학문 분야로서의 교육공학 성립에 출발점이 되었다.

교육공학은 1950년대에 본격적으로 태동하여, 매 10년을 주기로 적극적인 변화를 가져왔다. 즉, 60년대 말 학습환경이나 학습조건을 적합하게 조정함으로써 모든 학생이 완전학습에 이를 수 있다고 믿는 교육자들이 많아지기 시작했으며, 이 같은 생각은 곧바로 학습의 개별화 운동으로 연결되었다. 그리고 70년대 들어 수많은 개별화 방안들이 등장하게 되는 계기를 제공하게 되었다. 이후 브루너(Bruner), 글레이저(Glaser), 가네(Gagné) 등의 연구를 통하여 이 분야에 인지심리학의 참여가 이루어지게 되었다. 오늘날 교수공학 분야는 인지적 정보처리 과정을 보다 중요하게 생각하고 있으며, 교수-학습상황에서의 정보처리 과정의 역할과 개별 학습자의 지각 등에 대해서도 크게 관심을 가지고 있다.

이후 교육공학은 1980년대 컴퓨터 공학의 발달에 힘입어 하이퍼텍스트의 개념을 구현할 수 있게 되었으며, 1990년대 중반에는 윈도우 시스템을 장착한 컴퓨터를 교육 현장에 사용하게 됨으로써 본격적으로 멀티미디어를 활용한 교수-학습이 가능하도록 하였다. 또한 교육공학은 원격교육체제의 구축을 위하여 다양한 매체들을 활용하면서 보다 체계화되기 시작하였다. 초기의 원격교육과 최근의 원격교육은 그 체제 자체에서 확연한 차이가 있지만 원격교육을 위한 방법의 탐색에 있어서 공학적 접근이 이루어진 것은 분명하다.

그리고 교수체제 분석을 통하여 교수-학습의 효율성을 높이기 위한 다양한 노력들이 교육공학을 본격적인 궤도에 올려놓은 것으로 판단할 수 있다. 최근 인터넷을 활용한 웹기반 수업(Web-Based Instruction)의 개발과 활용에 관한 노력들이 연구의 주된 관심사가 되고 있다.

## 2) 교육공학과 교수공학

교육공학과 교수공학에 대한 논의는 서로 다른 영역을 의미하는 것이라기보다는 동일한 대상을 중심으로 의미상의 차이를 논의하는 것과 같다. 구체적으로 살펴보면 교육공학과 교수공학은 엄연히 서로 다른 분야이지만, 최근 용어상의 차이를 구별하지 않고 교육공학이라는 용어를 사용하고 있다. 여기에서는 박성익 등(2003)이 설명한 교육공학과 교수공학을 중심으로 공통점과 차이점을 살펴보고자 한다.

교육공학과 교수공학 중에서 개념적 및 교육 현장에의 적용상에 있어서 우선적으로 발전한 것은 교수공학이다. 교수공학은 1960년대에 이르러 시청각통신 교육이 교수공학 차원으로 발전하게 되었으며, 교수공학의 발전에는 Skinner의 행동주의에 기반을 둔 교수기계(teaching machine)와 프로그램 수업(programmed instruction)과 체제이론에 기반을 둔 교수개발의 모형이 중요한 영향을 미쳤다. 학습 현상에 대한 스키너(Burrhus Frederic Skinner, 1968)의 행동주의적 관점이 교수공학의 성립에 지대한 영향을 미친 것은 교수기계의 개발이 공학적 특성을 보여 주는 데 성공하였기 때문이다.

교육공학에 대한 미국교육공학회의 정의에 따르면, 교육공학은 인간학습에서의 문제들이 어떻게 규명되고 해결되는가에 대한 이론이며, 인간학습에서의 문제점들을 분석하고 해결하기 위하여 복합적이고 통합된 과정을 적용하는 데 관련된 분야이다. 여기서 교육공학은 교육관리기능, 교육개발기능, 학습자원, 학습자로 구성된다.

그리고 미국교육공학회에서는 1994년에 교육공학의 새로운 정의를 재규정하였다. 이 규정에서 교육공학보다는 교수공학에 대한 정의를 내림으로써 미국 내에서는 교육공학과 교수공학이 궁극적으로 동일한 탐구대상을 지칭한다는 것을 보여 주고 있다. 이 규정에 따르면 "교수공학은 학습을 위한 과정과 자원의 설계, 개발, 활용, 관리 및 평가에 관한 이론과 실제이다(Seels & Rickey, 1994)."라고 밝히고 있다.

그리고 일부에서는 교육공학을 교육에 대한 공학, 즉 교육의 전반에 대한 문제를 해결하는 방법에 대한 학문적 영역으로 다루고 있기도 하다. 이 경우 교육공학은 교수-학습, 교육과정, 상담, 교육행정 그리고 교육평가에 이르기까지 광범위한 내용을 다루게 된다.

그림 1-1 교육에 대한 공학으로서 교육공학의 대상

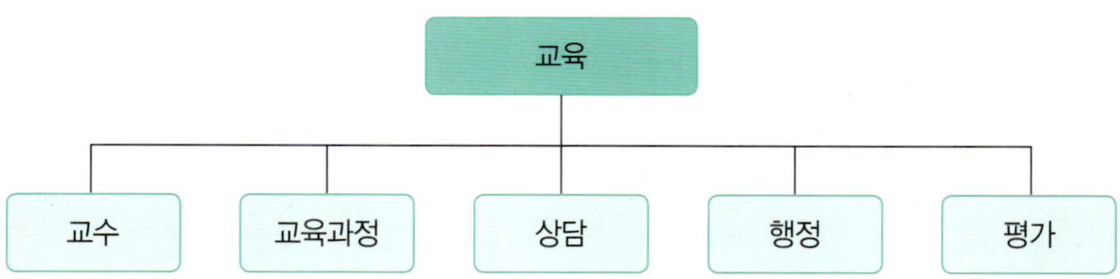


그리고 이 경우, 교수공학은 교육의 하위 영역인 교수-학습만을 다루게 되는 것이다. 즉, 교수공학은 직접 가르치고 배우는 과정에서만의 문제해결에 해당하는 것이다. 따라서 이러한 정의를 정리하면, 교육공학은 넓은 범위의 정의에 해당되며 교수공학은 좁은 범위의 정의에 해당된다고 할 수 있다.

## 2. 교육공학의 발달과정

교육공학의 발달과정을 거시적인 차원에서 접근한다면 선사시대의 벽화에서부터 시작한다고 볼 수 있다. 이것은 문자를 제외한 모든 수단으로서 의미를 전달하려는 모든 노력을 교육공학적인 결과로 판단할 수 있기 때문이다. 그렇지만 교육의 장(field)에서 학습자의 이해를 돕기 위해서 그림이나 기호 등의 보조적인 매체를 활용하기 시작한 것을 서구에서는 코메니우스의 대교수학에서 찾고 있으며, 우리나라에서는 이미 대교수학이 나오기 100년 전인 1549년에 '부모은중경(父母恩重經)'이 출판되었다. 그렇지만 교육 현장에서 효과적인 교수-학습을 위하여 교육공학이 하나의 학문적 영역으로 탐구되기 시작한 것은 1900년대에 들어서부터이다. 1900년대에 들어서면서 교육공학의 초기 형태라고 볼 수 있는 시각교육(visual education)이 미국에서 시작되었으며, 이후 시각교육은 시청각교육으로 발전하였고, 1950년대에는 커뮤니케이션(communication) 이론을 반영한 시청각 통신으로 발전하였다. 그리고 1970년대 이후 교육공학 및 교수공학(instructional technology)으로 정립된다(박성익 외, 2001).

여기에서는 교육공학의 발달과정에 대해서 간략하게 살펴보도록 하겠다.

### 1) 초창기

초창기 교육공학의 사상적 배경은 코메니우스의 경험주의에서 찾을 수 있다. 그는『대교수학(*Didactica Magna*, 1632)』을 통해 처음으로 그림을 삽입한 최초의 교과서인『세계도회(*Orbis Pictures*)』를 발표하여 감각론에 입각한 획기적인 교수방법을 사용함으로써 교육제도와 교육과정의 개혁을 시도하였다. 그리고 페스탈로치(Johann Heinrich Pestalozzl, 1746~1827)도 자연이나 사회사상에 대한 지식을 가르치는 데 문자나 문장 또는 구술보다는 실제의 현상을 관찰시키고 그것이 불가능할 때는 표본이나 그림을 이용하여 관찰을 통해 직접적·실증적 경험을 주는 것이 중요하다고 하였다. 이러한 노력은 프뢰벨(Friedrich Fröbel, 1782~1852)과 몬테소리(Maria Montessori, 1870~1952)를 거쳐 교구를 활용하는 감각교육으로 발전되었으며, 이후 실용주의 철학자로 진보주의 교육사상을 이론적으로 정립한 듀이(John Dewey, 1859~1952)에 의하여 경험을 통한 교육으로서 경험주의 교육이 제시되었다. 경험주의 교육은 현대 교육공학의 기본이론을 형성하는 데 많은 기여를 하였다. 이후 손다이크(E. L. Thorndike, 1874~1949)와 스키너 등에 의하여 행동주의 학습이론을 기반으로 하는 다양한 교육공학적 접근이 이루어졌다(조성일 외, 2002).

## 2) 시각교육

초기 교육공학은 시각교육을 중심으로 이루어졌다. 이 점은 교육공학의 성립을 이해하는 데 매우 중요하다. 1900년대를 전후하여 미국은 다양한 형태의 공교육을 시도하면서 새로운 교육적 방법들을 모색한다. 1905년 뉴욕은 최초로 시각수업과(visual instruction department)를 설치하여 각종 슬라이드 자료를 학교에 보급하기 시작함으로써 시각교육을 본격화하는 계기가 마련되었다(Saettler, 1990).

Hoban은 '교육과정의 시각화(Visualizing the Curriculum)'에서 시각자료의 활용을 주장하면서 학습자에게 제공되는 경험이 얼마나 구체적인지 또는 추상적인지에 따라 시각자료를 분류하였다.

시각교육 시기의 특징을 요약하면 다음과 같다(조성일 외, 2002).

- 시각자료의 활용을 통한 교육의 효과성 도모
- 다양한 시각자료를 학습자의 경험에 따라 분류
- 시각교재의 구체성 확대
- 시각자료는 단지 교사의 보조물이라는 개념에 기반

그림 1-2 호반(Hoban)의 시각자료 분류

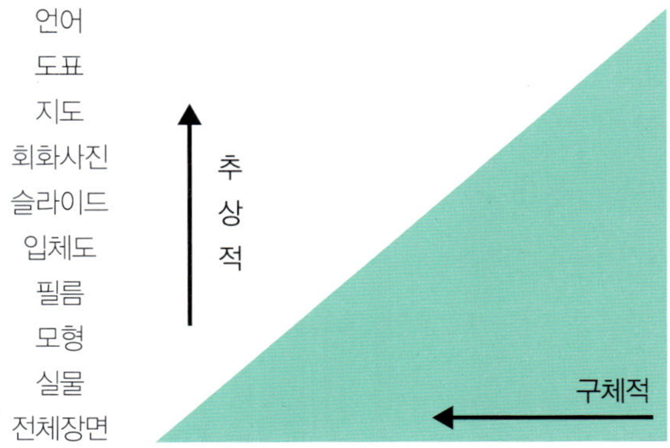


## 3) 시청각교육

제2차 세계대전을 전후하여 시각교육은 청각자료를 통합할 수 있는 기술의 발전으로 '시청각매체의 교육적으로 활용'이라는 전기를 맞이한다. 이러한 시청각교육(audio-visual education)의 대두는 전쟁 중에 군사교육 현장에서 활발히 활용되었던 교육용 영화필름이 시초였다. 시청각교육은 영화, 슬라이드, 녹음, 라디오, 텔레비전 등 다양한 시청각매체를 이용하여 학습자의 감각기관, 특히 눈과 귀를 통해 학습내용을 효과적으로 전달하기 위한 것이다.

시청각교육의 특징을 요약하면 다음과 같다(조성일 외, 2002).

- 시청각자료의 활용을 통한 학습의 효율성 도모
- 학습 경험에 따른 시청각 교재의 분류
- 추상적 교재와 시청각적 교재의 적절한 활용을 통한 경험의 일반화 강조
- 시청각매체를 교수 보조물로 인식 · 교사 중심의 매체선택과 활용에 중점
- 학습 경험을 추상적 · 구체성의 관계로 파악
- 교수-학습의 전 과정을 고려하지 못하고 매체의 활동에만 중점을 둠

그림 1-3 데일(Dale)의 경험의 원추

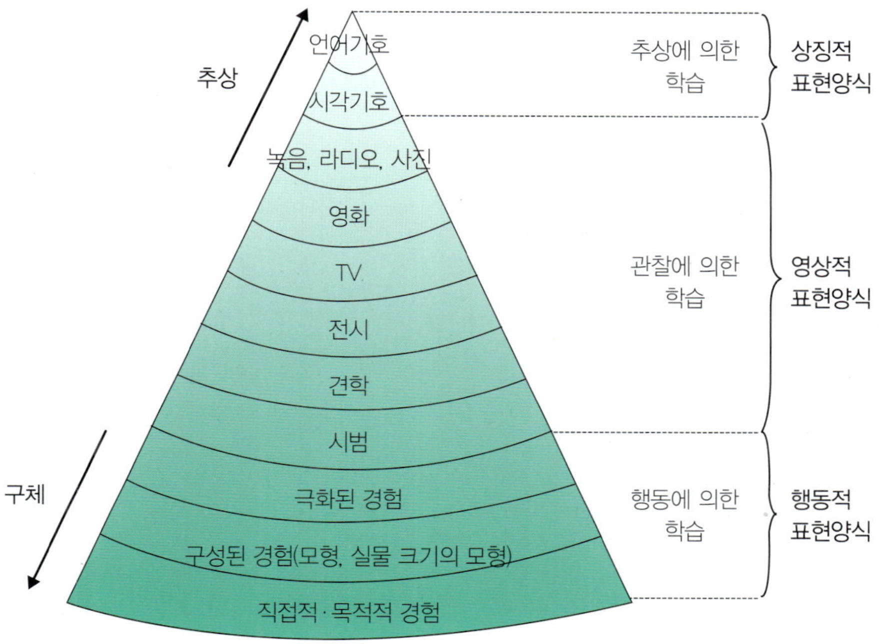


### 4) 시청각통신

시청각교육은 1950년대 초기에 들어서면서 시청각통신으로 발전된다. 통신에 관한 이론적 틀로서 매체의 활용을 보다 폭넓게 보여 주는 대표적인 것으로 벨로(Berlo)의 'S-M-C-R 모형'을 들 수 있다. S-M-C-R 모형은 정보원(sourcer)으로부터 메시지가 통로(channel)를 통하여 수신자(receiver)에게로 전달되는 과정을 간결하게 보여 주고 있다. 정보원과 수신자는 통신기술, 태도, 지식수준, 사회체계, 문화양식을 가지고 있으며 이것을 바탕으로 메시지를 보내고 또 받는다(박성익 외, 2001).

그림 1-4 Berlo의 통신 모형

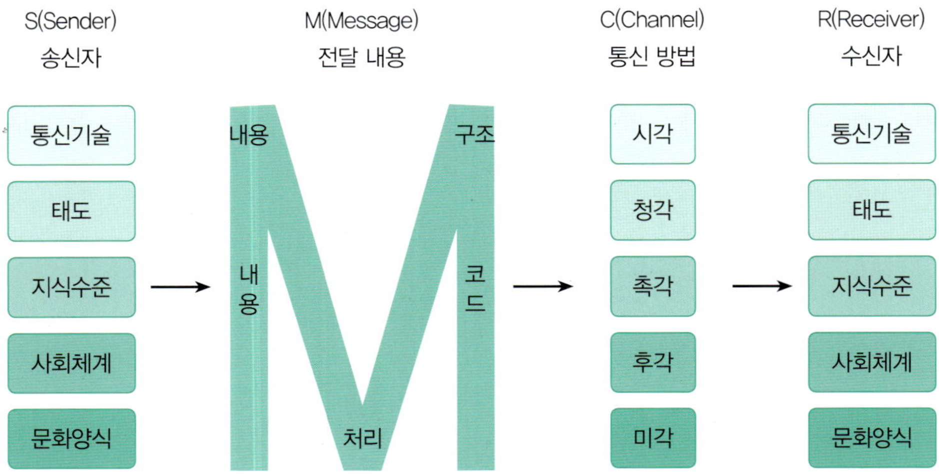


출처: 유승우 외(2010). 교육방법 및 교육공학, p. 226.

이 모형은 송신자와 수신자가 가지고 있는 의미 체계에 대한 고려 없이 메시지를 보내고 받게 될 때 생기는 통신상의 오류를 지적하고 있다. 다음으로 메시지는 요소, 내용, 구조, 코드, 처리를 포함하며, 전달되는 내용이 일정한 형태로 부호화되는 과정을 보여 주고 있다.

또 하나의 대표적인 모형으로 쉐논과 쉬람(Schannon & Schramm)의 '통신모형'이다. 쉐논과 쉬람의 통신모형에서 특이한 점은 경험의 장 이외에 피드백, 잡음 등을 통신상에서 중요한 요소들로 고려하였다는 것이다. 제시된 메시지를 수신자가 어떻게 받아들였는지에 관한 정보가 피드백 형태로 제시되며, 송신자는 이에 따라서 다시 메시지를 보낸다. 이러한 과정에서 잡음 요인으로 인하여 메시지가 정확하게 전달되지 못하는 상황이 발생할 수 있음을 이 모형은 보여 주고 있다.

그림 1-5 Schannon과 Schramm의 통신모형

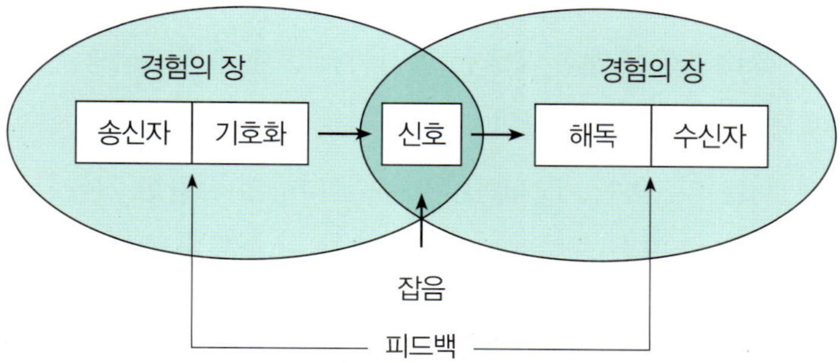


출처: 유승우 외(2010). 교육방법 및 교육공학, p. 227.

이러한 통신 모형에 입각하여 교수-학습과정, 특히 매체를 활용하는 상황을 재조명하려는 접근 방식이 시청각 통신이다. 1963년 엘리(Ely)에 의하여 시청각 수업의 전통은 시청각 통신으로 재규정된다. 구체적인 경험을 제공하기 위한 시청각 매체의 강조로부터 전체적인 통신 과정을 강조하는 변화가 시도되었다. 시청각통신의 목적은 학습자로 하여금 잠재능력을 최대한 발휘할 수 있도록 통신의 모든 방법과 매체를 효과적으로 활용하도록 하는 데 있다(박성익 외, 2001).

### 5) 교수공학

1960년대에 이르러 시청각통신은 교수공학으로 발전하게 된다. 교수공학은 매체를 수업의 보조물로서 활용하려는 관점에서 탈피하여 매체의 활용을 공학적인 접근에서 파악하고자 하였다. 따라서 수업을 준비하고, 설계하고, 개발하는 과정을 하나의 체제(system)로서 파악하려는 교수개발(instructional development)의 개념이 발전하였다. 교수개발은 매체의 효과적인 활용에 관한 전통적인 지식뿐만 아니라 학습현상 및 교수방식에 대한 과학적 지식을 체계적으로 활용하려는 노력이다. 따라서 교수공학은 교수설계에 많은 영향을 주었으며, 다양한 학습 방법들이 개발·보급되었다.

### 6) 교육공학

교육공학은 교수공학에 대한 새로운 관점이라고 할 수 있다. 즉, 이전의 교수공학이 교수-학습에 치중한 것이라면 교육공학은 교육 현장에 대한 복합적이고 종합적인 접근인 것이다. 특히, 1970년대 이후 급격하게 발달한 기술공학과 전자통신공학 그리고 컴퓨터 공학에 힘입어 교육공학은 급격하게 발전하게 되었다.

1994년 미국교육공학회의 교육공학에 대한 정의에 따르면, 교육공학은 설계, 개발, 활용, 관리, 평가의 다섯 가지 내용을 포함하고 있다. 이러한 정의는 교육공학이 교육의 현상 전반에 대한 문제를 해결하기 위한 광범위한 노력이라는 것이다. 즉, 교육공학은 교수-학습과정에서 학습자의 학습 이해도를 보장하려는 매체적 활용에서 벗어나 교육의 제반 상황과 조건을 통괄하는 활동으로 볼 수 있는 것이다.

### 7) 한국에서의 교육공학 발전

우리나라에서 수행된 교육공학 관련 연구들을 토대로 우리나라에서의 교육공학 발전과정을 연대별로 간략하게 제시하면 다음과 같다(박성익 외, 2012).

#### (1) 시청각교육 도입기(1950년대 초~1960년대 초)

우리나라에 교육공학이 처음 도입된 시기는 1952년에 '한국시청각교육위원회'라는 민간기관이 발족되고, 1952년에 이화여자대학교 사범대학에 '시청각교육'강좌가 개설되면서 시청각교육의 이론과 실천에 관한 조사 연구 및 계몽·보급이 시작된 때부터라고 보아야 할 것이다. 그리고 1957년에 '시범 시청각교육원'이 문교부에 의하여 설립되었다.

### (2) 시청각교육의 연구와 보급기(1960년대 초~1970년대 초)

'시범 시청각교육원'을 1963년에 '중앙시청각교육원'으로 개칭하고 각 시·도에 '시청각교육원' 및 시·군에 '시청각자료실'을 설치하였고, 초등학교 각 교과목의 학습내용에 대하여 매일 1시간씩 라디오 방송을 실시하였다. 1962년에 이화여자대학교 사범대학에 '시청각교육과'가 설립되었고, 1969년에 TV학교방송 시험방송이 시작되었다.

### (3) 수업체제 개발과 교육방송 실시기(1970년대 초~1980년대 초)

1969년 2월에 발족된 '장기종합교육계획심의회'에서 제시한 장기종합교육계획에 따라 1972년에 한국교육개발원이 설립되었고, 1972년부터 교수체제설계모형에 기초하여 '새수업체제'를 개발하였으며, 1975년부터 라디오 및 TV학교방송 프로그램을 제작·방송하기 시작하였다. 또한 1972년에 설립된 한국방송통신대학교에서 라디오와 TV를 활용한 원격교육을 시작하였다.

### (4) 교육공학 연구의 활성화와 연구영역 확대기(1980년대 초~1990년대 초)

우리나라에서 이 시기는 교육에서의 공학적 접근에 대한 연구가 활성화되기 시작한 때이다. 1984년에 '한국교육공학회'가 설립되었고, 교수-학습매체, 교육방송, 교수체제 설계 및 개발 등에 이르기까지 교육공학 관련 학술연구가 확대되기 시작하였다. 1984년 우리나라 최초로 한양대학교에 교육공학과가 설립되었고, 1988년에는 한국교육개발원에 '컴퓨터교육연구센터'가 설립되면서 컴퓨터 교육과 컴퓨터의 교육적 활용에 관한 이론과 기술을 연구·개발하여 보급하기 시작하였다.

### (5) 교육정보화와 사이버교육의 확산기(1990년대 초~2000년대 초)

1995년 교육부에서 '교육정보화 종합추진계획'이 발표되면서 교육정보화를 위한 기반 구축, 교육정보자료 개발 및 보급, 정보기술 활용 교육의 강화, 교육종합정보서비스망 구축, 교육행정정보화, 학술정보 데이터베이스 구축 등 교육정보화 사업을 국가적 차원에서 추진하였다. 1997년 설립된 '국가멀티미디어 교육지원센터'에서는 컴퓨터교육 및 교육정보화 사업을 추진하면서 교육종합정보서비스망(에듀넷, Edunet)을 구축하여 운영하였다. 그리고 1990년대 중반부터 월드와이드웹이 교육 현장에 활용되기 시작하면서 학교교육, 평생교육, 기업교육에서 새로운 교육체제로 온라인 중심의 사이버교육이 확산되기 시작하였다.

### (6) 교육공학 연구·개발의 확산과 e-러닝 및 스마트교육체제의 확산기(2000년대 초 이후)

2000년에 접어들면서 교육인적자원부에서 교육정보화 정책의 추진으로 모든 교육기관에 초고속 인터넷망이 구축되었고, 정보통신기술의 발달과 함께 월드와이드웹 활용의 일반화와 이러닝(e-learning)의 확산으로 학교수업이나 기업교육의 패러다임이 미래지향적 첨단 교육정보화시스템 활용체제로 바뀌어 가고 있다. 특히 교육공학 연구·개발의 융합적 접근과 현장적용 확대, 사이버교육과 원격교육의 활용이 일반화되고 있다. 그리고 2010년에 접어들면서 국가정보화전략위원회와 교육과학기술부에서 추진하고 있는 '스마트(SMART)교육'은 21세기 지식정보화사회에서 요구되는 지능형 맞춤 교수-학습체제 구축에 중점을 두고 있으며, 2015년까지 각급 학교의 모든 서책형 교과서를 자기주도적 학습을 실현할 수 있도록 '디지털교과서'로 전환을 추진하고 있다.

## 3. 교육공학의 영역

공학은 '지식과 이론의 체계적인 적용' 또는 '과학적이고 조직화된 지식을 실제 과제에 체계적으로 적용하는 연구 분야' 또는 '기계 · 아이디어 · 여러 절차 · 관리들로 구성되는 복잡하게 통합된 조직'으로 규정된다. 공학의 정의를 교육학에 접목시키면 교육공학이란 '학습과정과 학습자원의 설계, 개발, 활용, 관리 및 평가에 관한 이론과 실제(AECT, 1994)'로 정의될 수 있다. 이 정의에 따르면, 교육공학은 교수설계, 교수개발, 교수활용, 교수관리 그리고 교수평가의 다섯 가지 영역으로 개념화할 수 있다.

교육공학의 각 영역은 개념적 측면에서 구분될 뿐이지 실제적으로는 서로 상호의존적이며 보완적인 관계를 가진다. 이론적 · 실제적 측면에서 각 영역은 다른 영역으로부터 관련된 아이디어를 활용한다.

그림 1-6 교육공학의 영역 간 상호관계

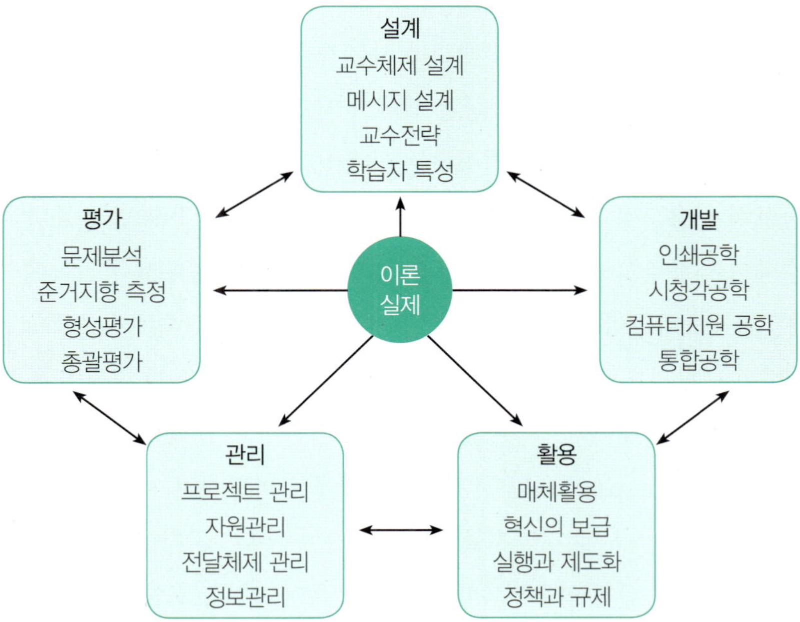


출처: 백영균 외(2019). 교육방법 및 교육공학, p. 27.

교육공학의 하위 영역별 탐구대상 및 활동내용을 간략하게 살펴보면 다음과 같다.

### 1) 설계영역

설계영역은 교수심리학과 체제이론에 기초하고 있다. 교수심리학은 학습에 관한 심리적 이론을 '교수'라는 활동에 적용시킬 방법을 탐구하는 분야이며, 교육공학에 있어서 교수설계와 교수전략 분야는 교수심리 연구결과와 방법론을 공학적으로 재구성한 것이다. 여기에 체제이론은 다양한 교수-학습이론이 교육문제해결 과정에 어떻게 통합적으로 활용될 것인가를 안내하는 틀을 제공한다.

설계영역은 교수체제 설계, 메시지 디자인, 교수전략, 학습자 특성의 하위 영역으로 구성되어 있다.

교수체제설계(Instructional Systems Design, ISD)는 교수의 분석, 설계, 개발, 실행, 평가의 단계가 포함된 조직적인 절차이다. 분석은 무엇을 배워야 하는지를 정의하는 과정이고, 설계는 어떻게 배워야 하는지를, 개발은 교수자료를 제작 또는 개발하는 과정이고, 실행은 교수상황 안에서 자료와 전략을 실제로 활용하는 것이며, 평가는 교수의 적절성을 결정하는 과정이다. 1970년대 이후 학교, 기업체, 군대 등에서 활용할 수 있는 다양한 모형이 개발되었으며, 1990년대 중반 이후에는 학습에서 행동주의 및 인지주의 심리학의 대안으로 구성주의 심리학에 기초한 교수체제설계모형들이 개발되어 현장에 적용되고 있다. 교수체제설계의 특징은 설계과정이 일반적으로 철저함과 일관성을 요구하는 선형적인 과정인 동시에 순환적인 과정이라는 것이다.

메시지 디자인(message design)은 교수 장면에서 어떻게 메시지를 설계하는 것이 학습의 효과를 가져올 것인지를 연구하는 분야이다. 지각, 기억 등과 관련된 인간의 인지과정에 관한 연구결과를 바탕으로 문자, 기호, 그림 등을 어떠한 형태와 순서로 제시할 것인가에 관한 연구가 수행되고 있다. 시각적으로 잘 배열되고 학습자들이 보기 쉽게 배열된 메시지는 그렇지 않은 메시지에 비하여 높은 학습효과를 나타낸다. 메시지 디자인에서는 단순히 칠판에 제시되는 판서에서부터 컴퓨터 화면에 제공되는 화상과 각종 멀티미디어를 통하여 제공되는 시각적 정보를 모두 포함한다.

교수전략(instructional strategy)은 하나의 단위수업 안에서 사건과 활동을 선택하고, 계열화를 구체적으로 하는 것이다. 최근에는 상황학습을 위한 방법, 문제중심학습을 위한 방법 등 학습에 관한 구성주의적 관점에 기반한 교수-학습 .환경설계 전략 등이 많이 소개됨으로써 이 영역에 대한 활발한 연구가 진행되고 있다. 따라서 특정의 학습 이론으로부터 수업 방법에 관한 시사점을 도출하려는 단편적 차원에서 벗어나 보다 체계적인 처방성을 포함하는 교수방법에 관한 연구영역을 의미한다.

학습자 특성은 학습의 효과에 영향을 미치는 학습자의 경험적 배경(연령, 지능, 사회 · 경제적 환경, 동기 등)과 성취하기를 기대하는 학습과제와 관련된 선수학습 수준을 의미한다. 이것은 학습과제의 특성과는 관계없이 학습의 성패에 영향을 미칠 수 있다. 그래서 학습자 특성은 교수전략뿐만 아니라 학습상황이나 맥락 그리고 학습내용의 선정에 영향을 미치는 주요 요인이다. 가네에 의하면 학습의 내재적 조건으로 제시되는 선수학습 수준은 학습의 성공과 실패에 커다란 영향을 미치고 있으며, 학습자의 동기유형과 수준에 따라서 어떻게 동기 유발을 시킬 것인가도 매우 중요한 고려 요소이다.

### 2) 개발영역

개발영역은 교수를 위한 매체의 제작 및 개발에 대한 관심에서 시작되는 연구이다. 개발은 설계과정을 통해 산출된 항목들을 물리적 자료의 형태로 바꾸는 과정을 말하며, 이 영역에서는 교수에 사용되는 다양한 공학적인 요소들이 포함되어 있다. 개발은 이론과 설계에 기반하고, 형성적 평가과정을 통해 개발이 완성되며, 개발된 매체의 활용실습을 거쳐, 개발된 매체의 관리까지도 신중히 고려되어야 한다. 개발영역은 인쇄 공학, 시청각 공학, 컴퓨터 기반 공학, 통합적 공학의 하위 영역으로 구성되어 있다.

인쇄 테크놀로지는 기계를 사용하거나 사진 인화 절차를 사용하여 책이나 정지 화상 자료를 제작하고 전달하는 방법이다. 이는 가장 기본적이며 널리 보급된 공학적 요소로 크게 문자자료와 시각자료로 나눈다. 이 두 가지 형태의 자료개발은 시각 지각, 읽기 및 인간의 정보처리에 관련된 이론과 학습이론에 기반하고 있으며, 가장 일반적으로 활용되는 인쇄자료는 문자와 시각정보가 결합된 형태의 교재이다.

시청각 테크놀로지는 음성과 시각 메시지를 제시하기 위하여 기계와 전기를 사용하여 제작하고 전달하는 방법이다. 시청각 기자재는 영상자료를 투시하거나 소리 재생, 대형 시각자료의 전시도 가능하게 한다. 특히 과거 OHP나 텔레비전, 비디오 등의 단방향 제시 형태에서 최근에는 컴퓨터에 기반한 공학의 출현으로 좀 더 상호작용적이고, 학습자 참여적인 환경이 제공되고 있다.

컴퓨터 테크놀로지는 컴퓨터를 교육매체로 활용하는 것으로서 마이크로프로세서에 기반을 둔 자원을 사용하여 자료를 제작하고 전달하는 방법이다. 일반적으로 컴퓨터 기반 공학의 적용방법은 컴퓨터 기반학습(CBI), 컴퓨터 보조수업(CAI), 또는 컴퓨터 관리학습(CMD), 컴퓨터 기반 검사(CBT) 등이 있다. 컴퓨터 기반 공학은 행동주의뿐만 아니라 인지주의 학습원리 및 구성주의 학습원리에 기반하여 효과적인 프로그램의 개발에 노력을 한다. 또한 최근 교육 현장에서 다양한 컴퓨터 기반 매체들을 활용하는 노력이 요구되고 있으며, 시대적인 요구에 따라 학습자들의 컴퓨터 활용 능력을 중시하고 있다. 특히, 컴퓨터 기반 공학이 교수-학습과정에서 효과를 가지기 위해서는 학습자들의 컴퓨터 활용 능력이 요구된다.

통합 테크놀로지는 컴퓨터 제어하에 몇 가지 다른 유형의 매체들을 포함하여 자료를 개발하고 전달하는 방법으로서, 멀티미디어 공학을 보다 발전적으로 활용하는 방식을 지칭하는 용어이다. 통합적 공학은 컴퓨터의 제어하에 몇 가지 다른 유형의 시청각매체를 통합하여 다양한 자료와 정보를 개발하고 전달하는 방법을 의미한다. 첨단 공학의 발전에 따라서 컴퓨터는 이제 평면적인 문자 자료의 제시로부터 각종 동영상 자료를 입체적으로 제시하는 데 이르렀다. 입체적으로 제시한다는 것의 의미는 하이퍼텍스트 원리를 구현하여 자료를 제시할 수 있다는 것을 포함한다. 하이퍼텍스트는 기존 인쇄 매체의 순차적 제시성의 한계를 극복하려는 텍스트 설계의 한 가지 방법이다. 하이퍼텍스트에서는 제시되는 정보와 정보 간의 상호 연결을 즉각적으로 보여 줄 수 있고, 학습자가 자신의 필요에 따라서 정보를 탐색할 수 있다. 원격에서 자료를 학습자에게 제시하면서 동시에 학습자의 반응에 따라서 새로운 환경을 제공하는 방법을 탐색하고 있다. 통합적 공학은 미래 정보화 사회의 교육환경을 주도할 중요한 지식 기반이 될 것이다. 통합적 공학이 교수-학습 현장에서 실제적인 효과를 나타내기 위해서는 일방향적 전달체제보다는 양방향 교수-학습체제가 구축되어야 하며, 이를 뒷받침할 수 있는 첨단공학의 개발이 필수적이다.

### 3) 활용영역

초창기 교육 현장의 실무가들에게는 활용의 개념이 단순한 매체의 사용방식에 관한 것으로 인식되어 왔으나, 현재는 지식의 보급과 활용 그리고 제도화 등 공공의 역할 수행에까지 확대되었다. 활용에 대한 연구는 매체 사용을 위한 최적 환경, 학습의 경제적 요인과 학습시간에 대한 매체의 영향과 같은 문제를 다루고 있다. 즉, 교수체제 설계의 원리와 기법이 일선 학교에서 광범위하게 활용될 수 있는지에 대한 실행 가능성에 관심을 가지고 있다. 활용의 성공 여부는 혁신적인 내용을 어떻게 확산·보급할 것인지에 달려 있다. 많은 사람에게 교수공학의 활동과 산출물은 새로운 것, 즉 혁신적인 것으로 인식되고 있다.

활용영역은 교육공학의 제 영역 중 가장 오랜 역사를 가지고 있는 것으로 학습을 위하여 절차나 자원을 사용하는 행위에 관한 연구영역이다. 이것은 학습자와 교수자료, 체제 사이의 상호작용을 말하는 것으로 매우 중요하다. 그 이유는 '학습자의 사용'이라는 점이 교수자료의 존재 이유이기 때문이다. 활용영역은 매체활용, 혁신의 보급, 실행과 제도화, 정책과 규제의 하위 영역으로 구성되어 있다.

매체활용은 학습을 위한 자원의 체계적 활용을 의미한다. 모종의 절차에 따라서 기대하는 학습목표를 달성하기 위하여 최적의 교수매체를 선정하여 활용하는 방법에 관한 의사결정을 포함하고 있다.

혁신의 보급은 채택을 목적으로 하여 계획적인 전략을 사용하는 의사소통의 과정이다. 보급의 궁극적 목표는 변화를 가져오는 것으로 이 과정은 지각, 관심, 시도 그리고 채택과 같은 절차를 포함한다. 그러므로 이 과정은 절차모형, 즉 Gate-keeper와 여론 선도계층과의 의사소통을 포함한 다단계의 흐름모형이다.

실행과 제도화는 교수자료나 전략을 실제 환경에서 사용하는 것을 뜻하는 수행과 한 조직 내에서 교수혁신을 지속적으로 추진하는 것을 뜻하는 제도화를 연결하는 것, 즉 새로운 교육공학을 특정의 조직 내에서 적절하게 사용하고 이런 사용을 지원하는 것을 의미한다.

정책과 규제는 교육공학의 보급과 사용에 영향을 미치는 사회의 규칙과 행위이다. 교육방송, 교육용 소프트웨어의 개발과 활용에 관련된 각종 정책과 규제에 대하여 교육공학적 기준과 표준을 제공하거나 또한 불필요한 규제에 대하여 문제점을 지적하는 활동이 포함된다.

### 4) 관리영역

관리는 현장 실무로부터 크게 영향을 받은 분야로서, 도서관과 매체자원의 관리, 프로젝트 관리, 시설관리 등에 대한 실제가 중요한 기반이 되었다. 관리와 관련된 대부분의 원리들은 경영학에서 비롯되었으며, 교수공학 분야에서 독자적으로 이루어진 관리이론과 연구의 구축은 거의 없다. 사실 관리 분야에 가장 중요한 영향을 끼친 것은 교수공학 이론가라기보다는 수년간 현장에서 각종 자료와 시설, 프로젝트 등을 관리한 경험이 있는 실무자로부터 비롯되었다. 따라서 관리영역은 프로젝트 관리, 자원 관리, 전달체제 관리, 정보 관리의 하위 영역으로 구성되어 있다.

프로젝트 관리는 계획, 점검 그리고 교수설계와 개발 프로젝트를 조정하는 것을 포함한다. 프로젝트 관리자는 교수설계나 다른 프로젝트 기능을 기획하고, 예정표를 만들고, 조절하는 책임을 가진다. 그들은 교섭하고, 예산을 짜고 정보관리 체제를 설정하고 그 진도를 평가한다. 특히 성공적인 프로젝트의 실행을 위해서는 방해요소의 분석 및 해결을 담당해야 한다.

자원 관리는 자원지원 체제와 서비스를 기획하고, 감시하고 조정하는 것을 포함한다. 자원은 요원, 예산, 재료, 시간, 시설, 교수 자원 등을 포함한다. 자원 관리에 있어서 중요한 것은 비용효과성과 학습효과의 정당성이다.

전달체제 관리는 교수자료를 전달할 때 조직하는 방법을 계획하고, 감독하고, 조정하는 것을 말한다. 특히 이것은 원격교육 프로젝트에서 잘 나타난다. 하드웨어와 소프트웨어의 요구조건, 사용자와 관리자에게 지원할 기술, 설계자와 강사에게 제시할 지침 등의 문제를 다룬다.

정보 관리는 학습자원을 공급하기 위하여 정보를 기획, 감사하고 적절히 저장하며 정보를 전달하거나 처리하는 것을 포함한다. 정보 관리는 학습자가 쉽게 그리고 용이하게 정보를 사용하게 해 줄 수 있다는 점에서 매우 중요하다. 정보관리를 어떻게 하느냐에 따라서 교육과정의 교수설계 분야가 새롭게 규정될 수 있다.

### 5) 평가영역

평가는 교수설계의 행동주의적인 관점과 일반체제이론의 입장과 가장 크게 관련되어 있다. 일반체제이론은 전체 설계과정을 인도하는 것으로 교수공학자들이 직면하는 대부분의 평가과제에 대한 논리를 제공해 주고 있다. 평가는 문제의 분석에서 시작되는 교수-학습의 적절성을 결정하는 과정이다. 즉, 분석과 평가는 교수설계과정과 교수공학에 있어 중추적인 역할을 한다. 평가는 교수공학자들이 복잡한 의사결정을 내리는 데 필요한 객관적이고 타당한 수단을 제공하기 위하여, 다양한 연구도구를 사용하는 하나의 연구형태로 인식된다. 학문적 탐구형태의 하나로서 교육평가는 체계적이고 준거 지향적이며 주로 실증주의적인 지향점을 지니고 있다. 따라서 교육공학 영역에 있어서 평가영역은 교육공학적 과정 및 산물에 대하여 가치를 부여하는 활동영역이다. 평가영역은 문제분석, 준거지향 측정, 형성평가, 총괄평가의 하위 영역으로 구성되어 있다.

문제분석은 정보수집과 의사결정 전략을 사용하여 문제의 성질과 변인을 결정하는 것을 포함한다. 평가를 위한 문제분석은 요구를 확인하고, 문제가 교육적인 것으로 분류될 수 있는가를 검토하고 직면할 장애나 필요 자원 및 학습자 특성을 확인하고 목표와 우선순위를 결정하는 작업을 포함한다.

준거지향 측정(criterion-referenced measurement)은 사전에 정해진 내용에 대한 학습자의 완성도를 정하는 기술을 포함한다. 준거지향 측정은 목표에 관련된 학습자의 지식, 태도 또는 기술의 완성도에 대한 정보를 제공해 준다. 한마디로 준거지향 측정은 준거에 비해 학습자가 얼마나 잘했는지를 알 수 있게 한다.

형성평가는 수업의 전개 과정에서 활용하고 있는 교수자료나 프로그램의 적절성과 효과성에 관한 자료를 수집·분석하여 수업의 진행 과정이나 수업에서 활용할 수 있는 교수자료나 프로그램을 개선하려는 것을 의미한다. 따라서 형성평가는 기술상(또는 내용상) 검토와 개인 교수, 소집단 또는 대집단 시험 적용에 의하여 자료를 수집한다. 자료 수집을 위해서는 관찰, 사후검토, 간단한 테스트를 활용한다.

총괄평가는 프로그램의 유용성의 결정을 위해 적절성에 대한 정보를 수집하고 이 정보를 사용하는 것으로, 형성평가와 마찬가지로 적절성에 관한 정보를 수집한 후, 이 정보를 이용하여 향후 지속적인 활용에 관한 결정을 내리는 것을 의미한다. 간단히 말하자면, 형성평가는 프로그램이 개발되는 과정에서 실행되는 활동이며, 총괄평가는 프로그램이 모두 완성된 후 시행되는 평가이다. 따라서 총괄평가는 보다 형식화된 자료 수집의 절차와 방법을 활용하며, 비교 집단 연구나 준실험적 연구를 사용한다.

## 4. 교수-학습에 대한 교육공학적 접근

역사적으로 교육공학적 접근이라 함은 매체의 효과적인 개발과 활용을 중심으로 하는 시청각교육 혹은 시청각통신에 있었다. 이후 '체제'의 개념을 받아들이면서 교육공학이 단순히 하드웨어의 개발과 활용이라는 측면에서 벗어나 '학습을 위한 과정과 자원의 설계, 개발, 활용, 관리 및 평가에 관한 이론과 실제(Seels & Richey, 1994)'로 재규정되었다. 이러한 재규정 과정 속에서 교육공학은 교수-학습 방법에 대하여 기존의 전통적인 교수방법과는 몇 가지 점에서 구분되는 아이디어를 제공하게 된다. 교육공학적 교수-학습 방법은 크게 '체제적'이며 '처방적'이며, '학습자 지향적인' 특성을 나타내고 있다(박성익 외, 2001).

### 1) 체제적 특성

공학은 "실제적 문제를 해결하기 위하여 과학적 지식 또는 조직화된 지식을 체계적으로 적용하는 것"이라고 정의한다(Galbraith, 1967). 시청각교육의 전통에서 공학의 이러한 정의를 받아들일 때 초점을 맞춘 개념은 공학에 내재되어 있는 체계 혹은 체제이다. 교육공학의 체제적 특성은 전통적인 교수방법의 접근 방식과는 다소간 상이하게 교수방법을 파악하는 '체제적 교수설계' 관점이다. 무엇보다도 체제적 교수설계 관점은 본격적으로 체제의 개념을 교수방법, 보다 구체적으로는 교수설계 활동에 적용하였다. 교수방법에 관한 기존의 주요 관점은 다양한 교육심리학적 지식의 적용 차원이었다.

체제적 교수설계는 수업을 설계하는 과정을 일종의 체제로 파악하여 분석, 설계, 개발, 실행, 평가의 5단계 활동을 기술하고 있다. 이 관점에 따르면 각 단계의 활동과 그에 따른 결과는 다음 단계에 투입이 되며, 매 단계의 결과는 앞 단계에 피드백을 제공하기도 한다. 학습에 관한 많은 과학적 지식들을 단편적으로 적용하면 기대하는 수업의 목적을 제대로 달성할 수 없다. 효과적인 수업이 되기 위해서는 수업과 관련된 모든 요소들을 최적의 수준에서 고려하여야 한다.

기존의 교수방법은 주로 방법 자체의 효과성에만 초점을 맞춘 반면에 체제적 교수설계의 관점에서 교수방법의 개발은 결국 특정의 교수-학습 상황에서 제기되는 문제해결, 즉 교육목적의 달성 맥락에서 파악되어야 한다는 점을 부각하였다. 여기서 교수방법은 더 이상 단편적인 방법으로만 그치지 않고 특정의 교수-학습 상황을 해결하는 과정에서 통합적으로 나타나는 요소로 파악된다.

교수-학습 방법의 체제적 특성이 드러나는 또 하나의 사례는 매체의 활용방식에 관한 것이다. 매체를 단순히 수업의 보조물로서 파악해서는 안 되며 전체 수업의 과정에서 통합적으로 활용되어야만 효과적인 결과를 얻을 수 있다는 것이다. 매체의 체제적 활용과 관련된 대표적인 모형으로는 ASSURE 모형을 들 수 있다.

### 2) 처방적 특성

교수-학습 방법에 대한 교육공학적 접근의 두 번째 특성은 '처방적'이라는 것이다. '처방적'이라는 것은 어떠한 문제가 발생하였을 때 이를 해결하기 위하여 가장 적절한 방법을 사용한다는 것이다. 즉, 환자가 병에 걸렸을 때 이를 치료하기 위하여 의사의 진단을 받고, 병의 근원과 과정을 진단하고, 병을 치료하기 위하여 가장 효과적인 치료방법과 약을 처방받는 것이다. 따라서 처방적이라는 것은 문제해결을 위한 적절한 방법을 탐색하되 이에 관련된 제반 사항을 면밀히 검토하고 그에 기초하여 최선의 방법을 제시하는 것이라고 할 수 있다.

교육방법 혹은 교수방법에 관한 지식은 궁극적으로 처방적이어야 한다. 처방적 지식은 많은 기술적 지식들이 축적될 때 개발하기가 용이하지만, 그렇다고 해서 기술적 지식이 많아지면 처방적 지식이 자동적으로 개발되는 것은 아니다. 의학 분야, 공학 분야 및 최근 정보공학의 놀라운 발전은 과학적 지식의 축적에 기반을 두면서 사회적인 요구가 높아질 때 적극적으로 대응한 결과라고 볼 수 있다. 그렇다면 교육공학의 관점에서 교육 특히, 교육방법에 관한 문제를 해결하기 위한 처방적 지식의 요구는 어떠한가? 교육에는 여타의 분야에 비하여 도덕, 가치 등의 복잡한 문제와 공적 서비스 특성 등이 있기 때문에 교육적 문제에 대하여 처방적 지식의 축적만 가지고는 해결되기 어려운 점이 있다. 그럼에도 불구하고, 최근 정보화 사회의 도래에 따라 사회가 보다 고도화되는 과정에서 교육 부문의 질적 향상에 대한 요구는 전례 없이 고조되고 있다. 즉, 보다 효과적이고 효율적이며, 매력적인 교육 혹은 수업의 실시가 요구되고 있는 것이다.

처방적 지식이 제대로 개발될 때 교육의 질적 수준은 일정한 수준 이상이 될 수 있다. 처방적 지식의 의미상 그 지식이 제대로 활용되기만 하면(즉 조건, 목적, 결과의 확인과 이에 따라서 최적의 지식을 적용하는 것), 누가 그 지식을 활용하는가에 따른 변화의 정도를 최소화할 수 있기 때문이다. 교육공학적 교수-학습 방법의 처방적 특성이 드러나는 이론으로는 가네의 수업의 사태, 메릴의 내용요소 제시이론, 라이겔루스의 학습과제유형별 교수이론, 켈러의 동기이론 등이 있다. 이러한 처방적 이론들은 교수조건이 주어졌을 때 어떠한 교수전략을 사용할 것인가를 상세히 그리고 체계적으로 제시하여 주고 있다.

### 3) 학습자 지향적 특성

교육공학적 교수-학습 방법의 세 번째 특징은 '학습자 지향적'이라는 것이다. 이 특성은 체제적 특성 및 처방적 특성과는 구분이 된다. 전자의 두 가지 특성은 공학의 의미로부터 나올 수 있는 개념적이며 논리적인 특징인 것에 비하여, 학습자 지향적이라는 특성은 최근에 강조되고 부각되는 패러다임의 변화로부터 제기되고 있는 것이다.

학습자 지향적이라는 말은 '학습자의 학습과정을 지원하는 방식'으로 교육환경, 즉 교수-학습환경이 제공되어야 한다는 말이다. 학습자의 학습과정을 지원하기 위해서는 크게 다음과 같은 세 가지 측면이 고려되어야 한다. 첫째, 학습자의 요구를 그 어느 때보다도 제대로 반영하려고 노력하여야 한다. 둘째, 학습자의 사전지식 및 경험을 고려하고 반영하는 교수-학습 방법이 개발되어야 한다. 학습자의 요구를 반영하여 개발된 교육프로그램들이 실패로 끝나는 경우, 그 원인 중 대표적인 것으로 학습자의 사전지식 및 경험을 고려하지 않았다는 점을 들 수 있다. 셋째, 학습자의 적극적인 참여를 도모하는 교수-학습 방법이 개발되어야 한다. 특히 실패하는 교수과정의 상당한 정도는 학습자의 현재 및 미래적인 특성을 분석하지 않고 일방적인 교수가 진행되기 때문이라고 할 수 있다.

02

CHAPTER

# 교수-학습 관련 변인의 탐색

### 학습 및 활동내용

1. 교수-학습에 관련된 학습자 특성에 대해서 알아본다.
2. 학습자의 학습 실패 원인에 대해서 알아본다.
3. 교수-학습에 영향을 미치는 교사의 특성에 대해서 이해한다.
4. 교육내용의 선정과 조직 원리에 대해서 이해한다.

세상의 모든 교사가 동일한 능력을 가지고 있고 동일한 성격적 특성과 심리적 속성을 가지고 있다고 하여도 학습자가 동일한 학습성과를 얻으리라고 보장할 수는 없다. 동일한 수업시간에 동일한 교사가 동일한 교재를 가지고 학생들을 가르치지만 학생들의 성취도에는 차이가 있다. 무엇이 학습자들의 학업성취에 차이를 가져오도록 하는 것인가? 이러한 물음에 대한 답은 무수히 많다. 노력의 차이, 선천적 지능의 차이, 학습집중도의 차이, 자아개념의 차이, 자신의 미래에 대한 확신의 차이, 주변 환경의 차이, 학습전략의 차이 등등. 그렇지만 어느 것도 답일 수 없으며 모든 것이 답일 수 있다. 그것은 어떤 학생은 노력에 의하여 다른 모든 불리한 요인들을 극복하고 높은 성취를 가질 수 있으며, 어떤 학생은 뛰어난 지능으로 한 번 본 것은 잊어버리지 않기 때문에 남들보다 높은 성취를 가질 수 있다. 그리고 또 어떤 학생들은 학습에 대한 전략적 접근을 통하여 높은 성취를 얻을 수도 있다.

교수행위가 효과적이기 위해서는 교수전략에 대한 이해가 있어야 한다. 그렇지만 교사의 교수전략만으로 학습자의 학습을 기대하기에는 부족함이 있다. 교사는 학습자의 다양성을 이해하고 학습자의 관점에서 학습자를 이해하려는 노력이 필요하다. 어떤 학생은 국어나 수학을 좋아하고, 어떤 학생은 사회나 문학을 좋아하고, 어떤 학생은 음악이나 미술 등의 예술적 교과를 좋아한다. 그리고 어떤 교사는 설명식 수업에 자신감이 있고, 어떤 교사는 멀티미디어를 활용한 수업에 자신이 있다. 그리고 어떤 교사는 수업을 체계적으로 준비하고, 어떤 교사는 상황에 따라 다양성과 즉흥적인 수업전략의 변화를 주기도 한다. 그리고 어떤 교사는 학생들과 친하게 지내고, 어떤 교사는 학생들에 대하여 높은 기대를 가지는 반면, 그렇지 못한 교사도 있다. 교사의 교수행위가 타당성을 가지기 위해서는 부단한 노력이 요구된다.

이 장에서는 교수-학습에 관련된 변인들에 대해서 살펴보고자 한다.

## 1. 학습자

교수-학습과정은 매우 복잡하고 다양한 변인들이 관련되어 있지만 최종적인 교수행위의 대상은 학습자이다. 어떻게 가르칠 것인가의 문제와 무엇을 가르칠 것인가의 문제는 최종적으로 주어진 지식과 정보를 획득하게 되는 학습자를 고려하지 않고서는 그 무엇도 정확한 목표를 달성하였다고 할 수 없을 것이다. 잘 가르친다는 것은 교사에 대한 것이다. 즉, 교사가 잘 가르친다고 하여 반드시 학습자가 전달된 정보를 정확하게 이해하고 받아들였다고 판단할 수는 없는 것이다. 중요한 것은 '학습자가 전달받은 정보를 어떻게 해석하고 받아들일 것인가.' 하는 것이다. 그러므로 유능한 교사가 되기 위해서는 학습자에 대하여 정확하게 알고 있어야 한다.

### 1) 인지적 영역

학습자의 인지적 특성은 학습에 직접적인 영향을 미치게 된다. 일반적으로 학습자의 인지적 능력의 수준이 높으면 학업성취가 높고 인지적 능력의 수준이 낮으면 학업성취가 낮다고 한다. 교수-학습과 관련된 학습자의 인지적 영역의 대표적 요인으로는 지능, 준비성, 창의성, 인지양식 등이 있다.

### (1) 지능

지능에 대한 개념 정의로 대표적으로 첫째, 학습능력으로 보는 견해로서 교육을 받을 수 있는 능력의 정도라는 것이다. 즉, 지능이 높은 사람은 지적 학습능력이 높고 지능이 낮은 사람은 지적 학습능력이 낮다는 입장이다. 둘째, 새로운 환경에 대한 적응능력으로 보는 견해로서 개인의 전체 환경에 대한 적응력이며, 생활의 새로운 문제와 상황에 대한 일반적인 정신적 적응능력이라고 본다. 셋째, 지능을 고등정신능력으로 보는 견해로서, 추상적 사고를 할 뿐만 아니라 그것을 구체적 사실과 관련시키는 능력이라고 정의한다.

최근에는 가드너(Gardner)의 다중지능 이론을 기반으로 하는 지능 관련 교수-학습전략이 많이 언급되고 있다.

가드너의 '다중지능 이론(Theory of Multiple Intelligence, MI)'은 지능을 한 문화권 혹은 여러 문화권에서 가치 있게 인정되는 문제를 해결하고 산문을 창조해 내는 능력이라고 정의한다. 이와 같은 정의를 바탕으로 인간의 지능이 여덟개의 독립적인 부분, 즉 신체-운동(bodily-kinesthetic), 언어(linguistic), 공간(spatial), 논리-수학(logical-mathematical), 음악(musical), 개인 간(interpersonal) 지능 및 개인 내(intrapersonal) 자연주의적(naturalist) 지능 등으로 구성된다는 다중지능이론을 주장한다. 최근에는 실존지능(existentialist intelligence)을 추가하며 아홉 가지 지능을 제시하고 있지만 아홉 번째 지능은 특정한 영역의 사람들에게만 발현되는 지능으로 완전한 지능으로 간주하고 있지 않다(박희숙, 2004).

가드너는 문화인류학, 인지심리학, 발달심리학, 심리측정학, 인물전기연구, 동물생리학, 신경해부학을 포함하는 광범위한 분야의 연구결과에 근거하여 여덟 가지의 준거, 즉 뇌 손상에 의한 분리, 비범한 재능을 가진 사람들의 존재, 독자적인 발달사, 진화사, 핵심활동의 존재, 실험적 증거, 심리측정학적 증거, 상징체계에서의 부호화 등을 설정하였다.

〈표 2–1〉 가드너의 다중지능 이론의 근거

| 지능 | 지능의 핵심요소 | 예 | 지능 개발을 위한 학교활동 | 수업 적용 |
|---|---|---|---|---|
| 1. 언어적 (linguistic) | 단어의 소리, 운율 및 의미에 대한 민감성; 언어의 상이한 기능들의 이해 | 시인, 언론인 | 은유와 성유법의 토의 | 어떻게 아이디어에 관해 말하거나 쓰게 할 수 있을까? |
| 2. 논리/수학적 (logical/ mathematical) | 논리 또는 수 형태에 대한 민감성 및 식별력; 일련의 긴 추리를 다루는 능력 | 과학자, 수학자 | 삼각형 면적 공식을 앎으로써 건물의 한 쪽 모퉁이까지 대각선 거리를 계산하기 | 어떻게 아이디어를 수량화 또는 명료화하도록 수, 논리 및 분류화를 만들게 할 수 있을까? |
| 3. 공간적 (spatial) | 시·공간계를 정확히 지각하고 최초의 지각에 따라 변환을 수행하는 능력 | 항공(해)사, 조각가 | 그림 그리기에서 원근법을 사용하기 | 아이디어를 공간적으로 시각화, 그리기, 또는 개념화하도록 돕기 위해 무엇을 할 수 있을까? |
| 4. 음악적 (musical) | 운율, 음조 및 음질을 산출·감상하는 능력; 음악적 표현 형태의 감상 | 작곡가, 바이올린 연주자 | 노래의 멜로디 또는 박자를 결정하기 | 어떻게 환경의 소리를 사용하거나 또는 아이디어를 운율 또는 멜로디로 조절하도록 도울 수 있을까? |
| 5. 신체/운동적 (bodily/ kinesthetic) | 신체운동을 통제하고 물건을 능숙하게 다루는 능력 | 댄서, 운동선수 | 당나귀 꼬리를 고정하기 놀이; 카드 댄스하기 | 온몸을 관여시키거나 또는 실제 경험을 사용하도록 돕기 위해 무엇을 할 수 있을까? |
| 6. 개인 간 (intrapersonal) | 다른 사람들의 기분, 기질, 동기 및 욕구를 인식하고 적절히 반응하는 능력 | 치료자, 판매원 | 급우들 간 논쟁의 양측에 경청하기 | 학생들의 상호작용 기능을 돕기 위해 어떻게 또래, 교차연령, 또는 협동학습이 사용될 수 있을까? |
| 7. 개인 내 (intrapersonal) | 자신의 느낌들에의 접근과 느낌들을 식별하고 안내하기 위해 느낌에 의존하는 능력 | 배우, 소설가 | 자신의 좌절에서 통찰을 얻기 위해 문학 작품의 등장인물의 역할을 연기하기 | 자신을 인간 및 학습자로서 더욱 인식하도록 어떻게 자신의 능력과 느낌에 관해 생각하게 할 수 있을까? |
| 8. 자연주의자 (naturalist) | 자연에 있는 형태들을 발견하고 이해하는 능력 | 지리학자, 탐험가 | 숲에 있는 식물의 종류와 형태들의 관찰 | 어떻게 상이한 유형의 물체들을 분류하고 그 분류도식을 분석하도록 요구하는 경험을 제공할 수 있을까? |

출처: 문선모(2004).

가드너(1983, 1993)가 이러한 여덟 가지 준거에 부응하여 제시한 일곱 가지 지능을 구체적으로 살펴보면 다음과 같다(홍성윤, 1999 재인용).

- 신체-운동지능은 자신의 신체동작을 조정하는 능력 또는 사물을 능숙하게 조작하는 것과 관련된 능력이다. 이외에 운동, 경기 및 신체와 관련된 사물을 능숙하게 다루는 능력이 포함되며 최종상태는 무용가나 운동선수이다.
- 언어지능은 언어의 소리, 리듬 및 의미에 대한 민감성, 즉 언어의 다양한 기능에 대한 민감성으로, 이 지능의 최종상태는 시인과 언론인이다.
- 논리-수학지능은 분류하고 범주화하기, 패턴을 지각하고 이해하기, 체계적으로 추리하기, 추상적으로 추리하기 등과 같은 능력으로 최종상태는 수학자나 과학자이다.
- 공간지능은 사물을 정확하게 지각하기, 다양한 관점에서 사물을 그려 보거나 회전한 모습을 상상해 봄으로써 공간상에서 사물을 조작하기, 구체물에 대한 자신의 지각을 2차원 또는 3차원으로 바꿔 보기와 같은 능력으로 최종상태는 예술가나 건축가이다.
- 음악지능은 음악의 기본적인 요소, 즉 음조, 리듬, 음색에 대한 민감성, 자기 주변에서 듣는 음악과 소리에 대한 민감성과 관련된 능력으로 최종상태는 연주가나 작곡가이다.
- 개인 간 지능은 다른 사람의 기분, 기질, 동기 및 의도를 식별하고 그에 적절하게 반응하는 능력, 다른 사람과 어울리는 것, 다른 사람이 일을 하도록 동기 유발하는 것 그리고 다른 사람들에게 영향을 주는 능력 등이다. 개인 간 지능의 최종상태는 종교인이나 세일즈맨이다.
- 개인 내 지능은 자신의 내적 과정과 특성에 대해 인식하기, 자신의 사고·느낌·정서를 구분하기, 자신의 행동을 이해하고 안내하는 방법으로 사고·느낌·정서에 의존하는 능력 그리고 행동할 때 그런 감정상태를 활용하는 능력으로 최종상태는 소설가나 임상가이다.

### (2) 준비성

준비성(readiness)이란 손다이크(Thorndike)가 주장한 학습의 법칙 중 준비성의 법칙에서 기반한 것으로서, '어떤 내용을 학습하기 위해서는 언제가 가장 효과적인가' 하는 적시성(timeliness)과 최적기(optimum time)에 초점을 둔 개념이다. 그리고 발달심리학에서의 준비성은 성숙과 동일시하는 입장으로 학습자의 학습은 필요한 성숙단계에 도달해야만 가능하다고 본다. 따라서 일정한 성숙이 이루어질 때까지 학습활동은 불가능하며 성숙될 때까지 기다려야 한다는 것이다. 즉, 준비성이란 어떤 내용을 학습하는 데 필요한 조건이 갖추어져 있는 상태를 의미하며 여기서 필요한 조건이란 신체나 신경계통의 성숙, 이미 습득하고 있는 지식과 기능, 흥미, 태도, 동기 등을 모두 포함한다.

이러한 준비성과 관련한 주요 요인으로 성숙과 경험을 들 수 있다. 성숙이 이루어지기 전에 무리한 학습을 시킨다는 것은 학습의 효과가 없음은 물론 그 개인에게 어떤 정서문제나 장애를 야기할 수도 있다. 성숙은 학습의 바탕인 준비성의 중요 요인으로서 발달을 추진함에 있어서 학습과 상보적 관계를 이루고 있다.

준비성에 의하면, 해당 학습에 필요로 하는 신체적 및 심리적 준비상태가 이루어져 있지 않은 상태에서는 학습이 제대로 이루어지지 않는다. 성숙은 필연적으로 정서적인 요소와 관련을 가지게 된다. 따라서 성숙이 이루어지기 전에 무리한 학습을 시킨다는 것은 학습의 효과가 없음은 물론 개인에게 어떤 정서적인 장애를 야기할 수도 있다는 것이다. 성숙과 준비성의 관계를 정리하면 다음과 같다.

① 학습은 성숙 수준에 의존한다. 그러므로 성숙 정도에 따라 학습시키는 것이 효과적이다.

② 훈련을 시키는 것이 전혀 영향이 없는 것은 아닐지라도 성숙이 이루어지지 않으면 그 효과가 적다.

③ 성숙할수록 훈련이 덜 필요하며, 성숙은 어떤 학습을 할 수 있는 준비가 된다.

④ 성숙 전의 훈련효과는 일시적이다.

⑤ 성숙 전 훈련이 학습자의 욕구좌절을 일으키면 부정적인 결과를 가져올 수

있다.

⑥ 성숙은 학습의 준비성을 이룬다.

결과적으로 학습은 그 시기의 성숙의 정도에 따라 좌우되며, 성숙의 정도가 다르면 같은 훈련을 시켜도 학습효과가 다르게 나타난다. 그리고 학습내용이 성숙도에 적합한 것이 아니면 훈련을 받은 만큼의 효과도 나타나지 않는다(임창재, 1997).

### (3) 창의성

창의성이 높은 학습자는 창의성이 낮은 학습자에 비하여 독특한 특성을 지니고 있다. 지적 능력의 차이, 특히 지능의 높고 낮음에 관계없이 창의적 특성이 높은 아동이 가지고 있는 특성이 있는 것이다. 창의성이 높은 아동은 확신하고 있는 일에 용기를 가지고 호기심이 강하며 자기 스스로 판단한다. 또한 위험이나 실수를 두려워하지 않는 특성을 가지고 있다고 한다. 그리고 창의성이 높은 사람의 특성은 높은 자신감, 뛰어난 사회성, 융통성, 자기수용성, 자립성, 자기만족, 독자적 판단, 높은 감수성, 비합리성의 발견, 모험적, 극기적, 내성적, 자아긍정성 등을 지니고 있다고 한다(임창재, 1997).

창의성은 '새롭고 신기한 것을 낳는 힘' 또는 '생산적 사고와 창조적 사고를 표현하는 복잡한 심리적 과정으로서 인내성과 성취, 변화, 개선을 구하는 태도 그리고 소신을 낳게 하는 정열 같은 것'으로 정의될 수 있으며, '새로운 관계를 지각하거나, 비범한 아이디어를 산출하거나 또는 전통적인 사고유형에서 벗어나 새로운 유형으로 사고하는 능력' 등으로 정의되고 있다(서울대학교 교육연구소, 1994). 따라서 창의성은 새로운 것을 제시하기 위한 지적인 과정이면서 개인적인 성격적 특성 또는 새롭고 가치 있는 결과를 위한 문제해결의 특수한 형태(임창재, 1997) 등으로 제시되고 있다.

이러한 창의성의 구성요인은 일반적으로 유창성, 독창성, 융통성, 정교성 그리고 민감성 등으로 제시된다.

① 유창성(fluency): 주어진 자극에 대하여 제한된 시간 동안 어느 정도의 반응을 보일 수 있는지의 능력으로 아이디어의 양적인 풍부성을 말한다.

- 언어의 유창성: 주어진 문자를 조합하여 언어를 만드는 능력을 말한다.
- 연상의 유창성: 동의어를 몇 개나 답하는가에 관한 검사에 의하여 측정되는 기능으로서 작문을 위해서 중요한 것으로 확인되고 있다.
- 표현의 유창성: 문장을 만드는 검사 등에 의해서 조사되며 이 득점은 다른 방법에 의하여 측정되는 기능으로서 작문을 위해서 중요한 것으로 확인되고 있다.
- 관념의 유창성: '단단하고, 희며, 먹는 것은 무엇인가?' 등의 질문에 답하도록 하거나 이야기의 제목을 생각해 내도록 하는 검사에 의해서 조사되는 것으로서, 질보다는 양이 문제가 된다.

② 독창성(originality): 기존 지식의 단순한 통합이 아닌, 새롭고 흔히 볼 수 없는 반응을 도출하는, 평범하지 않으면서 독특한 반응의 능력을 말한다. 통계적으로 다수인의 응답과 상이한 응답을 하는 것 그리고 다음과 같이 응답의 성질에 의해서 채점되는 기능이다.

- 비범성: 언어 연상 검사에서 정상이면 평범하고, 비정상이면 비범하다.
- 원격연합: 두 개의 낱말을 주고서 그 관계를 나타내도록 했을 때 아주 멀리 떨어진 두 낱말을 나타내 주는 능력이다.
- 교묘성: 이야기의 줄거리를 주고서 제목을 붙이게 하는 검사에 의해서 답의 내용에 대하여 흡사한 정도를 채점한 것이다.

③ 융통성(flexibility): 사고의 방향이 얼마나 포괄적인가, 혹은 다양한가와 관련된다. 사고의 유연성은 낡고 오래된 사고를 버리고 새로운 생각을 받아들이는 능력으로서 자의적 유연성과 적응의 유연성이 있다.

④ 정교성(elaboration): 중심이 되는 생각을 정교화하거나 세부사항을 덧붙여 문제에 포함된 의미를 명확히 하고 부족한 것을 보충하는 능력이다. 이는 아

이디어가 어떤 대상의 기능, 위치에 대한 행동, 목표에 어느 정도 정확하게 접근하고 있는가에 관계된다.

⑤ 민감성(sensitivity): 문제에 대한 민감성은 문제사태에 대해 민감하게 지각하는 능력으로서 어떤 도구의 결점을 말하도록 하는 검사에 의하여 조사되는 기능이다. 처음에는 문제에 대한 감수성과 평가의 능력을 구별하고 있지만 최근의 연구에서는 모두 동일한 기능에 속하는 것으로 판단하고 있다.

어떻게 '학습자들의 창의성을 높일 것인가?' 하는 문제와 관련하여 정확한 원리를 제시할 수는 없다. 이것은 학습자 개개인의 특성과 각자가 가지고 있는 창의성의 형태 그리고 교수방법 등에 의하여 다르게 처방되어야 하기 때문이다. 일반적으로 적용될 수 있는 창의성 개발의 원리는 다음과 같다.

① 판단보류의 원리: 일시적으로 평가 판단을 보류하는 것이다.

② 결합의 원리: 결합은 연결, 관련, 종합을 의미한다. 어떤 것을 새로 만들 때 이전에 없었던 전혀 새로운 사물을 만드는 경우는 매우 드물다. 일반적으로 새로운 것을 만든다는 것은 기존의 자료나 의미를 결합시키거나 개선 또는 새로운 의미를 부여하여 이루어진다.

③ 독창성의 원리: 독창성은 개성이 포함된 유일성, 신기성, 개성을 의미한다. 창의성은 이전에 알려져 있지 않은 사고과정을 산출하는 능력이다. 이 과정에서 중요한 것은 유일성이다. 문제해결의 과정이 이전에는 없었던 독특하고 특이한 그리고 뛰어난 것이어야 한다. 과거의 문제해결 과정에서 얻었던 문제해결 과정의 효율성보다 높아야 하며 다른 문제해결 과정과는 다른 독특성을 가져야 하는 것이다.

④ 다양성의 원리: 다양성의 원리는 결합의 원리와 매우 밀접한 관계가 있다. 주어진 자료의 의미를 다양하게 확산시켜 가면서 새로운 결합을 찾아보고 어떤 요소를 다른 것으로 대체해 보고, 결합하는 절차나 방법을 변화시켜 보는 것은 다양성의 원리와 결합의 원리를 함께 사용한 것이다. 다양성은 하나의

제공된 정보를 보는 관점에 따라 다른 의미를 가질 수 있다는 것을 의미한다.

⑤ 자율성의 원리: 자율성은 학습자가 스스로 생각하고, 만들어 보고, 조작하는 등의 외부의 지시나 간섭에 의존하지 않고 활동하는 것이다. 창의적인 학습자의 특성 중의 하나는 자율적인 사고능력과 행동양식을 가지고 있다는 것이다.

### (4) 인지양식

인지양식은 지적능력과 성격특성과 밀접한 관련을 가지고 있으며, 인지양식의 차이에 따라 지적능력의 양과 질이 변하고 성격이 변하기도 하며, 또한 지적능력과 성격의 차이에 따라 인지양식이 변화될 수도 있다고 본다. 인지양식은 인지적 영역과 정의적 영역의 한가운데 존재하고 있는 것이라고도 할 수 있다. 이것은 인지양식이 각 개인이 사물에 대하여 가지는 판단양식을 결정하기 때문이다. 즉, 외부 세계에서 주어지는 상황을 개인이 '어떻게 판단하는가?' 하는 문제와 관련되어 있는 요인으로 개인이 사물에 대하여 가지는 판단양식인 인지양식은 학습에 중요한 영향을 주고 있다.

인간은 사물과 정보를 인식함에 있어서 통합된 하나의 일체로 이해하게 된다. 즉, 인간은 지능, 적성, 흥미, 동기 등 여러 가지 측면에서 개인차를 보이는데 자신을 둘러싼 외부환경이나 사물을 지각할 때도 개인의 인지적 및 정의적 특성에 따라 주어진 상황이나 정보에 대해 독특한 방식으로 지각, 기억, 사고하는 등의 인지활동을 수행하게 된다. 이러한 인지양식의 특징에 대하여 위트킨(Witkin) 등은 다음의 네 가지를 제시하고 있다(임규혁, 2005).

첫째, 인지양식은 인지활동의 내용보다 인지형태와 관련이 깊다. 즉, 지각, 사고, 문제해결, 학습 등의 방법에 있어서의 개인차를 가지게 된다.

둘째, 인지양식은 지적 특성뿐만 아니라 비지적 특성까지도 포함하는 다면적 차원이다.

셋째, 인지양식은 단기간 내에 변화되지 않고 수개월 혹은 수년간 지속하는 비교적 항상적이고 안정된 특성이다.

넷째, 인지양식은 가치판단의 양극성을 띠고 있다. 이 특징은 인지양식을 지능이나 다른 능력과 구별하는 데 있어서 특히 중요한 특징이다. 즉, 인지양식은 개인이 상황에 따라 알맞은 적응적 가치를 지니기 때문에 어느 것이 좋거나 나쁘다고 단정할 수 없는 가치 중립적 개념이다.

이러한 인지양식의 대표적 유형으로 '반성적 인지양식과 충동적 인지양식' 그리고 '장독립적 인지양식과 장의존적 인지양식'이 있는데 이를 간략하게 살펴보면 다음과 같다.

#### ① 반성적 인지양식과 충동적 인지양식

인지양식이 반성적이냐 충동적이냐 하는 것은 한 유기체가 두 개 이상의 대상에 대하여 선택적 반응을 결정하려 할 때 그 대상을 개념화하는 속도에 관한 문제이다. 대상을 개념화할 때 시간적으로 빨리 급하게 인지하는가? 아니면 천천히 침착하게 인지하는가의 문제이다. 이것은 보통 개념화 속도(conceptual tempo)라고 부른다. 개념적 속도의 차, 반성적 인지와 충동적 인지의 구별은 MFF 검사(Matching Familiar Figures test)에 의하여 이루어진다. 이 검사는 하나의 표본이 되는 그림과 그 표본과 비슷한 여러 개의 그림들로 구성되며, 이 검사는 동물, 인물, 사물, 도형 등의 여러 가지 그림들이 복합적으로 구성되어 있다. 피험자는 왼쪽에 있는 표본과 동일한 그림을 오른쪽에 있는 표본그림에서 찾아야 한다. 충동적 인지양식을 가진 피험자들은 검사완료 시간이 비교적 짧으면서 오답수가 많고, 반성적 인지양식을 가진 피험자들은 검사완료 시간이 비교적 길면서 정답의 수가 많게 된다. 결국 검사에 소요된 소비시간과 정답 수의 비교적 차이에 의하여 반성적 인지양식의 소유자와 충동적 인지양식의 소유자가 구별되는 것이다.

학교교육에서 개념화의 속도가 중요하게 다루어지는 중요한 이유는, 학교에서 다루는 학습과제의 대부분이 변별을 요구하는 것이기 때문이다. 학교에서 제공되는 학습의 대다수는 특정한 조건을 제공하고 이에 적절한 답을 선택하도록 요구하거나 주어진 공식에 따라 문제를 해결하는 과정에서 빠르고 정확하게 문제를 해결하도록 요구하게 된다. 따라서 학습의 문제는 여러 가지 대안들 중에서 어떤 반응을 선택적으로 결정해야 하는 것들로 되어 있는 것이 개념화의 속도를 다루어야 하는 원인인 것이다.

### ② 장독립적 인지양식과 장의존적 인지양식

인지양식 중에서 가장 널리 연구된 분야가 장독립성(field-independence)과 장의존성(field-dependence)이다. 이는 환경이 사물에 대한 개인의 인지에 영향을 주는 정도를 말한다. 장의존성과 장독립성은 총체적 인지양식과 분석적 인지양식이라고 불리기도 한다. 장의존적인 사람들은 그들을 둘러싸고 있는 상황과 맥락으로부터 특수한 개개의 자극을 변별하여 분화시키는 데 어려움을 가지고 있으므로 그들의 지각은 주위의 맥락의 조작에 의하여 쉽게 영향을 받는다. 그러므로 이들은 사물을 지각할 때 사물을 둘러싸고 있는 배경에 의존하려는 경향을 보이며, 정보를 처리하는 데 있어서 상황에서 이탈하거나 변경시키기보다는 있는 그대로 두거나 고수하려는 경향을 가진다. 반대로 장독립적인 사람은 보다 분석적으로 사물을 지각한다. 그들은 개개의 자극들을 그들의 배경이나 맥락으로부터 분화시켜 지각할 수 있기 때문에 주위의 상황적 변화에 별로 영향을 받지 않는다. 장독립적인 사람들은 정보를 처리함에 있어서 사물의 배경에는 관계없이 사물만을 지각하는 경향을 가진다. 그러므로 그들은 상황의 구조를 극복하거나 재구조화하려는 경향성이 있다.

학교교육에서 인지양식으로서 장의존성과 장독립성에 관심을 기울이는 것은 교사와 학습자의 인지양식이 장의존적인가 또는 장독립적인가 하는 것이 교수-학습과정의 내용과 방법에 직접적인 영향을 받기 때문이다. 장의존적인 학습자는 집단적으로 학습하기를 선호하고 집단 성원들 간의 상호작용을 좋아하기 때문에 협력학습이나 협동학습의 교수-학습 방법을 선택하는 것이 학교학습에 효과적일 수 있다. 또한, 학습목표의 설정에 있어서도 학습자가 스스로 선택하기보다는 교사에 의하여 제공되는 것이 효과적이다. 이에 반하여 장독립적인 학습자는 학습에 있어서 개인적인 방법을 선호하고 학습목표도 교사나 외부인에 의하여 제시되기보다는 본인이 스스로 설정하고 자기 자신에 의한 보상을 받기를 바란다. 즉, 내적으로 받은 보상에 의하여 강한 동기 유발이 이루어지는 것이다. 따라서 스스로 학습을 수행하며, 자신에게 적절한 학습전략을 개발하기를 좋아한다.

## 2) 정의적 영역

### (1) 학습동기

학교에서의 최적의 교수-학습과정은 학습자들이 주의 집중하고, 학습에 적극적이며 적절한 방법으로 수행하고, 제시되는 지식과 정보를 습득하는 것이다. 그리고 교사는 최적의 학습을 위하여 수업활동을 계획하고 학습자들의 학습을 지원하고 촉진하기 위해 다양한 노력을 하는 것이다. 그러나 이러한 교수-학습과정은 실제적으로 불가능하다. 아무리 교수-학습과정에 대한 적절한 계획이 수립되고 열정적으로 수업을 진행한다고 하여도 학습자들은 학습수행에서 실패하는 경우가 있다. 즉, 교사의 입장에서 다양한 자료와 흥미로울 것이라 생각되는 단원계획으로 접근을 해도 학습자들의 반응이 교사 자신이 의도한대로 진행되지 않는 경우를 종종 관찰하게 되며 '왜 그럴까?' 하는 의문을 갖게 된다. 이와 관련된 요인으로 동기를 들 수 있다.

동기(motivation)란 '인간의 행동을 끌어내는 힘이 무엇인가?', '행동이 어떤 특정목표를 향하게 되는 것은 무엇 때문인가?' 그리고 '목표도달에 강화는 어떠한 역할을 하는가?' 등의 질문과 관련되며, 인간의 행동을 일으키는 근원적인 힘으로 이해되고 있다. 일단 동기가 발생하게 되면 행동이 따르게 되는데 이때 행동은 반드시 어떤 방향으로 나아가게 되는 것이다. 이러한 원동력은 목적 추구의 행동을 하게 하는 준비태세나 상태이며, 대상이나 목표로 개체를 이끌게 하는 상태이다.

따라서 학습동기란, 학습과 관련된 개인의 준비태세라고 할 수 있다. 이러한 학습동기를 유발하는 근거로 가네와 드리스콜(Gagné & Driscoll, 1988)은 호기심, 성취욕구, 자기효능감, 정신적 노력으로 보고 있다.

동기의 기능은 일반적으로 발생적 기능, 방향적 기능, 강화의 기능(임규혁, 2005)이나 발생적 기능, 지향적 기능, 선택적 기능(임창재, 1997)으로 제시되고 있다. 각각에 대하여 간략하게 제시하면 다음과 같다.

① 발생적 기능: 행동의 출발점 기능 또는 시발적 기능으로 이해될 수 있으며 모든 행동의 전제조건이 되며, 행동을 촉진시키는 기능이다. 동기는 어떤 행동의 출발점 기능을 가지고 개체를 지배한다.

② 방향적 기능: 행동의 방향을 결정하는 기능으로서 지향적 기능이다. 행동에 있어서 구체적인 방향을 정하고 자극에 대한 선별적 반응을 통해 순조롭게 목표를 달성하며 결과적으로 긴장을 완화시키는 기능을 한다.

③ 강화의 기능: 동기가 행동의 원동력이 되어 행동을 강화시키는 것으로서 칭찬이나 질책과 같은 외부적 상황이 특정한 행동을 수행하도록 유도하는 것이다.

④ 선택적 기능: 인간의 행동은 가치 지향적이고 선택적이기 때문에 동물과 다른 행동을 한다. 즉, 가장 바람직한 행동을 선택하여 행동으로 나타내게 되는 것이다.

이러한 동기는 학습과 관련하여 일반 동기와 특수 동기로 구분할 수 있으며, 동기의 범주에 따라서 외재적 동기와 내재적 동기로 구분할 수 있다(임규혁, 2005).

① 일반 동기(general motivation): 일반 동기는 학습상황에서 지식의 습득과 기능의 숙달을 위해 노력하는 지속적이고 폭넓은 경향을 의미한다. 학습에 대한 일반 동기는 교과목에 따라 어느 정도 차이는 있을 수 있지만 긍정적인 동기 유발은 특정 과목이나 주제 영역을 뛰어넘어 광범위한 영역에서 활성화될 수 있다.

② 특수 동기(specific motivation): 학습에 있어서 특수 동기는 특정 과목 혹은 특정 수업시간의 학습에서만 학습자들의 학습을 촉진시키게 된다. 따라서 특수 동기는 교사의 통제범위 안에 들어 있다고 볼 수 있으며 특정전략에 의해 변화될 수 있다.

③ 외재적 동기: 외재적 동기는 학습자가 외부로부터 받을 수 있는 강화자로서의 동기를 의미한다. 행동주의 관점에 근거한 외재적 동기는 높은 성적을 받았을 때 상장을 주거나 심부름을 했을 때 용돈을 주는 등의 예처럼 직관적으로 쉽게 이용될 수 있다.

④ 내재적 동기: 내재적 동기는 학습자가 본질적으로 가지고 있는 동기로서, 학습자의 흥미나 호기심과 같은 요인에서 유래하는 스스로의 욕구에 대한 반응을 의미한다.

### (2) 자아개념

사람은 자신에 대한 확신감을 갖고, 자신을 능력 있는 존재로 생각함으로써 긍정적인 자아개념을 갖게 된다. 긍정적인 자아개념을 가진 사람은 자신이 설정한 목표를 성취할 수 있다고 믿고, 자신이 하고 싶은 일을 선택하고 수행하며, 자신에 대한 비평도 화내지 않고 들을 수 있고, 장애물도 극복할 수 있다고 느끼며 도전하기 때문에 성공할 확률이 높다. 반면에, 부정적인 자아개념을 가진 사람은 자신이 성공할 수 있다는 확신을 갖지 못하기 때문에 열심히 노력하지 않는다. 노력 부족은 모든 일을 실패로 이끌고, 결국 스스로에 대한 신뢰감과 성공에 대한 자신감을 위축시킨다. 이와 같이 인생에 있어서 성공과 행복의 가장 중요한 열쇠는 긍정적인 자아개념을 형성하는 것으로까지 보고 있다.

자아개념이란 각 개인이 가지고 있는 자신에 대한 태도라고 할 수 있다. 이러한 태도가 긍정적인가 또는 부정적인가에 의하여 사물에 대한 관점이 달라질 수 있는 것이다. 이렇듯 자아개념의 향상은 그 자체가 가치 있는 교육의 결과일 뿐만 아니라 학업성취를 비롯한 다른 활동의 결과도 향상시키는 수단이 되는 것이다(유기섭, 2006).

자아개념의 구성요소에 대하여 학자들마다 견해를 달리하고 있다. 자아개념의 구성요소에 대하여 샤벨슨과 후브너, 스탠튼(Shavelson, Hubner, & Stanton) 등은 복합적인 자아개념 구조를 위계적인 가설적 모형으로 제시하였다.

그림 2-1 자아개념의 위계적 구조에 대한 가설적 모형

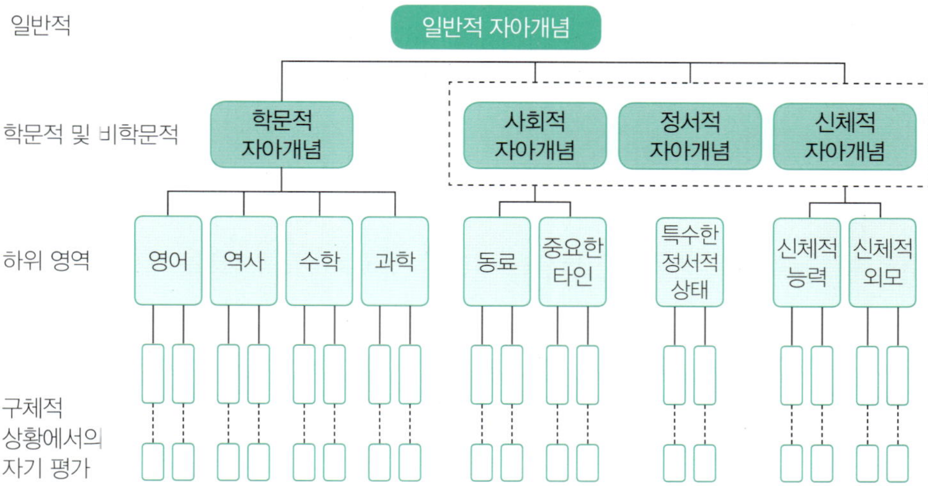


출처: 유기섭(2006).

자아개념이 학생들의 교실활동과 학업성적에 미치는 영향이 매우 크다. 어느 정도의 차이는 있지만 일반적으로 학문적 자아개념과 학업성취도 간의 상관계수는 r =.20~.56의 상관을 보여 주고 있는 것으로 보고되었다. 그렇지만 자아개념과 학업성취도 간의 인과관계를 밝히지는 못하고 있다. 이것은 자아개념과 학업성취 간에는 분명히 밀접한 관련은 있지만 어떤 것이 독립적인 영향을 미치는지에 대해서는 판단하지 못하고 있다는 것이다. 그러나 분명한 것은 자아개념이 높은 학생이 학업성취가 높으며, 또한 학업성취가 높은 학생의 자아개념이 높다는 사실이다.

### (3) 불안

불안은 인간의 행동에 어떤 영향을 미치는가? 불안은 인간에게 부정적으로도 작용하고 긍정적으로도 작용한다. 적정한 수준의 불안은 보다 나은 성취를 위한 동기의 역할을 하게 된다. 학업성취와 불안의 관계에 있어서 일반적으로 부정적인 상관이 있는 것으로 제시되고 있다. 불안이 높으면 복잡하고 어려운 과제에서 그렇지 않은 과제보다 더 많은 실수를 저질러 그 수행의 저하를 가져 오고, 불안의 정도가 낮으면 그 반대의 현상을 나타내게 된다. 그러나 이러한 관계는 불안이 낮으면 학업성취가 높아지는 것도 아니다. 이렇듯 불안은 학교학습과 관련된 정서적인 요인 중의 하나인 것이다.

불안은 공포, 걱정 그리고 생리적 긴장으로 특징지어지는 정서반응의 하나로 뚜렷하지 않은 대상으로부터 느끼는 심리적 동요상태를 말한다. 이 불안의 개념은 정신분석학에서 가장 중요한 개념이며 인성발달에 있어서 중요한 역할을 한다. 신체의 내부 기관에 생기는 흥분에서 오는 일종의 고통스러운 감성적 경험이나 흥분은 내적·외적 자극에 의해서 생겨나게 되고 인체의 자율신경계통의 지배를 받는다.

불안의 특성에 대해서는 다음과 같이 설명할 수 있다(유기섭, 2006).

① 공포 또는 위험을 의식적으로 느끼게 되는데 이러한 위협을 느끼게 하는 직접적인 대상이 무엇인가를 식별할 수 없으므로 왜 불안을 느끼는지를 알 수 없다.

② 생리적 흥분(각성)과 신체적 고통을 느끼게 되는데 이에는 여러 가지의 신체적 변화와 불안이 수반된다. 흔히 나타나는 징후로는 심장과 혈관에 나타나는 징후, 호흡의 장애 등이 있다. 불안이 오랜 기간 지속되면 이와 같은 신체적 징후가 만성화될 수도 있다. 이뿐만 아니라 불안에서 오는 각성상태는 불면증, 빈번한 배설, 땀, 근육의 긴장, 피로 및 기타의 당혹과 고통으로 나타날 수도 있다.

③ 사고작용에 지장을 가져오거나 환경적 요청에 효과적으로 대응하는 것이 어렵게 되는 등 문제해결 또는 인지적 통제기능에 지장을 가져온다.

불안과 학교학습 간의 관계를 그림으로 나타내면 [그림 2-2]와 같다. 학습과 불안의 관계는 곡선의 관계를 가지지만 이를 엄격하게 살펴보면 학습과제의 난이도에 따라 다르게 나타난다. 충분히 이해하고 있거나 간단한 학습과제에 있어서는 불안이 높을 때 학습활동의 효과가 가장 높지만, 학습 초기 또는 매우 어려운 학습과제에 있어서는 그 효율성이 매우 낮다. 따라서 같은 학습과제의 경우에는 긴장을 풀고 침착하되 주의를 집중할 때 학업성취가 가장 높게 나타난다.

그림 2-2 불안과 성취동기(A), 성취불안 및 과제난이도(B)

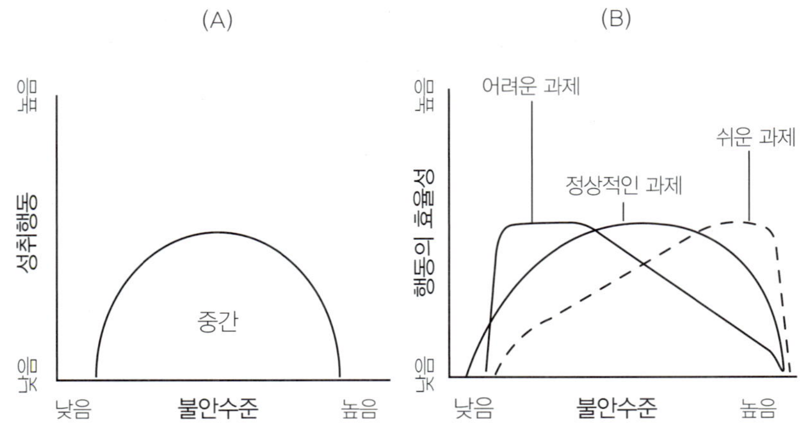


출처: 유기섭(1993).

## 2. 교사

교사의 질은 교육의 질을 결정한다. 즉, '교육의 질은 교사의 질 그 이상도 그 이하도 아니다'라는 말이 있는데 이 말이 의미하는 것은 교사가 전적으로 교육의 질을 결정하는 것은 아니지만 많은 영향을 미치고 있음을 부정할 수 없다는 사실이다. 전통적인 교육 현장에서 교사는 모든 정보를 가지고 있었던 사람이며, 학습자는 교사를 통하지 않고서는 새로운 정보나 지식을 받아들이기 어려웠다. 이 시기에 교사의 위치는 절대적이었다. 그렇지만 시대의 변화와 각종 매체의 발달로 인하여 학습자들은 다양한 경로를 통하여 정보와 지식을 습득할 수 있게 되었으며, 교육의 패러다임 역시 교사에게서 학습자 중심으로 이동하고 있다.

교사의 역할 변화에 대하여 일부에서는 교사의 역할이 축소 또는 그 필요성이 줄어들고 있으며, 장래적으로는 교사가 사라질 것이라는 예측을 하고 있다. 그러나 이것은 교육의 본질과 교사의 역할 변화를 제대로 인식하고 있지 못한 데서 비롯되었다고 할 수 있다. 교육의 축이 교사에게서 학습자에게로 옮겨지고, 교사의 역할이 절대적 정보전달자에서 함께 학습하는 사람(co-learner)의 개념으로 변화되고 있다고 하여 교사의 중요성이 줄어드는 것은 아니다.

미래의 교사 역할은 더욱 중요하며 교사의 임무는 더욱 많아지는 것이다. 즉, 과거에는 절대적인 정보전달자로서 존재했지만 이제는 다양한 학습자의 요구를 충족시켜 주기 위하여 복합적 기능을 가진 존재가 되어야 하기 때문이다. 이러한 교사의 역할을 이론적으로 보여 주고 있는 것이 적성처치상호작용 모형(ATI)이나 학습자-학습과제-교수방법 간 상호작용 모형(TTTI)이다.

특히 학습 초기와 초보학습자들에게 있어서 교사의 역할과 위치는 아직도 절대적인 것이다. 교사는 그들에게 학습에 필요로 하는 정보와 학습기술을 가르치며 또한 효과적으로 학습할 수 있는 방법을 전달하게 된다. 뿐만 아니라 학습자들과 상호작용을 통하여 사회적 활동의 기초를 제공하기도 한다. 그러므로 교사의 위치나 역할은 시대의 변화에 따라 보다 중시되고 있으나 사람들이 이것을 인식하지 못하고 있는 것이다.

여기에서는 교수-학습과 관련된 교사변인으로서 교사효능감, 학습자에 대한 교사의 기대 그리고 교사가 갖추어야 할 조건들에 대해서 알아보고자 한다.

### 1) 교사효능감

좋은 교사가 되기 위한 조건으로 전공에 대한 풍부한 지식과 학생에 대한 사랑과 이해 그리고 봉사정신과 투철한 소명의식 등을 가장 먼저 제기하게 된다. 그러나 이러한 것들이 좋은 교사가 되기 위한 조건의 모두는 아니다. 좋은 교사가 되기 위한 조건 중의 하나는 '교사로서 가지고 있는 교직에 대한 태도와 교사로서의 자기 자신에 대한 인식을 어떻게 하고 있는가?' 하는 것이다. 이것이 교사의 직무를 수행하는 데 많은 영향을 미치게 된다. 즉, 교사효능감은 가르치는 행위에 대한 효능감인 동시에 교사로서 개인이 가지고 있는 자기효능감인 것이다(신명희 외, 2002).

교사효능감이 높은 교사와 교사효능감이 낮은 교사는 여러 가지 측면에서 차이를 가지고 있다. 이러한 차이는 최종적으로 학생들의 학교학습 성공과 실패에 영향을 주는 중요한 요인이 된다. 교사효능감은 가르치는 행위에 대한 효능감과 개인적 효능감으로 구분된다. 가르치는 행위에 대한 효능감이란, 가르쳐서 학생의 학업성취를 변화시킬 수 있다는 교사의 지각을 의미하고, 교사의 개인적 효능감이란 자기 자신의 가르치는 능력에 대한 지각을 말한다. 이러한 특성의 차이에 의하여 교육 현장에서 나타날 수 있는 차이를 구체적으로 제시하면 다음과 같다.

〈표 2-2〉 교사효능감이 높은 교사와 교사효능감이 낮은 교사의 태도 비교

| 구분 | 교사효능감이 높은 교사 | 교사효능감이 낮은 교사 |
|---|---|---|
| 개인적 성취에 대한 지각 | 학생과 함께하는 일을 긍정적으로 여기며, 긍정적 영향을 미칠 수 있다고 본다. | 자신의 가르치는 행위에 대하 실망과 좌절을 자주 한다. |
| 학생에 대한 기대 | 학생들이 진보하고, 자신의 기대를 실현해 줄 것으로 기대한다. | 학생의 실패를 기대하며, 자신이 노력해도 소용없을 것이라고 본다. |
| 학습에 대한 책임 | 결과의 책임을 자기에게서 찾으며, 실패 학생에게 보다 도움이 될 수 있도록 노력한다. | 책임을 학생에게 묻고, 실패의 원인을 학생의 능력, 가정환경, 태도 등에서 찾는다. |
| 목표달성을 위한 전략 | 교수-학습을 계획하고, 목표를 수립하고 달성하기 위한 전략을 세운다. | 특별한 목표를 가지지 않으며 전략도 없다. |
| 정서 | 가르치는 행위와 학습자에 대하여 존재 가치를 인정한다. | 학생에 대하여 부정적 태도를 갖고 실망을 자주 한다. |
| 통제에 대한 지각 | 학생들의 학습에 영향력을 행사할 수 있다는 자신감을 가진다. | 학생에 대해 무력감을 경험한다. |
| 민주적인 의사결정 | 의사결정과정에 학생을 참여시키며 목표달성을 위한 전략을 수립할 때도 학생을 참여시킨다. | 의사결정과정에 학생을 포함시키지 않고 일방적으로 결정한다. |

출처: 신명희 외(2002). 교수방법의 사회적 기초, p. 281.

학습에 대한 교사효능감은 학생들의 학업성취 수준에 따라 학생들에게 각기 다르게 영향을 미친다. 높은 성취의 학생은 교사효능감의 높고 낮음에 관계없이 자신의 수행을 적절하다고 여기고, 자신의 능력과 잠재력을 긍정적으로 평가한다. 따라서 교사의 영향이 학생의 포부 수준이나 자아개념 형성 등에 커다란 영향을 미치지 않을 수 있다. 그러나 학업성취가 낮은 학생에게 교사효능감은 매우 중요하게 영향을 미친다. 즉, 낮은 성취의 학생은 자신의 학문적 능력을 부정적으로 평가하고 미래에 대한 확신을 가지지 못하기 때문에 외재적으로 동기화되는 경향이 있고 이런 점에서 교사의 역할은 매우 중요하다. 그러나 교사효능감이 낮은 교사는 일반적으로 낮은 성취의 학생에게 낮은 기대를 전달하여 외적으로 동기 유발을 시키지 못한다.

### 2) 학습자에 대한 교사의 기대

학생에 대한 교사의 기대는 학생들의 학교생활 전반에 많은 영향을 미치게 된다. 특히 이러한 기대는 학업성취에 많은 영향을 미치게 되며 또한 학생들은 교사의 기대에 보답하여 높은 학업성취를 나타내게 된다. 그러나 교사의 기대가 모두 학생들에게 긍정적인 영향을 주는 것은 아니다.

교사의 기대가 학생들의 학업성취에 긍정적인 영향을 미치는 대표적인 연구는 로젠탈과 야콥슨(Rosenthal & Jacobson)의 피그말리온 효과(pygmalion effect)를 들 수 있다. 이 연구에서 교사는 연구자에 의하여 높은 학업성취가 예상되는 학생들의 명단을 받았고, 연구자의 의도에 따라 교사는 그들에게 높은 성취를 기대하였다. 그리고 일정한 기간이 경과한 후 해당 학생들은 다른 학생들이 비하여 높은 성취를 보였다. 그러나 연구자에 의하여 제공된 명단은 연구자가 무선적으로 선정한 명단이었다. 이 연구의 결과는 교사의 자기충족적 예언이 교실 내부에 이루어지고 있음을 보여 주고 있는 것이다. 자기충족적 예언이란, 어떤 기대가 실현될 것이라는 믿음을 갖고 이를 실현시키기 위해 노력하면 결국은 원래의 기대를 실현하게 되는 것이다(유기섭, 2006).

또 다른 교사의 기대효과는 기대유지 효과이다. 교사는 처음에 학생의 능력을 여러 가지 면으로 측정하여 비교적 정확히 판단하고 그것에 맞추어 학생에게 반응한다. 이러한 교사의 행동에서는 아무런 문제가 발생하지 않는다. 그러나 수업이 진행되면서 학생들이 어떤 향상을 보이지만 교사가 학생의 그런 향상에 맞추어 학생에게 대한 기대를 변경하지 않을 때 문제는 발생한다. 교사의 변화하지 않은 기대가 학생의 성취를 교사의 기대 수준에 계속 머물게 하게 된다. 이것을 기대유지 효과라고 부른다.

교사의 학생에 대한 기대의 형성과 상호작용 그리고 그러한 기대가 어떠한 영향을 미치는지에 대하여 굿과 브로피(Good & Brophy)는 다음과 같이 제시하고 있다(유기섭, 2006).

① 교사는 특정 학생에 대해 어떤 행동을 할 것인지, 얼마나 공부를 잘할 것인지에 대한 기대를 형성한다.
② 이러한 다른 기대가 교사로 하여금 학생들을 기대한 만큼 다르게 대하게 만든다. 예를 들면, 한 학생이 공부를 잘할 것이라고 기대하게 되면 그 학생에게는 대답을 기다리는 데 많은 시간을 주고 학생의 답에 대하여 인정하는 태도를 더 많이 보이게 된다.
③ 이런 교사의 다른 태도는 각 학생에게 교사가 자신에게 기대하는 바를 전달하고, 학생의 자아개념, 성취동기, 포부수준에 영향을 미친다. 질문에 대해 보다 많은 기회와 격려가 주어진 학생은 보다 더 정확한 대답을 하게 된다.
④ 만일 교사가 어느 기간 동안 변함없이 일관적으로 자신의 기대대로 학생을 대하고 학생이 그런 교사의 취급에 적극적으로 반대하지 않는 한 이것은 학생의 성취와 기대를 형성하게 된다.
⑤ 시간이 지날수록 학생의 성취도 정도와 행동은 처음에 그 학생에게 기대되었던 정도에 부합하게 된다. 교사에 의하여 높은 기대가 주어졌던 학생은 높은 점수를 얻고, 낮은 기대가 주어졌던 학생은 낮은 점수를 얻는다.

### 3) 교사가 갖추어야 할 조건

교사는 어떠한 자질을 갖추고 있어야 할 것인가? 교사에 대한 기대는 점차적으로 높아지고 있으며 교사에 대한 자질도 점차 강화되고 있는 경향이 있다. 교사는 인간의 완성을 위하여 노력하는 직업을 가진 사람이다. 따라서 다른 직업을 가진 사람들보다 높은 수준의 자질을 요구하고 있는 것이 사실이다.

첫째, 교사는 이해와 사랑과 봉사심이 철저해야 한다. 교사는 필연적으로 어떤 복잡한 친절과 복잡한 인간관계의 망 속에 들어가게 된다. 교사는 학생들을 사랑과 이해와 친절과 따뜻함으로 대해야 한다. 똑똑한 학생을 칭찬하는 대신 낙제생에게는 책임감과 격려를 아끼지 않는 자세를 교사는 갖추어야 한다.

둘째, 교사는 인간을 존중하는 태도를 지녀야 한다. 교육은 인간을 존중하고 그 존엄성을 믿는 것으로부터 시작되어야 한다. 학생들이 어리고 작다는 이유로 경솔한 판단과 결정을 해서는 안 된다. 인간은 인간이기 때문에 존중해야 하고 또한 사랑해야 한다.

셋째, 교사는 신성한 교육관을 가져야 한다. 직업을 생계수단으로 생각하는 사람도 있고 그 직업 속에서 즐기며 인생을 지내는 사람도 있으나, 교직은 사명감과 바른 교직관을 요구하고 있다. 교사는 과거에서부터 있어 왔으나 늘 미래에 대한 냉철한 통찰이 있어야 하고, 자신의 교육행위를 통하여 사회가 유지되고 발전할 수 있다는 확실한 신념이 있어야 하는 것이다.

넷째, 교사는 행동으로 보여 주는 사람이어야 한다. 교사는 단순히 정보와 지식을 학생들에게 전달하는 위치에 있는 사람이 아니라 전달되는 정보와 진리가 도덕적이거나 행위적일 때에는 이를 몸으로 실천하는 사람이어야 하는 것이다. 즉, 학생들에게 쓰레기를 버리지 말라고 가르치기보다는 몸소 쓰레기를 줍는 모습을 보여 줌으로써 가르침을 실천하는 것이다.

다섯째, 교사는 학생들에게 기쁨과 희망을 주는 사람이어야 한다. 교사는 학생들이 일상에서 가장 많이 접하는 사람이다. 그러므로 교사의 행동 하나하나는 학생들에게 바로 모범이 되는 것이다. 그리고 학생들은 교사들과의 상호작용을 통하여 처음으로 사회생활을 접할 수 있다. 그러므로 교사는 학생들에게 기쁨을 줌으로써 학생들이 세상에 대해 긍정적인 태도를 가지도록 하여야 한다. 그리고 나아가 학생들이 희망을 가질 수 있도록 격려하고 미래에 대한 꿈을 심어 주어야 한다.

## 3. 교육내용

교육 현장에서 고려하여야 할 두 가지 중요한 문제는 '무엇을 가르칠 것인가?'와 '어떻게 가르칠 것인가?'이다. 어떻게 가르칠 것인가가 교수효율성과 교수방법에 관련된 것이라면 무엇을 가르칠 것인가는 교육내용에 관련된 것이다. 특히 교사는 수업을 준비하는 데 있어서 어떻게 가르칠 것인가라는 문제와 함께 무엇을 가르칠 것인가에 심각한 생각을 하여야 한다.

간혹 무엇에 대한 문제를 교사의 문제가 아니라 교육행정가들의 문제로 한정하는 경우가 있지만, 교실수업을 준비하는 데 있어서 어떤 내용을 가르칠 것인지를 최종적으로 결정하는 사람은 교사이다. 교육내용 결정에 있어서 간혹 참고서나 지금까지의 수업관행 또는 선배교사 등을 통하여 얻은 정보에 기초하는 경우도 있지만, 대부분의 경우 다양한 경로를 통하여 정보를 탐색(각종 연수 참여, 선배교사의 조언, 각종 연구보고서 및 교육용 지침서 등)하고 교사 스스로 학습하며 결정한다. 여기에서는 교육내용의 간단한 의미와 교육내용 선정의 원리 그리고 교육내용 조직의 원리에 대하여 간략하게 살펴보고자 한다.

### 1) 교육내용의 의미

교육내용은 학습자들에게 가르쳐야 할 내용들을 말한다. 일반적인 의미로서는 교과서 내에 담겨 있는 것을 말하지만 실제적으로는 매우 다양한 의미를 지니며, 가장 포괄적인 것은 지식, 기능, 가치로 정의하는 것이다. 교육내용에 있어서 지식영역은 사실, 설명, 원리, 정의 등이 포함되며, 기능영역은 읽기, 쓰기, 셈하기, 비판적으로 생각하기, 의사결정하기, 정의 등으로 구성된다. 그리고 가치영역은 선악, 참과 거짓, 아름다움과 추함 등의 가치판단으로 이루어진다.

다음으로 교육내용을 가리키는 것으로 익숙한 것은 교과, 단원, 과 등의 이름이다. 이와 같은 것은 교과와 교과 속에 담긴 단원이나 과의 이름이며, 앞서 말한 지식, 기능, 태도를 담고 있는 그릇이다.

교육내용은 철학적 기반에 따라 다르지만 주로 문화적 요소, 사회적 요소 그리고 시대적 요소를 반영하게 된다.

## 2) 교육내용의 선정원리

교육내용을 선정하는 가장 큰 이유는 학교에 다니는 기간은 한정되어 있는데 배워야 할 내용은 너무나 많다는 데 있다(김석우 · 김대현, 2005).

### (1) 타당성의 원리

교육내용은 교육의 일반 목표 달성에 도움을 주는 것이어야 한다. 교육의 일반 목표는 어떤 교과를 가르쳐야 하는가를 시사해 주며 그 속에 어떤 지식, 기능, 가치들이 포함되어야 하는가를 대략적이나마 가르쳐 준다. 교육내용이 교육의 일반 목표와 무관하게 선택된다면 목적 없는 교육이 된다.

### (2) 확실성의 원리

지식으로 구성되는 교육내용은 가능한 한 참이어야 한다. 참인가의 여부는 논리적이거나 경험적인 경우에는 간단하지만 윤리적이거나 미학적인 지식인 경우에는 가리기가 쉽지 않다.

### (3) 중요성의 원리

흔히 학문을 토대로 교과를 구성할 때는 학문을 구성하는 가장 본질적인 것들로 교육내용을 삼아야 한다. 학문을 구성하는 가장 본질적인 부분을 나타내는 것으로 사실, 개념, 원리, 이론들을 가리키는 학문의 구조와 탐구방법이 있으므로, 교육내용은 학문의 구조를 확인하고 그 학문에 특유한 탐구의 방법을 포함해야 한다.

### (4) 사회적 유용성의 원리

사회적응 · 재건주의 관점에서 볼 때 교육내용은 사회의 유지와 변혁에 도움을 주는 것이어야 한다. 사회기능 분석법, 항상적 생활사태법 등은 학생들이 장차 살아나갈 사회에서 필요로 하는 지식, 기능, 가치가 무엇인지를 제시하고 있다. 또한 사회를 개조하거나 이상적인 미래사회를 만드는 데 필요한 지식, 기능, 가치가 어떤 것인지를 찾아 제시해야 한다.

### (5) 인간다운 발달의 원리

인본주의 관점에서 교육내용은 학생의 성장과 자아실현에 도움을 주는 것이어야 한다. 교육내용은 그 자체로서 가치를 가지는 것이 아니며 인간다운 발달에 기여할 때 빛을 발하는 것이다. 또한 교육내용은 지식, 기능, 가치 등의 요소들로 분리된 것이 아니라 통합된 것으로 간주되어야 한다.

### (6) 흥미의 원리

학생들이 흥미를 갖지 않을 때 학습될 가능성은 그만큼 줄어든다. 학생들의 흥미는 자주 바뀌고 그들이 아직 미숙하다는 이유 때문에 교육내용을 선정할 때 고려의 대상이 되지 않는 경우가 많다.

### (7) 학습 가능성의 원리

학생들이 학습할 수 있는 교육내용을 선정하여야 한다. 학생들은 능력, 학습여건 등에서 동질적이지 않기 때문에 우수한 학생들에게 초점을 맞추거나 학습여건이 좋은 학생을 겨냥하여 교육내용을 선정한다면 보통이거나 능력이 부족한 학생들이 피해를 입게 된다. 마찬가지로 보통이나 능력이 다소 떨어지는 학생을 표준으로 교육내용을 선정한다면 우수 학생들은 낮은 수준의 내용에 학습의욕을 잃게 될 것이다. 따라서 하나의 교육과정 속에 심화, 보통, 보충 교육내용을 제시함으로써 이 문제를 해결하려는 시도가 생기게 된다.

### 3) 교육내용 조직원리

선정된 교육내용을 조직하는 데에는 일정한 원리가 있다. 이러한 원리는 교육내용을 최대한 효율적으로 학습할 수 있도록 하기 위하여 수평적 및 수직적으로 배열하게 된다. 수평적 조직은 같은 시간대에 교육내용을 배치하는 것을 의미하며, 수직적 조직은 시간의 연속성을 토대로 교육내용을 배치하는 것을 의미한다. 교육내용의 수평적 조직에서는 스코프와 통합성을 고려하여야 하며, 수직적 조직에서는 계열성과 수직적 연계성을 고려하여야 한다. 각각에 대하여 살펴보면 다음과 같다.

#### (1) 스코프

스코프(scope)는 특정한 시점에서 학생들이 배우게 되는 내용의 폭과 깊이를 가리킨다. 즉, 어떤 시점에서 학생들이 배워야 할 내용이 무엇이고, 그것들을 얼마나 깊이 있게 배워야 하는가를 결정한다. 여기서 배워야 할 내용은 학교급별, 학년, 교과, 과목에 따라 달라지고, 깊이는 대체로 배울 내용에 할당된 시간 수로서 간접적으로 표현된다.

또한 스코프는 교육과정 개발의 여러 수준과도 관계가 있는데, 국가가 학교, 교과, 학년, 과목의 스코프를 결정하기도 하며, 지방 교육청이나 학교에 스코프를 결정하는 권리의 일부를 위임하기도 한다.

#### (2) 계열성

계열성(sequence)은 교육내용을 배우는 순서를 말한다. 즉, 학습자가 어떤 내용을 먼저 배우고 어떤 내용을 뒤에 배우는가를 결정하는 것이다. 여기서 배워야 할 내용의 순서는 학교급별, 학년, 학기, 월, 주, 차시별로 결정된다.

일반적으로 교육내용을 계열화하기 위하여 자주 사용되는 방법은 다음과 같다.

- 연대순 방법
- 주제별 방법
- 단순에서 복잡으로의 방법
- 전체에서 부분으로의 방법
- 논리적 선행요건 방법
- 추상성의 증가에 의한 방법
- 학생들의 발달에 의한 방법

### (3) 수직적 연계성

수직적 연계성(vertical articulation)은 이전에 배운 내용과 앞으로 배울 내용의 관계에 초점을 둔 것으로, 특정한 학습의 종결점이 다음 학습의 출발점과 잘 맞물리도록 교육내용을 조직하는 것을 말한다. 수직적 연계성은 여러 수준에서 확보되어야 한다.

먼저, 수직적 연계성은 학교급 간의 교육내용을 연결하는 데 중요한 역할을 한다. 다음으로 학년이나 단원의 교육내용을 연결하는 데도 중요한 구실을 한다. 마지막으로 교육과정 개발의 여러 단계에서 강조된다.

### (4) 통합성

통합성(integration)은 교육내용들의 관련성을 바탕으로 교육내용들을 하나의 교과나 단원으로 묶는 것을 말한다. 또한 수업의 효과를 높이기 위하여 관련 있는 내용들을 동시에 혹은 비슷한 시간대에 배열하는 것을 말한다. 교육내용을 통합하는 이유는 학년 구분과 교과의 구분을 인위적으로 보기 때문이다.

CHAPTER 03

# 교육공학의 심리학적 기초

**학습 및 활동내용**

1. 교수설계에서 행동주의 학습이론의 특성을 알아본다.
2. 교수설계에서 인지주의 학습이론의 특성을 알아본다.
3. 교수설계에서 구성주의 학습이론의 특성을 알아본다.
4. 교육공학의 새로운 이론 동향에 대해서 알아본다.

교육공학은 다양한 학문을 기반으로 성립된 다학문 기반 학문이라고 할 수 있다. 그중에서 교육공학의 이론과 실제가 성립될 수 있도록 많은 영향을 미친 영역이 학습심리학에 기초한 학습이론이다. 특히 학습이론은 교수설계의 기반이 되며, 교수설계에 가장 많은 영향을 미친 학습이론은 행동주의 학습이론과 인지주의 학습이론 그리고 1990년대 이후 교육 현장에 대두된 구성주의 학습이론이 있다.

이 장에서는 학습이론이 교육공학과 교수설계에 어떠한 의미를 가지는지를 중심으로 살펴보고자 한다.

## 1. 행동주의 학습이론과 교육공학

행동주의 학습이론은 초기 교육공학의 성립과 발전에 지대한 영향을 미쳤다. 행동주의 심리학에서는 학습을 자극과 반응의 결합으로 가정하고, 시각·청각·촉각 등의 환경을 제공함으로써 반응을 보다 견고하게 할 수 있다고 믿었다. 교육공학의 성립에 영향을 미친 행동주의 학습이론은 고전적 조건화와 조작적 조건화 이론이 있다.

### 1) 행동주의의 가정

대부분의 행동주의자들은 학습에 대한 다음의 기본 가정을 가지고 있다(윤운성, 2001).

첫째, 행동주의 이론들은 대응 가능성에 대한 가정을 가지고 있다. 학습의 원리는 인간을 포함하는 동물들에게 똑같이 적용된다. 따라서 행동주의자들은 인간과 다른 동물을 나타낼 때 유기체라는 말을 사용한다.

둘째, 모든 종족을 통한 유기체의 대응 가능성 때문에 한 종족의 연구로부터 나온 학습원리는 다른 종족에게 물론 적용된다. 따라서 쥐나 제비와 같은 동물로 연구된 행동이론들을 인간학습 상황에 적용했다.

셋째, 유기체는 세상에 백지 상태로 태어난다. 특수한 종족을 제외하고는 인간과 동물은 특별한 행동들에 대하여 선천적인 경향성을 갖고 태어나지 않는다.

넷째, 학습연구는 물리과학과 비슷한 과학이다. 따라서 관찰 가능하고 측정될 수 있는 사실에 기초한다. 두 종류의 사실만이 관찰과 측정의 준거를 주는데, 하나는 환경에서의 자극들(stimuli)이고 또 하나는 유기체에 의해 수행된 반응들(responses)이다.

다섯째, 많은 행동주의자들은 내적 과정(생각, 동기, 정서)은 관찰될 수 없기 때문에 학습의 과학적인 연구에서는 제외되어야 한다고 믿는다. 유기체를 '검은 상자(black box)'로 보고, 그 속에서 발생하는 것은 연구될 수 없다고 믿는다.

여섯째, 학습원리는 자극과 반응의 관계에 기초하기 때문에 S-R심리학이라고도 한다.

일곱째, 행동주의자들은 학습이라는 말보다는 조건화(conditioning)에 대해서 말한다. 한 유기체는 환경적인 사건에 의해 조건화되는데, 과거 또는 현재 경험의 결과로써 학습된 것은 유기체가 조절할 수 없다고 본다.

여덟째, 행동변화가 관찰될 때만이 학습이 발생한 것으로 본다. 어떤 행동주의자는 행동화가 일어나지 않았으면 학습은 발생하지 않은 것으로 본다.

아홉째, 단순한 행동에서 복잡한 행동에 이르기까지 모든 행동의 학습은 가능한 한 몇 가지 학습원리로 설명되어야 하는 간결성(parsimony)에 대한 가정을 하고 있다.

## 2) 교수설계에 대한 시사점

행동주의 이론은 초기 교육공학과 교수설계의 기본적인 개념 발달에 큰 영향을 미쳤다. 특히 행동주의 심리학은 강화이론에 기초하여 실제 학습의 응용 부분에 많은 관심을 가지면서 학습효과를 높이기 위하여 다양한 학습기법의 개발에 노력을 기울였다. 이러한 노력은 프로그램 학습과 개별화 교수체제 그리고 컴퓨터보조 교수-학습에 많은 영향을 미쳤다. 행동주의 심리학이 교수 실제와 교수설계에 미친 영향을 정리하면 다음과 같다(박성익 외, 2001; 윤운성, 2001).

### (1) 교수 실제 프로그램에 미친 영향

#### ① 프로그램 학습

학습자들이 특정 과제를 그들 스스로의 힘으로 학습할 수 있도록 하기 위해 학습과제를 단계별로 세분화하여, 개개의 학습 단계에서 정답 반응이 나타났을 때에는 다음 단계로, 오답 반응의 경우에는 정답 반응을 하는 데 필요한 전 단계로 즉각 피드백하여 점진적으로 학습이 진척될 수 있도록 마련된 학습 형태를 말한다. 프로그램 학습은 두 가지 유형으로 구분되는데 학생이 직접 반응을 하도록 유도하는 형태의 직선형 프로그램(linear program)과 여러 개의 반응선택지를 주고 반응을 선택하도록 하면서 정답 반응을 유도해 가는 분리형(혹은 선다형) 프로그램(branching program) 등이 있다.

#### ② 개별화 교수체계

켈러(Keller)에 의하여 주창된 이른바 PSI(Personalized System of Instruction)로서, 개별화 교수체계 혹은 Keller Plan으로 학습과정을 별개의 소단위로 구분하고 그 단위의 목표와 지침을 제시하여 학습자의 능력이나 학습속도에 따라 진행해 가면서 검사와 피드백을 통하여 단원을 단계적으로 학습하도록 하는 기법이다. 이는 개인지도나 시범 등에 사용되는 것이 특징이며 긍정적인 평가가 나오는 교수기법이다.

#### ③ 컴퓨터 보조수업

흔히 CAI(Computer Assisted Instruction)로 불리는 것으로 컴퓨터가 일반화됨에 따라 이를 학교수업에 적극적으로 활용하고자 한 데서 비롯된 것이다. 이 방법은 컴퓨터가 문제를 제시하여 학생들이 반응을 보이면, 컴퓨터에 의하여 그 반응의 적절성 혹은 보다 나은 학습을 위한 지시를 할 수 있도록 프로그램이 고안되어 있어 편리하게 학습이 운영되는 장점이 있다.

### (2) 교수설계에 대한 시사점

#### ① 행동목표의 구체화

행동주의 연구에서 자극을 결정하기 위해서는 정확하게 어떠한 행동을 학습시킬 것인지를 사전에 미리 결정하는 것이 중요하다. 최종적인 행동을 목표로 기술하는 것은 행동주의 학습이론의 핵심적인 요소로서 이는 어떠한 과정과 방법으로 목표를 성취하게 할 것인지, 어떻게 평가할 것인지를 결정하는 기준이 되기 때문이다. 수업설계 시 구체적인 행동으로 목표를 설정하면 다음과 같은 장점이 있다. 목표를 분석하고 세분화하여 그에 맞는 내용을 선정하고 순서화할 수 있고, 목표의 성격에 따라 구체적인 방법을 결정할 수 있으며, 목표는 그대로 준거지향평가에서 준거 역할을 할 수 있다. 그러나 구체적인 행동목표는 다음과 같은 단점이 있다. 행동 목표로 기술할 수 없는 목표는 배제될 수 있고, 목표와 관련 없는 내용이나 평가가 배제될 수 있으며, 목표 자체가 잘못 선정되었을 경우 수업 과정 전반이 잘못될 수 있다.

#### ② 수업의 단위화

행동주의 이론에서는 어렵고 복잡한 행동목표를 가능한 한 수행하기 쉽도록 단순한 수준으로 단위화하여 수업의 내용을 구성해야 한다고 본다. 단위화된 각 단계들은 조형(shaping)을 통해 오답의 가능성을 최소화하고 성공의 기회를 높여 바람직한 행동목표를 달성하도록 유도된다. 학습자의 수준에 맞추어 더 쉬운 단계로 나누거나, 더 단순한 단계로 나눌 수 있으며, 학습자의 속도에 맞추어 단계들을 건너뛰거나, 반복하거나, 보충단계를 보완할 수 있다. 학습자는 사전진단을 통해 자신의 수준에 맞추어 학습할 수 있으며, 사후진단을 통해 다음 학습으로의 진행 여부나 보충심화학습 여부를 결정할 수 있다. 단위화는 효과적이고 효율적인 수업설계에 크게 기여하였다. 그러나 목표분석을 통한 단위화는 교과의 중심적인 핵심이 분절화될 수 있어, 유사한 핵심으로 이루어진 내용의 경우에도 목표가 조금만 다르면 전혀 다른 내용으로 단위화되어 학습자들은 교과의 핵심을 이해하지 못한 채 처음부터 새롭게 학습해야 하는 경향이 있다.

#### ③ 외적 동기의 강화

스키너(Skiner) 연구에서는 인간 행동 유발을 위해 '강화'를 매우 강조한다. 그는 학습과정에서 바람직한 행동에 따르는 즉각적인 상·칭찬의 정적강화를 제공하는 것이 부적강화나 체벌보다 매우 효과적임을 강조하였다. 스키너는 강화의 간격과 비율을 기준으로 제시한 강화계획에서 고정간격, 변동간격, 고정비율, 변동비율의 순서로 반응률(일하는 양)이 높아졌다고 하였다. 연속적 강화는 학습은 빠르지만 강화된 행동의 소거가 쉽고, 간헐적 강화는 학습은 느리지만 강화된 행동의 소거가 늦기 때문에 학습 초기에는 연속적 강화를, 후기에는 간헐적 강화를 활용하는 것이 효과적이다.

이러한 외적 동기로서의 강화 제공은 수업설계에서 매우 중요하게 적용되어, 교수자의 피드백은 지속적으로 강조되고 있다. 교수자는 학습자에게 변별 자극만을 지속적으로 제공하는 정보제시자의 역할만이 아니라 학습자의 반응을 적극적으로 유도하며, 반응에 대해 적절한 피드백을 제공하는 상호작용 촉진자로서의 역할을 수행해야 한다. 한편 외적인 동기에 초점을 둔 강화는 학습자의 내적 만족감을 충족시키지 못하기 때문에 때로 강화 제공이 제거되면 행동도 현저하게 둔화되며, 학습의 진행에 따라 더 강한 강화를 원하기 때문에 강화의 효과가 점차 약화된다. 이러한 문제점을 해결하기 위해 외적 동기에 초점을 두기보다 만족감을 높이는 내적 동기를 높이는 강화(학습내용에 대한 흥미와 앎의 기쁨 등) 제공을 고려해야 한다.

## 2. 인지주의 학습이론과 교육공학

교수-학습에 관한 인지주의적 관점은 인간의 행동이 환경의 자극에 반응하는 수동적인 행위에서 스스로 의도하고 행위하는 능동적인 관점으로 이동하였다. 즉, 학습자를 '계획, 의도, 목표, 아이디어, 기억 및 감정들을 사용해서 능동적으로 자극에 주의를 기울이고 적절한 자극을 선택하며 의미를 만들어내는 주체'로 보는 관점으로 전환하는 것을 의미한다. 행동주의 심리학이 교수-학습에 대한 초기 영향을 미쳤다면 인지주의 심리학은 교수공학을 발달시킨 중요한 자원이 되었다. 특히 인간의 지식의 획득과정과 정보처리 과정을 모형적으로 제시함으로써 교수-학습 현장에 공학적인 접근이 가능하도록 하였다.

### 1) 행동주의에서 인지주의로의 전환

인지적 관점은 심리학계에서 가장 오래된 관점인 동시에 가장 최근에 제시된 관점이다. 이 관점이 오래된 이유는 지식의 본질, 이성의 가치, 마음의 내용 등에 관한 논의가 이루어진 것이 고대 그리스 철학자들 때부터이기 때문이다. 그러던 것이 18세기 후반부터는 인지연구에 대한 관심이 사라지고 행동주의가 풍미했다. 그러나 2차 세계대전 동안 복잡한 인간 기능에 대한 연구와 컴퓨터 혁명이 이루어지고, 언어의 발달에 대한 연구가 획기적인 진전을 이룩한 데 힘입어 인지에 대한 연구가 부활하였다. 인간은 보상과 처벌이 주어지면 그저 반응하기만 하는 존재가 아니라는 것을 보여 주는 증거들이 속출했다. 인간은 어떤 반응을 할 것인지 계획을 세우고, 기억을 잘할 수 있도록 도움을 주는 시스템을 활용하며, 학습해야 할 자료를 자기 나름의 독특한 방식으로 조직한다(Miller, Galanter, & Pribram, 1960). 학습이 능동적인 정신 과정이라는 인식이 증가하면서 교육심리학자들은 사람들이 어떻게 사고를 하고, 개념을 학습하며, 문제를 해결하는지에 관심을 갖게 되었다.

인지적 주장에서는 행동주의에서처럼 사람을 환경적 상황에 의해 영향을 받는 수동적 존재로서가 아니라 능동적이고 적극적인 존재로 본다. 즉, 문제해결을 위한 정보를 적극적으로 탐색하며 이미 알고 있는 것을 재배열하고 재구성함으로써 새로운 학습을 성취하는 것이다. 이때 가장 중요한 것은 학습의 장에 학습자가 무엇을 가지고 오느냐 하는 것이다. 이와 같이 인지이론에서는 학습에 있어서 학습자가 가지고 있는 기존의 지식의 역할을 매우 강조한다. 즉, 학습자가 지금 배우려는 학습과제의 기초가 되는 지식을 가지고 있느냐 하는 것이, 학습 도중 무엇을 얼마나 배울 수 있느냐를 결정하는 중요한 요건이 되는 것이다(유기섭, 2006).

### 2) 교수설계에 대한 시사점

인지주의 심리학은 교수설계에 매우 중요한 영향을 미쳤다. 교수-학습과정에서의 학습자의 능동성을 인정하고 인간의 정보처리 과정을 과학적으로 구명하고자 하였다. 따라서 인지주의 심리학이 교수설계에 미친 영향을 정리하면 다음과 같다(노혜란 · 박선희 · 최미나, 2012).

### (1) 인지능력 향상과 인지과정에 초점

인지주의이론은 학습자의 내부에서 일어나는 인지과정에 관심을 두고 있다. 학습자의 문제해결능력, 창의력, 논리력, 탐구력을 향상시키는 것에 관심이 있다.

### (2) 내적 동기 강조

행동주의에서 외적 학습동기를 강조한 것과 달리 인지주의에서는 유의미한 학습을 촉진하기 위해 학습자의 학습의향이 중요하며, 정보처리 과정에서도 선택적인 주의 집중을 높이기 위해 학습자의 관심과 흥미를 고려하는 것이 중요한 교수설계 요소임을 강조한다. 오히려 지나친 외적 강화물의 사용은 내적 동기를 저하시키기도 한다.

### (3) 조직화된 수업

학습자가 새로운 정보를 이해하고자 한다면 수업내용은 그러한 이해에 도움이 되도록 잘 조직화되어야 한다. 어느 정보가 중요한지 알려 주어야 하며, 정보의 구체적 특징에 집중하도록 알려 주는 것은 선택적 주의 집중과 적절한 형태재인을 촉진시킬 수 있다. 간섭의 영향을 줄이면서 새로운 지식과 학습자의 선행지식의 연결을 높여 줄 수 있는 약호화 전략을 활용할 수 있으며, 심상을 활용하여 인출을 도울 수 있다.

### (4) 학습전략, 인지전략과 메타인지전략

인지주의 학습이론에서는 다양한 인지활동을 촉진하기 위한 인지전략에 대한 연구가 광범위하게 이루어졌다. 학습전략, 인지전략, 메타인지전략의 개념이 다소 혼합적으로 사용되고 있으므로 구체적으로 어떠한 차이가 있는지 그 개념을 살펴보자. 학습전략은 광의로는 학습을 효과적으로 하기 위해 학습자가 취하는 모든 인지적 · 정의적 · 심체적 방법을 의미하지만 협의로는 학습자가 선택하는 전략으로 부호화(encoding) 과정에 영향을 주는 사고와 행동을 의미한다. 즉, 학습전략은 학습을 촉진하기 위해 활용되는 인지적 · 정의적 · 심체적 전략을 모두 포함하는 반면, 인지전략은 학습전략 중에서 인지적 영역과 관련된 전략으로 이해할 수 있다. 학습전략은 교과 영역에 따라 일반전략(교과 영역을 초월하여 모든 교과에 적용할 수 있는 전략)과 특수전략(특정 교과나 영역에 한정되어 적용할 수 있는 전략)으로 구분할 수 있으며, 활용 목적에 따라 기억전략(장소기억술, 음율기억술, 숫자기억술), 회상전략(심상, 쌍연합, 자유회상, 단서회상), 이해전략(독해전략, 노트하기, PQ4R (Preview, Question, Read, Reflect, Recite, Review), 예습, 복습, 질문, 암송), 정의적 전략(집중력 유지, 수행불안관리, 동기 유발 및 유지, 시간관리)이 있다. 그 외에 학습을 지원하는 메타인지전략이 학습전략에 포함된다. 교수자 중심에서 학습자 중심으로 수업의 초점이 바뀌면서 정보처리 과정에서 학습자 통제권에 대한 연구가 확대되어 메타인지(metacognition)에 대한 연구가 더욱 발전하게 되었다. 초인지, 상위인지라고 번역되는 메타인지는 사고에 대한 자신의 각성과 이 각성을 수반하는 자기조절행동(self-regulatory behavior)을 말한다. 인지전략이 내용과 정보에 적용되는 전략이라면 메타인지전략은 사고에 적용되는 전략으로서 계획, 평가, 점검을 유도하는 전략으로 이해할 수 있다. 메타인지에는 발췌, 정교화, 도식화, 조직화, 인지적 점검의 전략이 있다(Mayer, 1975; 박성익 외, 2001). 발췌(abstracting)란 학습내용의 핵심을 추출해 내는 기법으로 책을 빠르게 살펴본 후 내용을 가장 잘 묘사할 수 있는 문장이나 구절로 요약하는 방식을 의미한다. 정교화(elaborating)는 정보를 줄여 가는 방식이 아니라 더 늘려가는 것으로, 정교화된 정보는 더 구체적이고 실제적이다. 예, 삽화, 그림, 비유, 은유 등을 활용하는 것을 의미한다. 도식화(schematizing)는 정보를 해석하고 이해하고 저장하기 위해 정보의 구조를 도식으로 추출해 보는 것이다. 조직화(organizing)는 정보의 구조를 발견하기보다 자료를 구조화하려는 노력이다. 잘 조직화되어 있지 않은 정보의 경우 학습자는 조직화를 통해 체계적으로 내용을 묶음으로 나누어 정보의 처리를 도울 수 있다. 인지적 점검(monitoring)은 메타인지의 가장 중요한 요소인 자신이 학습을 제대로 하고 있는지 지속적으로 추적하고 통제하는 활동을 의미한다. 인지적 감지능력을 높이기 위해 자기 질문(self-questioning), 목표 설정, 자기 검사(self-testing), 환경 점검, 피드백 활용 등을 실시할 수 있다.

학습전략, 인지전략, 메타인지전략과 관련된 수업의 시사점은 다음과 같다. 연령이 높은 학습자가 낮은 학습자보다 자신의 기억 능력의 한계를 더 잘 이해하는 경향이 있었다. 교사는 저학년과 계획성이 없는 학습자에게 적용하기 위해 기억 전략 활용 시기 및 방법을 교수설계에 구체적으로 반영할 필요가 있다. 주제를 잘 모르는 새로운 정보를 학습할 경우 일반적 전략(모든 교과 영역에 공통적으로 적용되는 전략)이 요구되지만, 주제를 잘 아는 경우 구체적 전략(특정 교과 영역과 관련된 전략, 예를 들면, 수학과목에만 요구되는 전략)이 유리하였다. 약호화, 저장, 인출이 수행할 수 있는 다양한 학습전략의 경우 충분한 연습의 기회를 제공해야 전이를 촉진할 수 있다. 메타인지가 요구되는 평가를 수업에 반영할 수 있으며, 모델링, 강화기회를 활용하는 수업 활동을 설계에 반영할 수 있다.

## 3. 구성주의 학습이론과 교육공학

구성주의이론은 전통적인 교수-학습 방법의 문제점을 해결하기 위한 대안적 방법으로 1980년대 이후 교육 현장에 등장하였다. 특히 구성주의는 지식의 구성에 관심을 가지고 있다. 이것은 구성주의가 전통적인 교수-학습 방법과는 가정과 지식 획득의 과정에서 다른 방법을 채택하고 있다는 것을 의미한다. 또한 구성주의에서는 학습자에게 의미 있는 지식의 구성을 중시한다.

### 1) 구성주의 개념과 기본 가정

구성주의는 지식과 학습에 관한 이론이다. '앎(knowing)'이 무엇인가와 어떻게 '알게 되는가(comes to know)'를 기술하고 있다(Fosnot, 1996). 이는 심리학, 철학, 인류학에 기초한 것이다. 지식을 일시적이고, 발달적이며, 비객관적인(nonobjective), 내적으로 구조된, 사회적으로 그리고 문화적으로 중재된(mediated) 것으로 설명하고 있다. 이러한 관점에서의 학습은 문화적으로 발달된 도구와 상징으로 인간의 의미를 형성하려는 모험으로서, 실재성(reality)에 대한 새로운 표상과 모델을 구성하면서, 상호협동적 사회적 활동, 담화, 논쟁을 통해 그러한 의미와 협상하면서, 세계에 대한 현재의 개인적 모델과 불일치적인 새로운 견해 간의 갈등을 해결해 나가는 자기-조절적(self-regulatory) 과정으로 본다(박혜경, 1999). 구성주의의 이론적 근거에 대해서는 학자들마다 어느 정도의 차이가 있기는 하지만 대체적으로 Piaget의 주요 개념에서 그 근원을 찾고 Vygotsky 연구에 대한 재조명이 이론적 근거가 되고 있음을 인정하고 있다.

구성주의에서 지식에 대한 접근은, 지식은 발견되는 것이 아니라 창조되는 것으로 판단한다. 발견을 통한 지식의 습득은 존재하는 객관적인 진리를 학습자가 알게 되는 것이며, 창조를 통한 지식의 획득은 학습자 개개인이 사물의 해석을 통하여 본인의 사전경험과 요구 및 활용의 필요 등에 의하여 이에 적합한 지식의 형태를 만들어 가는 것이다. 이러한 과정에서 구성주의는 학습환경은 실제의 다중적 관점 또는 해석, 지식의 구성, 풍부한 내용, 경험에 기반한 활동을 지원하여야 한다고 제안하고 있다(Jonassen, 1991). 구성주의에서는 세상에 존재하는 지식이란 것은 절대적으로 존재하는 것이 아니라 학습자가 자신의 관점에 따라 탐구하고 조직하는 경험의 과정을 통하여 구성되는 것이라고 판단하고 있다(Duffy & Jonassen, 1991).

구성주의자들은 인간이 경험하는 실재의 세계는 독립적인 것이 아니라 개개인이 사물에 부여한 의미에 의해서 성립한다고 본다. 그러므로 어떤 사물을 보는 입장도 여러 가지가 있을 수 있으며 어떤 사건이나 개념에 대해서도 서로 다른 많은 의미와 견해가 있을 수 있다고 판단한다. 다시 말해, '지식'이란 인지적 주체(cognitive subject)로서의 개인의 인지적 작용의 결과로서 현상에 대한 개별적 의미 부여와 해석이라는 것이다. 지식구성에 대한 이런 구성주의적 관점을 기반으로 했을 때, '학습'이라는 것은 개인이 어떤 특정경험에 대한 의미 부여와 해석 등을 하는 과정 중에 기존에 자신이 지니고 있는 그 특정경험에 대한 이해나 의미와의 충돌 혹은 모순 등이 발생하게 되면(즉, 인지적 혼란 혹은 갈등을 겪게 되면), 스스로의 자기-조절적 기제에 의해 다시 인지적 평형을 되찾게 되는 일련의 과정을 의미한다(Brooks & Brooks, 1993; Fosnot, 1989, 1996; Glasersfeld, 1995). 결국 이는 인식이란 경험에 의해서 이루어지고, 경험은 의미부여의 원동력이 되기 때문이다(Brown, Collins, & Duguid, 1989).

구성주의자들은 인간은 현상을 경험하고, 이미 알고 있는 것에 기초하여 그러한 경험을 재해석하고 추론하며, 경험과 추론을 반추함으로써 학습하는 것이라고 본다. 결국 이러한 과정을 통하여 인간은 의미 만들기(meaning making)를 하게 되며, 의미 만들기는 바로 학습인 것이다. 그러므로 의미 만들기로서의 학습의 과정에 대하여 구성주의자들은 다음과 같은 가정(Jonassen et al, 1998)을 가지고 있다.

첫째, 지식은 전달되는 것이 아니라 구성되는 것이다.

둘째, 지식의 구성은 활동의 결과이며, 따라서 지식은 활동 안에 내재되어 있는 것이다.

셋째, 지식은 학습이 발생하는 상황하에서 의미가 부여되는 것으로서, 상황맥락적인 것이다.

넷째, 사실 세계에 대한 의미는 학습자의 마음에 달려 있다.

다섯째, 사실 세계에 대한 관점은 다양하게 존재한다.

여섯째, 의미 만들기는 알고자 하는 욕구, 필요, 의문, 혼란, 불일치, 부조화 또는 문제와 자신이 관련되어 있을 때 더욱 촉진된다.

일곱째, 의미 만들기(지식)는 학습된 것(구성된 의미)에 대한 표현과 명확성을 요구한다. 즉, 학습된 것을 자신의 말로 나타내고, 표현하여야 한다.

여덟째, 의미는 다른 사람과 공유될 수 있으며, 또한 의미 만들기는 대화를 통하여 발생할 수 있다.

아홉째, 의미 만들기와 사고는 의미를 구성하기 위하여 사용되는 도구뿐만 아니라, 학습자가 존재하는 문화와 집단에 의해서도 영향을 받는다.

열째, 어떤 의미도 동일하게 받아들여지지 않는다는 것이다.

### 2) 구성주의 학습활동 환경의 원리

조나센(Jonassen, 1998)은 우리가 현상(사물, 사건, 활동, 과정)을 경험하고, 이미 알고 있는 것에 기초하여 그러한 경험을 해석하고, 추론하고, 경험과 추론을 다시 생각해 봄으로써 학습한다면서 이러한 과정을 브루너(Bruner)는 '의미 만들기(meaning making)'라 한다고 했다. 그 기본적 가정들은 구성주의적 학습활동환경의 원리를 찾아 볼 수 있으며 이를 도식화하면 [그림 3-1]과 같다.

그림 3-1 구성주의적 학습활동환경의 원리

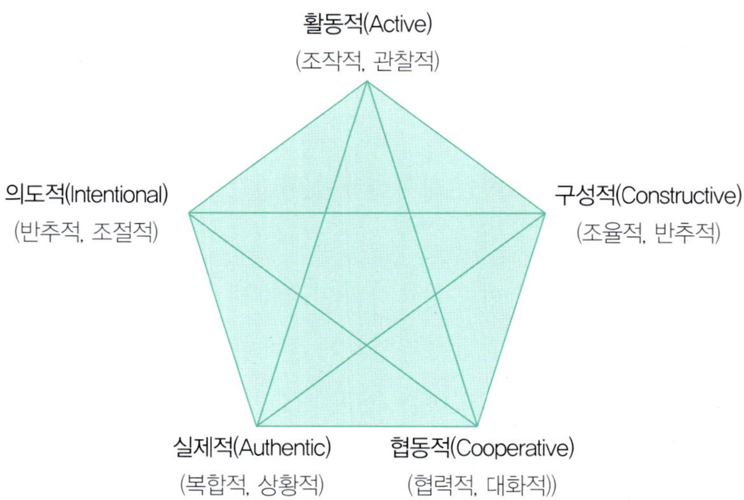


출처: 유구종 · 강병재(2005). 교육방법 및 공학, p. 97.

구성주의의 기본적 가정에 따르면 지식은 학습자에게 전달될 수 있는 것이 아니며, 학습자 스스로 구성해 나가는 것이다(Merrill, 1990). 따라서 학습자 스스로 지식을 자신의 기억 구조 속에 조직화하는 경험을 구성해 나갈 수 있는 환경의 제공이 중요하다. 그러한 학습자 중심의 구성주의적 교수모형을 구성하기 위한 구체적인 교수-학습의 원리들을 아래와 같이 제시하였다.

첫째, 학습자에게 의미 있고 적절한 과제를 제시하여야 한다. 학습은 지식의 주입이나 전달이 아닌 학생 스스로가 학습에 주인의식을 가지고 능동적으로 학습의 과정에 참여하고, 학습의 과정에 책임을 질 때 가장 효과적이다.

둘째, 교사의 역할을 학습자의 학습을 돕는 조언자이자 배움을 같이 하는 동료 학습자로서의 측면에서 규정하는 것이다(강인애, 2003). 교사는 더 이상 '구체화되고 구조화된 지식의 전수자'가 아닌 '인도자', '조언자', '동등한 학습자' 등으로 새롭게 규정된다.

셋째, 맥락(context) · 상황(situation)적 지식의 제공이다. 객관주의가 가장 비난을 받는 부분이 '상황'이라는 것이 지니고 있는 구체적인 성격을 배제하고 일반화와 보편성만을 추구했다는 점이며, 학습자들이 사회에서 실제로 대면하게 되는 문제들과는 판이한 인위적이고 교과서적인 문제들을 가르쳐 왔다는 점이다.

넷째, 구성주의는 협동학습 환경을 활용한다. 구성주의를 극단적 주관주의와 구분하도록 하는 척도가 되는 것이 바로 협동학습(collaborative learning)이다. 지식의 습득과 형성은 단지 인간의 개인적인 인지적 작용으로만 이루어지는 것이 아니고 반드시 개인이 속한 사회 · 문화적 배경과의 상호작용을 전제로 하고 있다.

### 3) 교수설계에 대한 시사점

구성주의의 아이디어는 교수설계의 원리에 있어 많은 변화를 주었다. 구성주의 학습이론이 교수설계에 대하여 시사하고 있는 바를 살펴보면 다음과 같다(박성익 외, 2012).

### (1) 학습자 중심의 학습환경 강조

구성주의에서는 학습이란 객관적으로 존재하는 지식이 전달되는 것이 아니라 개인의 경험에 의해 구성되는 과정임을 강조함으로써 학습의 주체로서 학습자를 강조한다. 구성주의에 의하면 유의미한 학습은 학습자들이 능동적으로 학습의 과정에 참여함으로써 의미를 구성해 갈 때 가능한 것이다. 또한 구성주의 입장에서의 교수설계는 교수 과정을 구조화시키는 것이 아니라 학습이 일어날 수 있는 환경의 설계에 관심이 있다. 여기에서 환경은 지식의 전달이 중심이 되지 않고, 실제와 같은 복합적이고 역동적인 상황과 문제가 제시되며, 다양한 관점을 개발할 수 있는 기회와 학습에 대한 안내가 주어지는 환경이어야 한다.

### (2) 실제적 과제와 맥락 강조

구성주의는 맥락에서 분리된 사실적 정보 대신에 지식이 사용되는 실제적인 과제와 맥락을 강조한다. 즉, 지식은 실제로 사용되는 맥락과 분리되어서는 안 되고, 유의미한 학습이 이루어지기 위해서는 지식이 실제로 사용되는 맥락과 함께 제공되어야 한다는 것이다. 지식이 제공되는 맥락은 복잡하고 비구조화된 실제의 상황과 유사한 것이어야 하며, 그 속에서 학습자들이 다루는 과제도 실제적(authentic)이어야 한다. 학습자들은 일상생활에서 발견할 수 있는 실제적인 과제를 다룸으로써 과제를 쉽게 이해하고, 의미를 구성하며, 그 지식의 기능을 이해함으로써, 실제 문제 상황이 생겼을 때 그 지식을 적용할 수 있게 된다.

### (3) 문제해결 중심의 학습

구성주의적 학습환경에서는 지식이 적용될 수 있는 문제를 중심으로 학습을 제공함으로써 문제 상황에 대한 이해와 관련된 정보를 회상하는 능력, 문제해결 과정에 대한 초인지적 감지 능력, 전문가들이 실세계의 문제해결에서 경험하는 사고력을 촉진하고자 한다. 학습자의 학습동기를 유발하고, 관련된 지식들을 점검하며 습득하게 하여 지식의 적용을 유도한다. 문제 상황에서는 학습자가 학습의 중심이 되고, 문제를 해결하기 위한 다양한 전략들이 도출된다.

### (4) 교사 역할의 변화

구성주의에 의하면 교사는 학습자가 의미를 구성하는 과정을 도와주는 보조자나 촉진자가 되어야 하므로 교사의 역할은 지식의 전수자에서부터 학습자의 이해를 촉진시키는 코치나 촉진자로 바뀌어야 한다. 교사는 단순히 지식을 전달하기보다는 학습자의 흥미를 유발하고, 질문을 유도하며, 지속적인 피드백과 도움을 제공함으로써 학습자 스스로 문제를 해결해 나갈 수 있도록 도와야 한다.

### (5) 협동 학습의 강조

사회적 구성주의에 의하면 학습에 있어서 사회적 상호작용은 중요한 요소가 되므로 구성주의적 학습환경에서는 학습자들의 협동 학습이 강조된다. 학습자들은 다른 동료나 선배들과의 상호작용을 통해 근접 발달 영역을 확대해 나가며, 사회·문화적인 지식을 습득하게 된다. 이러한 사회적인 상호작용은 개인의 인지적 발달을 촉진하며, 학습자의 능력을 촉진하게 된다.

### (6) 평가의 개념 및 원리 변화

구성주의 학습환경에서 평가는 학습과정에서 이루어져야 하며, 학습자가 문제를 해결하고 지식과 기능을 새로운 상황에 전이할 수 있는 능력에 초점을 둔다. 또한 구성주의적 학습환경은 개인의 인지적 과정과 지식의 전이에 초점을 둠으로써 평가도 학습자들의 역동적인 학습과정을 반영해야 한다.

## 4. 교육공학 관련 최근 이론적 동향

교육공학 관련 이론은 전통적인 행동주의 이론과 인지주의 이론 그리고 구성주의 이론에 기초하여 발전하였다. 그리고 1990년대 이후 다양한 이론이 발전하면서 보다 높은 수준의 교육공학적 수행이 가능하도록 하였다. 여기에서는 박성익 등(2012)이 소개한 학습과학, 활동이론 그리고 집단지성이론을 중심으로 살펴보고자 한다.

### 1) 학습과학

학습과학은 의미 있는 학습 현상에 대한 대안적 설명 체계를 탐색하려는 교육공학의 연구 결과에 의존하면서도, 교육공학의 연구방식과 영역에 영향을 주기도 하였다. 학습과학은 행동주의나 인지주의 접근과는 다르게 구성주의 관점을 취하면서도 동시에 인지과학, 교육공학, 인류학적 사회문화 연구 형태로 1990년대 초반에 실체화되기 시작하였다.

학습과학은 인지과학의 전통 속에서 시작하였지만 컴퓨터 과학, 인류학, 구성주의 등 다학제적 성격을 보이면서 발전되었다. 하지만 다학제적 접근에도 불구하고 몇 가지 공통적인 전제와 이론적 특징을 보여 주고 있다(박성익 외, 2012).

첫째, 학습에 있어서 심층적 수준의 개념적 이해를 매우 중요하게 여긴다. 사실적 지식이나 기계적인 절차에 대한 학습의 필요성을 인정하지만 그러한 지식을 언제, 어떻게 변형하여 사용할 것인가를 아는 것이 보다 중요하다. 이를 위해서는 피상적인 이해를 벗어나 심층적인 차원에서 개념적 이해가 제대로 이루어져야 한다.

둘째, 교사에 의한 수업 이외에 학습자의 학습활동을 강조한다. 교사의 설명이 아무리 잘 이루어졌다고 해도 학습자의 적극적이며 참여적인 활동이 없이는 고차적인 이해를 획득하기 어렵다. 교사의 교수행위 이외에도 학습자의 학습과정이 어떠한가에 따라서 학습결과가 달라질 수 있다는 관점을 취한다.

셋째, 학습환경의 구축에 관심을 가진다. 학습자들은 전문가로서의 성인들이 보여 주는 역량을 획득하기 위하여 필요한 지식을 획득하여야 한다. 이를 위해서는 전문가들의 실제 경험과 유사한 형태와 상황을 보여 주는 학습환경의 설계가 필요하다. 실제적인 문제, 전문가의 조언, 적절한 지원 도구, 협동적 과제 해결 등은 학습환경의 몇 가지 핵심적인 구성 요소가 된다.

넷째, 학습자의 사전 지식을 바탕으로 학습이 이루어져야 한다. 학습자가 어떤 상태로 학습에 참여하는가를 규정하는 관점은 이후 학습환경 설계에 매우 중요한 영향을 준다. 학습자는 자기 나름의 경험을 바탕으로 일정한 사전 지식을 가지고 학습활동에 참여한다. 아무 지식도 없는 빈 상자와 같은 대상에 지식이 축적되는 것이 아니므로, 학습자의 사전 지식을 최대한 활용할 수 있는 학습환경이 구축되어야 한다. 그렇지 않으면 단순히 시험에 통과하는 과정으로 학습을 인식하게 되며, 결국 학교를 졸업하고 나면 모든 것을 잊어버리는 상태가 된다.

다섯째, 성찰의 기회를 갖는 것이 중요하다. 학습자들은 자신들 나름대로 지식을 구성하고, 학습과정 및 결과에 대하여 비판적으로 성찰하는 기회를 가짐으로써 보다 학습을 잘하게 된다. 지식 구성 과정은 학습자 간의 토론과 대화를 통하여 이루어지기도 하고, 각종 보고서, 연구 활동, 산출물을 만드는 활동을 통하여 나타난다.

### 2) 활동이론

활동이론은 사회적 구성주의 이론적 토대를 마련한 비고츠키(Vygotsky)의 영향을 받은 레온티예프(Leont'ev)가 제안하였다. 활동이론에 의하면, 인간의 의식차원에서의 학습은 의식 속에 있는 지식에 따라 활동하는 것이 아니라, 활동 혹은 수행의 결과로서 형성되는 것이라고 한다.

활동이론은 객체를 목적으로 하는 '객체지향성'에 기반하며, 활동, 행동, 조작으로 구성된 세 단계의 위계 구조를 적용하여 활동을 분석하고 활동과 사람 간, 개인과 집단 간에 일어나는 상호작용 과정을 내면화와 외면화로 표현하여 강조한다. 또한 주체와 객체의 매개인 도구를 활용하여 환경과 소통하고 경험을 성찰하며, 활동을 통한 주체와 객체의 발전을 강조하는 특징을 가지고 있다. 이러한 활동이론의 구성 요소는 다음 [그림 3-2]처럼 나타낼 수 있다.

그림 3-2 활동이론의 구성요소

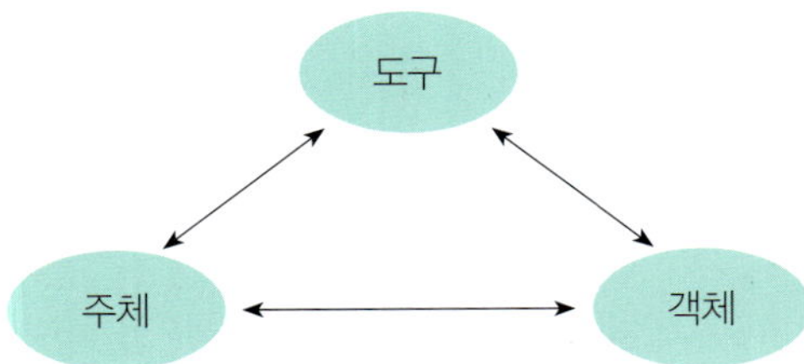


출처: 박성익 외(2012).

인간의 활동과 의식의 역동적이고 상호작용적인 관계를 강조한 활동이론은 이후 엥거스트롬(Engerström)이 제안한 활동체제로 확장되어, 조직의 변화를 분석·평가하기 위한 틀로 활용되고 있다. 활동 체제 모형에 따르면, 인간의 모든 활동은 주체, 객체, 매개물, 공동체, 규칙 그리고 노동의 분업이라는 구성요소에 의하여 분석·설명될 수 있다. 활동체제 모형은 다음과 같은 모형 [그림 3-3]으로 나타낼 수 있다.

그림 3-3 활동체제 모형

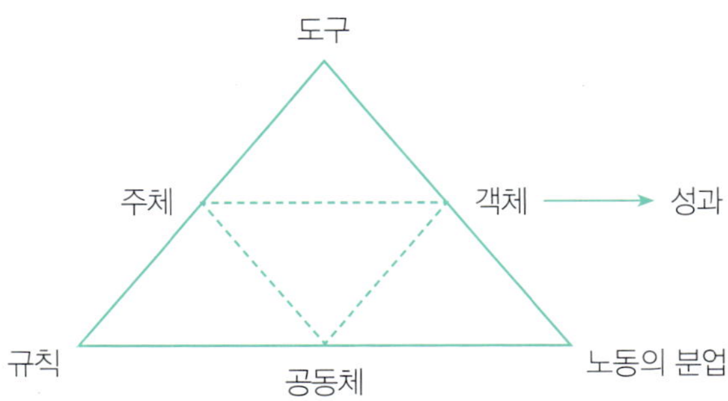


출처: 박성익 외(2012).

활동이론과 활동체제는 지식의 구성방법으로서 활동을 강조한다. 활동이론과 활동체제는 모든 활동이 사회 안에서 이루어지고 주체와 객체 간의 상호작용을 강조한다는 공통점을 가지고 있지만, 활동이론은 사회 안에서 이루어지는 '개인'의 개별적 · 집단적 활동에 초점을 두고 있는 반면에 활동체제는 '집단적인 체제'의 형태로 이루어지는 활동에 주목한다. 이러한 차이는 활동을 심리학적 개념으로 이해하느냐, 조직의 변화를 분석 · 평가하기 위한 분석도구로 이해하느냐에 기인한다.

### 3) 집단지성이론

집단지성은 집단이 발휘하는 지성을 의미하는 것으로, 뛰어난 개인이라 할지라도 혼자서는 해결하지 못하는 복잡한 문제를 다양한 지식을 가진 여러 개인이 모여 함께 지성을 발휘할 때 창의적인 방식으로 문제를 해결할 수 있다는 것을 의미한다. 집단지성의 개념은 협동학습의 전통과 소셜 미디어의 확산으로 구체화되기 시작하였으며, 1990년대 중반 프랑스 사회학자인 레비(Lévy)에 의하여 본격적으로 대두되었다. 그는 집단지성을 '어디에나 분포하며, 지속적으로 가치가 부여되고, 실시간으로 조정되며, 역량의 실제적 동원에 이르는 지성'이라고 정의하였다(박성익 외, 2012).

집단지성이 발현되기 위한 핵심요소는 다양한 집단 구성원의 참여 및 구성원 간의 협력, 개방과 공유라고 할 수 있다. 집단지성의 형성을 위해서는 맥락설정, 개방적인 환경, 공동의 현실적 문제의 탐색, 참여자들의 상호공동성 발휘를 위한 독려, 다양한 구성원의 참여, 경청, 공유가 중요하다(Brown & Isaacs, 2008). 그리고 서로윅(Surowieck, 2004)은 집단지성이 발현되기 위해서는 다양성, 독립성, 분산화와 통합이 필요하다고 주장하였으며, 다양성이란 참여하는 구성원들의 다양한 특성을 유지하는 것이 집단지성의 전제 조건이며, 독립성이란 개개인이 타인이나 주변의 영향을 받지 않고 자신의 판단하에 의견을 낼 수 있어야 한다는 것을 의미한다. 분산화는 한곳에 집중되어 있지 않다는 것을 의미하는 것으로 집단 내

구성원들의 특정한 리더나 개인의 결정에 의해서가 아니라 분산된 개인들의 수평적 관계에 의하여 의사결정 또는 문제를 해결하는 것이며, 통합은 분산된 개인들이 지식의 단순한 합이 아닌 집단의 지식으로 승화되는 것을 의미한다(박성익 외, 2012). 즉, 집단지성은 개개인의 지능이 모여 단순히 집합적 지성이 아닌 단순한 합 그 이상의 의미를 포함하고 있다는 특성을 가진다.

집단지성은 웹의 새로운 기술을 활용하여 더욱 다양한 사람들의 참여를 가능하게 하였다. 웹 2.0은 사용자들이 손쉽게 데이터를 생산하고 공유할 수 있도록 사용자 중심의 인터넷 환경을 제공함으로써 집단지성의 핵심 요소와 일맥상통한다. 특히 소셜미디어의 확산은 개인 간의 의사소통을 증진시킬 뿐만 아니라 시간과 장소의 제약을 벗어난 집단지성을 현실화하고 있다(박성익 외, 2012).

### 4) 교수설계에 대한 시사점

최근 대두된 다양한 이론적인 기반은 교수설계와 교육공학적인 접근에 다양한 시사점을 제공하고 있다. 지식정보화 사회의 급격한 진행은 새로운 이론을 현실적으로 구현하는 것이 가능하도록 지원하고 있으며, 이러한 이론의 실현화 구현 동력은 모두 교육에 적용이 가능하게 되었다. 특히 교수공학적인 측면에서 유용성이 더욱 강조되고 있다. 뿐만 아니라 새로운 이론적인 체계는 교수설계영역만이 아니라 사회학적인 측면에서도 많은 영향을 미치고 있다.

학습과학은 학습과학자들이 밝히고 제안한 학습 원리들을 기초로 다양한 형태의 세부 교수설계 모형들에 관한 연구들이 이루어졌을 뿐만 아니라 현장 교사와 학습자들의 의견을 적극적으로 반영하여 설계 원리들을 개선하는 설계기반 연구의 활성화에도 큰 영향을 주었다. 학습과학은 전통적인 학습이론을 포함하고 있을 뿐만 아니라 학습전략에 대한 새로운 그리고 진보된 방법과 내용을 제공함으로써 교사들의 수업설계와 교수공학자들의 각종 매체 설계에도 보다 유리하게 작용하고 있다.

활동체제는 학습환경 설계를 위한 요구분석과 과제분석을 위한 도구로 사용할 수 있으며, 기업 이러닝 환경 분석 및 설계를 위한 정보를 제공할 수 있다. 특히 구성주의적인 학습환경 설계를 위한 구체적인 특징을 제시해 줄 수 있다. 활동체제는 기업교육을 위한 다양한 방안과 정보를 제공할 뿐만 아니라 학교교육에서의 능동적인 접근도 가능하게 하고 있다. 전통적인 학교학습이 수동적이고 사회적인 측면에서 시간적으로 약간 뒤처진 면이 있었다면 활동체제는 사회의 요구를 그대로 교육 현장에서 반영할 수 있도록 하는 것이다. 즉, 학교수업 현장에서 사회적인 요구를 학습자들이 확인할 수 있고, 이를 기반으로 적절한 학습 내용을 선정하고 이를 반영하도록 함으로써 능동적으로 사회체제에 접근할 수 있도록 하는 것이다.

집단지성이론은 교육학, 공학, 의학, 생물학 등 다양한 학문분야에서 활발하게 적용 가능성이 검토되고 있다. 집단지성이 새로운 지식 창출이나 문제해결 활동과 직접적으로 연결된다고 할 때 교육공학에서의 활발한 적용을 기대할 수 있다(박성익 외, 2012). 집단지성이론은 분산된 개인의 정보나 자료를 모아 새로운 정보체계를 구축할 수도 있으며, 제3의 공간에서 서로 다른 의견을 공유할 수도 있다. 특히, 교육공학적인 측면에서 시간과 공간의 제약을 극복할 수 있다는 특징은 학습자와 교수자 간의 공간적 및 시간적 제약을 극복할 수 있는 교수-설계에 도움을 제공할 수 있다.

04

CHAPTER

# 교수-학습 방법

**학습 및 활동내용**

1. 교육방법의 개념을 이해한다.
2. 교육방법의 선택 기준을 이해한다.
3. 교육방법의 특성을 알아본다.
4. 교육방법의 장단점을 알아본다.

교수-학습 방법은 교사측면에서는 교육방법으로, 교육을 배우는 학생 또는 유아측면에서는 학습법으로 구분하여 볼 수 있다. 본 장에서는 가르치는 교수자 측면에서 교육방법으로 초점을 맞추어 살펴보면, 유아교육 분야에서 실천되고 있는 다양한 교수-학습 방법은 교육과학기술부와 보건복지부에서 출간한 '3-5세 연령별 누리과정 교사용 지침서'와 '3-5세 연령별 누리과정 해설서'에 구체적으로 기술되어 있다(교육과학기술부·보건복지부, 2013). 이에 교사들은 제시된 내용을 토대로 연령별 유아들의 신체와 정서 그리고 지능발달 과정에 맞는 최적의 수업을 진행하기 위해 고민과 성찰을 하면서 교육 현장에 적용을 하고자 노력을 하고 있다. 교사는 교육방법에 대한 고민뿐만 아니라 학습 방법에 대한 고민도 함께 이루어져야 하는데, 최적의 교육 결과는 교사 자신과 학습자 자신의 특성을 정확하게 분석한 후, 교육내용과 교육방법에 대한 이해가 어우러져야 한다. 본 장에서는 교사들이 최대 효과와 최적의 효율을 높일 수 있는 교수-학습 방법에는 어떤 것들이 있는지 살펴보고, 각각의 장·단점, 특성들이 무엇인지 살펴보고자 한다.

## 1. 교육방법의 개념

많은 교육학자들이 교육방법을 다양하게 정의하고 있지만 대체적으로 공통되는 주 내용은 학습목표에 따른 학습내용을 효과적으로 전달하고, 학습자의 성공적인 학습 성취를 지원하는 방법으로 제시하고 있다(변영계 · 김영환 · 손미, 2007). 구체적으로 교육방법은 지식과 정보를 제시하고 학생들이 학습 성취를 효과적으로 하도록 도와주기 위해 선택되는 교수의 절차이다(Smaldino, Lowther, & Russell, 2011). 또한 교육방법은 교수목적, 학습내용의 특성, 학습자의 특성, 그리고 교수가 진행하는 학습환경을 고려하여 적절하게 선택되어야 한다.

최근에는 교수-학습 과정에서 학습자의 능동성이 강조되고 있어, 학습자가 적극적으로 참여할 수 있는 교수방법에 대한 관심이 많아지고 있고, 코로나-19로 인해 삶의 많은 부분이 매체를 도구로 하여 교육, 학습, 회의, 토론 등을 하고 있다. 이러한 교육 지원은 컴퓨터를 포함한 정보통신 기술(information & communication technology)이 빠르게 발달하여 교육환경이 교실 환경뿐만 아니라 교실 밖의 환경, 사이버 환경으로 확대되면서 보다 다양한 교육방법이 논의되도록 학습 생태계를 변화시키고 있다. 뿐만 아니라 교실에서 일어나는 면대면 오프라인 활동과 온라인 활동이 혼합되어 이루어지는 블랜디드 러닝(blended learning)이 다양하게 진행되고 있고, 어떻게 오프라인 학습활동과 온라인 교육을 적절하게 통합할 것인가를 고민하고 있다.

## 2. 교육방법의 선택 기준

교육방법을 선정할 때는 학습자, 학습내용, 교육환경, 교수자의 교육관 등의 크게 네 가지 기준을 고려할 필요가 있다(허희옥 외, 2008). 제시한 네 가지 요소들을 구체적으로 살펴보면 다음과 같다.

### 1) 학습자

학습자는 교수-학습 과정의 주요 대상이므로, 교육방법을 선정할 때 학습자의 다양한 특성을 고려해야 한다.

① 학습 성향: 학습자들은 개개인의 학습 선호도, 학습 속도, 이해 수준이 다양하므로 이를 고려한다. 내성적이며 수동적인 성향, 외향적이며 능동적인 성향 등이 학습자에게 나타날 수 있는 특성이다. 장의존적인 성향이 강하거나 장독립적인 성향이 강한지 파악해야 한다.

② 요구 및 흥미: 학습자가 좋아하는 것, 하고 싶어 하는 것을 적절히 파악해야 할 뿐만 아니라 교육목적에 부합하는 학습자의 속성을 파악하여 고려하는 것이 중요하다.

③ 학습 경험 정도: 학습자의 경험 수준, 특히 교육내용에 대해 학습자가 어느 정도 알고 있는지의 수준이 파악되어야 한다. 유아들은 가정환경에서 노출되는 학습 경험 정도, 가족 형태 등이 학습 경험에 많은 영향을 준다.

④ 학습자 인원: 교수-학습 상황에서 몇 명의 학습자가 참여하는지 파악하고 이를 고려하여 교육방법을 선정해야 한다.

### 2) 학습내용

학습자가 습득하여야 할 학습내용의 특성을 고려하여 교육방법을 선정한다. 학습할 내용이 어느 유형인가를 파악해야 하는데, 대체로 지적 영역, 정의적 영역, 심체적 영역으로 구별되기도 한다. 단어 등의 개념을 인식하는 변별에서부터 알고 있는 내용을 응용할 수 있는 지적 영역, 예의, 도덕성, 가치관, 윤리 등은 정의적 영역 속한다. 뛰기, 만들기, 그리기, 요리하기 등과 같은 내용은 심체적 영역에 포함된다. 각각의 영역에 따라 사용 가능한 교육방법도 다르게 적용될 수 있다.

### 3) 교육환경

교수-학습이 이루어지는 물리적·심리적 교육환경의 특성에 따라 교육방법을 선정해야 한다. 활용 가능한 교수매체의 종류, 교수자료의 개발 가능성(인적 지원, 개발 환경의 구축), 교실 공간의 크기와 같은 물리적 환경을 고려해야 한다. 또한 학습자들 간의 관계, 교수자와 학습자 간의 관계와 같은 심리적·구조적 관계도 교육환경에서 고려되어야 하는 요인이다. 특히 유아들의 경우 포근하고 안락한 느낌이 나는 교육환경을 제공하는 것이 필요하다.

### 4) 교사와 교육관

교사가 가지고 있는 교수-학습에 대한 관점이 교수방법 선정의 기준이 된다. 예를 들면, 교육철학 측면에서 객관주의적 입장과 구성주의적 입장 중 어느 쪽의 교육철학을 갖고 있느냐에 따라 수업진행은 다르게 된다. 교사가 선호하는 교수매체가 인쇄 자료, 영상 자료, 컴퓨터 자료냐에 따라서도 다르고, 교사 주도형 설명을 선호하느냐 학습자 중심의 발견 학습을 선호하느냐에 따라 교수방법이 달라진다.

## 3. 교육방법의 유형

교수-학습 상황에 따라 교육방법은 다양하게 적용할 수 있다. 한 차시의 수업을 하나의 교육방법으로 구성할 수도 있고, 두 개 이상의 교육방법으로 구성할 수도 있다. 이는 교사의 교육관에 따라 진행된다고 볼 수 있다. 다양한 교육방법의 특성과 장점과 단점을 살펴보면 다음과 같다(김영희 외, 2020; 노혜란·박선희·최미나, 2012).

### 1) 강의법

다양한 교수방법 중에서 가장 오래된 강의법은 교사의 주도하에 일방적으로 학습자에게 학습 정보를 전달하고 이해시키는 형태로서, 19세기 헤르바르트(Hebart)가 제시한 체계적이며 과학적인 교수 5단계설이 등장하면서 강의법이 지속적으로 검토 및 재분석되어 오늘날에 이르고 있다. 이때 교사는 정보 전달자 입장에서 전달하고자 하는 정보의 종류와 수준을 정하고 글과 언어를 통해 학습자에게 전달하며, 학습자는 수용자 입장에서 전달되는 정보를 이해한다.

강의법의 장점으로는 정해진 시간에 다양한 지식을 많은 학습자들에게 동시에 전달하는 것, 전체 내용을 개관하거나 요약하고자 할 때 교사의 언어적 표현 능력에 따라 학습자에게 쉽게 이해시킬 수 있다는 것, 수업시간과 학습량을 자유롭게 할 수 있다는 것이다. 마지막으로 심리적으로 경직되어 있거나 융통성이 없는 학습자에게 편안함을 준다는 것이다. 반면 강의법의 단점으로는 학습자의 동기 유발이 어렵다는 것, 유아의 경우 주의력이 떨어지기 쉽다는 것, 그리고 교사의 능력에 전적으로 의존해야 한다는 것과 학습자의 개별화나 사회화를 기대하기 어렵다는 것이다. 따라서 이러한 단점과 문제점을 보완하기 위해, 강의법과 함께 토론, 역할극 방법과 같은 교육방법을 병행하여 활용하거나, 효과적인 교육내용 전달을 위해 매체를 활용하는 것이 바람직하다.

**그림 4-1** 강의하는 장면

## 2) 시범

시범은 새로운 기능을 학습하기 위한 방법으로 교사가 바람직한 행동양식을 보여 주는 동안 학습자는 관찰과 모방을 통해 혼자서는 익히기 어려운 기술을 학습할 수 있도록 시도하는 방법이다. 이 방법을 사용할 때는 기능과 관련된 이론을 이해하는 인지적 측면, 기능에 대한 여러 상황의 조작을 통해 다양한 결과를 얻어낼 수 있는 기능의 조작적 측면, 기능에 대하여 마음 깊이 느끼는 정의적인 능력이 함께 전개될 때 교육적인 결과를 기대할 수 있다.

시범은 학습자들이 범하게 될 불필요한 시행착오의 과정을 피하게 하고 시간을 단축할 수 있는 장점이 있고, 특히 새로운 교육내용을 시범으로 보이려고 할 때와 언어로 설명하는 것에 한계가 있을 때 효과적이다. 단점으로는 개인차에 따라 상세한 설명을 제시하지 못하는 측면이 있다.

그림 4-2 교사가 시범보이는 장면

## 3) 토론법

토론법은 학습자가 자신의 의견을 제시하고 다른 사람의 의견을 받아들이는 상호작용을 통해 합의점을 찾고 문제를 해결해 가는 과정에서 학습의 목적을 달성하는 교육방법이다. 토론법에서 교사의 역할은 토론 촉진자 혹은 중개자, 그리고 토론자의 일원으로도 참여할 수 있다. 학습자는 능동적인 입장에서 의견을 개진하고 다른 학습자의 의견을 경청하고 조율하여 합의된 의견을 만들어 가는 연습을 한다. 토론법은 민주주의 원칙에 기반을 둔 학습활동으로, 교사와 학습자 모두의 의사소통 기술과 대인관계 능력이 지켜져야 효과적이다.

토론법의 장점은 토의를 통해 학습자가 집단 활동의 기술과 태도를 배우며, 학습자 자신의 생각을 일관성 있게 나타내고 의미 있게 표현할 수 있는 의사소통 기술을 연습한다. 뿐만 아니라 상대방의 의견을 들으면서 협력의 과정을 배워나간다. 단점으로는 집단의 크기가 크면 토의가 어렵고, 토의에 미숙한 유아들은 효과적인 토론을 유도하기가 쉽지 않다. 리더의 영향력을 많이 받으며, 학습자의 '다른 친구들이 나를 어떻게 생각할까?'라는 평가불안이나 '내가 아니어도 친구가 하겠지?'라는 사회적 태만도 나타날 수 있다. 강의법에 비해 시간을 많이 소요된다는 단점도 있다.

그림 4-3 유아들과 토론하는 장면

### 4) 역할극

역할극은 학습자에게 구체적인 문제 상황을 실제적으로 경험해 볼 수 있는 기회를 마련해 주고, 학습자 스스로 자신의 가치나 의견을 좀 더 분명히 깨닫게 하고, 어떻게 타인의 행동을 이해하고 관계를 맺어갈 수 있는지를 도와주는 방법이다. 역할극의 목적은 학습자들이 각기 다른 사람의 역할을 맡아 각각의 입장에서 서로 상호작용하면서 의도한 지식, 기술, 태도를 습득하도록 하는 것이다. 역할극 참여자는 역할극을 통해 상대방의 행동, 말, 감정의 형태에 대한 이해도가 넓어져 자기중심적 사고에서 벗어나게 되고, 공동체 의식, 언어능력, 도덕개념을 발전시키게 되어 결과적으로 생활 주변에서 다양한 갈등 상황을 처음 만나는 어린 학습자들이 갈등을 스스로 해결하는 능력을 기르는 데 큰 도움을 받는다.

샤프텔은 역할극을 위한 아홉 가지 단계를 ① 집단의 분위기 형성, ② 참여자 및 역할 선정, ③ 무대와 장면 설정, ④ 관찰자 준비, ⑤ 역할극 수행, ⑥ 논의 및 평가, ⑦ 역할극 재수행, ⑧ 논의와 평가, ⑨ 경험의 공유 및 일반화로 나누었다 (Joyce, Weil, & Calhoun, 2015). 역할극의 장점은 실제로 경험을 통하여 관찰력, 의사결정능력, 문제해결능력, 의사소통기술 그리고 분석력, 종합력과 같은 고등정신 능력을 기를 수 있다는 것이다. 그리고 타인의 역할을 경험해 봄으로써 타인을 이해하는 데 도움을 준다. 단점으로는 역할놀이에 제시된 상황이 학습자에게 흥미를 불러일으키지 못하면 수업효과는 크게 떨어진다. 그리고 학습자의 경험세계와 역할놀이의 학습 사이에 괴리가 생기면 학습자는 무엇을 배우는 것인지 이해를 하지 못하는 상황이 될 수 있다.

그림 4-4 결혼식 역할극을 하는 장면

### 5) 협동학습

협동학습은 학습자가 과제를 수행해 나가는 과정에서 소집단 혹은 대집단을 구성하여 다른 학습자와 함께 학습하는 방법으로 다른 사람과의 긍정적인 협력 관계를 통해 문제를 해결하고 지식과 기술을 연마하는 것을 목적으로 한다(Slavin, 1990). 이 방법은 실제적인 사회생활에서 요구되는 협력성, 의사소통 및 대인관계 기술 등을 기를 수 있게 도와주며, 혼자서 학습할 때보다 더 많은 지식과 기술을 익힐 수 있게 해 주어 사고력과 같은 고차원적인 능력을 기르는 데 효과적인 교육방법이다. 성공적인 협동학습의 기본 요소는 다음과 같다.

첫째, 긍정적 상호의존성이다. 긍정적인 상호의존성은 그룹의 모두가 서로 관련되어서, 그룹의 구성원들 중에서 한 사람이 제대로 수행하지 못하면 그룹의 구성원 모두가 성공할 수 없다는 것을 인식하게 될 때 성공적으로 구축될 수 있다. 따라서 집단 전체의 이익을 위해 구성원 자신에게 맡겨진 역할을 수행해야 한다고 느낄 수 있어야 한다.

둘째, 면대면 상호작용이다. 학습자들은 성취를 향한 각자의 노력들을 나누며, 보조하며, 격려하고, 칭찬함으로써 각자의 성공을 촉진시키는 실제의 과업을 함께 할 필요가 있다. 서로에게 관심을 가져주고 개방적이며 허용적인 태도를 통해 구성원 서로서로의 성공을 촉진하고 격려하는 점진적 면대면 상호작용이 필요하다.

셋째, 개별적 책무성이다. 학습자 각자의 과제 수행이 집단 전체의 수행결과에 직접 영향을 주며 또한 집단 전체의 수행은 학습자 각자의 수행에 영향을 준다는 인식을 해야 한다. 이 과정에서 학업능력이 우수한 학습자가 낮은 학습자들을 자발적으로 돕도록 하는 효과를 가져올 수 있다.

넷째, 사회적 기술이다. 협동학습은 학습과제 및 팀워크에 학습자들이 동시에 함께 참여해야 하기 때문에 경쟁적 학습이나 개별적 학습에 비하여 더 복잡하다. 효과적인 협동적 과업을 위한 사회적 기술은 협동적인 수업이 적용, 실시되었다고 해서 절로 얻어지는 것이 아니다. 따라서 협동학습은 공동의 집단목표를 달성하기 위해 서로를 신뢰하면서 도움을 주고 정확한 소통을 하면서 문제를 해결할 수 있어야 한다.

장점으로는 사회생활에서 필요한 협력성, 의사소통 및 대인 관계 기술들을 기를 수 있고, 혼자서 학습할 때보다 더 많은 지식과 기술을 익힐 수 있다. 뿐만 아니라 사고력과 같은 고차원적인 능력을 기르는 데 효과적이다. 단점은 학습과정에서 많은 시간과 노력을 요구하며, 비슷한 수준의 학습자끼리 학습을 진행할 경우, 잘못 이해한 것을 정답으로 인정할 우려가 있고, 다른 집단에 대한 무관심과 자기 집단의 편애가 나타날 수 있다. 학습자 간 학습능력의 격차가 클 경우 아무런 노력 없이 무임승차하는 학습자가 발생할 수 있다.

인간으로서 전인교육을 지향하는 유아교육에서는 유아가 또래와 긍정적으로 상호작용하고 의존하는 관계를 형성하도록 지원하는 것이 중요하다. 이를 위해, 유아를 3~4명의 소집단으로 구성하고 공동의 과제를 해결하면서 사회적 관계를 직접 체험하게 하는 협동학습이 효과적으로 활용될 수 있다(박길순·김덕건, 2002).

그림 4-5 유아들이 협동하여 '우리 동네' 만드는 장면

### 6) 문제중심학습

문제중심학습은 실제로 발생하는 문제나 상황을 교수-학습 활동을 구성하는 방법으로, 그 태동은 의과 대학의 수업에서 시작되었다(Barrows, 1994). 배로우스는 문제중심학습에 대해 "학습자들이 장차 부딪치게 될 과업들로 문제를 설정하고, 이 문제를 이해하고 해결하는 데 필요한 지식과 기술, 태도들이 무엇인지를 스스로 파악하여 필요한 지식과 정보를 찾아서 학습하게 하는 교육방법"이라고 하였다. 강인애(2003)는 문제중심학습에서 '문제'를 설계할 때, '학생들이 다양한 해결안을 제시할 수 있는가?', '학생들의 깊은 사고와 탐색을 요구하는가?', '간학문적 성격을 지니고 있는 과제인가?', '주어진 문제에서 학습자의 역할, 제출해야 할 결과물 등이 분명히 명시되었는가?', '주어진 수업시간 내에 해결할 수 있는 문제인가?'를 포함해야 한다고 주장한다.

문제중심학습은 네 가지 기본적 요소(학습자, 교사, 문제, 학습자원)를 가지고 있다. 그중 문제는 학습을 구조화시키고 조직하기 위한 핵심적인 단위이다. 즉 문제중심학습은 문제로부터 학습이 시작되고 문제를 해결해 가는 과정에서 맥락적 지식과 기능을 학습하게 되며, 협동적이고 자기주도적인 학습능력과 효율적인 인지적 학습전략을 습득할 수 있는 기회를 제공한다. 따라서 제일 중요하면서 어려운 것은 비구조적인 문제를 설계하고 개발하는 일이다. 비구조적인 문제를 창안해 낼 때 주의할 사항으로는 실제 생활과 밀접한 관련이 있어야 하고, 학습자의 내적 동기를 유발시킬 수 있는 것이어야 하며, 하나의 해결책이 아니라 다양한 해결방안이 나올 수 있어야 하고, 학습자의 사고를 촉진시킬 수 있는 문제여야 한다. 예를 들어, '죽어 가는 식물 또는 곤충들을 어떻게 키우는 것이 좋을까?'라는 실질적인 문제로부터 출발해야 한다. 장점으로는 학습자의 창의적 사고뿐만 아니라 문제해결력을 높일 수 있는 교육방법인 반면, 교사가 정교하면서도 다양한 가능성을 가진 교수-학습 계획안을 가지고 있지 않으면, 많은 시간과 노력을 지원했음에도 불구하고 학습자의 성과는 미비하게 될 수 있다.

그림 4-6 유치원 동·식물들이 죽어 가거나 시들어 가는 문제를 해결하고자 노력하는 장면

## 7) 프로젝트학습

프로젝트학습은 학습자들이 실제적인 과제를 수행하고 구체적인 결과물을 만들어 내는 과정에서 새로운 지식을 습득하고 비판적 사고력, 문제해결력, 자기주도적 학습 능력과 같은 다양한 능력을 신장할 수 있는 학습자 중심 교육방법이다(Blumenfeld et al, 1991). 더욱이 학습자 개인이 아닌 몇몇 학습자가 소집단을 구성하여 과제를 함께 수행하는 과정에서 협력, 의사소통 능력을 포함한 사회적 능력을 증진할 수 있다.

성공적인 프로젝트학습을 하기 위해서는 다음 조건들을 제공해야 한다.

첫째, 프로젝트 자체가 실제적인 사건이나 상황을 기반으로 만들어짐으로써 미리 계획되고 의도된 '유치원' 환경이 아닌 자연스러운 '실제' 맥락에서의 경험이 일어날 수 있도록 한다. 이러한 실제적인 속성은 프로젝트를 통해 해결하고자 하는 문제 혹은 과제의 맥락뿐만 아니라, 과제가 수행되는 환경과 과정 측면에서도 필요한 요소이다. 일반적으로 실제 환경은 공동의 목적을 위해 공동의 작업이 이루어지는 경향이 매우 많다.

둘째, 학습자에게 다양한 인지적 도구가 제공되어야 한다. 최근에는 테크놀로

지를 기반으로 하는 도구들, 즉 컴퓨터 및 인터넷을 활용한 실시간/비실시간 상호작용 도구 및 정보 검색 도구, 프로젝트 관리 소프트웨어 등이 많이 사용되는데, 이를 통해 학습자들은 보다 효율적, 효과적으로 프로젝트를 진행해 나가는 동시에 역동적으로 지식을 구성할 수 있다(임규연 · 허희옥 · 김영수, 2009).

셋째, 학습자가 적극적으로 참여하고 다른 팀원과 유기적으로 협력할 때, 프로젝트 수행 결과가 더욱 성공적이다. 프로젝트는 개별적으로 혹은 협력적으로 수행될 수 있는데, 몇몇 구성원을 중심으로 한 소집단 혹은 전체 구성원이 하나의 팀을 이루는 협력학습 환경에서 더 효과적으로 진행될 수 있다(Barron et al., 1998; Krajcik et al., 1998).

장점으로는 개인 프로젝트 또는 협동 프로젝트를 통하여 결과물을 만들어 냄으로 무언가를 해냈다는 성취감을 가질 수 있다. 단점으로는 최종 결과물이 창의적이거나 정교한 것이 아니라 빈약하거나 다른 학습자와 비슷할 경우 느끼는 허전함 등이 있을 수 있다.

그림 4-7 동물 놀이터를 만든 장면

### 8) 발견학습

발견학습이란 교사가 설명식 수업은 최소화하고 관찰, 토론, 실험 등의 다양한 교수법들을 학습자들에게 제공하여 학습자 스스로 학습이 일어나도록 안내하는 교수-학습 방법이다. 즉 어떤 내용을 가르칠 때, 기본 원리나 핵심 개념을 교사가 찾아내어 이것을 그대로 학습자에게 주입하는 것이 아니라 해당 분야의 전문가가 한 것과 동일한 방식으로 이를 발견하도록 학습자들에게 안내하는 것이다(윤기옥 외, 2009).

발견학습의 특징을 살펴보면 첫째, 지식 구조에 대한 철저한 학습을 강조한다. 각 학문을 구성하는 핵심 아이디어나 기본 개념, 원리 등을 강조하기에 학습 내용의 철저한 이해가 매우 중요하다. 둘째, 학습자 스스로 개념이나 원리를 발견해 내는 능동적이고 주체적인 학습을 강조한다. 이때 교사는 학습자들에게 질문을 하거나 학습 자료의 중요한 부분을 암시적으로 강조하여 학습자가 개념을 형성하는 데 도움을 주는 촉진자 또는 안내자 역할을 한다. 셋째, 학습의 결과보다는 학습의 과정을 강조한다. 학습 내용의 최종 형태를 학습자 스스로 발견할 수 있도록 교사가 지원한다. 넷째, 학습 효과의 전이를 중요하게 여긴다. 학습 내용 중 핵심이 되는 사항을 배워 유사한 환경에 전이를 할 수 있도록 한다.

발견학습 수업 절차를 살펴보면(김경배 · 김가란, 2012; 채경전 외, 2012) 1단계, 탐색 및 문제 파악 단계이다. 학습자는 주어진 학습 자료를 탐색하고 학습 문제가 무엇인지를 파악하는 단계이다. 학습자는 기존 지식을 회상하면서 현재 제시된 문제를 정확하게 파악하도록 노력한다. 2단계, 자료 제시 및 관찰 탐색 단계이다. 교사가 문제 해결에 필요한 한두 가지 자료를 제시하고 학습자는 이를 통해 예상하기 활동을 한다. 이 단계에는 논리적이거나 분석적인 사고보다는 오히려 직관적인 사고에 더 의존하기도 한다. 3단계, 자료 추가 제시 및 관찰 탐색 단계이다. 교사는 앞에서 제시한 자료 이외에 다른 자료들을 추가로 제시한다. 학습자는 추가된 자료를 통해 기존의 관찰 탐색한 결과와 비교하면서 공통점과 차이점을 찾아보는 등 분석적 사고를 한다.

4단계, 규칙성 발견 및 개념 정리 단계이다. 앞에서 관찰 탐색한 결과에 대한 토의를 통하여 일반화하고 규칙성을 발견하는 단계이다. 이 단계에서 교사는 학습자가 관찰된 사실에서 규칙성을 이끌어 내도록 유도한다. 이때 교사의 질문 기술이 학습자의 유용한 개념을 형성하는 데 중요한 역할을 할 수 있다. 5단계, 일반 적용 및 응용 단계이다. 각 단계를 통해 형성된 지식을 구체적이고 현실적인 장면에 적용하는 단계이다. 발견한 규칙성을 다른 상황에 적용 또는 응용해 보게 함으로써 규칙성이나 개념을 보충 심화시키는 단계이다.

장점으로는 학습자가 학습결과에 대한 기쁨을 경험하고, 학습에 자발적 흥미를 갖는다는 것이다. 그리고 학습자가 발견학습을 통해 획득한 지식은 더 오래 기억하고, 다양한 환경에 전이가 될 수 있다. 단점으로는 학습자의 능동적 학습과정만을 중요하게 강조한 나머지 방만한 수업으로 이어질 수 있으며, 개념과 원리를 발견하는 데 많이 시간이 소요되고 학습 노력의 경제성이 낮아질 수 있다. 또한 학습 능력 차이를 고려하지 않으면 특정한 일부 학습자만 학습을 할 수 있다는 점이다.

그림 4-8 봄이 되어 변화된 꽃과 나무의 모습을 발견하는 장면

### 9) 사례중심학습

사례중심학습은 학습자가 스스로 주어진 문제 상황의 의사결정자가 되어 사례를 다각적으로 검토하고 분석하여 문제를 해결하는 교육방법이다. 사례중심학습에서 교사는 학습자가 주어진 사례를 분석하고 해결해 가는 과정에서 다양한 사례를 제공하는 동시에 학습자가 사례를 통해 관련된 지식을 발견하고 문제를 해결할 수 있도록 도와주는 역할을 한다.

보통 사례중심학습은 다음과 같은 과정을 거쳐 진행되기도 한다(Fogarty, 1997).

① 실제 생활의 문제를 담고 있으며, 논란의 여지를 제공하는 담론을 제시한다.
② 제시된 담론과 연관된 사실과 개념들을 분석하여 토론을 위한 자료를 제공한다.
③ 개별학습에 이어 소집단을 구성하여 주어진 문제들에 대해 토론할 수 있는 기회를 제공한다.
④ 학습자가 스스로 자신이 규명해 가는 사실과 지식을 밝히고 다른 사람과의 질의응답을 통해 습득한 지식을 일반화해 간다.
⑤ 주어진 사례에 관련된 새로운 정보를 더 많이 탐색하고 새로운 지식을 구성해 갈 수 있도록 한다.

장점으로는 원리와 원칙을 확인하고 응용하며 분석력, 판단력을 획득할 수 있다. 현장감 있는 사례를 통해 실제적이고 실무적인 과제와의 연계성을 높일 수 있다. 종합적인 문제해결능력과 의사결정능력을 높일 수 있다. 단점으로는 준비하는 데 시간이 필요하며 사례분석을 위한 기초자료, 시나리오를 작성하는 데 노력이 필요하다. 어떤 경우는 적합한 사례를 찾기 어렵고, 능동적인 학습자 참여를 이끌어 내지 못할 경우 기대하는 성과를 달성하기 어렵다.

그림 4-9 물에 뜨는 것과 뜨지 않는 것의 사례를 보는 모습

### 10) 탐구학습

탐구란 현재 당면한 중요한 가치와 문제에 대한 반성적 검토에서 시작된다. 이러한 검토는 주어진 문제 상황을 올바르게 인식하고 추리, 논증, 관찰, 실험 등을 통해 타당성 있는 일반화된 개념으로 결론을 내리기 위한 논리적 사고 과정이라고 할 수 있다. 학습자가 사회 속에서 접하게 되는 문제들은 어느 특정 분야에 국한되어 있는 문제가 아니라 다양한 문제들이 서로 복잡하게 얽혀 있는 것이므로, 합리적으로 사고하고 추리할 수 있는 능력뿐 아니라 문제를 통합적 관점에서 명확하게 인식해야 한다.

탐구학습의 단계를 살펴보면(윤기옥 외, 2009), 1단계, 문제에 직면하는 단계이다. 교사는 문제 상황을 제시하고 탐구 절차를 설명해 준다. 예를 들면 환경오염에 대한 영상자료를 보여 주면서 평소 느꼈던 공기오염 문제에 학습자를 집중시킨다. 2단계, 자료 수집을 통한 가설을 설정하는 단계이다. 학습자들이 목격하고 경험한 내용에 관한 정보를 수집하여 내용을 정리한다. 3단계, 자료 수집을 위한 실험 단계이다. 적절한 변인들을 찾아서 연결하고 인과관계를 증명하도록 한다. 4단계 자료 조직화 단계이다. 정보수집과 자료 해석을 근거로 문제에 대한 미래와 현재 상황을 예언해 보고 자료를 설명하는 단계이다. 5단계, 탐구과정 분석 및 검

토 단계이다. 논리적 사고력을 발휘하여 가설의 성립 여부를 결정한다. 제한된 범위 내에서 일반화를 시도한다.

장점으로는 논리적이고 합리적인 사고를 촉진하여 체계적인 의사결정을 할 수 있고, 탐구학습 과정에서 또래들과 함께 이야기를 나누며 생각하는 능력과 태도 등의 사회적 기술도 배울 수 있다. 단점으로는 학습 시간이 많이 소요되고 교사의 역할이 안내자, 촉진자, 중재자 등의 다양한 지원을 해야 하기에 어려움이 따를 수 있다. 그리고 평가 방법도 어려울 수 있다.

그림 4-10 궁금한 것을 백과사전이나 책을 통해 탐구하는 모습

05

CHAPTER

# 교수설계 이론 및 교수설계 모형

**학습 및 활동내용**

1. 교수설계 개념을 이해한다.
2. 교수설계 원리를 이해한다.
3. 가네와 라이겔루스 교수설계 이론을 이해한다.
4. 켈러와 메릴의 교수설계 이론을 이해한다.

인간이 어떻게 더 잘 학습할 수 있을까를 도와주는 이론이 교수이론이라고 한다면, 교수설계이론은 보다 구체적인 활용에 목적을 둔 것으로 인간의 학습과 발달을 촉진시키기 위한 보다 나은 방법에 관한 명확한 지침을 주는 이론이라고 할 수 있다. 즉 교수이론보다 교수설계이론이 보다 구체적이고 처방적이라고 볼 수 있다. 좀 더 자세하게 살펴보면, 설명 지향이 아니고 설계 지향적이며, 상황 또는 맥락에 맞는 방법론을 지향하고, 세분화된 구성요소들을 수업 또는 교육환경에 제시하며, 마지막으로 결정론적인 사고가 아니라 개연성을 생각하여 수업의 틀을 열어 주고 있다.

한편, 교수설계 이론과 교수설계 모형을 동일한 용어로 사용하는 경향이 있는데, 이론은 개념과 요소의 관계를 설명해 주는 개념적 모형이라고 본다면 실제적인 활용 방법을 알려 주는 것이 교수설계 모형이라고 할 수 있다. 교수설계 모형은 절차적인 모형인 것이다. 본 장에서 교수설계의 개념, 그리고 교수설계 이론과 교수설계 모형을 자세하게 살펴보도록 한다.

## 1. 교수설계의 개념 및 원리

### 1) 교수설계의 개념

교수설계이론은 인간의 학습과 발달을 촉진시키기 위한 보다 나은 방법에 관한 명확한 지침을 주는 이론이다. 예를 들면, 특정 학습자를 대상으로 매주 특정 학습 주제로 수업하는 교육 현장의 교사에게도 필요한 과정임은 물론, 상세한 명세서를 창출하여 교사, 학습자, 그리고 학부모가 사용할 교육환경, 즉 교육용 소프트웨어를 개발하는 교수설계자에게도 필요한 과정이다(노혜란 · 박선희 · 최미나, 2012).

교수설계이론의 패러다임은 객관주의 교수설계이론과 구성주의 교수설계이론으로 구분할 수 있다. 이를 표로 제시하면 〈표 5-1〉과 같다.

〈표 5-1〉 객관주의와 구성주의 교수설계이론 비교

| 객관주의 교수설계이론 | 구성주의 교수설계이론 |
|---|---|
| · 객관주의적 인식론적 배경 | · 주관주의적, 간주관주의적 인식론적 배경 |
| · 교수자의 활동에 초점 | · 학습자의 활동에 초점 |
| · 학습자 개별적인 학습 강조 | · 학습자 간의 협력적인 학습 강조 |
| · 목표의 사전 명세화 | · 수업활동의 종합적인 결과로서의 목표 |
| · 분석 활동의 강조 | · 종합과 통합활동의 강조 |
| · 세부화 계열화 강조 | · 맥락화 강조 |
| · 선수학습 중요성 강조 | · 학습자의 개인적인 사전 경험의 강조 |
| · 목표를 근거한 준거지향평가 강조 | · 과정중심의 성찰적 평가 강조 |

출처: 조규락 · 김선연(2006). 교육방법 및 교육공학, 171쪽 수정.

결국, 교수설계는 학습자의 지식과 스킬, 태도에 바람직한 변화를 가져오기 위한 최적의 교수방법을 탐색하고 처방하는 것에 우선적인 관심을 두는 지식 체계이며, 이러한 활동은 학습자에게 바람직한 학습 경험을 제공할 뿐만 아니라 교수와 관련된 체계적인 지식을 생성함으로써 실제 교수과정 개선에 기여하는 학문 영역이다.

## 2) 교수설계 원리: 체제적 접근

교수설계의 원리는 체제이론에 기초한다고 볼 수 있다(김영희 외, 2020). 체제(system)는 상호 관련된 구성 요소들의 유기적인 관계, 총체적 연결을 중심으로 어떤 현상을 파악하는 것에 중점을 둔다. 체제적 접근(systems approach)은 체제의 현재 상태와 바람직한 상태 간의 차이를 규명함으로써 체제가 갖고 있는 문제를 정의하고 이를 해결하기 위한 여러 가지 대안을 마련하며 그중에서 최상의 해결책을 선택하여 실행하고 그 효과를 평가하여 수정·보완하는 등의 절차를 의미한다. 그리고 체제적 접근은 투입(input), 과정(process), 산출(output), 피드백(feedback)이라는 공통 요소로 구성되며 요소 간의 상호작용을 통해 결과를 만들어 낸다(Dick & Carey, 1996).

교수설계 원리의 중요한 특징을 정리하면 다음과 같다(한정선 외, 2008).

① 서술 지향적(description-oriented)이 아니라 설계 지향적(design-oriented)으로 목적 달성의 방법에 대한 직접적인 안내를 제공한다.

② 수업의 방법(method), 즉 학습을 지원하고 촉진하는 방법과 그 방법이 사용되거나 사용되지 말아야 할 상황(situation)을 규정한다. 따라서 교수설계 이론에서의 방법은 보편적이라기보다는 상황적이다.

③ 수업의 상황에는 수업의 조건(condition)과 수업의 바람직한 결과(designed outcomes)가 포함된다.

④ 교수설계 이론에서 수업 방법들은 가능한 한 더 단순한 요소의 방법으로 나뉠 수 있으며, 이를 통해 교수자들에게 수업 운영 및 방법에 대한 더 많은 안내가 제공된다.

⑤ 교수설계를 통해 제시되는 수업 방법들은 결정적(deterministic)이기보다는 개연적(probabilistic)이다. 교수설계의 취지는 바람직한 결과가 일어나는 가장 높은 확률을 달성하고자 한다.

교수(instruction)에 관한 체제적 접근은 교수 체제의 구성 요소들 간의 역동적인 상호작용을 유기적인 관련 속에 파악하고자 하는 것이며, 즉 체제의 관점을 분석 및 설계, 실행, 평가의 절차적 교수개발 과정에 적용하려는 것을 의미한다.

## 2. 교수설계 이론

교수설계 이론은 듀이가 학습 이론과 실제 교육 장면의 연계 필요성을 주장한 데서 비롯되며, 그 이후 1960년대 체제이론의 영향과 프로그램 수업의 이론적 기초를 제공한 스키너의 행동주의 심리학, 브루너의 발견학습 이론, 오수벨의 포섭 이론 등의 교수이론에 기초하여 발달하였다. 1970~1980년대에는 인지심리학적 지식과 정보처리 이론 등 여타 학문의 경향을 교수설계의 체제적 접근에 통합하여 이론화하려는 움직임이 본격화되면서 현재에 이르고 있는데, 본 절에서는 객관주의 교수설계 이론을 자세하게 살펴보도록 한다.

### 1) 가네의 교수설계 이론

가네(Gagné)는 1965년 『학습의 조건(*The Conditions of Learning*)』을 저술하면서 행동주의에서 출발하여 인지주의로 변화하는 당시 주요 학습이론의 아이디어를 종합하여 체계적인 수업이론을 제시하였다(노혜란 · 박선희 · 최미나, 2012). 가네는 자신의 이론을 구축하는 토대로 정보처리이론을 채택하여 이를 바탕으로 학습을 위한 내적 조건과 외적 조건, 교사가 수업설계 시 고려해야 하는 주요 단계를 아홉 가지로 구체화하여 제시하였다. 학습결과의 분류, 학습을 위한 조건, 수업을 위한 과정에 따른 각각의 아홉 가지 단계를 살펴보면 다음과 같다.

### (1) 학습결과 분류

가네에 따르면 학습 결과는 다섯 가지 유형, 즉 언어 정보(verbal instruction), 지적 기능(intellectual skill), 인지 전략(cognitive strategy), 태도(attitude), 운동 기능(motor skill)으로 구분되며 이것이 학습의 결과, 곧 교수목표가 되어야 한다고 했다.

〈표 5-2〉 학습의 다섯 가지 범주

| 학습 결과 | | 정의 | 예시 |
|---|---|---|---|
| 언어 정보 | | · 사실, 명칭, 문장 등의 선언적 정보들의 기억(재생) | · 한국의 수도는 어디인가? |
| 지적 기능 | 변별 | · 대상, 특징, 상징의 구별 | · 다람쥐와 청설모의 차이점 |
| | 구체적 개념 | · 구체적인 대상, 특징, 사상의 분류 | · 은유법이란?<br>· 직유법이란? |
| | 정의된 개념 | · 정의에 따라 사상이나 아이디어의 새로운 보기를 분류 | · 사랑이란? 연민이란? 평화란? |
| | 규칙(원리) | · 문제해결을 위해 단순한 규칙 적용 | · 피타코라스 정리란?<br>· 질량보존의 법칙이란? |
| | 고차적 규칙(문제해결) | · 복잡한 문제해결을 위해 여러 가지 규칙을 체계적으로 활용 | · 학생들에게 행복한 학교를 제공하기 위해 교사는 어떤 노력을 해야 할까? |
| 인지 전략 | | · 학습자의 사고, 행위, 감정을 안내하기 위한 개인적 방법의 활용 | · 서희 선생님은 어떤 방법으로 외교를 했을까?<br>· 프로게이머는 어떤 전략으로 상대방을 공격했을까? |
| 태도 | | · 학습자의 이해와 감정의 내적 상태를 기초로 하여 개인적 행위를 선택 | · 공공장소에서 핸드폰을 어떻게 사용하는 것이 좋을까? |
| 운동 기능 | | · 학습자의 근육활동을 포함하는 수행 | · 테니스 서브 동작 |

출처: Driscoll(2005). Psychology of Learning for Instruction(3rd ed).

### (2) 학습조건

학습조건의 중요한 전제는 학습의 유형에 따라 학습이 일어나는 내적 과정 및 이를 촉진하는 교수전략이 다르게 적용되어야 한다는 것이다. 가네는 학습의 유형을 다섯 가지로 구분하였고 이에 따라 학습의 조건이 다르다고 규정하였다. 자세하게 살펴보면, 학습조건을 내적 조건과 외적 조건으로 구분하였다. 내적 조건(internal condition)은 학습이 일어나기 위한 학습자의 내적 인지 과정 측면에 해당하며 학습자의 선수학습 능력의 회상이나 획득을 의미한다. 외적 조건(external condition)은 학습자 외부에서 지원되는 것으로 학습자의 내적 인지 과정을 활성화하고 보조하는 다양한 방법이다.

〈표 5-3〉 학습결과인 각각의 목표유형에 따른 학습의 조건

| 학습결과(목표유형) | | 내적조건 | 외적조건 |
|---|---|---|---|
| 언어 정보 | 명칭 | 언어 연쇄를 기억함 | 명칭을 영상이나 의미 있는 문장에 연결시킴으로써 기호화 |
| | 사실 | 정보의 의미 있는 정보의 맥락을 기억함 | 보다 큰 정보의 맥락 속에 사실을 귀속시킴 |
| | 지식 | 관련 정보의 맥락을 기억함 | 새로운 지식을 관련된 정보의 맥락 속에 귀속시킴 |
| 지적 기능 | 변별 | 자극-반응 결합을 기억함 | 동일한 자극과 상이한 자극을 제시하는 상황을 반복하며 피드백을 제공 |
| | 구체적 개념 | 관련된 대상의 특징 분류에 대해 기억함 | 관련성 없는 특징을 바꾸어 가면서 여러 가지 예를 제시 |
| | 정의된 개념 | 구성 개념들을 기억함 | 개념의 구성 요소를 제시하거나 개념의 정의를 언어적으로 나타냄 |
| | 원리 | 구성 개념들 또는 하위 원리들을 기억함 | 학습자가 원리를 적용해 보도록 함 |
| | 고차적 원리(문제해결) | 관련된 하위 원리의 관련성을 기억함 | 새로운 문제 및 문제해결을 위한 원리들을 적용 |
| 인지 전략 | | 관련된 원리와 개념들을 기억함 | 전략을 기술하거나 시범보이며, 전략을 활용할 기회를 제공 |
| 태도 | | 목적된 개인행동에 관련 있는 정보와 지적 기능을 기억함 | 바람직한 태도에 따른 성공의 기대확립. 존경하는 모델 동일시 |
| 운동기능 | | 일련의 절차로 이루어지는 운동 동작을 기억함 | 실행의 하위 단계를 확립하거나 기억함. 운동 기능을 전체적으로 연습함 |

출처: Driscoll(2005). Psychology of Learning for Instruction(3rd ed).

### (3) 교수사태

가네에 따르면 어떻게 학습이 이루어지는지에 대한 정보는 학습자를 어떻게 가르쳐야 하는지 결정하는 기초적인 자료를 제공한다고 설명하면서, 정보처리 이론에 기초하여 내적 학습 과정을 유발하기 위한 외적 상황을 주의 집중에서부터 파지와 전이에 이르는 아홉 가지 수업사태(events of instruction)로 제시하였다. 즉, 효과적인 학습을 유발하기 위해서는 학습이 이루어지는 내적 인지 과정을 촉진할 수 있는 일련의 사태들을 수업에 포함해야 한다.

〈표 5-4〉 교수사태에 따른 행동 설계 절차

| 단계별 절차 | 주요 내용 |
|---|---|
| 1단계: 학습자의 주의력 획득하기 | · 감각등록기를 자극하여 흥미유발<br>· 내적 호기심을 자극하여 주의 집중 유도 |
| 2단계: 학습자에게 목표 제시하기 | · 학습자가 학습 후 갖게 되는 성취가 무엇인지를 정확하게 제시하여 기대감 갖도록 유도 |
| 3단계: 선수학습 요소의 회상 자극하기 | · 학습자가 새로운 정보를 학습하기 위해 필요한 지식, 기술, 태도 등을 장기기억에서 작동기억으로 이동 |
| 4단계: 자극자료 제시하기 | · 학습자가 새롭게 배울 내용 제시 |
| 5단계: 학습안내 제공하기 | · 기존의 지식과 새로운 지식의 체계적 연결 |
| 6단계: 수행행동 유도하기 | · 학습된 지식, 기술, 태도를 표현 |
| 7단계: 수행행동에 대한 피드백 제공하기 | · 무엇이 학습되었는지 정확한 판단을 제공<br>· 긍정 피드백 또는 교정 피드백 제시 |
| 8단계: 수행을 평가하기 | · 학습결과로서의 평가와 수행이 실제로 정확하게 수업목표를 반영하고 있는지 점검 |
| 9단계: 파지 및 전이를 향상시키기 | · 지식의 관계망을 가지고 맥락에서 학습내용 적용 |

출처: Gagné & Briggs(1979). Principle of instructional design(2nd ed.).

## 2) 라이겔루스의 교수설계 이론

라이겔루스(Reigeluth, 1983)는 가네의 관점을 발전시켜 더욱 처방적인 교수설계 이론을 제안하였다. 이를 자세하게 살펴보면 다음과 같다(김영희 외, 2020).

### (1) 학습과제 유형 분류

라이겔루스의 교수설계 이론에서는 인지 영역의 학습과제 유형을 정보의 이해, 관계의 이해, 기능의 적용(개념에 의한 사례의 분류, 원리의 활용, 절차의 활용), 고차적 사고 기능(학습전략, 초인지, 문제해결기능)의 네 가지로 구분하였다. 또한 각 학습과제에 따라 구체적인 교수전략이 다르게 적용된다고 하였다.

### (2) 교수전략 체계

라이겔루스는 수업에 필요한 교수전략을 조직 전략, 전달 전략, 관리 전략으로 구분하고 이 중 조직 전략은 미시적 수준과 거시적 수준의 전략으로 구분하였다. 교수전략 체계에서 조직 전략은 수업내용을 조직하기 위한 기본적인 방법으로 미시적 수준의 조직 전략은 개념, 원리, 절차 등 단일 아이디어를 가르치는 전략에 관한 것이며, 거시적 수준의 조직 전략은 여러 아이디어 간의 순서와 계열성을 처방하는 것이다. 전달 전략은 학습자에게 수업내용을 전달하고 학생들이 반응하는 방법으로 매체, 교수자, 교재의 활용 방식을 제안한다. 관리 전략은 조직 전달과 전달 전략 중 수업을 언제 사용할 것인가에 관한 방법으로 수업을 개별화하는 방법 및 교수자원에 대한 활용계획을 다룬다.

〈표 5-5〉 라이겔루스의 교수전략 체계

<table>
<tr><th colspan="3">조직 전략</th><th rowspan="3">관리 전략</th><th rowspan="3">전달 전략</th></tr>
<tr><th colspan="2">미시적 수준</th><th rowspan="2">거시적 수준</th></tr>
<tr><th>일상적 방식</th><th>심화방식</th></tr>
<tr><td>제시</td><td rowspan="3">필요시 제시</td><td rowspan="3">계열성<br>정교화이론</td><td rowspan="3">조직 전략 및 전달 전략의 관리: 수업의 개별화, 학습 자원 계획 등</td><td rowspan="3">수업 전달 방법: 매체, 교사, 교재</td></tr>
<tr><td>연습</td></tr>
<tr><td>피드백</td></tr>
</table>

출처: 노혜란 외(2012). 교육방법 및 교육공학, p. 145.
Reigeluth(1983). Instructional design theories and models. An overview of theory current status.

### (3) 정교화 이론

정교화 이론(elaboration theory)은 교수내용을 어떤 순서로 가르칠 것인가에 초점을 맞추고 거시적인 수준에서 교수전략을 정립한 것으로 가르칠 내용의 범위와 계열을 결정하기 위해 교수내용의 선정(selection), 계열화(sequencing), 종합(synthesizing), 요약(summerizing) 등의 네 가지 측면에서 교수의 효율적 처방 기법을 구체적으로 제시하는 교수설계 이론이다(Reigelith, 1983). 본 이론의 핵심은 수업의 정수(epitome)라고 불리는 수업의 전체 윤곽을 먼저 제시하는 것으로 시작하여, 점차 학습내용을 구체화하고 세부화하여 이미 제시되었던 일반적인 내용을 정교화해야 한다는 것이다. 정교화 이론은 세 가지의 정교화 조직 모형과 교수 과정에 따라 이 조직 모형들을 처방해 주는 기본 교수설계 전략들로 이루어져 있다.

〈표 5-6〉 정교화 이론의 일곱 가지 전략 요소

| 전략 요소 | 주요 내용 |
|---|---|
| 정교화된 계열화 | · 학습내용의 구조화에 있어서 단순–복잡의 순서로 학습내용을 조직<br>· 단순–복잡 계열은 개념이나 절차들의 구성 요소가 많고 적음에 따라 위계적 또는 순차적으로 내용을 조직 |
| 선수학습 요소의 계열화 | · 학습의 구조, 또는 학습위계에 기초를 둔 전략<br>· 계열화 법칙의 원리<br>– 가장 익숙한 내용이나 개념을 조직화하는 것으로 교수를 시작할 것<br>– 조직화 바로 뒤에 이를 설명하는 내용을 배치할 것<br>– 새로운 내용 전에 선수학습 내용을 배치할 것<br>– 관련 개념을 그룹핑 할 것<br>– 절차를 가르치기 전에 원리를 가르칠 것 |
| 요약 | · 학습자가 이미 공부한 내용을 체계적으로 검토하고 복습할 수 있도록 하는 요소<br>· 단원과 본시 요약자의 유형으로 분류되며 설명, 사례, 연습문제로 구성 |

| 전략 요소 | 주요 내용 |
|---|---|
| 종합 | · 개별 내용을 연관시키고 통합하는 것으로 학습자에게 의미 있는 지식을 제공하며, 비교와 대조를 통해 보다 깊은 이해를 도모<br>· 전체 맥락에 의해 유의미성과 동기화를 촉진하는 기능을 함<br>· 학습내용에 따라 개념적, 절차적, 이론적 종합자로 구분되며, 범위에 따라 본시 종합자와 단원 종합자로 구분<br>· 위치에 따라 맥락 요약자와 본시 또는 단원 끝에 제시되는 '사후 요약자'로 분류 |
| 비유 | · 새로운 정보를 학습자에게 친숙한 아이디어로 연결시켜 이해할 수 있도록 돕는 전략 요소<br>· 학습자가 추상적이고 복잡한 내용을 학습할 때, 학습자의 경험 중에서 구체적인 것을 회상하게 함 |
| 인지 전략 자극자 | · 학습 과정에서 학습자가 자신의 인지 전략이나 과정에 대해 인식하고 적절히 조절할 수 있을 때 더욱 능동적으로 학습에 참여할 수 있고 학습 효과도 커짐<br>· 기업법이나 비유와 같이 수업 과정에 포함하는 경우와 학습자가 내적으로 영상을 떠올리게 하는 것와 같이 학습자에게 지시로 제공하는 형태가 있음 |
| 학습자 통제 | · 학습자가 자신의 학습할 내용과 다양한 학습전략을 선택하고 계열화하여 어떻게 학습할 것인가를 스스로 결정하는 것을 의미<br>· 학습내용에 대한 통제는 학습자가 이미 선수학습 내용을 갖춘 차시를 선택하는 것을 의미<br>· 학습전략에 대한 통제는 예시, 보기 문항 등과 같은 거시 전략의 종류 및 시기 등을 선택하는 것을 의미 |

출처: 김영희 외(2020). 유아교육에서의 교육방법 및 교육공학, p. 116-117.
Reigeluth(1983). Instructional design theories and models. An overview of theory current status.

### 3) 켈러의 ARCS 이론

가네와 라이겔루스의 이론을 기초로 하여 수업 목표 달성을 위한 교수전략에 초점을 두고 있다면 켈러(Keller, 1983)는 학습동기(Learning Motivation)를 유발하고 지속함으로써 수업의 매력성을 높이고자 하였다. 주요한 교수설계 활용 네 가지 개념을 주의(attention), 관련성(relevance), 자신감(confidence), 만족감(satisfaction)으로 정하고 이론을 구체화하였다.

### (1) 학습동기 유발 및 유지의 수행 요인

켈러는 학습자 개인의 동기를 "개인이 과제를 하거나 하지 않으려는 선택 그리고 과제를 완성하려는 노력"으로 정의하고, 개인적인 특성(투입 변인)과 환경이 노력, 수행, 결과에 미치는 영향을 수행 요인 모형으로 제시하였다. 이를 그림으로 제시하면 [그림 5-1]과 같다.

그림 5-1 학습동기, 학업수행, 수업영향에 관한 모형

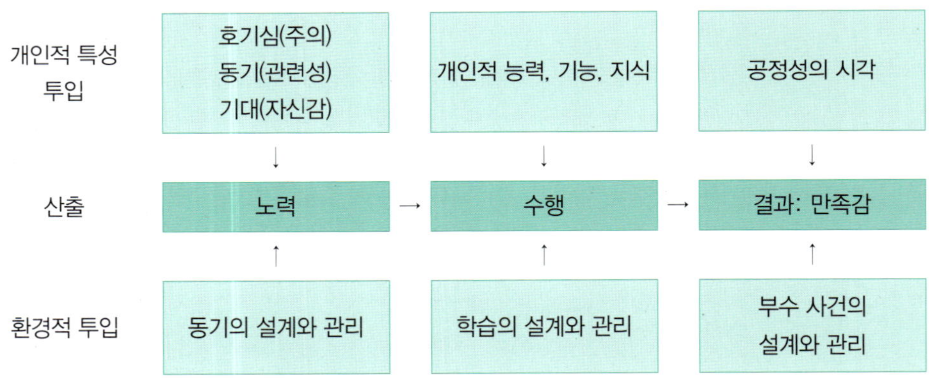


출처: Keller · 송상호(1999). 매력적인 수업설계, p. 20.

### (2) ARCS 이론의 핵심 요소

켈러와 송상호(1999)의 『매력적인 수업설계』를 중심으로 ARCS 모형을 살펴보면 다음 〈표 5-7〉로 정리할 수 있다. 이 네 가지 중에서 관련성은 기대-가치 이론, 충동이론, 목적 지향적 행동이론, 욕구위계이론, 의사소통과 지각이론을 바탕으로 개발되었고 가장 중요하게 고려해야 할 요소이다.

〈표 5-7〉 동기 유발 요소 및 관련 전략

| 동기요소 | 세부적인 구성 요소 |
| --- | --- |
| 주의 | · 지각적 주의환기 전략: 학습자의 관심을 집중시키는가?<br>· 탐구적 주의환기 전략: 호기심을 자극하는가?<br>· 다양성의 전략: 주의를 유지시키기 위해 수업의 요소를 다양화하는가? |
| 관련성 | · 친밀성의 전략: 수업을 학습자의 경험과 어떻게 연결할 수 있을까?<br>· 목적 지향성 전략: 어떻게 하면 학습자들의 요구를 최대한 충족시킬 수 있을까?<br>· 필요 또는 동기와의 부합성 강조의 전략: 언제, 어떻게 수업을 학습자들의 학습 유형이나 개인적 관심과 연결시킬 수 있을까? |
| 자신감 | · 학습의 필요조건 제시의 전략: 학습자들이 성공에 대한 긍정적인 기대감을 갖도록 하기 위해서 어떤 도움을 줄 수 있을까?<br>· 성공 기회 제시의 전략: 학습자들이 자신의 능력에 대한 확신을 갖도록 하기 위해서 어떤 학습 경험을 제공할 것인가?<br>· 개인적 조절감 증대의 전략: 자신의 성공이 노력과 능력에 기초한다는 것을 어떻게 확신하게 할 것인가? |
| 만족감 | · 자연적 결과 강조의 전략: 학습자들의 학습 경험을 통한 내적 만족도를 어떻게 격려하고 보조할 것인가?<br>· 긍정적 결과 강조의 전략: 학습자의 성공에 대해 어떤 보상을 제공할 것인가?<br>· 공정성(equity) 강조의 결과: 학습자들이 결과가 공정했다고 생각하게 할 수 있을까? |

### 4) 메릴의 내용요소 제시 이론

메릴(Merrill)은 가네의 학습결과분류와 그에 따른 교수사태 내용이 다소 제한적이라고 생각하여 더 많은 고민을 한 결과 내용요소 제시 이론을 발표하였다(이성흠·이준, 2009). 수업과 관련된 주요 요인을 교과 내용(contents), 교수자의 활동 제시(display), 학습자의 활동 수행(performance) 세 가지 차원으로 구분하고 있다. 이 중에서 학습자의 활동인 수행과 교과 내용 간의 관계를 수행내용 매트릭스(matrix)로 제시하였고, 교수자의 활동인 제시와 교과내용 간의 관계를 자료제시 형태라는 교수처방이론으로 개발하였다.

메릴의 내용요소 제시 이론의 핵심이 되는 중요한 개념으로는 수행내용 매트릭스, 제시형, 일관성 등이 있다.

그림 5-2 수행내용 매트릭스

| 수행수준 | 사실 | 개념 | 절차 | 원리 |
|---|---|---|---|---|
| 발견하기 | | 개념 × 발견<br>예: 환경 오염이 생활에 미치는 피해를 찾을 수 있다. | 절차 × 발견<br>예: 다양한 물질을 현미경으로 관찰하는 방법을 찾을 수 있다. | 원리 × 발견<br>예: 직각삼각형의 여러 가지 속성을 발견할 수 있다. |
| 활용하기 | | 개념 × 활용<br>예: 환경 오염의 예를 제시할 수 있다. | 절차 × 활용<br>예: 현미경을 조작하여 아메바의 세포구조를 관찰할 수 있다. | 원리 × 활용<br>예: 피타고라스의 정리를 이용하여 직각삼각형의 빗변의 길이를 계산할 수 있다. |
| 기억하기 | 사실 × 기억<br>예: 대한민국의 수도는 서울이다. | 개념 × 기억<br>예: 환경 오염의 개념을 말할 수 있다. | 절차 × 기억<br>예: 현미경을 조작하는 단계를 말할 수 있다. | 원리 × 기억<br>예: 피타고라스의 정리를 말할 수 있다. |

출처: Merrill(1983). Component display theory.

첫째, 수행내용 매트릭스는 학업수행의 수준을 세 가지로 나누고, 학습내용을 네 가지로 나누어 그들의 관계를 행렬표로 나타낸 것이다. 이 내용들은 학습자가 수행해야 하는 과제 따라서 기억, 활용, 발견의 세 종류로 다른 수준에 걸쳐 습득되게 된다. 여기서 '기억'은 사실이나 개념, 절차, 원리를 그대로 기억하였다가 재생하여 내는 것이고, '활용'은 개념, 절차, 원리를 실제로 이용할 수 있는 정도까지 습득하는 것을 의미한다. '발견'이란 새로운 개념이나 절차, 원리를 찾아내는 것을 의미한다.

둘째, 제시형은 교사에 의한 전달이나 인쇄매체, 첨단 정보통신매체 등을 통해 학습자들에게 교수내용을 제시하는 교수형태이다. 이는 1차 제시형과 2차 제시형으로 구분된다.

〈표 5-8〉 1차 자료제시 형태

| 구분 | 말로 알려 주기 또는 설명식(E) | 질문하기 또는 탐구식(I) |
|---|---|---|
| 일반성(G) | 설명식 일반성(EG) | 탐구식 일반성(IG) |
| 사례(eg) | 설명식 사례(Eeg) | 탐구식 사례(Ieg) |

출처: Merrill(1983). Component display theory.

〈표 5-9〉 2차 자료제시 형태

<table>
<tr><th colspan="2" rowspan="2">구분</th><th colspan="4">일차적 자료제시 형태</th></tr>
<tr><th>설명식 일반성(EG)</th><th>설명식 사례(Eeg)</th><th>탐구식 사례(Ieg)</th><th>탐구식 일반성(IG)</th></tr>
<tr><td rowspan="6">정교화 유형</td><td>맥락(c)</td><td>○</td><td>○</td><td>○</td><td>○</td></tr>
<tr><td>선수학습(p)</td><td>○</td><td>○</td><td></td><td></td></tr>
<tr><td>기억술(mn)</td><td>○</td><td>○</td><td></td><td></td></tr>
<tr><td>도움(h)</td><td>○</td><td>○</td><td>○</td><td>○</td></tr>
<tr><td>표상(r)</td><td>○</td><td>○</td><td>○</td><td>○</td></tr>
<tr><td>피드백(FB)<br>정답(ca)<br>도움(h)<br>활용(u)</td><td></td><td></td><td>FB/ca<br>FB/h<br>FB/u</td><td>FB/ca<br>FB/h<br>FB/u</td></tr>
</table>

출처: Merrill(1983). Component display theory.

1차 제시형은 어떤 대상물이나 내용을 학습하기 위해 반드시 제시되어야만 하는 기본적인 교수-학습형태로서 수업의 주요한 수단이라고 할 수 있다. 2차 제시형은 반드시 제시될 필요는 없지만 1차 제시형과 함께 부가적인 자료를 제시하는 방식으로 효과성과 효율성을 증가시키고, 1차 제시형을 정교화시켜 준다. 2차 제시형은 주요 교수전략에 추가하여 학생들의 정보처리 과정을 촉진시켜 주거나 혹은 맥락, 배경과 같이 흥미 있는 요소를 제공해 주는 정교화의 기능을 지닌 자료형태를 의미한다. 2차적 자료 제시형태의 목적은 동기 유발을 시키거나 인지과정을 활성화하여 학습이 용이하게 이루어지도록 하는 데 있다. 1차 자료제시형태의 네 가지 차원(설명식 일반성, 설명식 사례, 탐구식 일반성, 탐구식 사례)에 따라 여섯 가지의 추가적인 교수처방인 맥락, 선수학습, 기억술, 도움, 표상, 피드백 등을 지원하도록 되어 있다(노혜란 · 박선희 · 최미나, 2012).

셋째, 일관성의 원칙은 위에서 살펴본 수행내용 매트릭스와 제시형을 연결하는 원칙이다. 일관성의 원칙은 "특정의 교과내용을 미리 계획한 수준에서 학습자가 수행하도록 하려면 이에 적절한 1차 제시형의 수업 방법을 제시하여야 한다."라는 처방으로서 내용요소 제시 이론의 궁극적인 지향점이라고 할 수 있다(나일주 · 정인성, 1998).

## 3. 교수설계 모형

교수설계 모형은 교수설계의 절차를 실행하는 데 있어서 각 단계에 관련된 지식이나 기술을 파악할 수 있도록 교수설계의 전체 과정을 시각화한 것이다. 따라서 교수설계 모형의 목적은 교수설계 시 체계적이며 구체적인 안내와 지침을 제공하는 데 있다. 안내와 지침에는 모형이 적용되는 상황 및 조건, 사용되어야 할 교수전략 및 전술, 교수의 결과로서 나타나야 하는 바람직한 결과 등의 요소를 포함한다. 교수설계 이론과 모형은 다양한 교육 현장에서 특정 단원이나 단위차시의 체계적인 수업설계, 학습자 분석을 토대로 한 단계적 수업절차, 학습자들의 동기유발 및 유지를 위한 다양한 전략을 모색하고 실천할 수 있는 기반을 제공해 준다(김영희, 2020; 노혜란 · 박선희 · 최미나, 2012).

### 1) ADDIE 모형

교수 체제 설계(Instructional Systems Design, ISD)에서는 교수설계의 주요 과정을 분석(analysis), 설계(design), 개발(development), 실행(implementation), 평가(evaluation)로 구성한다. 이 다섯 가지 요소는 어떤 ISD 모형에서도 발견되는 핵심

적인 것으로, 머리글자인 A-D-D-I-E 절차에 따라 구성된 교수설계 모형은 교수 체제 설계 모형의 기초 개념이라 할 수 있다.

그림 5-3 ADDIE 모형

| 분석 | → | 설계 | → | 개발 | → | 실행 | → | 평가 |
|---|---|---|---|---|---|---|---|---|
| · 요구 분석<br>· 학습자 분석<br>· 환경 분석<br>· 직무 및 과제 분석 | ↔ | · 수행목표 명세화<br>· 평가도구 설계<br>· 구조화<br>· 교수전략 및 매체 선정 | ↔ | · 교수자료 개발<br>· 파일럿 테스트 및 수정<br>· 제작 | ↔ | · 사용 및 설치<br>· 유지 및 관리 | ↔ | · 교육 훈련 성과 평가 |

출처: 노혜란 외(2012). 교육방법 및 교육공학, p. 208.

〈표 5-10〉 ADDIE 모형의 단계와 교수설계 요소

| 단계 | 교수설계 요소 |
|---|---|
| 분석 | · 교수적 해결이 필요한 요구 규명<br>· 인지, 정서, 운동 기능의 목표 설정을 위한 교수 분석 수행<br>· 학습의 요구 분석과 학습의 영향력 결정<br>· 실행 기간과 기간 내의 성취 가능성 정도 분석, 상황 분석 및 가용 자원 분석 |
| 설계 | · 각 과정의 주요 목표와 교과 목적에 따라 기대되는 전반적 수행 결과의 명세화<br>· 교수 주제와 단원의 결정 및 각 단원의 시간 배분<br>· 단원 목표에 관련된 학습 과정의 계열화<br>· 각 단원의 학습내용과 활동 제시<br>· 학습 결과를 확인하기 위한 구체적 평가 도구 개발 |
| 개발 | · 교수자료와 매체 유형 결정<br>· 교수자료와 활동의 초안 개발<br>· 수정 · 보완된 교수자료와 활동 제시<br>· 교수 훈련이나 교수자료 제시 |
| 실행 | · 교수자와 예상 학습자에게 홍보/소개 자료 적용<br>· 학습에 필요한 도움이나 지원 제공 |
| 평가 | · 학습자 평가를 위한 실행계획<br>· 프로그램 평가를 위한 실행계획<br>· 과정 유지와 개선을 위한 실행계획 |

## 2) 브릭스의 모형

브릭스(Briggs)가 제시한 교수설계 모형은 선형적인 특성을 갖는 ISD 모형으로 유치원, 초·중등학교의 교육 프로그램 및 코스 설계에 유용하게 사용될 수 있다(Briggs, Gustafson, & Tillman, 1991). 교수설계 시 학습자의 선수 능력을 고려하는 것이 타 모형에 비해 우수하며 각 단계별로 프로그램에 대한 평가 자료를 수집하도록 함으로써 수업의 효과성과 효율성을 증진시킬 수 있다는 점이 특징적이다(노혜란·박선희·최미나, 2012).

그림 5-4 Briggs 모형

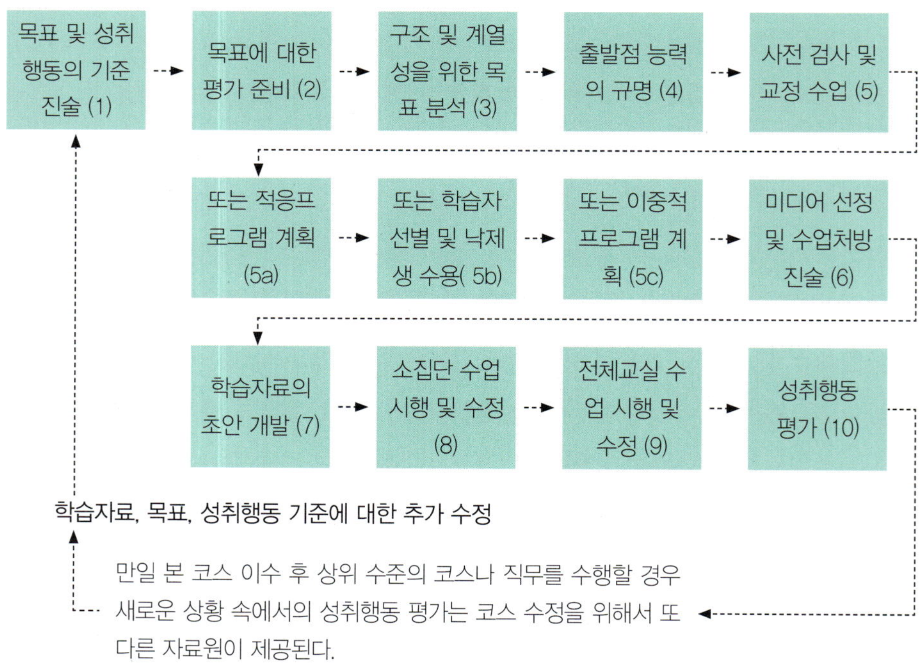


출처: Briggs(1997). Instructional design: Priniciples and applications.

### 3) 비선형적 교수설계 모형: 켐프의 모형

절차적이고 선형적인 형태로 제시되어 온 전통적 교수설계 모형들은 교수설계 활동의 효율성을 높인다는 점에서 의의가 있었으나 실제 교수설계 환경의 복잡성을 충실히 반영하지 못한다는 지적과 함께 비선형 형태의 모형들이 제시되었다. 비선형적 교수설계 모형으로 '켐프 모형(Kemp, 1985)'이 대표적이다.

체제적 관점을 반영하여 교수설계의 과정이 여러 단계의 구성 요소로 이루어져 있고, 각 단계는 상호 의존적인 관계를 강조하는 것이 특징적이다(Morrison et al., 2011). 켐프의 모형은 교수설계의 요소와 절차를 순환적으로 배치함으로써 교수설계자는 필요에 따라 교수개발의 어느 단계에서, 어떤 순서로든지 시작할 수 있음을 강조하고 있다. 특히, 이전 모형들에서는 제시되지 않은 교수문제, 과제 분석, 메시지 설계, 평가 도구 등의 단계가 강조되고 있다. 또한 평가의 중요성을 강조하여 확인평가, 형성평가, 총괄평가를 제시하고 있으며 지원 서비스와 같은 교수환경적인 요소를 고려하고 있다는 점도 특징적이다.

그림 5-5 켐프 모형

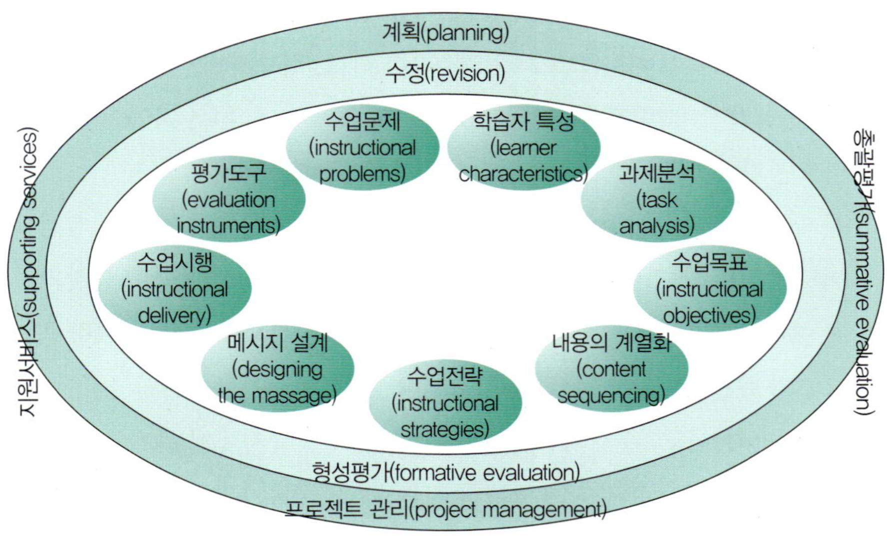


출처: Kemp(1985). The instructional design process.

### 4) 구성주의 학습환경 설계 모형

구성주의에서는 교수목적을 성취하기 위해서 현실 세계와 유사한 복잡한 문제 상황 속에서 사물이나 사건, 개념 등이 활용되고 해석되어야 하며, 학습이 실제로 이루어졌는지의 평가는 지식을 활용하여 문제를 해결하는 과제의 수행 과정과 그 수행 여부에서 자연스럽게 파악될 수 있는 것으로 본다. 구성주의에서의 교수설계는 교수를 구조화시키는 것이 아니라 학습이 일어날 수 있는 최적의 환경을 설계하는 것으로, 이 환경은 실제와 같은 복합적이고 역동적인 상황과 문제가 제시되고 다양한 관점을 개발 및 평가할 수 있는 협조 체제가 있으며, 학습을 안내할 수 있도록 지적 지도 관계가 가능한 환경이어야 한다(Duffy & Bednar, 1991; Hannafin & Hill, 2007).

#### (1) 구성주의 학습환경의 구성 요소

조나센(Jonassen, 1999)은 학습환경 설계를 위한 여섯 가지의 고려 요소와 학습 활동을 지원하는 세 개의 교수활동으로 이루어진 구성주의 학습환경(Constructivist Learning Environment, CLE) 모형을 제시하였다. CLE 모형은 구성주의 학습환경 설계를 위해 고려해야 하는 요소로 문제, 관련 사례, 정보자원, 인지 도구, 대화·협력 도구, 사회적·맥락적 지원 등 여섯 가지로 구성되어 있다. 각 요소들의 특징을 살펴보면 다음과 같다.

① 문제(프로젝트): 구성주의 학습환경에서 사용되는 문제는 실제 세계에서 일어날 수 있는 것과 유사하며 비구조적(ill-structured)이고 정답이 한정되지 않는 특징을 갖는다. 문제 설계 시에는 문제맥락, 문제표현, 문제조작 공간의 요소가 반영되어야 한다.

- 문제맥락 제공: 문제의 사회적 맥락에 따라 학습자에게 문제가 다르게 인식될 수 있으므로 문제가 발생한 시간, 장소, 이유, 역사적 배경 등을 학습에 충분히 제공해 주어야 한다. 또한 문제는 문제를 둘러싼 주변 인물들이

영향을 받기 때문에 문제 관련 인물들의 신념, 가치, 기대, 습관 등에 대해서도 자세히 안내해야 한다.

- 문제표상: 학습자가 문제에 흥미를 느끼고 해결에 몰입할 수 있도록 문제를 제시해야 한다. 특히, 문제가 발생하는 현실과 유사한 방식으로 문제를 제시하는 것이 중요하며, 이를 위해 비디오 시나리오, 가상 현실, 스토리, 시뮬레이션 등 다양한 방식을 활용할 수 있다.
- 문제조작 공간: 학습자가 유의미한 학습활동을 경험할 수 있도록 실제 환경에 적용이 가능한 공간을 의미한다. 따라서 학습자가 문제해결 과정을 경험할 수 있는 대상, 상징, 도구 등을 제공해야 한다.

② 관련 사례: 문제를 해결하기 위해서는 문제를 이해할 수 있는 단서가 필요하다. 학습자가 문제를 해결하는 데 어려움을 겪는 것은 해결하고자 하는 문제와 관련된 유사 문제해결 경험을 충분히 갖고 있지 못하기 때문이다. 그러므로 제시된 문제와 직간접적으로 관련된 사례를 충분히 제공함으로써 학습자의 기억을 활성화하고 인지적 융통성을 높이는 것이 중요하다.

③ 정보자원: 문제해결에 요구되는 충분한 정보를 제공해야 한다. 학습자들은 이를 통해 문제해결을 위한 가설을 설정하고, 가설을 검증하는 과정을 통해 지식구조를 정교화할 수 있다.

④ 인지 도구: 새롭고 현실과 유사한 복잡한 문제를 학습자 스스로 해결할 수 있도록 학습자의 인지 활동을 지원하는 시각화 도구, 모형화 도구, 수행지원 도구, 검색 도구, 정보 수집 도구 등을 제공해야 한다.

⑤ 대화·협력 도구: 학습 과정에서 공유된 정보와 지식 구축을 위한 도구로 대화와 협력을 유지하는 커뮤니티를 포함한다. 실제적 학습환경 내에 제공되는 대화와 협력 활동을 통해 학습자들은 교수자나 동료로부터 모델링, 코칭, 스캐폴딩을 제공받을 수 있다.

⑥ 사회적 · 맥락적 지원: 구성주의 학습환경에서 가장 중요하게 강조되는 것이 학습의 환경적 · 맥락적 요인들이다. 따라서 특정 맥락이 반영된 실제적(authentic) 문제, 학습 커뮤니티 등 사회적 지원을 포함하는 학습환경을 갖추는 것이 중요하다.

그림 5-6 CLEs 모형

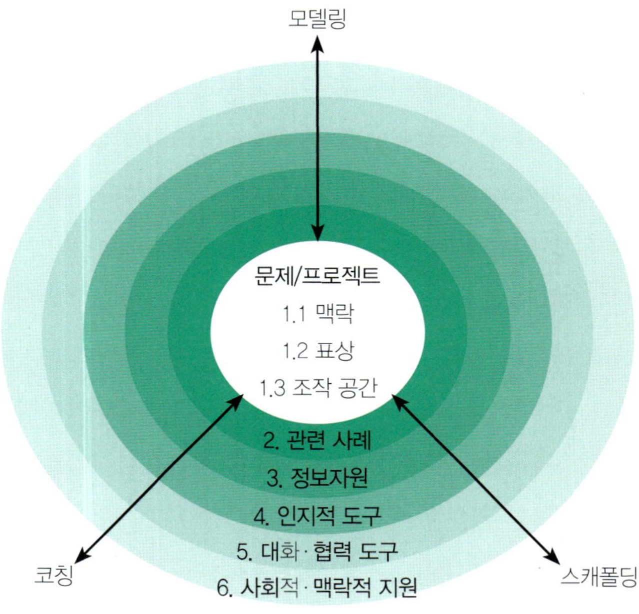


출처: Jonassen(1999). Designing Constructivist learning environment.

### (2) 구성주의 학습환경에서 교수지원 활동

구성주의 학습환경에서 학습자의 주요 활동은 탐구(exploration), 의미의 명료화(articulation), 성찰(reflection) 등으로 요약할 수 있다.

이와 같이 학습활동을 촉진하고 수행을 향상하기 위해서는 모델링, 코칭, 스캐폴딩과 같은 교수활동이 제공될 필요가 있다.

#### ① 모델링(modeling)

모델링 학습자 문제수행에 필요한 활동(방법과 전략)을 교수자가 전문적 수행을 통해 보여 주는 것으로 행동 모델링과 문제해결 과정을 보여 주는 인지 모델링, 의사결정 과정을 설명해 주는 추론 명료화 방법이 있다.

#### ② 코칭(coaching)

코칭은 학습자가 수행하는 활동과 전략을 점검하고 수행 내용을 성찰하게 하는 활동으로 학습자에게 동기를 부여하거나 수행을 분석하여 피드백을 제공함으로써 학습하는 방법을 조언해 주며, 새로 배운 내용에 대한 성찰적 사고와 명료화를 유발한다.

#### ③ 스캐폴딩(scaffolding)

스캐폴딩은 학습자가 수행하는 과제(task)에 초점을 두고 학습자가 자신의 능력 이상의 과제를 수행할 수 있도록 지원하기 위한 틀을 제공하는 것이다. 스캐폴딩 방법은 과제 난이도의 조절, 과제 재구조와, 대안적 평가 제공 등이 있다.

06
CHAPTER

# 교수설계 실행

**학습 및 활동내용**

1. 요구분석을 이해하고 적용방법을 알아본다.
2. 설계와 분석단계를 이해하고 적용방법을 알아본다.
3. 개발단계를 이해하고 적용방법을 알아본다.
4. 실행 및 평가단계를 이해하고 적용방법을 알아본다.

본 장에서는 교수설계의 일반적이고 보편적인 절차과정을 실천할 때 필요한 가이드를 제시한다. 교사 또는 교육 프로그램을 만드는 사람은 자기만의 철학을 가지고 수업을 구성하거나 교육 프로그램을 만들 것이다. 이때 객관주의 교수설계를 구성하든 구성주의 교수설계를 구성하든 다섯 가지 요소는 필수적으로 실행되어야 한다. 객관주의 교수설계에서는 순차적으로 하나씩 이루어진다면, 구성주의에서는 한 단계를 실행하면서 두 번째 단계를 함께 하기도 하고, 다시 첫 번째 단계로 돌아가는 순환적인 과정들을 거치게 된다.

## 1. 요구분석

교수설계 과정에서 분석의 핵심은 교육 요구 분석(needs analysis of instrcution)이다. 이는 특정 내용의 학습 주제를 교육해야 하는 필요성을 분석하는 것이다. 교수설계에서의 요구(needs)란 현재의 바람직하지 않은 상태와 교육이 성공적으로 이루어졌을 때의 바람직한 상태의 차이를 말한다.

요구분석을 하는 과정은 일반적으로 현재의 상태(what is: As-Is)와 가장 바람직한 상태(what should be; To Be) 간의 차이를 확인하고 이 차이의 원인을 규명하는 활동을 열거하는 것이다. 이 차이의 결과를 거시적으로 목록화한 것이 교육과정이며, 미시적으로 목록화한 것이 교수-학습 맥락에서 단원 또는 각 차시별 학습

주제이다.

구성주의 학습심리학 입장에서는 '학습은 문제 중심 환경에서 학습자가 동료와의 사회적 상호작용을 통하여 스스로 의미 있는 지식을 구성하는 과정'이라고 본다. 이와 같은 구성주의적 관점에서 학습이 이루어지도록 하기 위한 새로운 교수법을 적용한 수업을 계획할 때에도 요구 분석을 할 필요가 있다.

## 1) 학습자 분석

효과적인 수업설계를 위해서는 요구분석과 함께 수업의 대상자인 학습자의 특성을 명확하게 파악해야 한다. '학습자들은 어떤 문제에 도전감을 갖는가?', '학습자들은 어떤 주제에 학습 동기가 일어나는가?', '학습자들은 협동학습을 할 수 있는가?' 등을 파악해야 학습자의 수준에 적합한 문제를 개발한다(조연순, 2006).

학습자의 배경, 경험, 적성, 동기 그리고 학습 및 인지양식 등의 학습자 특성은 교사가 효율적으로 수업을 설계하는 데 중요한 고려 요인이 된다.

하인니히와 동료들(Heinich et al., 2002)은 학습자 분석 단계에서 고려할 요인으로 학습자의 일반적 특성, 출발점 능력, 학습 양식을 들고 있다. 학습자 특성을 알아보는 방법은 교사의 관찰, 면접, 설문, 학습자 간의 토론, 학습 주제에 관한 마인드 맵 그리기, 브레인스토밍 등 다양한 방법을 사용할 수 있다.

### (1) 일반적 특성

학습자의 일반적 특성이란 연령, 성차, 태도, 흥미, 인종과 같은 요인을 의미한다. 학습활동을 계획할 때에는 학습자의 연령 차이, 행동 패턴, 역량을 이해하고 있어야 한다. 유아기 학습자의 일반적 특성으로 고려할 요인은 다음과 같다(김영희 외, 2020).

### ① 감각 기능

교수-학습 과정에서 시각과 청각은 매우 중요한 역할을 한다. 문자 언어와 음성 언어, 기호와 같은 상징적 기호를 사용하여 주로 학습하는 초·중등 학습자와 달리, 유아기 학습자의 학습에서는 보고 듣고 만져 보고 맛보고 냄새를 맡아 보는 학습 경험을 상대적으로 많이 제공하게 된다. 따라서 학습자의 감각 기능이 어느 정도인지를 분석할 필요가 있다.

### ② 지적 발달

유아기 학습자의 지적 발달은 피아제의 발달 이론에 의해 분석될 수 있다. 지적 발달의 기본 원리는 어느 개인에 국한된 현상이라기보다는 문화와 인종을 넘어 대부분의 학습자가 공유하는 유사점에 속한다. 수업의 대상이 되는 학습자가 어떤 지적 발달 단계에 속해 있는지를 파악하고, 지적 발달수준에 도달하지 못한 학습자가 있는지를 파악하는 것이 필요하다. 또한 대부분의 학습자가 보이는 지적 발달수준의 정도를 넘어선 학습자가 있는지를 파악하여 이를 교수설계에 반영하도록 한다.

### ③ 지능

같은 발달 단계에 속한 학습자들의 인지적 측면의 유사한 특성을 지적 발달이라 한다면, '지능'은 시간에 따라 상대적으로 변화하지 않는 학습자들 사이의 차이라 구분할 수 있는 특성이다. 가드너(Gardner, 2006)는 똑같은 능력을 가진 학습자도 없으며 똑같은 방법으로 학습하는 학습자도 없다는 개념으로 다중지능(multiple intelligence)을 소개하였다. 가드너는 개별 학습자의 능력은 아홉 가지의 지적 영역에 있어 장단점이 다르다는 점을 고려해야 하며 이를 위한 최선의 방법은 학습자의 지각적 선호도(perceptual preferences), 정보처리 습관, 동기, 생리적인 특성을 고려하여 교수설계할 것을 제안하고 있다. 따라서 21세기 교사의 책무는 학습자의 학습 욕구를 가장 잘 파악하여 그들이 적합한 지식과 기술을 학습하도록 개별적인 접근을 하는 것이다.

#### ④ 언어발달

유아기는 언어발달이 이루어지고 있는 과정이며, 같은 연령이라도 학습자의 언어 경험 및 환경의 차이로 인해 개인차가 있다(장보경 · 이연규, 2009). 따라서 유아를 위한 수업의 교수설계를 할 때에는 대상 학습자의 언어적 수준을 고려하는 것이 바람직하다.

### (2) 출발점 능력

출발점 능력이란 학습주제를 학습하기 위해 필요한 학습자의 선수 지식을 의미하는데, 이는 어떤 다른 요인보다도 학습자의 학습 효과에 영향을 주는 주요 요인이다(Dick et al., 2009). 예를 들어, '학습주제'가 '색깔이 있는 기하학적인 도형을 색과 모양에 따라 분류하기'라면 출발점 능력은 색과 도형에 관한 용어 알기, 색 변별하기, 도형 변별하기 등이다.

출발점 능력을 확인하는 방법은 학습자에게 직접 '질문하기'와 같은 비형식적인 방법을 활용할 수도 있고, 표준화된 검사를 실시하거나 교사가 개발한 질문지를 활용해 검사하는 형식적인 방법이 있다.

### (3) 학습 양식

학습 양식은 개인이 학습환경을 지각하고 그것과 상호작용하거나 감성적으로 반응하는 심리적 특성을 의미한다. 여기에는 다중지능, 지각선호도, 지각 강점, 동기, 여러 가지 심리적 요인 등이 포함된다.

문제기반학습을 위한 그룹 활동에 영향을 주는 학습 양식은 학습자의 내향성과 외향성이다. 내향성이란 사고와 행동이 자신의 내부로 향하는 특성으로서 조용히 혼자 생각하며, 기억하는 활동을 잘 하고, 과제에 오래 집중하는 양상을 보인다.

외향적인 학습자는 보다 적극적인 성향을 가지며, 내향적인 학습자는 소극적인 성향을 나타낸다(Jonassen & Grabowski, 1993).

내향적인 학습자는 생각을 많이 하고 성찰하는 사고를 지향하여 과제에 오래 집중할 수 있으므로 효과적인 과제해결이 가능하며, 외향적인 학습자는 과제 수행에 즉각적이며 적극적으로 활동하므로 추진력이 있다(최정임 · 장경원, 2010). 따라서 내향성을 가진 학습자와 외향성을 가진 학습자가 함께 활동할 수 있도록 그룹을 구성하는 것도 문제기반학습을 운영하는 방법이다.

### 2) 학습과제 분석

학습과제 분석(task analysis)이란 학습자가 실제로 배우게 될 내용을 분석하는 것이다. 문제기반학습을 위한 학습과제 선정을 위해서는 가장 먼저 교육하고자 하는 학습주제에 해당하는 교육과정과 해당 내용을 탐색하는 과정이 필요하다.

학습단원 또는 학습주제와 관련하여 교육과정에 명시된 학습목표와 학습내용을 파악해야 한다. 그러나 교사가 선정한 문제 관련 학습주제가 교육과정에 표면적으로 제시되지 않는 경우가 많다. 문제를 중심으로 수업을 전개하기 위해서는 국가교육과정의 모든 것을 그대로 따르기보다는 교사가 교육내용, 즉 학습과제를 재구성할 필요가 있다. 교육과정 내용을 중요한 것을 중심으로 통합하기도 하고, 문제중심학습에서 추구하는 교육목표를 염두에 두어야 한다. 따라서 문제중심학습은 국가교육과정을 넘어서 새로운 교육목표와 내용으로 구성하게 된다. 이것은 교사의 역할이 교육과정의 전달자에서 교육과정 개발자로 전환되는 것을 의미한다(조연순, 2006).

문제기반학습을 위한 문제가 갖추어야 하는 중요한 특성은 다음과 같다.

① 교육과정과 관련이 있어야 한다.

② 학습자들이 현실에서 접할 수 있는 문제여야 한다.

③ 정답이 분명히 나오지 않는 비구조화된 문제여야 한다.

④ 협동학습을 통하여 해결할 수 있는 문제여야 한다.

문제기반학습뿐만 아니라 일반적으로 학습과제를 분석할 때는 설정된 교육내용을 학습과제 분류 영역에 따라 구분해 보는 것도 필요하다. 즉, 수업하고자 하는 교수목적을 가네와 브릭스(Gagné & Briggs, 1979)가 분류한 학습과제 분류 영역에 기초하여 분석한다.

#### (1) 언어 정보

언어 정보(verbal information) 학습은 특정 사실에 대한 지식을 갖게 해 주며 언어 정보를 배울 때 필요한 능력은 특정한 사실, 정보 등을 진술하는 것이다. 유치원 학습에서의 언어 정보의 예는 '수' 학습의 경우, '수를 부르는 이름 알기' 그리고 날짜를 표시하는 데 숫자가 사용된다는 것을 아는 것을 예로 들 수 있다.

#### (2) 지적 기능

지적 기능(intellectual skill)이란 학습자가 어떤 특정 사실이나 정보를 단순히 암기만 하는 것이 아니라 그 사실이나 정보를 실제로 사용하고 적용할 수 있도록 하는 것이다.

지적 기능에는 변별학습, 개념학습, 규칙학습, 고차적 규칙학습이 속한다. 유치원 학습자의 학습에서의 지적 기능의 예는 '수의 많고 적음 변별하기', '수 개념 알기', '수의 덧셈, 뺄셈 규칙 알기', '달력에 날짜를 표시하는 규칙 알기' 등이다.

#### (3) 인지 전략

인지 전략(cognitive strategy)이란 학습자가 자신의 사고 과정과 학습 과정을 통제하기 위해 다양한 방법을 활용하는 것을 의미한다. 인지 전략에 속하는 예로는 반복 전략, 정교화 전략, 구조화 전략, 정의적 전략이 있다.

유치원 연령 학습자의 학습에서 인지 전략의 예로는 오늘의 날짜를 알아보는 '달력 활동'에 대해 언어영역에서 발표 연습을 반복해 보는 반복 전략, 또는 달력에 표시되어 있는 숫자들을 보고 자신이 알고 있는 다른 숫자와 연관시켜 버스 번호에도 숫자가 쓰이며 시계에도 숫자가 쓰여 있고 돈에도 숫자가 쓰인다는 생각을 하여 생활 속에서 사용되는 수의 여러 가지 의미를 알게 되는 것이 인지 전략의 예이다.

### (4) 태도

태도(attitude)는 어떤 사람, 사물, 또는 상황에 대해 개인이 지니는 마음의 상태로서 무엇을 선택하는 경향성을 나타낸다. 즉, 어떤 특정한 것을 선택하는 것으로 특징짓는다.

예를 들면, 유아가 '친구에게 장난감이나 간식을 양보하는 행동하기', '식당에서 뛰지 않기', '친구에게 친절하게 대하기'와 같은 행동을 하거나 유치원에서 수의 개념학습을 위한 활동을 통해 '숫자에 대해 친밀감을 갖게 되는 것'도 태도가 길러지는 예라 할 수 있다.

### (5) 운동 기능

운동 기능(motor skill)의 학습은 명세화된 행동을 신체적으로 실행하도록 하는 것으로 근육 운동과 동반하는 정신적 또는 인지적 활동을 포함하고 있다.

예를 들면, 대근육 운동으로 걷기, 뛰기, 팔을 크게 뻗기, 소근육 운동으로 손유희 하기, 글씨 쓰기, 컴퓨터 마우스 클릭하기, 키보딩 하기 등은 운동 기능에 해당하는 수업 목표들이다.

## 2. 설계

설계과정에서는 분석 과정에서 나온 결과를 종합하여 교육 프로그램의 전체 모습, 즉 설계 명세서를 만드는 일을 한다. 설계 명세서에는 학습목표를 진술하고, 이 목표를 가장 잘 달성할 수 있는 교육방법, 교수전략, 그리고 교수매체를 선정하여 기술한다.

### 1) 학습목표 명세화

교육의 맥락에서 목적(goal)은 교육이 의도하는 방향을 일반적인 수준에서 포괄적으로 나타낸 것이다. 목표(objective)는 이와는 달리 성취해야 하는 목적을 구체적인 수준에서 측정 가능하고 관찰 가능하게 진술한 것이다. 목적은 요구 분석의 결과로 도출되며 흔히 프로그램 목적, 교육목적 등으로 불린다.

학습목표는 학습자가 학습을 통해 배우고 익혀야 할 내용과 행동을 상세하게 진술한 문장을 의미한다. 즉, 학습자가 학습을 통해서 획득, 확보해야 할 내용과 그것을 처리, 조작해야 하는 행동을 간단명료하게 진술한 것을 학습목표라 한다.

학습목표는 학습을 마치고 난 후 학습자들이 할 수 있는 행동을 구체적으로 진술한 문장이다.

**스말디노와 동료들(Smaldino et al., 2011)이 제안한 ABCD 규칙**

① 학습자(Audience)의 입장에서 목표를 진술한다.
② 행동(Behavior)을 보여 줄 수 있는 구체적인 동사로 진술한다.
③ 수행이 평가되는 조건(Condition)을 명시한다.
④ 수행이 평가되는 정도(Degree)를 명시한다.

실생활에서의 문제해결력을 기르기 위한 목적으로 하는 문제기반학습에서 비구조화 문제를 제시할 경우 학습목표 진술의 경우에는 '문제기반학습을 위한 문제가 주어지면 문제가 무엇인지를 파악할 수 있다', '문제를 파악한 후에는 문제해결을 위한 계획을 세울 수 있다'로 진술할 수 있다. 또한 '같은 반 학생들이 좋아하는 피자의 종류와 피자의 조각 수를 확인하여 총 몇판의 피자가 필요한지 계산하여 주문할 수 있다'와 같이 진술할 수 있다.

### 2) 문제기반학습의 설계

학습과제를 분석하여 학습목표로 전환하여 진술한 후에는 그 내용을 어떤 교수방법과 교수전략으로 수업할 것인지, 그리고 어떠한 교수매체를 사용할 것인지를 결정해야 한다.

문제기반학습에서 '문제개발'이란 교사가 문제와 관련하여 계획하는 모든 활동, 아이디어의 도출에서부터 학습자에게 제시할 형태로의 시나리오 작성까지의 일련의 과정이다(조연순, 2006).

문제개발을 위해서는 앞서 분석 단계에서 분석한 학습자 특성 분석, 과제분석에서 고려한 교육과정을 고려하여 ① 잠정적 문제 선정과 문제와 관련된 아이디어 맵을 그린다. 그리고 ② 학습자의 역할과 상황을 설정하고, ③ 문제(시나리오)를 작성한다.

**그림 6-1** 문제기반학습의 문제개발 절차

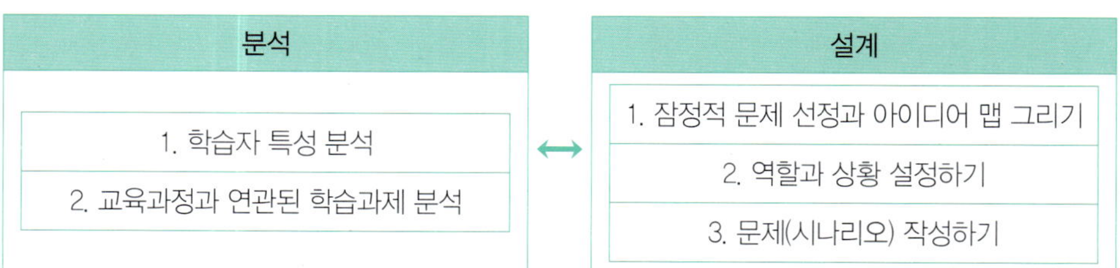


출처: 김영희 외(2020). 유아교육에서의 교육방법 및 교육공학, p. 148.

### (1) 잠정적 문제 선정과 아이디어 맵 그리기

학습자에게 제시할 문제로 가능한 주제로 가능한 정보들을 시각적으로 표현해 보아야 한다. 이를 아이디어 맵(idea map)이라 하는데 이는 어떤 큰 주제와 그와 간련된 하위 아이디어로 나타낼 수 있다.

#### ① 잠정적 문제 선정하기

교육과정과 관련하여 학습자에게 제시할 문제로서 가능성이 있는 아이디어를 선정해야 한다. 이를 위해 교사는 평소 문제로서의 가능성이 있는 여러 자원을 접하고 이를 기록하고 스크랩해 둘 필요가 있다.

#### ② 아이디어 맵 그리기

잠정적인 문제를 선정한 후에는 문제에 관한 생각들을 정리할 수 있는 '아이디어맵'을 그린다. 이는 문제가 되는 아이디어와 관련된 내용을 시각적으로 연결하여 그려 보는 것을 말한다.

선정한 아이디어를 중심에 그리고 이를 다른 개념과 하나씩 덧붙여 가면서 연결하는 것이다. 하나의 개념에서 다른 개념으로 연결할 때 불일치하는 문제가 있는지 고려하고 불일치하는 부분이 있다면 이에 대한 해결 방안을 강구한다. 그리고 아이디어와 관련된 학습활동과 교육과정을 연결한다. 교사는 이 과정을 통하여 아이디어와 관련된 개념, 학습내용, 전개될 활동을 예상해야 한다.

### (2) 역할과 상황 설정하기

아이디어 맵을 그린 후에는 문제를 해결해야 할 학습자들이 수업시간에 경험해야 할 역할과 상황을 설정해야 한다. 역할과 상황 설정이란 문제가 일어난 상황과 그 상황에 처한 사람이 누구인지를 정하는 것이다.

문제기반학습에서는 학습자가 처한 역할과 상황을 통해 문제를 해결하기 때문에 단순히 주제가 있는 과제를 실행하는 프로젝트 학습과는 다르며, 프로젝트 학습보다 문제기반학습의 설계가 좀 더 어렵게 느껴질 수 있다(김영희 외, 2020).

〈표 6-1〉 문제기반학습을 위한 역할과 상황 설정 단계의 예시

| 역할과 상황 설정 단계 | '피자 파티' 학습주제의 역할·상황 설정 |
|---|---|
| ① 문제에 속한 다양한 역할의 가능성 고려하기 | · 학급의 담임 선생님<br>· 담임 선생님에게 도움을 주는 역할을 하는 학급의 리더<br>· 원장 선생님 또는 행정실 선생님 |
| ② 학습자가 구체적으로 누구인지를 가장(pretend)하는 역할을 결정하기 | · 담임 선생님에게 도움을 주는 역할을 하는 학습의 리더로 결정 |
| ③ 선정된 역할이 처한 상황을 만들기 | · 피자 파티 상황 |

출처: 김영희 외(2020). 유아교육에서의 교육방법 및 교육공학, p. 151.

### (3) 문제(시나리오) 작성하기

역할과 상황을 설정한 후에는 학습자들이 가장(pretend)하여 처하게 될 이야기(시나리오)를 만들어야 한다. 이 시나리오를 통해 학습자는 문제 상황에서 자신은 누구이며, 어떤 문제를 해결해야 하는지를 확인하게 된다.

시나리오를 제시하는 방법은 교사가 말로 설명하거나, 동영상 자료, 동극, 전문가를 초청하여 이야기하기 등 여러 가지 방법을 활용할 수 있다.

## 3. 개발

개발 단계에서는 설계의 결과를 바탕으로 수업 장면에서 직접 활용할 수 있는 구체적인 계획안을 개발(만들어내는 작업)하게 된다. 일반적으로 교수설계 개발 단계의 최종 결과물은 ① 설계 결과를 단계별로 상세히 기술한 교수-학습 지도안, ② 수업에 활용할 교수-학습매체 두 가지이다(한정선 외, 2011).

### 1) 문제기반학습을 위한 학습 모듈 개발

문제기반학습을 수업시간에 설계로 하는 단계는 ① 문제 제시 · 확인, ② 문제해결을 위한 계획 세우기, ③ 계획의 실행, ④ 실행에 대한 평가 네 단계로 이루어진다(Kilbane & Milman, 2014).

〈표 6-2〉 문제기반학습의 단계에 기반한 학습 모듈

| 문제 기반 학습 단계 | 교사의 역할 | 학습자의 역할 |
|---|---|---|
| 문제 제시/ 문제 확인하기 | · 학습자에게 '좋은' 문제를 제시한다.<br>· 학습자에게 문제가 무엇인지를 확인할 수 있도록 요청한다.<br>· 학습자에게 팀 구성에 관해 알려 준다.<br>· 문제해결을 언제까지 해야 하며, 문제해결을 위한 과제들의 큰 틀(outline of the task) 정도는 제시할 수도 있다. | · 교사가 제시한 문제를 확인한다.<br>· 문제해결을 위한 합리적인 계획을 팀 단위로 세운다. |
| 문제해결 계획 세우기 | · 문제해결을 위한 계획을 세우게 한다.<br>· 학습자의 문제 분석과 해결 계획 수립을 돕기 위해 시나리오에서 주는 질문을 자세히 살필 수 있도록 독려한다.<br>· 문제해결을 시작할 수 있도록 팀 구성원의 역할 분담과 같이해야 하는 일을 정할 수 있도록 돕는다.<br>· 학습자의 학습과 계획 수립에 도움이 될 수 있는 스캐폴딩을 제공한다. | · 문제해결을 위한 합리적인 계획을 팀별로 세운다. |
| 계획 실행하기 | · 학습자가 세운 계획을 실행하도록 요청한다.<br>· 계획의 실행을 작은 단계로 나누도록 한다.<br>· 실행 과정을 기록하고 문서화하도록 돕는다. 이 과정은 후에 평가 활동에 도움이 된다. | · 계획을 실행하기 위해 해야 할 일을 적어 본다.<br>· 계획을 실행한다. |
| 계획 실행에 대한 평가하기 | · 문제해결 실행 과정과 결과물에 대해 평가하고 성찰하도록 요청한다.<br>· 개인적으로 한 일과 기여한 점을 평가표로 활용해서 성찰, 평가하게 한다.<br>· 팀 수준에서 협동해서 한 일과 기여한 점을 평가표를 활용해서 성찰, 평가하게 한다.<br>· 같은 문제해결을 위해 다른 방법으로 했다면 어떤 방법이 있으며, 그 방법의 장점과 문제점은 어떤 것이 있는지 생각해 보게 한다. | · 팀별로 실행의 결과물을 평가하고 성찰한다.<br>· 문제해결에 대한 개인의 기여와 그룹의 역할에 대해 성찰한다.<br>· 같은 문제에 대해 다르게 접근하였다면 어떠했을지에 대해 생각해 본다. |

출처: Kilbane & Milman(2014). Teaching Models: Designing instruction for 21st Century Learners.

## 4. 실행

실행은 설계 및 개발된 교육 프로그램을 실제 교육 현장의 활동으로 변환시키는 과정을 의미한다. 이는 개발된 다양한 교수-학습 자료와 매체들을 현장에 적용해 보는 일회적 활동뿐만 아니라, 그 내용들이 현장에서 정착 및 유지되도록 관련 노력을 경주하는 과정까지를 포함하는 보다 폭넓은 개념이다.

유아교육과정에서 실행은 학습내용과 활동에 대한 본격적인 지도가 이루어지는 단계이기도 하지만, 수업과 관련된 각종 시설과 환경들을 관리하는 작업이 이루어져야 하는 복합적인 활동이기도 하다. 인력, 예산, 자료, 시간, 시설 등의 자원을 기획하고 감사 및 조정하는 것 등이 교육 프로그램의 실행을 위해 부가적으로 진행되어야 할 일들이다. 한편, 새롭게 개발된 자료와 매체가 현장에 채택되기 위해서는 자료와 매체 자체가 갖는 장점도 중요하게 고려되어야 하지만, 새로운 것에 대한 교사들의 수용 의지와 정서 또한 중요한 요인으로 작용되므로, 실행 단계에서는 이상의 요인들을 적절히 고려하여 원활한 수업이 이루어지도록 조정하는 작업이 병행되어야 한다(홍기칠, 2012).

### 1) 유아교사의 핵심 역량

교사는 학습자, 교육내용, 교육환경과 더불어 교육의 4대 요소 중 하나로 간주되며, 자신에게 내재된 지식을 학습자에게 전수하는 존재로서 고대부터 매우 중요하게 언급되어 왔다(변영계, 2005). 교사는 학습자와의 인지적 · 사회적 · 감성적 상호작용을 통해 학습자의 가치관을 형성하는 데 중요한 역할을 수행하기 때문에, 특히 어린 학습자에게 많은 영향을 미치게 된다.

"교육의 질은 교사의 질을 뛰어넘지 못한다."라는 오랜 격언은 이를 단편적으로 드러내 주는 말이다.

우리나라에서는 '유아교육선진화 기반조성사업'의 일환으로 유아교사의 핵심 역량을 도출하였다. 교사는 수업의 실행을 위해서 본인이 갖추고 있는 핵심 역량과 보완해야 할 역량을 점검하고 개설할 수 있어야 할 것이다(교육부, 2010).

〈표 6-3〉 유아교사의 핵심 역량

| 핵심 역량 | 요소 | 내용 |
|---|---|---|
| 교직 인성 및 전문성 개발 | 교직에 대한 열정 | · 좋은 교육을 위한 헌신<br>· 교육 개선을 위한 지속적 탐구 |
| | 창의성 | · 다양한 상황과 조건 수용<br>· 새로운 가치와 아이디어 창출 |
| | 반성적 자기 개발 | · 반성적 사고 개발<br>· 전문적 발달을 위한 노력 |
| | 교직윤리 | · 유치원 교사 윤리 강령 실천<br>· 유치원 교사로서 바른 근무자세 유지 |
| 학습자에 대한 이해 | 유아의 보편적 발달 특성 이해 | · 유아 발달의 개념 및 발달이론 이해<br>· 유아의 신체·언어·인지·사회·정서 영역의 발달 특성 이해 |
| | 유아의 개인적·사회 문화적 발달 특성 이해 | · 유아의 발달에 관련된 개인적·사회 문화적 요인 이해<br>· 유아의 개별적 발달 특성 이해 |
| 교육과정 운영 | 유아교육과정에 대한 이해와 실행 | · 유아교육과정에 대한 이론 이해<br>· 유아 핵심 역량에 대한 이해<br>· 국가수준 유치원 교육과정에 대한 이해 |
| | 교과내용지식 이해 | · 유아 언어, 수학, 과학, 사회, 예술, 체육 교과 내용 지식 이해<br>· 유아 건강 및 안전 교과 내용 지식 이해<br>· 유아 놀이 교과 내용 지식 이해 |
| | 다문학적 지식 이해 및 활용 | · 인문학, 과학기술, 사회학, 예술 등의 폭넓은 교양 지식 이해 및 탐구<br>· 다학문 지식의 교육과정 적용 |
| | 교수-학습 과정에 대한 이해 및 실행 | · 유아 교수-학습 방법에 대한 지식<br>· 개별화 교수-학습 방법의 적용<br>· 효율적 교수-학습을 위한 환경 구성<br>· 적합한 교수자료의 발굴, 개발 및 활용 |
| | 평가의 이해 | · 유아의 개인적 특성에 대한 평가 방법 이해 및 실행<br>· 교육과정 평가 이해 및 실행<br>· 평가 결과의 활용 |

| 핵심 역량 | 요소 | 내용 |
|---|---|---|
| 대인관계 및 의사소통 | 공동체 의식 및 태도 형성 | · 교육 공동체 필요성 이해<br>· 교육 공동체 존중<br>· 부모와의 협력 |
| | 공동체 형성 및 지원 | · 동료 교사와의 협력<br>· 지역사회와의 협력<br>· 유아와 가족의 교육 복지 지원을 위한 정책 이해 및 전달 |
| | 의사소통 기술 형성 | · 대상에 따른 의사소통 기술에 대한 관심<br>· 언어적/비언어적 의사소통 기술 형성 |
| 정보화 소양 | 정보화 기술 이해 | · 새로운 정보화 기술에 대한 관심<br>· 교육, 행정, 재정 업무 처리를 위한 정보화 기술 이해 |
| | 정보화 기술 활용 | · 폭넓은 정보 교류<br>· 유용한 정보의 조직 및 활용<br>· 교수매체로서 정보화 기술의 비판적 활용 |
| 학급운영 | 교실문화 조성 | · 유아와 긍정적인 관계 형성<br>· 교실 운영과 관리<br>· 유아 행동 지도 |
| | 문서 작성 및 관리 | · 학습 운영 관련 문서 작성 및 관리<br>· 대외 관련 공문서 작성 및 관리 |

출처: 교육부(2010).

### (1) 효과적 수업을 위한 교사의 행동

효과적 수업을 보조하기 위해 교사들이 행동하는 내용을 제시하면 〈표 6-4〉와 같다(Borich, 2011).

〈표 6-4〉 효과적 수업을 보조하기 위한 촉진 행동

| 구분 | 의미 | 관련 행동 |
|---|---|---|
| 수업의 명료성 | 교사가 명확하게 수업 내용을 설명하고 전달하는 능력 | · 학습목표의 제시<br>· 선행조직자의 제공<br>· 선행학습 여부 점검<br>· 학습활동에 대한 명확한 안내<br>· 학생의 능력에 따른 수업 진행<br>· 이해를 돕기 위한 자료의 제공(예: 주요 내용에 대한 시각자료)<br>· 수업내용의 정리 및 요약 |
| 수업 방법의 다양성 | 수업 시 활용되는 전달 방법의 다양성과 융통성 | · 다양한 주의 집중 방법 활용<br>· 목소리나 동작의 변화 제공<br>· 제시 방법(강의, 질문, 자습, 설명, 참여 등)의 다양화<br>· 보상과 강화를 적절히 배합하여 활용(예: 가산점, 칭찬)<br>· 학생의 의견 활용<br>· 다양한 질문 제시 |
| 수업활동에의 전념 | 실제 교과 내용을 가르치는 시간의 확보 | · 치밀하고 충실한 수업지도안의 작성<br>· 수업 중 사무적인 일 지양<br>· 학습자의 학습 방해 행위 통제<br>· 학습목표에 적합한 수업 방법의 선택<br>· 주별/월별 성취 계획 명료화 |
| 학생의 적극적인 참여 유도 | 교과 학습을 위한 학습자의 몰입 증진 및 능동적 참여 유도 | · 수업 후 즉각적인 연습 기회 제공<br>· 평가하지 않는 분위기 속에서의 피드백 제공<br>· 개별 활동과 팀 활동의 적절한 활용<br>· 수업 참여에 대한 격려와 칭찬<br>· 개별 활동 시 순회 지도 실시 |
| 학생의 학습 성공률 향상 | 학습자의 수업 내용 이해 및 연습의 성공 정도 향상 | · 선행학습 내용을 고려하여 수업내용을 논리적으로 계열화<br>· 즉각적 피드백의 제공<br>· 학생의 능력에 맞춘 수업내용의 분할<br>· 수업내용의 통합 및 연결<br>· 수업내용의 제시 속도 및 분량 다양화 |

출처: Borich(2011). Effective teaching methods: research-based practice(7th ed.).

### 수업의 실행에 활용할 수 있는 효과적인 질문 기법

수업 중 이루어지는 상호작용은 교사와 학생의 질문과 응답으로 이루어지는 경우가 많다. 다음의 사항에 유의하며 질문을 활용한다면, 보다 효과적인 수업이 이루어질 수 있다.

① 학생들에게 다양한 응답을 요구하는 확산형 질문을 실시한다.
② 학생들에게 단순히 "예", "아니오"의 응답을 요구하는 질문은 학생들의 사고를 촉진시킬 수 없으므로 제한적으로 사용한다.
③ 학습자로부터 특정한 응답을 요구하는 폐쇄형 질문(예: 『백설공주』에 나오는 계모는 나쁜 사람인가요?)은 효과적인 질문이 아니므로, 사용을 자제한다.
④ 질문이 너무 추상적이거나 어려울 경우(예: 아름다움이란 무엇인가?)에는 학생들의 반응이 나타나지 않을 수 있으므로, 질문의 난이도와 학습자의 수준, 표현의 구체성 등에 유의한다.
⑤ 교사의 질문 후에는 학습자들이 생각해 볼 수 있도록 5초 이상의 시간을 제공한다.
⑥ 수업활동에 전념하는 시간을 확보하기 위해 학습내용과 관련된 질문을 제시한다.
⑦ 정답을 맞히지 못한 학습자라 할지라도 적극적으로 응답하려 했던 용기에 대해 칭찬하고 격려한다.
⑧ 교사의 한 가지 질문에 다양한 생각과 참여가 유도될 수 있는 질문이 가장 적합한 질문이다. 수업을 준비하며 발문을 3~4개 정도 준비하려는 노력이 필요하다.

### 수업의 실행에 활용할 수 있는 효과적인 프레젠테이션 기법

파워포인트 등 각종 매체를 활용하여 프레젠테이션을 실시할 때에는 다음의 사항에 유의해야 한다.

① 학습자와의 시선 맞춤에 유의하라.
- 항상 학습자가 교수자의 표정을 볼 수 있도록 한다.
- 움직임과 제스처에 변화를 주어 학습자의 주의를 지속적으로 유지시킨다.

② 적절한 속도와 목소리 크기를 활용하여 말하라.
- 교실 안의 모든 학생이 교수자의 목소리를 들을 수 있도록 충분히 크고 분명하게 말해야 한다.
- 중요한 내용을 제시한 후에는 약간(약 3초)의 침묵 시간을 두어 강조할 수 있다.

③ 의외성을 활용하라.
- 다음에 전개될 내용을 예측할 수 있는 자료보다는 의외의 이미지 등을 활용하여 학습자의 주의를 환기시킬 수 있다.

④ 학습자가 참여하여 프레젠테이션을 완성할 수 있도록 하라.
- 학습자 자신의 작품이나 글을 직접 삽입하여 참여도를 이끌어 낼 수 있다.

⑤ 스토리텔링에 유의하라.
- 효과적인 프레젠테이션에서는 이야기의 기승전결이 나타나 있다. 교사는 훌륭한 이야기꾼이 되어야 한다.

### (2) 교육자원을 평가하고 관리하기 위한 교사의 행동

유아교사는 수업을 운영함과 동시에 교육자원을 평가하고 관리하는 역할을 수행해야 한다. 이는 유아교사의 중요한 세부 역량 중 하나인 '적합한 교수자료의 발굴, 개발 및 활용'과 밀접한 관련을 갖는다.

교육매체나 자원을 실제로 수업에 활용할 때에는 교수자가 사전 시사(previewing)를 통해 자료의 상태를 미리 점검해 보고, 자료가 대상자의 연령과 사용 목적에 부합하는 것인지를 점검해 보는 과정이 필요하다. 이때에는 교육자원에 대한 평가가 뒤따르게 되는데, 〈표 6-5〉의 기준을 참고하여 해당 매체가 학습목표와 얼마나 연관되는지, 학습자나 교수자의 특성에 얼마나 부합하는지, 매체 자체의 질은 얼마나 훌륭한지 등을 점검할 수 있다(강명희 외, 2017). 유아교사는 평가표를 활용하여 일정 점수 이상 획득한 자원을 선정하고 수업에 활용해야 할 것이다.

〈표 6-5〉 교수매체 선정 및 평가 기준

| 고려사항 | | 평가요소 |
|---|---|---|
| 학습 내용 | 학습목표와의 적합성 | • 교육과정의 목표 및 내용과 부합하는가? |
| | 내용의 신빙성과 적합성 | • 내용이 신뢰롭고 최신의 내용을 포함하는가?<br>• 내용이 편향되거나 문화적으로 치우침 없이 구성되었는가? |
| | 학습동기 유발 가능성 | • 학습자의 학습동기가 유발되는가? |
| | 내용 전개의 논리성 및 균형 | • 내용은 논리적으로 연계되어 있으며, 내용 간 균형은 적절한가? |
| 인적 요소 | 학습자 특성 부합도 | • 학습자의 흥미와 관심을 끌 수 있는가?<br>• 학습자의 발달 수준에 적합한 것인가?<br>• 매체가 활용될 학습 집단의 크기는 어떠한가? |
| | 교수자 특성 부합도 | • 교수자가 매체를 친숙하게 느끼는가?<br>• 교수자는 해당 매체를 잘 활용할 수 있는가? |
| | 매체 전문가 특성 부합도 | • 본 매체의 활용을 위해 부가적인 매체 전문가가 필요한가? |

| 고려사항 | | 평가요소 |
|---|---|---|
| 매체의 속성 | 표상의 적절성 | • 구체성(예: 실물, 사진, 그래픽)을 가져야 하는 매체는 충분히 구체적으로 제작되어 있는가?<br>• 추상성을 가져야 하는 매체는 그 성격에 부합하도록 구성되어 있는가? |
| | 제시방법의 편의성 및 적합성 | • 투사장치 등 부가적 매체(자료)가 요구되는가? |
| | 색상의 적합성 | • 흑백 또는 컬러를 지원하는가? |
| | 기술의 적합성 | • 매체 자체의 화질(해상도), 음성, 영상 등의 품질은 적합한가? |
| | 가격의 적정성 | • 제작이나 구입이 용이한가?<br>• 가격이 적절하가? |
| | 안전성[1] | • 표면이 안전하고 위생적이어서 유아가 만지기에 적합한가?<br>• 유아가 삼킬 염려는 없는가?<br>• 크거나 무겁지 않은가? |
| | 매체의 내구성 및 관리의 용이성 | • 견고한가?<br>• 습기나 열 등에 의해 변형되지 않는가?<br>• 품질보증 및 수리 기간은 적절한가? |

출처: 강명희 외(2017). 교육방법 및 교육공학, p. 245.

매체에 대한 평가가 완료되었다면, 본 자료의 활용에 대한 사전 연습(practice)을 실시해야 한다. 수업 실행 단계에서 해당 매체들을 자연스럽게 활용하기 위해서는 교사 자신이 충분한 기술과 능력을 보유하고 있어야 하므로, 교사는 사전에 이에 대한 리터러시(literacy)를 함양할 필요가 있다. 특히, 최근 그 활용도가 증가하고 있는 디지털 매체와 로봇 등의 활용 정도는 교사의 능력에 크게 좌우되기 때문에, 교수자는 테크놀로지 활용 능력을 최신의 상태로 유지할 수 있어야 한다.

매체나 자료를 사용할 환경을 준비(prepare)해야 한다. 매체에 따라 모바일 인터넷 연결이나 암막 커튼 등의 특정한 환경이 요구될 수 있으므로, 이를 사전에 준비하고, 학습자를 준비시킨 후 실제 수업에 임해야 한다.

교육자원을 선택하는 것만큼이나 중요한 것이 여러 비품과 자료들을 효과적으로 보관 및 관리하는 일이다. 교구나 교재를 배치할 때에는 충분한 양을 구비하여

1) 특히 유아들이 직접 만질 수 있는 교구의 경우 반드시 갖추어야 하는 요소이다.

지정된 위치에 보관해야 하며, 서로 관련 있는 자료를 인접한 곳에 배치하여 쉽게 찾을 수 있도록 해야 한다. 이 밖에도 유아교사는 여러 가지 사항을 고려하여 효과적인 교육자료의 관리가 이루어질 수 있도록 유의해야 한다(김은심 외, 2009; 정연희, 2011).

〈표 6-6〉 교육자료의 보관 및 관리

| 구분 | 내용 |
|---|---|
| 보관실 | • 독립적이고 서늘한 공간 마련<br>• 해충의 침입 방지, 적절한 습도 유지 |
| 교구장 및 선반 | • 이동성이 있는 교구장 및 선반 마련<br>• 분류 영역별 공간을 마련하여 보관 |
| 교구의 수납 | • 내부를 볼 수 있도록 투명한 보관상자, 비닐 지퍼백, 바구니 등에 보관<br>• 교재 및 교구 사용설명서 동봉<br>• 기관별 분류 기준을 마련하여 분류 카드를 제작하면 효과적인 관리가 가능 |

출처: 정연희(2011). 유아 교과교재 및 연구법, pp. 144-145.

〈표 6-7〉 교육자료의 보관을 위한 관리표

<table>
<tr><td>주제</td><td colspan="3"></td></tr>
<tr><td>활동명</td><td></td><td>자료 유형</td><td></td></tr>
<tr><td>교육과정 관련 요소</td><td colspan="3"></td></tr>
<tr><td>기대되는 효과</td><td colspan="3"></td></tr>
<tr><td>교재 및 교구</td><td colspan="3"></td></tr>
<tr><td>활용 방법</td><td colspan="3"></td></tr>
<tr><td>비고</td><td colspan="3"></td></tr>
</table>

출처: 김은심 외(2009). 유아교사를 위한 교수매체의 이론과 실제, p. 131.

## 2) 물리적 환경의 구성

인간은 환경과의 상호작용을 통해 지식을 능동적으로 구성해 가는 존재이므로(Piaget, 1977), 유아를 둘러싼 물리적 환경은 지식을 구성하기 위한 보조적 수단일 뿐 아니라 교육의 질 자체를 예견해 줄 수 있는 중요한 지표가 된다. 따라서 적절한 시설 및 설비가 갖추어진 물리적 환경을 조성하는 것은 유능한 교사를 투입하는 인적요인과 더불어 아동발달과 유아교육의 질을 결정짓는 핵심 변인이라 할 수 있다(Johnson, 2001).

유아는 주변 환경에 대해 끊임없는 흥미와 호기심을 보이며, 감각운동적 경험으로 세계를 이해하고 에너지를 발산시킬 장소, 활동, 사물들을 필요로 한다. 따라서 유치원의 물리적 환경을 구성하고자 할 때에는 교육 프로그램의 목적 및 교육기관의 철학, 유아의 발달수준과 행동 특성, 유아의 흥미 등을 고려하여 유의미한 학습이 이루어질 수 있도록 설계해야 한다. 또한 유아교육기관이라 할지라도 유아가 그곳의 유일한 사용자는 아니므로, 부모나 교사, 다른 성인들의 요구사항을 참고할 필요가 있으며, 유아교육과정을 둘러싼 법적·사회적·문화적 요인 역시 고려되어야 한다.

### (1) 물리적 환경을 구성하기 위한 기본 원리

유아기 학습자를 위한 교육환경이 가져야 할 요소들에 대해서는 학자들마다 여러 의견이 있지만, 학습자의 발달과 성장을 돕기 위해 효과적으로 구성되어야 한다는 점에 대해서는 의견의 일치를 보인다. 여러 연구자들이 공통적으로 언급하고 있는 환경 구성 원리를 정리해 보면 다음과 같다(이기숙, 2000; Decker & Decker, 2005).

① 독립성: 유아교육기관은 다른 기관이나 건물과 독립하여 되도록 단층으로 구성하고, 활동하기에 충분한 실내외 공간을 갖추어야 한다.

② 발달의 적절성: 물리적 환경은 유아의 성장 및 발달 원리에 맞도록 계획되어야

하고, 유아의 발달적 특성, 성숙도, 흥미, 요구, 개인차 등을 고려해야 한다.

③ 안전성: 유아교육 환경과 시설은 기관 내·외부의 위험으로부터 유아들을 보호하고, 관련자(유아, 부모, 교직원)의 건강과 안전 요구를 충족시킬 수 있어야 한다.

④ 융통성: 물리적 환경을 구성하고 있는 공간들은 유아가 다양한 경험을 할 수 있도록 충분한 공간, 창의적인 공간, 심미적인 공간이 되어야 하며 교육의 내용과 활동에 따라서 개인적 활동과 집단 활동이 모두 가능하도록 구성되어야 한다.

이 밖에도 유아교육기관의 물리적 환경은 교육 프로그램의 목표를 성취하는 데 타당한 것이어야 하며, 장애유아, 영재유아 등 모든 유아들의 통합교육이 가능하도록 조성되어야 한다.

### (2) 실내환경의 구성

유아를 위한 실내환경을 구성할 때에는 넓이, 채광, 환기, 실내 바닥의 재질 등을 고루 고려해야 한다. 먼저, 넓이 측면에서 살펴보면, 교실은 유아가 놀이를 하고 관련 과업을 수행하는 데 불편함을 느끼지 않도록 충분히 넓게(교실 총 면적은 유아 1인당 2.2㎡) 조성할 필요가 있다. 또한 채광이나 환기, 위생 등에 문제가 없도록 실내공간을 지상에 마련하는 것이 바람직하다.

유치원 실내환경의 재질은 나무나 카펫 등 탄력성이 있는 재질로 구성하여, 아동이 넘어져도 다치지 않도록 배려하는 것이 좋다. 또한 안정성을 위해 기둥 등이 포함된 벽면보다는 단순한 평면의 벽으로 구성하고, 아동에게 친근감을 줄 수 있도록 아동의 키가 닿을 수 있는 높이까지를 연성 재료 등으로 구성하는 방식 등을 고려해야 한다(이영자·신동주, 2012; 한임순, 1995).

실내환경을 구성할 때 가장 유의해야 할 점은 전체 환경이 아동의 흥미영역(interest center)별로 구성되어 있어야 한다는 점이다. 흥미영역이란 칸막이나 이동식

가구 등을 적절히 배치하여 각 영역에서 유아들이 소집단활동을 하며 스스로 배울 수 있도록 마련된 독립적이며 상호 통합적인 작업 영역을 의미한다.

흥미영역은 학습영역(learning area) 또는 활동영역(activity center)으로 불리기도 하는데, 유아들의 집중력을 증진시키고, 심리적 안정감을 주며, 의사결정 능력, 자율성, 독립심 등을 증진하는 데 크게 기여하는 것으로 알려져 있다(교육과학기술부, 2009).

교사는 실내환경을 쌓기놀이영역, 역할놀이영역, 언어영역, 조작놀이영역, 과학영역, 수학영역, 조형영역, 음률영역, 컴퓨터영역 및 개별 공간영역 등으로 효과적으로 구분하여 구성해야 하며, 각각에 어울리는 교재와 교구를 마련해 두어야 한다.

### (3) 실외환경의 구성

실외환경이란 유치원 전체 공간에서 건물을 제외한 나머지 대지가 차지하는 부분을 의미하며, 실내에서는 할 수 없는 다양한 학습 경험을 제공함으로써 유아의 운동 기능 및 사회성 등의 발달에 영향을 주는 환경적 요소를 뜻한다.

2019 개정 누리과정에서는 '심신의 건강과 조화로운 발달'이라는 유아교육의 목표를 달성하기 위한 주요 요건으로 '놀이'를 제시하며, 유아가 다양한 놀이와 활동을 경험할 수 있도록 실내외 환경을 구성할 것을 제안하고 있다(교육부, 2019).

## 5. 평가

평가(evaluation)는 교육에 참여한 학습자가 얼마나 교육 내용을 잘 이해하고 내면화했는지를 점검하는 개념이다. 이는 교육의 전체 과정이나 활동에서 각 절차의 적절성, 효율성, 타당성을 확보하고, 보다 개선된 교육과정을 설계하기 위하여 다양한 자료와 정보를 수집 및 분석하고 이에 의하여 질적인 판단을 내리는 과정이다(권건일, 1996). 평가는 의미상 검사(test), 측정(measurement), 사정(assessment)과 혼동되어 사용되기도 하는데, 측정은 일정한 법칙에 의해 사물 등에 수치를 할당하는 것을 의미하며, 검사는 측정의 특수한 방법으로서 시험 등 사물에 대한 직접적인 측정이 불가능할 경우 활용하는 도구를 의미한다. 마지막으로 사정(총평)은 인간의 행동 특성을 전체적인 입장에서 파악하여 특정한 환경, 과업, 준거 상황에서의 의사결정을 위해 사용되는 총체적인 개념이다(강명희 외, 2017).

일반적으로 평가는 평가의 목적 및 시기에 따라 진단평가, 형성평가, 총괄평가로 나눈다. 평가 준거에 따라서는 규준참조평가, 준거참조평가로 나누고 평가대상에 따라 학습자 평가와 교육 프로그램평가로 나누게 된다(성태제, 2010).

본 절에서는 독자를 고려하여 유아교육분야에서 활용할 수 있는 유아대상 평가, 유아교육관련 프로그램 평가를 중점으로 살펴본다.

## 1) 유아대상 평가

유아기 학습자에 대한 평가는 개별 유아에 대한 이해를 높이고 유아의 발달과 학습 수준을 평가하여 이를 교육에 반영함으로써 유아가 최적의 발달을 할 수 있도록 도와주는 과정이라 할 수 있다. 따라서 유아기 학습자 평가는 유아의 전인적 성장과 발달 변화에 적합한 경험의 질을 향상시키고 유아를 올바르게 이해하려는 토대 위에 실시되어야 한다(김영희, 2020).

### (1) 관찰법

유아기는 언어적 의사소통에 어려움이 있는 시기이므로, 검사지를 활용해 발달에 대한 정보를 수집하는 것보다 자연스러운 상황에서 언어나 행동을 관찰함으로써 유아에 대한 보다 풍부하고 정확한 자료를 수집할 수 있다. 주관적인 편견이나 선입견이 배제될 수 있도록 객관적인 사실을 기록해야 한다(정옥분 외, 2016).

관찰법에서 가장 많이 사용하는 것은 일화기록법(anecdotal records)이다. 유아의 정확한 행동을 관찰하기 위해 있는 그대로 기술하는 것으로 개별적인 특성과 행동 등이 상세하게 나타난다(박도순, 2007). 일화기록법의 특징은 ① 어떤 행동이 언제, 어떤 조건하에서 발생되었는가의 사실적 기록이 있어야 한다. ② 이러한 행동에 대한 해석과 처리 방안을 제시하는데 이를 따로 분리하여 기록하여야 한다. ③ 하나의 일화기록은 하나의 사건기록이 되어야 한다. 즉, 사건이 생길 때마다 하나의 독립적인 기록이 되며 여러 시기의 사건을 총괄하여 기록하지 않도록 해야 한다. ④ 하나의 기록된 사건은 그 학생의 발달과 성장을 이해하는 데 의의 있는 것이 되어야 한다.

### (2) 포트폴리오 평가법

포트폴리오(portfolio)는 '운반하다(carry)'의 의미를 갖는 'port'와 '종이(paper)' 뜻하는 'folio'에서 파생되었다. 포트폴리오는 원래 폴더나 보관함에 들어 있는 서류 또는 수집한 작품을 의미하거나 타인의 눈에 비친 특정인의 모습이라는 개념으로 활용되었다. 예술 분야에서 대표적이고 가장 잘된 것으로 인정되는 작품들을 질서 정연하게 수집한 일종의 모음집을 의미한다. 교육 분야에서 포트폴리오는 하나 이상의 분야에서 학습자의 관심, 능력, 진도, 성취, 노력, 성장 등의 증거를 보여 주는 학생들의 작품(결과물)을 의도적으로 모은 작품집이다(박도순, 2007). 포트폴리오 특징으로는 ① 장시간에 걸친 유아의 성장과 학습의 기록으로 개인의 변화와 발전과정을 총체적이면서 지속적으로 파악할 수 있다. ② 교사나 유아의 목적에 따라 교수와 통합되어 만들어짐으로써 학습의 실제 상황을 중심으로 학생의 실제 작품을 평가 대상으로 하는 '사실에 근거한(authentic)' 평가라고 할 수 있다. ③ 교사와 유아에게 지식을 만들어 가는 과정에서 반성의 기회를 제공함으로써 유아가 능동적으로 학습할 수 있도록 한다. ④ 유아의 성취도에 관한 정보를 학부모 등에게 알려 주기 쉬울 뿐 아니라, 학업성취의 과정이나 결과에 대한 증거물을 제공해 준다.

최근에는 학습자의 작품을 디지털 형식으로 저장 및 보관하는 전자 포트폴리오(electronic portfolio)를 활용하는 사례도 증가하고 있다. 포트폴리오를 디지털화하는 것은 동료 교사 및 학부모와의 상담을 위한 기초 자료의 공유를 위해서도 용이한 방법이다(노혜란·박선희·최미나, 2012).

#### (3) 표준화된 검사지를 활용하는 검사법

유아교육 현장에서 활용되는 검사법에는 표준화 과정을 거친 검사(표준화 검사)와 교사가 스스로 제작하여 활용하는 검사 두 가지 방법이 혼용된다. 이 중 표준화 검사는 목적, 내용, 대상, 실시 절차, 채점 및 결과 해석 등이 표준화되어 있기 때문에 객관적 자료의 수집에 유용한 방법이다. 유아교육 현장에서는 전체 유아의 평균과 개별 유아의 행동 및 성취도 등을 비교 분석하기 위해 유아지능 검사, 학습준비도 검사, 사회 성숙도 검사, 자아 개념 및 성격 검사 등 다양한 유형의 표준화 검사가 활용되고 있다(정옥분 외, 2016; 황해익, 2009).

### 2) 유아교육 프로그램 평가 모형

유아교육 프로그램 평가 모형은 교육철학에 따라 다양하게 접근할 수 있는데, 본 내용에서는 목표중심 평가 모형, 운영중심 평가 모형(의사결정 모형), CIPP 평가 모형으로 제시한다.

#### (1) 목표중심 평가 모형

타일러가 처음 제안한 평가 모형인 목표중심 평가 모형은 교육과정, 수업 또는 행정적 조치 및 경영관리를 통해 교육목표나 교육을 위한 제도적·행정적 목표가 달성된 정도를 사정하는 평가 모형이다(정재삼, 2004). 예를 들면, 학습목표를 기준으로 하여 학생들의 학업 성취도를 평가하는 것도 목표중심 평가 모형이고, 유치원 경영목표를 설정한 다음 그것을 기준으로 경영전략과 그 성과를 평가하는 것도 목표중심 평가 모형이다. 프로그램 목표를 명세화하고 객관적인 측정도구를 사용하여 프로그램의 목표와 수행 간의 일치도를 확인하는 평가도 목표중심 평가 모형의 일종이다.

교육평가를 교육 프로그램이나 수업에 의해 교육목표가 어느 정도 달성되었는가를 결정하는 과정이라고 말한 타일러의 가치 판단론적 정의를 따르면, 교육 혹은 수업목표를 평가의 기준으로 하여 어떤 프로그램이나 수업이 종료된 다음 교육목표가 달성된 정도를 확인하는 것이 교육평가이기 때문에 이러한 평가방식은 목표중심 평가 모형이다.

### (2) 운영중심 평가 모형

평가를 담당하는 의사결정자에게 필요한 정보를 제공하여 의사결정을 돕도록 하는 것이 운영중심 평가 모형이라고 한다. 교육평가의 결과는 교육의 개선과 발전에 활용되어야 하고 평가결과를 활용한다는 것은 합리적인 의사결정을 도우기 위해 평가결과를 사용하는 행위를 의미한다. 운영중심 평가 모형의 대표적인 것이 CIPP 평가 모형이다. 이 모형은 의사결정촉진 평가 모형으로도 불리며, 교사나 기관 등의 의사결정권자에게 필요한 정보와 자료를 제공하기 위한 목적에서 평가를 실시한다고 가정한다(정재삼, 2004).

CIPP 평가 모형은 상황(context), 투입(input), 과정(process), 산출(product)을 평가의 대상으로 한다. 즉, 교육이 발생하는 상황에 대한 요소, 교육에 어떠한 자원과 시간을 얼마나 투입했는가 하는 요소, 교육의 과정이 원활히 이루어졌는지에 대한 요소, 최종 결과인 산출물이 어떠한가에 대한 요소를 평가하여 기관의 의사결정에 활용한다는 것이다. 먼저, 교육이 진행되는 상황에 대한 평가는 교육의 목적을 결정하는 데(프로그램을 기획하는 데) 도움을 준다. 다음으로, 교육의 투입요소에 대한 평가는 프로그램의 구체적인 구조를 개발하는 데 도움을 줄 수 있다. 해당 교육을 실시하기 위해 어떠한 요소들을 투입할 수 있는지를 점검해 본다면, 교육에 얼마만큼의 시간과 어떠한 매체 및 인적·물적 자원을 활용할 것인지 등을 결정할 수 있을 것이다. 또한 과정에 대한 평가는 프로그램의 실제 활용에 도움을 줄 수 있다. 프로그램이 실제로 계획한 대로 진행되고 있는지, 학습자들의 반응은 어떠한지 등은 면밀히 기록하여 자료화함으로써, 교육 프로그램의 효과적인 운영 방향을 결정할 수 있다. 마지막으로, 산출물에 대한 평가는 프로그램의 실제적인 효용성을 점검함으로써, 해당 프로그램을 재사용할 것인지 폐기할 것인지에 대한 의사결정에 도움을 주게 된다.

CIPP 평가 모형이 교육의 전 과정에 걸쳐 진행되는 데 비해, 커크패트릭(Kirkpatrick, 1994)이 제안한 4수준 평가 모형은 모든 교육과정이 실시된 이후에 진행된다는 차이점이 있다. 본 모형은 프로그램의 효과를 네 개의 수준으로 나눠 평가해야 한다고 주장한다.

첫 번째 수준은 학습자 반응(reaction)이다. 학습자가 교육 프로그램을 이수한 후에 교수자, 교재, 시설, 내용, 방법 등에 만족하는지를 객관적인 지표로 측정하여 그것을 교육 프로그램의 성과로 판단한다는 것이다.

두 번째 수준은 학습(learning)이다. 학습자들이 실제로 해당 교육 프로그램을 마친 이후 지식, 기술, 태도에 변화가 일어났는지를 측정하여 평가의 준거로 삼는 것을 의미한다. 이를 위해 사전-사후 이해도 비교, 관찰, 추후 조사 등의 방법이 활용된다.

세 번째 수준은 행동(behavior)이다. 교육 프로그램을 통해 배운 내용이 학습자의 실제 생활에도 적용되고 있는지를 측정하는 것이다. 예를 들어, 유아교육 프로그램을 통해 질서와 정리 정돈의 중요성에 대해 배웠다면, 유아의 실제 가정생활에서도 그와 같은 행동이 나타나는지를 판단하여 교육 프로그램의 효과로 가늠하는 것이다.

마지막 수준은 결과(outcome)이다. 이는 다른 세 가지 수준의 평가와는 다르게, 교육기관의 효과를 평가한다. 즉, 해당 교육 프로그램을 활용하여 교육기관이 얻게 되는 유무형상의 이득을 평가하는 것이다.

결과 평가에는 투자회수효과(Return On Investment, ROI)라는 지표가 흔히 활용되는데, 실제의 이익에서 투자비용을 뺀 값을 투자되었던 비용으로 나누어 수치화하게 된다.

07

CHAPTER

# 교수매체

학습 및 활동내용

1. 교수매체의 개념과 기능을 알아본다.
2. 교수매체 선정과 활용을 알아본다.
3. 교수매체의 종류를 알아본다.
4. 교수매체의 특성을 알아본다.

## 1. 교수매체의 개념과 기능

교수매체가 교실수업에서 효과를 가지기 위해서는 교사가 가장 적합한 교수매체를 선정하고 이를 적용하여야 한다. 이를 위해 유형별 매체의 특징을 이해할 필요가 있는데 본 장에서는 교수매체의 개념, 기능, 교수매체의 선정시 고려사항 그리고 교수매체 적용에 대하여 살펴보도록 한다. 마지막으로 유아교육 현장에서 활용하는 교수매체의 종류의 장단점을 알아보도록 한다(유구종 · 강병재 · 박선희, 2014).

### 1) 교수매체의 개념

'매체(media)'란 라틴어 'medius'에서 유래한 말로 무엇과 무엇의 '사이(between)'라는 의미이다. 매체라는 용어는 의사소통 과정에서 송신자와 수신자 사이에 정보를 전달하는 모든 수단을 의미하고, 매체가 교수-학습 과정에서 교육내용을 전달하기 위해 활용될 때, 이를 '교수매체(instructional media)'라고 한다.

교수매체는 교수목표를 달성하기 위해 교수-학습 활동을 계획하고, 실행하고, 평가하는 과정에서 인적 · 물적 자원을 체계적으로 활용하는 것으로(Seels &

Richey, 1995), 교수-학습 상황에서 매체는 의사소통과 학습의 촉진을 목적으로 활용된다. 전통적으로 교수매체는 교재나 자료 등의 교수활동을 하는 데 필요한 보조 자료를 의미하는 것이었으나, 오늘날에 와서는 테크놀로지의 확산과 더불어 교수-학습목표를 달성하기 위해 활용되는 모든 하드웨어와 소프트웨어, 유무형의 모든 자원과 수단을 포함하는 개념으로 변화되고 있다.

## 2) 교수매체의 기능과 분류

### (1) 교수매체의 기능

1980년대 들어서 컴퓨터와 같은 새로운 매체가 속속 등장함에 따라 교수매체의 기능과 역할에 대한 논의도 새로운 전기를 맞게 된다. 1983년 클라크(Clark)는 「Reconsidering research on learning from media」라는 논문에서 매체를 식료품을 배달하는 트럭에 비유하여 트럭이 식료품의 영양에 직접적인 영향을 주지 못함을 주장하였다. 클라크는 매체는 내용을 전달하는 수단일 뿐으로 교수방법에 의해 영향을 받을 수밖에 없으며, 컴퓨터 활용 수업의 효과는 연구 설계상의 오류에 의해 생겨난 것이라 하였다.

이에 반해 코즈머(Kozma)는 매체는 공학적 기술, 상징 체계, 처리 능력이 조합되어 학습 과정에 영향을 주는 것으로 매체와 방법은 통합적이므로 분리해서 생각할 수 없다고 주장하였다. 매체 자체의 학습 효과를 부정하는 클라크와 매체가 학습에 영향을 준다는 코즈머의 논쟁은 교수매체의 효과성 연구 방향에 대한 근원적인 관심을 촉발시켰다. 그럼에도 불구하고, 클라크와 코즈머가 서로 동의하지 못하는 부분은 그 효과성이 어디에서 기인하는 것인가에 대한 부분이지, 전통적 수업 방법에 비해 컴퓨터를 활용한 수업이 효과적이라는 부분에 대해서는 서로 동의하고 있었다(김영희, 2020).

교수매체의 기능은 ① 교수매체는 인간의 감각 기관을 통해 간접적인 경험을 제공함으로써 직접적인 경험을 대신하게 해 준다. ② 언어로는 설명이 어려운 추상적 개념을 구체적인 형태로 제시하여 학생의 이해와 파지를 돕는다. ③ 학생의 오감을 자극함으로써 동기 유발을 촉진한다. ④ 학습내용을 시청각적인 방법으로 제시함으로써 학습 효과를 높일 수 있다.

한편, 매클루언(McLuhan)은 "모든 매체와 기술은 인간 능력 확장"이며 "매체는 곧 메시지"임을 주장했는데, 이는 발전된 교수매체의 활용이 교수자의 수업 능력과 교육방법의 지평을 지속적으로 확장하는 데 기여하고 있으며, 더 이상 교수 메시지가 매체의 성격과 분리될 수 없음을 시사하고 있다. 현대의 교수매체는 디지털화, 네트워크화되고 있으며 이동성과 편재성이 높아짐에 따라 매체에 대한 접근성이 급격히 향상되고 있다. 교수매체의 보조적 역할은 상대적으로 줄어드는 반면, 매체 자체가 곧 학습환경으로 융합되는 미래교육에 있어 교수매체의 역할은 더욱 필수 불가결해질 것으로 예측된다.

### (2) 교수매체의 분류

#### ① 호반의 시각자료 분류

호반(Hoban)은 교육의 목적은 직접 경험을 일반화하는 데 있으며, 이를 위해 교재의 시각화가 필요하다고 주장하였다. 호반은 여러 종류의 시각자료를 구체성-추상성을 기준으로 분류하고, 이들 자료를 교육과정상에서 활용할 때 학습자에게 제공할 수 있는 학습 경험과 효과를 분석하고자 하였다. 호반은 견학과 같이 실제적 현상을 총체적으로 직접 관찰하는 경우를 가장 구체적인 교수형태로 제시한 반면, 언어에 전적으로 의존하는 교수형태를 가장 추상적인 경우로 분류했다. 분류 체계에서 아래쪽에 위치한 실물, 모형과 같이 구체성이 높은 자료일수록 메시지를 더 직관적으로 전달하기 쉽고, 언어와 도표와 같이 위로 갈수록 추상성이 높아지며 구체성이 낮은 자료가 된다.

### ② 데일의 경험의 원추

호반의 분류 체계가 시각자료의 분류에만 초점을 두었다면 데일은 청각 자료를 포함해 원추 모양으로 학습자의 경험을 구체적인 직접 경험에서 추상적인 경험으로 분류하고자 하였다. 데일의 경험의 원추 모형은 행위에 의한 학습, 영상을 통한 학습, 추상적·상징적 개념에 의한 학습으로 구분될 수 있는데 이는 브루너가 분류한 세 가지 학습 경험, 즉 직접적인 목적적 경험, 영상을 통한 경험, 상징적 경험의 단계와 부합되는 성격을 띄고 있다.

데일의 경험의 원추 모형에서는 시청각 교재가 제공하는 구체적 경험의 정도에 따라 교재를 분류하여 원추의 하부에서 상부로 올라갈수록 추상성이 높아지고, 상부에서 하부로 내려올수록 구체성이 높아지는 방법을 택하고 있다. 여기서 매체는 학습자의 지적 능력이나 경험에 맞추어 선택하는 것이 바람직하며 반드시 원추의 맨 아래 단계인 직접적 경험부터 시작할 필요는 없다.

### ③ 상징 체계의 의한 분류

매체를 상징 체계에 따라 어떤 감각 양식을 활용하느냐에 초점을 두어 분류한 방식도 있다. 시각매체, 청각매체, 시청각매체, 상호작용 매체가 바로 그것으로, 각각의 매체의 정의와 종류는 다음과 같다.

〈표 7-1〉 상징 체계에 의한 교수매체의 분류

| 분류 | | 개념 | 종류 |
|---|---|---|---|
| 시각매체 | 비투사매체 | 빛이 투사되지 않고 사용되는 매체 | 실물, 모형, 사진, 그림 등 |
| | 투사매체 | 빛이 투사되어 사용되는 매체 | OHP, 슬라이드, 영사기, 프로젝터 등 |
| 청각매체 | | 청각적 상징체계(소리)를 사용하여 정보를 전달하는 매체 | 라디오, 녹음기 등 |
| 시청각매체 | | 시각과 청각을 동시에 자극하여 정보를 전달하는 매체 | VTR, DVD, TV, 영사기 등 |
| 상호작용 매체 | | 사용자와의 상호작용이 가능한 매체 | 컴퓨터, 쌍방향 TV |

출처: 조규락 외(2006). 교육방법 및 교육공학, pp. 222-225.

#### ④ 데이터 속성에 의한 분류

매체가 전달하는 메시지가 기록되는 방식, 즉 데이터의 속성에 따라 매체는 아날로그 매체와 디지털 매체로 분류할 수도 있다. 아날로그 매체와 디지털 매체의 개념 및 예는 다음과 같다.

〈표 7-2〉 데이터 속성에 의한 교수매체의 분류

| 분류 | 개념 | 종류 |
|---|---|---|
| 아날로그 매체 | 매체가 전달하는 메시지가 전류, 전파와 같이 연속적으로 변하는 물리적 양으로 기록된 형태 | 오디오, 라디오, VTR 등 |
| 디지털 매체 | 매체가 전달하는 메시지가 0, 1의 이진법 형태와 같은 숫자로 기록된 형태. 컴퓨터에 의해 다루어지는 모든 자료는 디지털로 저장됨 | 컴퓨터 |

출처: 노혜란 외(2012). 교육방법 및 교육공학, p. 267.

## 2. 교수매체의 선정과 활용

### 1) ASSURE 모형의 개요

ASSURE 모형은 교수매체를 선정하고 활용하기 위한 가장 대표적인 교수-학습 모형이다. 하인니히와 동료들이 개발한 ASSURE 모형은 교수매체 선정 단계에 대한 알파벳 머리글자를 따서 만든 것이다. 순서대로 학습자 분석(Analyze learners), 목표진술(State objectives), 교수-학습 방법, 매체 및 자료 선정(Select methods, media and materials), 매체와 자료의 활용(Utilize media and materials), 학습자 참여 유도(Require learners' participation), 평가와 수정(Evaluated and revise)의 6단계에 거쳐 교수매체를 어떻게 선정하고 활용할 수 있는지에 대한 절차와 방법을 제시하고 있다(김영희, 2020; 노혜란·박선희·최미나, 2012).

〈표 7-3〉 ASSURE 모형의 개요

| A | S | S | U | R | E |
|---|---|---|---|---|---|
| 학습자 분석 | 목표 진술 | 교수-학습 방법, 매체 및 자료 선정 | 매체와 자료 활용 | 학습자 참여 유도 | 평가와 수정 |

출처: 노혜란 외(2012). 교육방법 및 교육공학. pp. 279-283.

## 2) 단계별 절차

### (1) 학습자 분석

교수매체를 활용하고자 할 때, 첫 번째로 해야 할 학습자 분석은 학습자의 특성을 다양한 각도에서 분석하는 일이다. 일반적 특성은 연령, 학년 수준, 직업이나 지위 그리고 문화적 혹은 사회 경제적 요인과 같은 것들을 폭넓게 확인하는 것을 포함한다. 구체적 출발적 능력을 점검하는 것은 학습자가 가지고 있거나 혹은 부족한 지식과 기능을 말한다. 학습자의 학습불안 정도, 성향, 선호하는 양식(시각, 청각 등), 동기 정도 같은 서로 다른 자극에 학습자가 지각하고 반응하는 심리적 특성이 어떠한지를 분석하는 것이다.

### (2) 목표 진술

'학습자가 어떤 새로운 능력을 갖추게 되는가?'를 진술하는 것이다. 목표는 교사가 수업지도안을 계획할 때 학습자가 수업에서 성취해야 할 것에 대해 기술하는 것인데, 이러한 진술을 하는 이유는 첫째, 교육방법과 교수매체를 적절히 선택하기 위해 목표를 정확하게 알아야 한다. 목표는 어떤 측면에서 학습활동의 계열과 매체 선택을 안내한다. 둘째, 목표를 아는 것은 그 목표가 성취될 수 있는 학습환경을 만드는 데 도움이 되기 때문이다. 셋째, 적절한 평가를 할 수 있도록 돕는 것이다. 목표가 무엇인지 교사에게 분명한 확신이 없다면 학습자가 목표를 성취했는지 여부를 알 수 없을 것이다. 분명한 목표 없이는 학생들이 자신에게 기대되는 것이 무엇인지 모를 수 있으므로 목표가 분명하고 세부적으로 진술된다면 교수와 학습이 잘 어우러질 것이다.

### (3) 교수-학습 방법, 매체 및 자료 선정

교수-학습 방법, 매체 및 자료 선정은 세 단계로 이뤄진다. 첫째, 주어진 학습 과제를 위한 적당한 방법 결정을 하는 것이다. 둘째, 방법을 수행하는 데 적당한 매체 유형을 선택하는 것이다. 셋째, RM 매체 유형 내에서 특정 자료를 선택하거나 수정하거나 설계하는 것이다. 이러한 과정을 통하여 학교 도서관 매체 전문가 혹은 공학 전문가들이 특정 자료를 선택하는 데 도움을 줄 수 있다. 새로운 자료를 설계할 때 다음과 같은 기본적인 요소 〈표 7-4〉를 고려해야 한다.

〈표 7-4〉 새로운 자료 설계 시 고려해야 할 사항

| 항목 | 내용 |
|---|---|
| 목표 | 학생들이 무엇을 배우기 원하는가? |
| 대상 | 학습자의 특성은 무엇인가? 학습자가 자료로부터 학습하고 사용할 기술과 선수 지식을 가지고 있는가? |
| 비용 | 자료 준비에 필요한 재료(영상테이프 등)를 구입하는 비용이 예산 범위 내에서 충분히 이용 가능한가? |
| 기술적 전문성 | 교사가 사용하고 싶은 자료의 종류를 설계하고 만들기 위해 필요한 전문성을 가지고 있는가? 없다면 필요한 기술적 도움을 받을 수 있는가? |
| 기자재 | 교사가 설계하고자 하는 자료를 만들거나 사용할 때 필요한 기자재가 있는가? |
| 시설 | 교사가 설계자료를 준비하거나 사용할 때 특별한 시설이 요구된다면, 그 시설 사용이 가능한가? |
| 시간 | 교사가 생각하고 있는 자료의 종류를 설계하고 만드는 데 필요한 시간을 확보할 수 있는가? |

출처: 노혜란 외(2012). 교육방법 및 교육공학, p. 281.

### (4) 매체와 자료의 활용

매체와 자료의 활용은 앞서 설정된 교육목표를 성공적으로 달성하기 위해 어떤 방식으로 매체를 활용하여 교육내용을 학습자에게 효과적으로 잘 전달할 수 있을지 교수전략을 수립하는 단계이다. 본 단계의 활용은 다음과 같은 순서로 진행하는 것이 바람직하다.

첫째, 자료의 사전 검토이다. 수업자료를 미리 한 번 보지 않고 사용해서는 안 된다.

둘째, 자료 준비이다. 교사는 자신이 계획하는 수업 활동을 지원하기 위한 매체와 자료를 준비하는데, 내용을 선정한 후 어떤 순서로 그 자료나 매체를 사용할지 결정해야 한다. 교사들은 각 수업에 필요한 자료와 기재 목록을 만들거나 그 활동의 제시 순서의 개요를 만든다.

셋째, 환경 준비이다. 학습이 일어나는 곳은 어디든지(교실, 실습실, 강당, 운동장 등) 학습자가 매체와 자료를 사용하기 적절한 곳을 만들어 제공해야 한다.

넷째, 학습자를 준비시키는 것이다. 학습성취 정도는 학습자가 수업에 대해 얼마나 준비를 잘 하느냐에 따라 달라지므로, 매체를 미리 친근하게 느낄 수 있도록 교수매체 노출 환경을 만들어야 한다.

다섯째, 학습 경험 제공하기이다. 교사는 학습 경험을 제공하려고 할 때 나누어 줄 자료가 있으면 전문가처럼 제시해야 한다. 반면 학습자들이 책이나 잡지, 인터넷에서 자료를 찾아 주제를 탐구하고 그 내용을 토론하는 형태이면 교사는 안내자, 촉진자, 지원자 역할을 하면서 학습 경험을 제공하도록 해야 한다.

### (5) 학습자 참여 유도

학습자 참여 유도는 학습자의 구체적인 학습활동을 구상하는 것으로 학습자의 적극적인 사고 활동을 유도해야 한다. 학습은 내용을 일방적으로 학습자에게 전달하는 것이 아니라 학습자가 학습 과정에 능동적으로 참여할 때 보다 큰 효과를 낼 수 있다. 효과적인 수업이 되기 위해서는 학습자들이 배운 지식이나 기능을 연습해 보고, 그 노력의 적절성에 피드백을 받을 수 있는 기회를 제공해야 한다. 본 단계가 가장 중요한 단계라고 볼 수 있다.

#### (6) 평가와 수정

평가와 수정은 교수활동이 끝나고 이에 대한 효과를 평가하고 수정하는 단계이다. 질 높은 수업을 개발하기 위해서는 평가와 수정단계는 필수적인 요소라고 할 수 있다. 이 단계에서는 학습자 성취도 평가와 매체 평가가 주로 이루어질 수 있다. 평가는 수업 전, 중, 후에 이루어질 수 있는데, 수업 전에 교사는 기존의 학생 기능과 교사 자신이 사용하려고 하는 방법 및 자료 간의 적절성을 보장하기 위해 학습자 특성을 측정한다. 특히 자료는 사용하기 전에 평가되어야 한다. 수업 과정 중의 평가는 학생들이 연습할 수 있도록 피드백을 주는 형태를 취한다. 단답형 형태의 평가로도 가능하다. 평가는 수업의 끝이 아니고, 교수매체를 효과적으로 사용할 수 있도록 계속적으로 순환하기 위한 다음 단계의 출발점이라고 할 수 있다.

## 3. 교수매체의 종류: 아날로그 매체

교육공학은 시(청)각교육에 그 뿌리를 두고 있다. 이에 그림, 사진, 융판, 인형, 모형, 오디오 테이프(녹음기), 비디오, 오버헤드 프로젝터(OHP) 등 다양한 교수매체들이 오래전부터 유아교육 현장에서 사용되어왔다. 이와 같은 매체들은 디지털 신호를 통하지 않고 학습자들에게 직접적으로 메시지가 전달되는 매체라 하여 아날로그 매체라고 불린다. 아날로그 매체는 그림, 사진, 융판, 게시판 등 시각을 자극하는 매체, 오디오 테이프 등 청각을 자극하는 매체, 영화, VTR 등 시각과 청각을 동시에 자극하는 매체들로 구분할 수 있으며, 실물이나 시각자료를 투사하여 제시하는 전기 작동 매체를 또 하나의 중요한 영역으로 구분할 수 있다. 한편,

1990년대 이후로 급속도로 보급되기 시작한 컴퓨터 및 디지털 테크놀로지는 많은 전통적 교수매체들을 디지털화시켰으며, 그 결과 오디오 테이프, 비디오 등의 시청각 매체는 상당 부분 컴퓨터에 그 기능을 양보하게 되었다. 이와 더불어 디지털 카메라의 도입으로 그림 자료의 보관과 제시가 보다 용이해졌으며, 실물화상기 및 오버헤드 프로젝터 등의 전기 작동 매체 역시 디지털 기능을 기본적으로 탑재하게 됨으로써 컴퓨터나 주변기기와의 자유로운 호환을 통해 보다 효과적이며 효율적으로 교수-학습 자료를 제시할 수 있게 되었다(김영희, 2020; 노혜란·박선희·최미나, 2012).

## 1) 시각자료

### (1) 그림

그림은 종이에 색이 있는 도구를 활용하여 모양 또는 형상을 나타낸 것으로 가장 오래된 교수매체라 할 수 있다. 유아교사는 추상성이 강한 언어만을 활용하여 정보를 전달하였을 때보다는 구체적인 형상이 포함된 그림 자료를 유아에게 제시하였을 때 보다 효과적으로 의미를 전달하고 유아의 이해를 높일 수 있다. 따라서 유아를 대상으로 한 교수-학습 과정에서 그림 자료는 가장 기본적인 교수매체이고 활용도가 높다. 교사 및 유아가 직접 제작한 그림과 사진, 잡지나 책에서 발췌한 포스터나 그래픽, 만화 등 다양한 유형의 그림 자료가 유아 교수-학습 과정에 널리 활용되고 있다.

스말디노와 그의 동료들(Smaldino, Lowther, & Russel, 2011)에 의하면 그림을 포함한 시각자료는 제시되는 형상이 얼마나 구체적이냐에 따라 사진, 삽화, 이미지 관련 그래픽, 개념 관련 그래픽, 자의적 그래픽, 언어 자료로 구분할 수 있다고 한다. 이 중 사진은 실물을 있는 그대로 전달해 주기 때문에 가장 구체성이 강한 자료이며, 언어는 형상 없이 의미만 전달하는 것으로 가장 추상적인 자료가 된다.

삽화는 묘사성이 강한 그림을 의미하는 것으로, 사진보다는 추상적이지만 그래픽보다는 구체적인 성격을 띤다. 다음으로, 이미지 관련 그래픽은 사물을 개념 중심으로 간략화하여 제시하는 그림을 의미하고, 자의적 그래픽은 대상물을 추상화하여 제시한 그림을 의미한다. 매체의 효과성을 연구한 드와이어에 의하면 지나치게 추상적이거나 지나치게 현실적인 자료를 활용하게 되면 학습의 효과를 저해할 수 있으므로, 교수자는 학습자의 연령과 학업 준비도 등을 고려하여 적절한 정도의 구체성을 띤 최적의 매체를 활용할 수 있어야 한다.

그림 7-1 수질오염을 그림 자료로 표현한 예

### ① 그림 자료의 장단점

그림 자료는 자료의 제작이 비교적 용이하고, 자료를 제시하는 상황에서 특별한 기자재가 필요 없기 때문에 어디에서나 활용할 수 있다는 장점이 있는 반면, 원근감이나 심도를 자각하기 어렵고, 제시가 정적으로 이루어진다는 단점을 포함하고 있다. 이 밖에도 일반적으로 제시되는 그림 자료의 장단점은 다음과 같다(김은심 외, 2009; Smaldino et al., 2011). 장점으로는 첫째, 신문, 책, 잡지 등 각종 인쇄물에서 필요한 자료를 찾아 활용할 수 있어 자료의 수집이 용이하다. 둘째, 제작이 용이해 교사가 직접 제작할 수 있다. 셋째, 그림 자료를 제시할 때 특별한 기자재의 도움을 필요로 하지 않는다. 넷째, 동적인 장면을 정지된 상태에서 관찰할 수 있으므로, 상세한 관찰이 가능하다. 다섯째, 복잡한 아이디어를 단순화할 수 있도록 도와준다. 여섯째, 언제든지 교사가 개입하여 필요한 설명을 할 수 있다.

단점으로는 첫째, 동작의 움직임을 볼 수 없으므로, 동적 장면을 학습해야 하는 상황에 적합하지 않다. 둘째, 한 장씩 제시되는 매체이므로, 전체적인 크기나 깊이를 지각하기 어려울 수 있다. 셋째, 하나의 그림에 너무 많은 정보가 담기면 무엇에 집중해야 할지 혼돈을 줄 수 있다.

#### ② 그림 자료의 활용

그림 자료는 여러 자료를 묶어 이야기 동화 형식으로 학습자에게 제공할 수 있으며, 자석이나 할핀, 낚싯줄, 고무줄, 칼집 내기 등을 활용하여 부분적으로 움직이는 그림 자료를 제작하여 역동적인 방식으로 제공할 수도 있다.

한편, 그림 자료를 선택할 때에는 교수목적에 맞는 것으로, 불필요한 주변 내용이 많이 포함되지 않는 것을 선택해야 하며, 학습자가 흥미를 느낄 수 있도록 대비나 명확도가 뚜렷한 것을 선택해야 한다. 또한, 비교의 목적으로 제시될 경우를 제외하고는 한 번에 한 가지의 자료만 보이도록 해야 하며, 가시성을 고려하여 충분히 큰 그림을 보일 수 있도록 주의해야 한다.

### (2) 융판

융판은 얇은 나무판이나 두꺼운 보드지에 융 또는 펠트(felt), 플란넬(flannel)을 덧씌워 판을 만들고, 그 위에 그림, 글자, 숫자 등의 교재물을 부착시켜 가며 활용하는 교수매체이다. 보통 융판 자료라 하면, 게시물이 제시되는 판 자체와 그 위에 부착하는 각종 교재물을 통칭하여 말한다. 융판은 보풀이 있는 천을 활용하기 때문에 그 위에 제시될 교재물의 뒤편에 벨크로테이프 혹은 샌드페이퍼를 부착하여 떼었다 붙였다 할 수 있도록 만드는 것이 보편적이다. 최근에는 보다 흥미로운 자료의 제시를 위해 융판을 앞치마의 형태로 제작하여 교육에 활용하거나, 부착물의 뒤편에 자석을 붙이고 철판을 활용하여 자료를 제시하는 변형된 형태의 융판도 널리 활용되고 있다. 이와 같은 다양한 활용을 고려하여 융판 자료는 게시 자료, 자석판 자료 등의 다양한 이름으로 불리기도 한다(주영주·최성희, 2005).

그림 7-2 융판

출처: https://blog.naver.com/bo64/221129225131

① 융판 자료의 장단점

융판은 교재물을 자유롭게 붙였다 떼었다 할 수 있기 때문에 자료를 융통성 있게 제시할 수 있으며, 복잡한 이야기를 시간의 순서에 따라 제시하여 학습자가 필요한 부분에 주의를 집중하도록 할 수 있다는 장점이 있다. 그러나 부착물을 중심으로 교수-학습 활동이 이루어지는 매체이기 때문에 배경의 변환이나 색의 변화 등을 나타내기에는 적합하지 않은 매체이기도 하다. 일반적으로 제시되는 융판 자료의 장단점은 다음과 같다. 장점으로는 첫째, 자료의 제작과 사용이 용이하다. 둘째, 다양한 주제에 대해 활용할 수 있다. 셋째, 교수자가 학생들의 반응을 고려하여 융통성 있게 학습의 속도를 조절할 수 있다. 넷째, 학습자들이 자료 위에 부착될 교재물을 조작 및 재구성함으로써 창의력을 길러 줄 수 있다. 다섯째, 자석으로 만든 자료의 경우에는 자료를 겹쳐서 제시하는 활동이나 부착물이 서서히 이동되는 모습을 보여 주는 등의 응용 활동이 가능하다. 단점으로는 첫째, 평면에 제시되는 매체이므로, 입체적 관계 속에서 사물들의 위치를 파악하는 교수-학습 활동에는 적합하지 않다. 둘째, 부착물의 손상과 분실이 발생하기 쉬우므로 보관에 유의해야 한다.

#### ② 융판 자료의 활용

융판은 일과표나 게시판 등 실내나 실외에 부착하는 벽면의 게시물에 활용할 수 있으며, 다양한 부착물을 자유롭게 부착 및 구성할 수 있다는 특성을 활용하여 유아와 더불어 창의적인 이야기 만들기 활동을 수행하는 데에도 도움이 된다. 또한 그림동화 대신 융판을 활용한 융판동화를 제시하면, 새로운 등장인물의 제시나 변화 과정을 함께 보여 줄 수 있어 유아의 흥미를 이끌어 낼 수 있다. 이 밖에도 동시의 맥락을 학습할 때 활용하거나, 융판에 부착된 물고기 잡아 오기, 융판에 조각 그림(퍼즐) 맞추기 등의 게임 활동을 진행하는 데에도 유용하다.

이때 융판에 부착될 자료를 윤곽선의 모양대로 오려서 제작하게 되면, 보다 동적이고 입체적인 느낌을 줄 수 있다. 예를 들어, 동물 모양 부착물이 필요하다면, 동물 모양의 그림 자료를 마련한 다음, 동물의 윤곽선을 따라 오려 내어 벨크로테이프를 붙여 제시하는 것이다. 이러한 활동은 유아에게 학습에 대한 흥미와 몰입을 이끌어 낼 수 있다. 이 밖에도 부직포와 솜 등을 활용하여 입체 모형을 만들고, 융판에 이를 부착하며 교수-학습 활동을 진행할 수도 있다.

## 2) 입체 자료

### (1) 모형 및 표본

호반과 데일의 매체 이론에서도 확인할 수 있듯이, 실물(현장)에 가까운 자료일수록 풍부한 맥락적 정보를 포함하고 있기 때문에, 사물에 대한 지각과 이해를 명료하게 하기 위해서는 보다 직접적인 경험을 제공하는 입체 자료를 활용하는 것이 좋다. 입체 자료 중, 실물은 가장 구체성을 띤 자료로, 들풀, 개구리, 골동품 등 주변 환경에서 접하게 되는 모든 실제적인 사물과 상황 등을 의미한다. 실물은 실제 교실로 물건을 가져오거나 현장 학습을 통해 교수-학습 과정에 활용할 수 있으나, 실물의 크기가 너무 크거나 작은 경우, 또는 교육 현장으로부터 멀리 떨어진 곳에 있는 실물을 활용해야 하는 경우 등에는 적합하지 못하다.

모형의 특별한 형태로 컷어웨이(cut-away)가 있다. 컷어웨이는 '지구 단면 모형'이나 '인체 내부 모형' 등과 같이 외부 내용의 일부를 생략하고 내부를 함께 보여주는 모형이다. 컷어웨이를 활용할 때에는 자료의 외양을 먼저 제시하고, 내부가 어떠한 모양으로 생겼을지를 상상해 보게 한 다음 제시하는 것이 효과적이다(하수연·박원혁, 2017).

그림 7-3 모형

출처: 한샘과학(http://hssci.co.kr/)

① 모형 및 표본의 장단점

모형과 표본은 모두 실물을 가공하여 제작하는 것이기 때문에 그림이나 사진 자료보다 구체적이며, 부피감과 입체감을 지각할 수 있다. 그러나 모형과 표본은 실물 그 자체는 아니므로, 현실감이 떨어지거나 학습자들이 사물에 대한 정확한 개념을 형성하는 데 어려움을 느낄 수도 있다. 보다 구체적인 모형과 표본의 장단점은 다음과 같다(권옥자 외, 2012; 유혜령 외, 2009).

모형의 장점으로는 첫째, 복잡한 물체를 단순화하거나, 중요한 부분을 강조하여 제작하므로, 목적으로 하는 정보의 전달에 실물보다 효과적일 수 있다. 둘째, 커다란 선박에서부터 작은 원자에 이르기까지 실물의 크기에 관계없이 제작할 수 있으므로 현장 활용도가 높다. 셋째, 인체의 구조 등 눈에 보이지 않는 부분도 학습할 수 있다. 넷째, 공룡 등과 같은 과거의 자료, 우주 모형과 같이 멀리 떨어진 곳에 있는 자료도 매체로 활용할 수 있다.

단점으로는 첫째, 모형을 실물과 같은 비율로 제작하는 것에 어려움이 있다. 둘째, 실제 모습을 지나치게 간략화하여 제작한 모형의 경우에는 실제적인 개념 형성에 적합하지 않을 수 있다.

표본의 장점으로는 첫째, 현장 학습을 활용하지 않더라도 세밀하게 관찰할 수 있다. 둘째, 실물의 모습이 오래 유지되므로, 장기간 관찰할 수 있다. 셋째, 유사한 사물 간의 공통점과 차이점을 발견하는 학습에 응용할 수 있다. 단점으로는 첫째, 실물과 같은 생생함을 전달해 주기에는 부족하다. 둘째, 대체로 제작이 어려워 상품화된 표본을 구매하여 활용하는 경우가 많다. 셋째, 유아들이 흥미를 쉽게 상실하여 전시용 자료에 그치는 경우가 있다.

### ② 모형 및 표본의 활용

모형과 표본은 다양한 교육적 목적을 바탕으로 활용할 수 있지만, 유의해야 할 점은 실물이 활용되는 것이 더욱 적합한 교수-학습 상황에서는 가능한 한 실물을 사용해야 한다는 것이다. 모형과 표본은 실물을 대체할 수 있는 자료이지만, 실물과 같은 풍부한 직접적 경험을 제공할 수 없다. 따라서 실물을 활용하는 것과 모형 및 표본을 활용하는 것 사이의 장단점을 고려하여 효과적 매체를 결정해야 한다. 또한 모형의 경우에는 묘사의 수준이 간략한 것에서부터 복잡한 것까지 다양하게 존재하므로, 학습자의 수준에 적합한 모형을 선택하여 활용해야 하며, 학습자가 자유로운 관찰과 조작이 용이하도록 활용할 수 있어야 한다. 한편, 표본을 활용하여 학습을 할 때에는 관련 학습내용과 연계되는 학습을 장려(예: 나비 표본과 나비의 일생 학습을 연계)하는 것이 효과적이며, 표본이 된 동식물을 언급하며 생명의 존귀함을 느낄 수 있도록 하거나 환경보호의 필요성을 함께 언급함으로써 보다 효과적인 학습이 이루어질 수 있다.

### (2) 디오라마

디오라마는 제시하고자 하는 장면이나 상황, 사물 모형을 배경과 함께 입체적으로 전시해 놓은 교수매체를 의미한다. 대체로 밑면과 앞면, 뒷면으로 구성된 입체 틀 안에 그림 자료를 사용하여 배경을 채우고, 그 내부를 작은 인형이나 모형을 활용하여 전시하게 된다. 학습자들은 디오라마를 관람하거나 내부의 사물을 조작함으로써 학습할 수 있다. 디오라마는 직육면체의 일부를 자른 쉐도우박스형(shadowbox type) 및 톱뷰형(top view type) 디오라마와 네 방향을 모두 활용할 수 있도록 구성한 십자형(cross type) 디오라마가 주로 활용되며 활용 목적에 따라 두 면 혹은 세 면으로 된 디오라마를 구성할 수도 있다.

**그림 7-4** 디오라마

출처: https://m.cafe.daum.net/kidsin67/KNjF/86?listURI=%2Fkidsin67%2FKNjF

#### ① 디오라마의 장단점

디오라마는 배경와 내용물을 함께 제시함으로써, 입체감과 실재감을 제공할 수 있고, 여러 배경을 함께 제시할 수 있는 십자형 디오라마를 활용하면 배경과 내용물을 극명하게 대비시킴으로써 교육적 효과를 배가시킬 수 있다. 그러나 제작에 많은 시간과 노력이 소요되며, 제시 면적이 그리 충분하지 못하다는 점은 단점으로 지적될 수 있다.

#### ② 디오라마의 활용

디오라마는 유아들에게 동화를 제시하거나, 교사와 유아가 함께 제작한 조형물을 전시하거나 구성하는 용도로 다양하게 활용할 수 있다. 디오라마를 이용하여 동화를 구성하면 배경과 내용을 함께 이해할 수 있어서 학습자의 흥미와 몰입도가 향상된다. 특히, 장면의 전환을 극적으로 표현할 수 있으므로, 역동적인 내용 제시가 가능해진다. 한편, 집안 꾸미기 등의 내용을 디오라마로 제작하면, 학습자들이 소품들을 직접 제작하거나 재배치하는 활동을 통해 유아의 상상력을 자극시키며 창의력을 향상하도록 도와줄 수 있다(심성경 외, 2007).

### (3) 인형

인형(dolls)은 흙이나 나무, 헝겊 등의 재료로 인간을 비롯한 동물의 형상을 제작하여 만든 입체적 교수매체를 의미한다. 여러 교육용 매체 중, 인형은 유아에게 가장 매혹감과 친밀감을 줄 수 있는 매체이며, 그 교육적 효과 또한 커서 교육 현장에서 활발히 활용되고 있다. 일반적으로 인형은 아동의 언어, 인지, 사회성, 정서발달 등 거의 전 영역에서 학습을 촉진시킬 수 있다고 알려져 있다(심성경 외, 2007). 유아들은 인형을 활용한 놀이를 하며, 상상력을 키울 수 있고 심리적 안정감과 정서적 편안함을 느끼게 된다. 또한, 교사는 수업을 실시하기 전 인형을 활용하여 학습의 몰입도를 향상시킬 수 있으며, 집중도가 저하되었을 때에도 인형을 활용하여 주의를 집중시킬 수 있다.

#### ① 인형의 활용

인형은 유아의 학습동기를 향상시켜 적극적인 학습이 이루어지도록 하므로, 인형극 공연, 주의 집중, 전이활동, 귀가 지도 등 다양한 교수-학습 활동에 적용될 수 있다. 또한 다양한 주제별 학습에 주요 자료로 활용되어, 직업을 인형으로 표현하거나 가족들의 모형을 인형으로 표현할 수 있으며, 인형극이나 역할놀이 등을 통해 유아의 상상력과 창의력을 향상시켜 줄 수 있다. 다양한 인형 자료와 이를 보조할 수 있는 녹음 자료를 흥미영역에 함께 제공해 둔다면, 학습자들이 놀이를 통하여 창의적인 활동을 수행할 수 있을 것이다(심성경 외, 2017).

## 3) 전기 작동 자료

### (1) 실물화상기

실물화상기는 책, 그림, 곤충, 나뭇잎 등의 실물을 직접 투사하여 TV나 스크린을 통해 제시하는 전기 작동 매체이다. 과거에는 불투명한 실물을 투사하는 장치로 실물환등기(opaque projector)를 유아 교수-학습 상황에 많이 활용하였는데, 활용을 위해 강력한 빛(1,000W 이상)이 필요하며 어두운 곳이 아니면 상이 흐리게 나타난다는 점, 부피와 무게가 많이 나간다는 점 등의 단점 때문에 최근에는 밝은 곳에서도 손쉽게 활용할 수 있는 실물화상기로 대체되고 있는 실정이다(김은심 외, 2009).

실물화상기의 장점으로는 첫째, 실물을 그대로 보여 주므로 별도의 자료 제작이 필요치 않아 편리하고 작동법이 비교적 간단하며, 작은 물체도 쉽게 확대하여 보여 줄 수 있다. 둘째, 밝은 곳에서도 비교적 선명한 상을 얻을 수 있어, 특별한 암막 시설이 필요하지 않다는 것이다. 그러나 단점으로는 첫째, 맺히는 상이 커질수록 선명도가 떨어지고 둘째, 활용에 유의하여야 하며 셋째, 출력기기가 잘 작동되는지 사용 전 미리 점검해 둘 필요가 있다(박숙희 · 염명숙, 2013). 넷째, 상이 맺히는 곳의 위치와 자료의 크기를 고려하여 제시해야 한다. 마지막으로 여러 자료를 제시할 때에는 초점을 고정시켜 유아의 주의를 분산시키지 않도록 해야 한다(김은심 외, 2009).

실물화상기의 활용 시 주의점으로는 실물화상기가 유아와 마주 보는 환경에서 활용되므로, 자료를 제시하며 유아들을 관찰할 수 있기 때문에, 학습자의 몰입도를 고려해 가며 융통성 있게 수업을 운영할 수 있다. 최근에는 디지털 실물화상기의 보급으로 부피와 무게가 가벼워지고 휴대가 간편해지고 있으며, 오버헤드 프로젝터의 기능도 일부 포함하고 있기 때문에 각종 교수-학습 상황에서 손쉽게 활용되고 있다.

그림 7-5 실물화상기

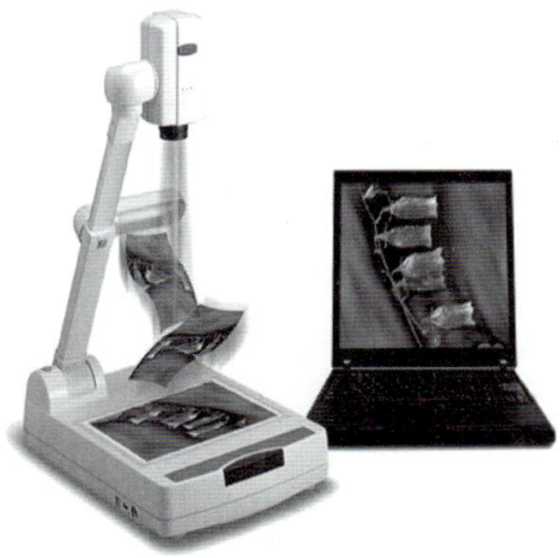

출처: 한샘과학(http://hssci.co.kr/)

### (2) 오버헤드 프로젝터

오버헤드 프로젝터는 자료 게시대 위에 빛을 투과시킬 수 있는 투명한 자료를 올려 두고, 하단에 강한 빛을 쬐어 해당 상을 벽면의 스크린에 투과시키는 장치로, 투시물 환등기라고도 불린다. 자료를 게시하는 교사의 머리 위로 상이 맺혀진다는 의미에서 오버헤드 프로젝터라고 명명되었다. 오버헤드 프로젝터는 별도의 암막 장치 없이 밝은 곳에서도 자유롭게 활용할 수 있으며, OHP 필름, 슬라이드 필름을 비롯한 기타 투명한 TP 자료를 활용할 수 있다는 점에서 유치원을 비롯한 교육 현장에서 높은 활용도를 나타낸다. 이 밖에도 겹치기(overlay: 기본이 되는 TP 자료 위에 문자나 그림 등을 더해 제시할 수 있는 TP를 추가적으로 보여 주는 것) 및 부분 가리기(mask: 기본이 되는 TP 자료를 제시할 때 중요한 부분을 불투명한 물체로 가렸다가 이를 제거하며 제시하는 것) 기법 등을 활용하여 순차적 제시를 가능하게 함으로써 교육 효과를 높일 수도 있다.

오버헤드 프로젝터의 장점으로는 첫째, 조작이 간편하다. 둘째, 별도의 암막 장치 없이 선명한 상을 얻을 수 있다. 셋째, 교사와 학생이 마주 보며 수업을 진행할 수 있어, 학생의 반응을 고려한 수업의 진행을 가능하게 한다. 넷째, 투명한 자료나 액체(샬레 등에 담긴 투명 액체) 등을 제시할 수 있다. 다섯째, 겹치기 및 부분 가리기 기법 등을 통해 비교, 대조 등 다양한 효과를 얻을 수 있다. 여섯째, 직접 그리기, 복사기 활용하기 등 TP 자료의 제작에 많은 노력이 소요되지 않는다. 일곱째, TP 자료는 반영구적으로 재활용할 수 있다.

단점으로는 첫째, 오버헤드 프로젝터를 보다 효과적으로 사용하기 위해서는 많은 연습이 필요하다. 둘째, 교수자가 제시한 준비 자료를 일방적으로 제시하는 단조로운 수업이 될 수 있기 때문에 학습자 참여 유도를 위한 전략이 필요하다는 것이다(박숙희 · 염명숙, 2013).

오버헤드 프로젝터 활용 시 주의사항으로는 첫째, 미리 준비된 자료를 제시하기 때문에 자료를 빠르게 제시하기 쉬우므로 수업의 속도를 적절히 조절해 가며 활용해야 한다. 둘째, 많은 내용이 한꺼번에 제시되지 않도록 겹치기 기법이나 부분 가리기 기법을 충분히 활용하여 제공해 주어야 한다. 마지막으로 불필요한 자료가 함께 제시되지 않도록 제시대를 깨끗이 유지하고, 필요한 설명이 끝나면 오버헤드 프로젝터를 껐다가 필요할 때 다시 활용하는 것도 주의해야 할 사항 중 하나이다(주영주 · 최성희, 2005).

그러나 무엇보다 가장 주의해야 할 것은 키스톤 효과(keystone effect)를 방지하는 것이다. 키스톤 효과란 오버헤드 프로젝터의 렌즈로부터 상이 맺히는 스크린의 하단 부분과 상단 부분까지의 거리가 같지 않아, 상이 왜곡되어 사다리꼴 모양의 상이 맺히는 현상을 의미한다. 이때에는 상·하단부에 이르는 거리가 같도록 스크린 상단을 앞쪽으로 살짝 기울이거나 OHP의 반사경 위치를 조절하여 활용하면 해결할 수 있다.

그림 7-6 오버헤드 프로젝터

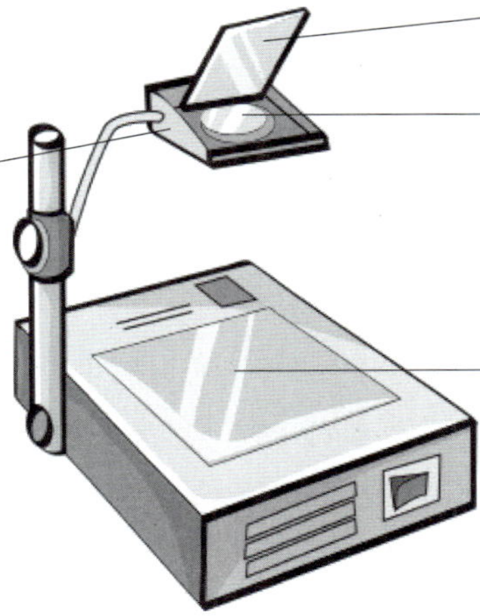


## 4. 교수매체의 종류: 디지털 매체

디지털 학습매체는 학습자가 교수-학습 과정에서 활용하는 전자적인 매체로, 기술이 발전되면서 학습자의 학습 경험의 폭을 넓히고 상호작용을 증진하는 더욱 다양한 매체가 활용되고 있다. 디지털 매체는 교실을 넘어서 다양한 정보와 자원의 교류, 사람들과의 의사소통 기회를 급속히 확장시키고 이를 통한 학습 기회와 폭을 넓히고 있다. 따라서 디지털 매체의 속성을 잘 이해하고 학습 효과를 극대화할 수 있는 방향으로 이를 잘 활용할 수 있는 능력을 키우는 것이 무엇보다 중요하다. 디지털 학습매체를 활용하는 학습자는 서로 다른 시간에 말하고, 자신이 편리한 시간에 대답할 수 있으며, 대화를 기록으로 보존할 수도 있다(이성흠, 2008).

## 1) 컴퓨터

컴퓨터는 정보를 입력하여 그 정보를 정해진 과정대로 처리하고 그 결과를 제공할 수 있는 기기로 입출력장치, 기억장치, 연산장치, 제어장치로 구성된다(한국정보 통신기술협회, 2003). 1980년대 중반 개인용 컴퓨터(Personal Computer, PC)가 등장하면서 교육 현장에 있어서도 컴퓨터가 중요한 학습매체로 자리 잡게 되었으며, 컴퓨터가 어떻게 학교를 재조직하고, 교사의 수업 방식과 학생들의 학습 방식을 어떻게 변화시킬 것인지에 대한 예측과 논의들이 지속적으로 이어져 왔다(Cuban, 1997). 1990년대 컴퓨터의 상호작용성, 멀티미디어 제시, 즉각적인 피드백과 같은 특성을 학습에 활용해 학습자의 능력이나 속도에 따른 개인차를 고려하게 됨으로써 개별화 수업 원리를 실현할 수 있는 교수방법으로 컴퓨터 보조 수업(Computer-Assisted Instruction, CAI)이 도입되기 시작한 이래, 교육에 컴퓨터를 활용하려는 노력은 끊임없이 진화해 왔다. 2000년대에는 인터넷이 등장하면서 월드와이드웹의 특성을 결합한 웹 기반 수업(Web-Based Instruction, WBI)이 활성화되었으며, 이후 이러닝(e-Learning)의 확산과 보편화가 급속히 이루어졌다.

컴퓨터는 ① 학습자 스스로 학습에 대한 선택권과 통제권을 가질 수 있도록 하는 학습자 통제를 가능하게 하고, ② 멀티미디어 기능을 활용해 개별 학습자의 특성과 환경을 고려한 학습을 가능하게 하며, ③ 기록, 저장 능력을 갖춤으로써 학습 관리 시스템(learning management system)과 같이 개별화된 학습 관리를 가능하게 함과 동시에, ④ 교수 및 학습과 관련된 다양한 포맷의 자료와 정보의 보관, 관리를 용이하게 해 주는 특성을 지니고 있다.

그림 7-7 컴퓨터

### (1) 활용 사례

테일러(Taylor, 1980)는 컴퓨터의 역할을 수업의 도구(tool)로 활용하는 방식, 컴퓨터가 교사(tutor)의 역할을 하며 학습자를 가르치는 방식, 컴퓨터가 학습자(tutee) 역할을 하고 학습자가 교사가 되어 컴퓨터를 가르치는 방식의 세 가지로 분류하였다. 컴퓨터를 교수-학습에서 활용하는 유형은 학습 대상으로서의 컴퓨터, 교육 보조 도구로서의 컴퓨터, 수업 전용 장치로서의 컴퓨터, 논리적 사고의 훈련 수단으로서 컴퓨터로도 구분할 수도 있다. 교수-학습 장면에서 컴퓨터 활용 사례는 어떤 소프트웨어를 활용하는지에 따라 결정되는데, 스말디노와 그의 동료들은 개념처리, 반복 연습, 개인교수법, 게임, 모의실험 등으로 이를 분류하여 제시하였다(Smaldino et al., 2005). 이를 정리하면 다음 〈표 7-5〉와 같다(이성흠, 2008).

〈표 7-5〉 소프트웨어에 따른 컴퓨터 활용 사례

| 유형 | 핵심 내용 | 수업 과정에서의 역할 | | |
|---|---|---|---|---|
| | | 교수자 | 컴퓨터 | 학습자 |
| 개념처리(concept processing) | · 관련 개념의 연결고리 찾기<br>· 연결고리를 통한 개념도 작성 | · 학습 개념 선택<br>· 학습 자료 준비<br>· 진도 점검 | · 개념도 작성 화면 제공<br>· 학습자의 학습활동 기록·보관·관리<br>· 개념평가 유도<br>· 입력 자료를 글의 개요로 변환 | · 개념에 대한 자료 입력<br>· 개념을 연결해 전체 개념도로 작성<br>· 전체적인 도표로 결과 종합 |
| 반복연습(drill-and-practice) | · 이전 수업의 학습 내용(사실이나 용어 등)<br>· 다양한 유형의 질문<br>· 필요에 따라 반복되는 질의응답을 통한 연습 | · 연습할 학습내용의 계획과 준비<br>· 교수자료의 선택<br>· 연습 프로그램의 적절한 배열<br>· 진도 점검 | · 질문 제시<br>· 학습자 반응 평가<br>· 즉각적인 피드백 제공<br>· 학습자 진도 기록 | · 피드백 정보 제공<br>· 배운 내용의 연습<br>· 질문에 답하기<br>· 정답 확인과 오답에 대한 교정<br>· 교육내용과 난이도 수준 선택 |
| 개인교수법(tutorials) | · 개념과 원리학습<br>· 교정수업을 제공 | · 교수자료 선택<br>· 필요에 따른 적응적 수업(adaptive instruction) 실시<br>· 학습 상황 점검 | · 정보 제시<br>· 질문 제기<br>· 응답 점검<br>· 교정을 위한 피드백 제공<br>· 주요 내용 요약<br>· 기록 관리 | · 컴퓨터와 상호작용<br>· 학습 결과 인지<br>· 질문에 대한 응답<br>· 질문 제기 |
| 게임(games) | · 경쟁과 보상을 통한 학습동기 부여와 반복연습<br>· 개별 혹은 모둠활동 | · 제한 사항 결정<br>· 학습 과정 관리<br>· 학습 결과 점검 | · 경쟁 상대, 심판, 기록자의 역할 | · 사실적 지식, 전략, 기술 등을 학습<br>· 선택지 평가<br>· 컴퓨터와 경쟁 |
| 모의실험(simulation) | · 실제 상황과 유사한 상황에 기초한 학습<br>· 개별 혹은 모둠학습 | · 학습내용 소개<br>· 배경 설명<br>· 전체적 학습내용 요약 발표 및 안내 | · 역할 수행<br>· 학습자의 결정에 관한 결과 통보<br>· 모형과 자료 데이터베이스 관리 | · 의사결정 과정에 대한 연습<br>· 선택하기<br>· 결정 사항에 대한 피드백 수용<br>· 결과에 대한 평가 |

출처: 이성흠(2008). 교육방법 및 교육공학, p. 257.

### 2) 전자책

전자책(digital book) 또는 이북(e-book)은 서책의 내용을 디지털 정보로 가공하여 전달하는 출판물의 통칭이다. 전자책은 크게 내용 영역인 '디지털 책(digital book)'과 디지털 책을 읽을 수 있도록 해 주는 소프트웨어나 하드웨어인 '전자책 리더(reader)'로 나누어 생각할 수 있다. 전자책은 인쇄 기반의 종이책과는 달리, 텍스트가 폐쇄적이 아니라 하이퍼링크를 통해 다른 텍스트와 연계가 가능함으로써 개방적인 성격을 갖는다. 또한 콘텐츠와 콘텐츠를 담는 매체가 통합되어 페이지 단위로 정보를 전달하는 종이책과 달리, 전자책은 콘텐츠와 단말기가 분리되는 특성을 지님으로써 페이지가 아닌 스크린으로 내용을 전달하는 매체적 특성을 갖는다. 이러한 변화는 궁극적으로 이용자와 미디어 사이의 관계 변화를 가져와 '독서'에서 '관람'으로의 이용 행태의 전환을 가져오고 있다(Snyder, 1998).

그림 7-8 전자책

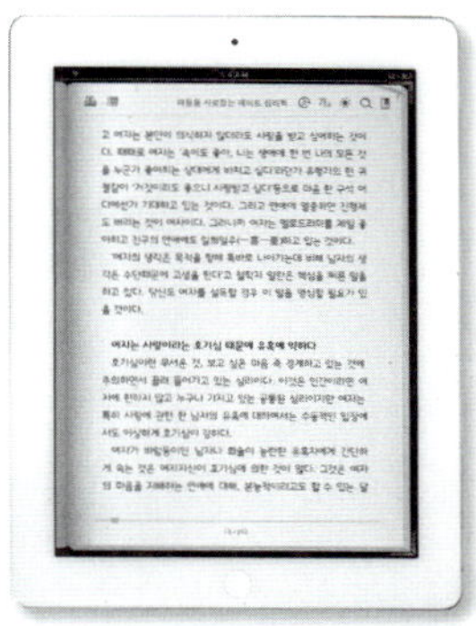

전자책은 매체의 특성상 다중적 읽기, 소셜 읽기, 증강 읽기를 가능하게 하는데 이를 각각 살펴보면 다음과 같다(김영희 외, 2020).

첫째, 기존 종이책이 선형적인 방식의 읽기만 가능했다면 전자책은 하이퍼링크 및 인터페이스 조작 등을 통해 더 관심이 있는 다른 텍스트로 이동하는 것이 용이하다. 이러한 전자책의 특성은 선형적 읽기에서 벗어나 다중적 읽기로의 전환을 가져온다.

둘째, 소셜 읽기는 다른 사람들이 책을 읽으며 어떤 문장에 밑줄을 쳤는지, 어떤 메모를 남겼는지 등에 대한 정보 교류를 가능하게 함으로써 책을 읽으면서 다른 사람의 생각을 자연스럽게 공유하게 되는 특성을 말한다. 책의 주석을 공유하는 소셜 어노테이션(social annotation) 등의 기능이 바로 그 예이다.

셋째, 증강 읽기는 눈동자의 움직임을 포착하는 아이트래킹(eye-tracking) 기술 등을 이용해 책을 읽는 사람이 어떤 단어에 집중하는지, 어떤 단어를 건너뛰는지, 혹은 어떤 구문에서 주저하는지 등에 대한 정보를 부가적으로 표시하여 알려 주는 방식으로, 원래의 텍스트에 더해 중첩적인 정보를 제공하는 것이다. 이러한 특성은 교수자에게 학습 상황에 있어서 학습자들이 어떤 부분에 어려움을 느꼈는지, 어떤 부분에 집중했는지 등에 대한 정보를 제공해 줌으로써, 이를 중요한 교수 정보로 활용할 수 있는 가능성을 열어 준다.

### (1) 전자책 활용 사례

현재 전자책은 인터넷 서점 아마존(Amazon)의 전자책 서비스 단말기인 킨들(Kindle)과 같은 전용 단말기 형태나, 애플(Apple)의 아이북스2(iBooks2)와 같은 소프트웨어 형식의 전자책 등이 유통되고 있으나, 개인 단말기의 발전과 확산에 따라 점차적으로 전용 단말기 형식의 전자책 비중은 줄어들고 있다. 전자책은 기본적으로 자체 메모리와 메모리카드를 이용해 단말기에 책을 여러 권 넣어 휴대할 수 있도록 지원하고, 음성지원 기능을 제공함으로써 책을 읽어 주거나 원어민의 음성을 들어 볼 수 있도록 하며, 다양한 멀티미디어 콘텐츠를 재생해 보여 주는 등의 기능을 제공하고 있다. 특히, 애플의 아이북스2는 학습에 특화하여 아이북스가 교과서로 사용될 수 있도록 노트 필기, 형광펜, 스터디 카드 등의 학습 보조 기능을 제공하고 있으며, 사용자가 직접 책의 내용을 손쉽게 넣고 편집할 수 있는 저작 도구인 아이북스 오서(iBooks Author) 기능도 함께 제공하고 있다.

한편, 전자책 시장의 발달에 따라 특정 대상을 목표로 한 전용 단말기도 개발되어 유통되고 있는데, 스토리패드는 유아 전용 단말기를 제공하는 하드웨어 방식의 전자책으로, 역시 다양한 멀티미디어 기능을 지원하며, 메모리카드나 파일 다운로드와 같은 방식으로 서점에 가지 않고 새 책을 실시간으로 구매할 수 있다. 유아의 특성을 고려해 전자책 활용 시간을 지정해 알려 주는 알람 기능을 보유하고 있다.

### 3) 교육용 로봇

'로봇(robot)'이란 용어는 1921년 체코의 극작가 카렐 차페크(Karel Capek)가 쓴 SF희곡 『로숨의 유니버설 로봇(*Rossum's Universal Robots*)』에 처음 등장하였으며, 이것은 '강제된 노동(forced labor)'이라는 체코어인 '로보타(robota)'에서 유래되었다. 1981년 미국 로봇 협회(Robot Institute of America, RIA)는 로봇을 "다양한 작업의 성능 향상을 위해서 프로그램된 다양한 동작들로 재료나 부품, 공구, 특수장치 등을 움직이도록 설계되고 재프로그래밍 가능한 다기능 조종기"라고 정의하였는데, 전통적인 개념에서의 로봇은 '생산성 및 효율성, 안전성을 높이기 위해 인간을 대신하여 작업을 반복적으로 수행하거나 정해진 프로그램에 따라 자동으로 일하는 기계'라고 할 수 있다. 전형적인 컴퓨터와 로봇의 차이를 간단히 요약하면 〈표 7-6〉과 같다(이영준 외, 2007).

〈표 7-6〉 전형적인 컴퓨터와 로봇의 구분

| 구분 | 전형적인 컴퓨터 | 로봇 |
|---|---|---|
| 외형 | 데스크톱 형태 | 인간과 유사한 외형 |
| 제어 방식 | 사람에 의한 코드 기반 제어 | 환경을 인식해 자율적으로 제어 |
| 인간과의 상호작용 | 다양한 이질적인 로봇들과의 상호작용 | 하나의 컴퓨터 시스템과의 상호작용 |
| 차원 | 2차원 | 3차원 |
| 이동성 | 고정 또는 휴대식 | 물리적으로 위치 이동 |
| 감각 | 시각, 음성 | 시각, 청각, 촉각 |
| 기타 | | 면대면, 학습 및 의사결정 가능 |

출처: 이영준 외(2007). 로봇의 교육적 활용 방안 및 적정 기능 연구, p. 35.

교육용 로봇은 1983년 미국에서 소개된 이동 가능한 소형 로봇이 시초이며 로봇의 이동성과 자율적 제어, 다양한 센서를 활용한 인간 및 환경과의 상호작용, 인간 행동의 특징 모방 등의 기능을 바탕으로 학습자가 원하는 위치에서 원하는 학습이 이루어지도록 도와주는 기능을 수행한다. 교육용으로 적합한 로봇은 친근한 외형, 쉬운 인터페이스, 다양한 교육 콘텐츠의 지원, 경제성, 이동성, 효과적인 상호작용과 디스플레이 등을 지원해야 한다(이영준 외, 2007).

**그림 7-9** 교육용 로봇(한컴로보틱스, AI학습로봇 '토키')

출처: 한컴로보틱스(http://www.hancomrobotics.com/)

### (1) 교육용 로봇의 분류 및 활용 사례

교육용 로봇은 크게 두 종류로 구분할 수 있다. 하나는 학생들이 직접 로봇을 조립함으로써 컴퓨터 과학의 원리를 이해하는 학습 교구로서의 로봇이고, 또 하나는 장착된 LCD와 음성 기능을 이용하여 학생들에게 학습 콘텐츠를 효과적으로 전달하는 교육 미디어로서의 로봇이다. 지금까지는 학습 교재로서의 교육용 로봇 활용이 일반적인 형태였지만 최근에는 지능형 로봇의 발달로 인해 교육 미디어로서의 로봇 활용도 이루어지고 있다. 선생님을 보조해서 학생들에게 지식을 전달하는 교육용 로봇에 대한 연구가 꾸준히 이루어지고 있으며 속속 상용화되고 있다.

① 교사 보조 로봇

교사 보조 로봇은 로봇의 이동성, 인간 친화적인 상호작용, 인지 기능 등의 특징을 활용하여 교사 혹은 교육활동을 보조하기 위한 로봇의 유형을 말한다. 예로는 학습 보조 로봇, 가정교사용 로봇 등을 들 수 있다. 살로몬(Salomon, 1979)은 매체의 속성에 대해 내용을 구성하는 문자, 음성, 기호 등을 가리키는 상징적 속성(symbolic attribute), 전달하고자 하는 메시지인 내용적 속성(content attribute), 내용을 전달하는 장치 및 시스템인 기술적 속성(technological attribute), 메시지가 전달되는 사회적 환경인 상황적 속성(contextual attribute)의 네 가지로 설명하고 있다. 이러한 관점에서 로봇은 상징적 속성과 내용적 속성에 있어서는 컴퓨터와 유사하나(유구종 외, 2013), 고정된 위치에서 메시지를 전달하는 컴퓨터와는 달리, ① 이동성을 가짐으로써 사용자가 원하는 위치와 장소라는 상황적 맥락을 고려한 학습이 이루어질 수 있도록 지원하고, ② 감성적 교류를 느낄 수 있는 인간 친화적인 인터페이스를 제공하며, ③ 인공지능을 활용한 인지 기능을 보유하고 있어 궁극적으로 학습자와 보다 조화롭고 풍부한 맞춤형 상호작용을 할 수 있는 상황적·기술적 속성에서의 교육적인 장점을 가진 매체이다.

② 교사 보조 로봇 활용 사례

한국에서 개발된 '아띠'는 유아 대상의 교육활동 보조 로봇이다. 로봇놀이 앱을 실행한 후 교재로 제공된 조작판의 화살표를 요술봉으로 찍으면 그 방향대로 아띠가 움직인다. 동요를 실행하면 아띠가 노래를 부르며 춤을 춘다. 혼자 둘 경우 실제 사람처럼 '나는 네가 너무 좋아, 너도 내가 좋니?'라며 대화를 시도한다. 마치 또래 친구처럼 놀아 주는 것이다. 다른 예로 마법천자문 앱을 실행시키고 마법천자문 교재에서 숨겨진 한자를 찾아 요술봉으로 클릭하면, 맞는 한자를 찾았을 경우 칭찬과 함께 관련 애니메이션이 스마트폰 화면에서 나온다. 한자를 못 찾고 있으면 힌트를 사용하라고 조언해 주기도 한다.

또 다른 예로 미국의 PEBBLES(http://www.pebblesproject.org/)는 장기간 병원에서 지내야 하는 아이들에게 로봇을 이용하여 수업에 참여할 수 있도록 하여 퇴원 후에도 학업에서의 어려움이 없도록 해 주는 로봇 프로그램이다. PEBBLES 로봇은 두 대로 구성되는데, 한 대는 교실에, 다른 한 대는 병원에 있는 학생의 병실에 서로 연결되어 있어 교실 수업 장면을 병원에 있는 학생에게 생생하게 전달하고 상호작용하는 역할을 한다. 예를 들어, 병실에 있는 학생이 병실에 있는 로봇의 모니터를 통해 선생님의 수업을 듣고, 궁금한 점이 있으면 교실에 있는 로봇을 조종해 손을 들게 함으로써 질문을 할 수도 있는 것이다. 이 프로그램은 캐나다 토론토의 라이어슨 대학교와 토론토 대학교가 텔보틱스라는 회사와 함께 개발하였으며, 미국에 있는 병원들과도 연계 운영되고 있다.

현재 유아교육기관에 보급되고 있는 대부분의 로봇은 로봇의 인터페이스를 활용해 학습 콘텐츠를 제공하는 수준의 약간의 이동성을 가진 교사 보조 로봇이지만, 특히 유아의 경우 로봇을 정서적인 교감을 나눌 수 있는 사회적 존재로 인식한다는 연구 결과들이 속속 발표됨에 따라 로봇이 아동의 사회성과 정서발달에 끼치는 긍정적 영향에 대한 관심이 점차 높아지고 있다.

#### ③ 교구 로봇

교구 로봇은 학습자가 로봇을 직접 설계하고 만들고 조작하는 과정을 경험하는 과정에서 수학, 과학, 로보틱스의 원리나 창의적 문제해결력 등을 키울 수 있도록 돕는 로봇을 말한다. 교구 로봇은 학습자 스스로가 오감을 활용한 직접적 체험(hands-on experience)을 통해 새로운 것을 만들어 내고, 스스로 만든 로봇을 작동하도록 제어하는 과정을 통해 보다 논리적이고 역동적인 상호작용 경험을 제공해 줄 수 있다. 교구 로봇은 대부분 레고와 같은 형식의 블록 기반 인터페이스를 제공하므로 재사용 및 재구성이 가능하고, 인지적 측면에서뿐만 아니라 정의적인 측면에서도 성취감, 자신감, 자기주도성, 학습에 대한 흥미 등을 제공해 줄 수 있다는 점에서 활용성이 높은 교육매체로 주목받고 있다.

교구 로봇은 이동성, 활동성, 재사용성, 반응성, 제어성, 조작성, 실제성, 매개성, 상호작용성, 현존성, 신기성, 다양성, 작동성, 입체성, 실행성, 공간제약성, 역동성, 유용성, 복합성, 체험성, 매력성, 확장성의 복합적인 특성을 가지고 있으며(김미량 외, 2008), 〈표 7-7〉에서 볼 수 있는 것과 같이 완성형 로봇과 조립형 로봇으로도 나눌 수 있다(김미량 외, 2008).

〈표 7-7〉 교구 로봇의 종류와 역할

<table>
<tr><th colspan="2">종류</th><th>개념</th><th>형태</th><th>기능</th><th>역할</th><th>교사, 아동의 역할</th></tr>
<tr><td rowspan="2">교구 로봇</td><td>완성형 로봇</td><td></td><td>· 영국의 'ROMO' 또는 'Beebot'과 유사한 형태의 교구 로봇</td><td>· 단순한 공간인식, 자율이동, 간단한 표정 및 의사소통 기능, 천장에 입력된 정보를 쏘아 올릴 수 있음</td><td>· 교육활동 중 배운 내용을 적용하여 미로게임을 하거나 룰을 적용하여 움직여 보는 개인 또는 모둠활동에 사용</td><td>· 교사: 안내자, 교수자 역할<br>· 아동: 실행자, 평가자 역할</td></tr>
<tr><td>조립형 로봇</td><td>· 선, 모형, 모터 센서, 바퀴 및 기타 교육과정에서 활용할 수 있는 다양한 블록 형태와 센서, 모터로 이루어져 목적에 따라 창작이 가능한 형태의 로봇</td><td>· 레고사의 로봇이나 로보티즈의 로봇 형태에 5~6학년 수과학 교과에 적용할 다각형과 다른 재료와의 병합이 가능한 로봇</td><td>· 다양한 목적의 움직이는 로봇이나 생활용품 아이디어, 창작품을 표현할 수 있음</td><td>· 5~6학년 심화 보충학습에 적용하여 교육내용을 실생활에 응용하여 적용해 볼 수 있는 역할<br>· 창작의 결과물에 대한 평가를 통해 분석적인 사고와 교과 내용에 대한 이해를 도울 수 있음</td><td>· 교사: 안내자, 제안자 역할<br>· 아동: 실행자, 안내자, 평가자 역할</td></tr>
</table>

#### ④ 교구 로봇 활용 사례

한글 ㄱ, ㄴ, ㄷ 이나 A, B, C에서부터 간단한 단어나 문장까지 교구 로봇을 활용하여 만들어 본다. 모둠별 혹은 짝을 지어 탑을 높이 쌓아 보거나 교구 로봇의 여러 부품들을 이용하여 동물, 식물 등 간단한 그림을 표현하는 활동을 통해 조작 원리를 익힌다.

이러한 간단한 활동 외에도 센싱 기능을 활용해, 농구 게임하는 로봇, 라인트레이서 로봇, 소리에 반응하는 로봇 등 학습자와의 상호작용을 적극적으로 이끌어 낼 수 있는 로봇을 학습자 스스로 제작하거나 활용하는 활동을 시도해 볼 수 있다.

### 4) 증강 현실

증강 현실은 실세계 환경에 문자와 그래픽과 같은 부가 정보를 실시간으로 합성하여 보여 줌으로써 사용자에게 보다 향상된 현실감을 제공하는 기술(Azuma, 1997)이다. 우리가 실제 생활하는 현실과 비교해 증강 현실, 증강 가상, 가상 현실의 교육적 특성은 아래와 같다.

〈표 7-8〉 현실과 비교한 증강 현실, 증강 가상, 가상 현실의 교육적 특성

| 구분 | 배경 | 객체 | 가상성 | 교육적 특성 | 사례 |
|---|---|---|---|---|---|
| 현실 | 실제 | 실제 | 매우 낮음 | 직접 체험 환경 지원 | 직접 수술 참관 |
| 증강 현실 (AR) | 실제 | 가상 | 약간 낮음 | 현실의 맥락성을 유지한 상태에서 가상 객체를 활용한 체험 활동을 제공함으로써 학습의 현존감 강화 | 가상 심장 관찰 |
| 증강 가상 (AV) | 가상 | 실제 | 약간 높음 | 현실에서 경험하기 힘든 가상 환경을 배경으로 실제 현실 속의 객체를 조작해 볼 수 있는 활동을 지원함으로써 학습의 실제성 향상 | 실제 내 모습을 아바타로 활용한 몸속 탐험 |
| 가상 현실 (VR) | 가상 | 가상 | 매우 높음 | 완벽한 가상 환경 지원을 통해 학습 상황에 대한 몰입 극대화 | 1인칭 시점의 몸속 탐험 |

출처: Azuma(1997). A survey of augmented reality.

### (1) 증강 현실의 특성

증강 현실은 3차원 방식의 다감각적 정보를 제공하고 현실 세계와 가상 세계를 자연스럽게 이어 주며, 실물형 인터페이스를 통해 자연스러운 조작을 가능하게 하는 매체적 특성을 지니고 있다. 이를 각 요소별로 살펴보면 다음과 같다.

#### ① 3차원 방식의 다감각적 정보 제공

증강 현실은 가상 현실과 같이 다양한 감각을 지원하는 3차원의 입체적 객체를 통해 현실감 있는 정보를 제공한다. 이렇게 현실감 있는 경험은 시각, 청각, 촉각, 후각을 활용한 다감각적 표현 방식을 통해 인간의 지각력을 높임으로써 학습내용에 대한 몰입을 유도할 수 있다. 또한 증강 현실의 3차원 표현 방식은 물리적 공간에서 발생하는 현상들에 대한 이해를 높여 준다. 특히, 직접적인 체험을 강화해 주는 1인칭 관점과, 전지적 시점에서 현상을 이해하도록 돕는 3인칭 관점 등 다양한 관점을 제공해 줌으로써 현상에 대한 이해와 폭과 깊이를 넓혀 줄 수 있다. 또한 증강 현실은 가상적 객체를 활용하는 특성으로 인해 현실 세계에 대한 모의실험뿐만 아니라 현실 세계에서 불가능한 체험을 가능하게 해 주는 장점을 지니고 있다.

#### ② 이음새 없이 연결된 인터페이스를 통한 현실 세계와 가상 세계의 자유로운 탐색

증강 현실 기술은 현실과 가상 세계 간의 자연스러운 전환을 가져올 수 있다. 전통적인 인터페이스 환경에서는 사용자가 현실 세계와 가상 세계의 연속선상을 마음대로 쉽게 이동할 수 없다. 그러나 사용자들은 특정 과제를 수행하는 데 있어 현실 세계와 가상 세계가 이음새 없이 자연스럽게 연계되기를 기대한다. 이러한 기대는 가상의 모형을 새롭게 만들거나 보려고 할 때나 3차원의 그래픽 콘텐츠와 상호작용하고자 할 때 더욱 그러한데, 예를 들어 3차원 모형화를 통해 빌딩을 설계하는 소프트웨어를 활용할 때 사람들은 종종 작업을 멈추고 컴퓨터 스크린으로부터 벗어나 실제 종이에 아이디어를 스케치하려고 한다. 이때 발생하게 되는 가상 환경과 실제 환경과의 의도하지 않은 단절은 작업의 흐름을 방해한다. 그러나 증강 현실 인터페이스는 설계자의 의도에 따라 순수한 현실 세계에서 순수한 가상 세계로 사용자가 자연스럽게 이동할 수 있도록 하는 전환적 인터페이스(transitional interface)를 제공한다. 이러한 현실 세계와 가상 세계를 이음새 없이 연계해 주는 증강 현실 매체의 특성은 실제 현실과 가상의 학습 정보를 자연스럽게 결합해 준다는 점에서 보다 자연스러운 학습환경을 제공한다. 특히, 현실 세계의 환경을 유지한 상태에서 부가적인 학습 정보를 제공함으로써 학습에 대한 맥락성을 강화해 준다.

### ③ 실물형 인터페이스를 통한 조작성의 강화

실물형 인터페이스(Tanglible User Interface, TUI)란 책, 연필, 미니자동차와 같은 현실 세계의 물체, 도구, 2차원적인 표면, 3차원 공간 등을 이용하여 컴퓨터의 입력장치, 즉 디지털 정보를 다루기 위한 인터페이스로 사용하는 것을 말한다. 실물형 인터페이스는 기존의 어떤 인터페이스와도 상당히 차별화된 특성을 지니고 있다. 예를 들어, 레고는 여러 단위 블록들을 쌓아 3차원 모형을 만드는 장난감으로, 레고로 3차원 모형을 만드는 것은 생각에 따라 바로 할 수 있는 단순한 작업이다. 그러나 이러한 레고를 컴퓨터 작업 환경으로 옮겨 컴퓨터의 3차원 모형화 도구를 이용해 가상 모형을 만드는 것은 결고 쉬운 작업이 아니며 사용법에 대한 습득과 훈련을 받아야만 한다. 그러나 이런 컴퓨터 작업에 마우스나 키보드가 아닌 레고 블록을 인터페이스로 활용하면 누구나 쉽게 가상 모형을 만들 수 있다(Anderson et al., 2000). 이와 같이 현실 세계의 물체를 가지고 컴퓨터의 가상 모형을 컨트롤하는 인터페이스 방식이 바로 실물형 인터페이스이다. 이때 현실 세계의 물체는 하나의 입력장치가 되며, 가상 세계에 있는 모형과 직결된 관계를 갖게 된다. 이와 같이 실물형 인터페이스는 이제까지 사람의 손으로 만지지 못했던 디지털 객체를 손쉽게 사람이 만지고 선택하고 이동할 수 있게 해 줌으로써 인터페이스 자체를 더욱 직관적이고 쉽게 조작할 수 있도록 해 준다.

교육현장에서 증강 현실이 학습 과정을 촉진시킬 수 있는 이유는 주로 맥락화된 환경에서 학습 객체에 대한 실제적인 조작 활동이 수반되기 때문이다. 조작활동은 학습자의 학습 경험을 증진시키며, 학습 장면에 몰입을 유발하게 된다. 또한 학습 장면을 그대로 활용하여 그 위에 학습 객체를 부가적으로 보여 주는 증강현실의 기술적 특성은 학습 맥락에 대한 이해를 촉진시킬 수 있다는 장점을 갖고 있다.

### (2) 증강 현실 활용 사례

Logical Choice에서는 유치원 아이들을 위한 가상의 동물 레터 카드를 증강 현실 기술을 활용해 개발하였다. 'Letter Alive'는 알파벳과 연계된 동물들을 카드의 형태로 제공하고, 이를 증강 현실 카메라 장비에 비추면 모두가 볼 수 있는 3차원 동물로 스크린에 나타나는 프로그램으로, 유치원 학생들에게 기존의 다른 교구들을 이용할 때보다 훨씬 호응도나 몰입의 측면에서 큰 효과를 보이고 있다. 증강 현실의 전달 방식이 효과가 높은 것은 현실적인 감각과 감성 수준, 쌍방향 상호작용이 가능하기 때문이다. 학생들은 가상의 캐릭터나 물체를 마치 실제로 존재하는 것처럼 들고서 교감을 할 수 있다.

또 다른 일례로 인체 내부의 기관들을 직접 조작을 통해 실제 관찰해 보는 증강현실 프로그램도 있다. 학습자는 해당 장기가 위치해 있는 자신의 몸에 마커를 가져다 댐으로써 마치 자신의 신체 내부를 직접 관찰하는 듯한 모의실험을 할 수 있다(김진숙 외, 2008). 심장, 소장, 대장 등 신체 부위에 해당하는 마커를 카메라에 비추면 3D로 개발된 장기들이 마치 자신의 몸에서 방금 튀어나온 것처럼 생생한 모습과 기능을 살펴볼 수 있는 기회를 제공해 준다.

08

CHAPTER

# 교육공학과 영유아 교수-학습

**학습 및 활동내용**

1. 유아교육과정과 유아교육기관 일과 속으로 스마트기기나 콘텐츠 활동을 통합하는 방안에 대해 알아보자.
2. 컴퓨터나 스마트기기를 비롯한 정보통신기기(ICT)를 이용하여 유아교육 프로그램을 운영하는 방안을 알아보자.
   - 실제 ICT 기기나 콘텐츠를 활용하여 프로젝트 접근법을 전개하는 방안을 살펴보자.
   - 디지털 기록화를 활용하여 유아교육 프로그램을 운영하는 실제를 살펴보자.

## 1. 4차 산업혁명과 유아 교수-학습 환경

본 절에서는 유아교육에서의 교수-학습 환경과 멀티미디어 교수매체 실천 방안 제시를 위하여 한국연구재단의 지원을 받아 수행된 연구의 일환으로 개발된 '유아교육기관 스마트폰·태블릿PC 활용 프로그램'을 소개하고 유아교육 현장에 활용될 수 있는 스마트폰이나 태블릿 PC, 전자칠판, 3D스캐너·프린터, 디지털현미경, 스마트폰 마이크, 스마트청진기, 인공지능 통역기 등의 스마트기기 활용 방안을 제시하고자 한다. 이러한 스마트기기들은 스마트폰의 App(앱)과 적절히 상호작용하면서 최대한의 기능을 발휘할 수 있는데, 유아교육에서의 교수매체나 교재교구 제작에 도움을 줄 수 있는 App들을 리뷰할 것이다.

또, 유아들에게는 가상보다는 실세계 위주의 활동이 제공되어야 한다는 우려에도 불구하고 최근 급격하게 스마트기기가 보급됨에 따라 유아교육 분야에서도 스마트기기에 최적화된 전자그림책과 증강 현실(AR), 가상 현실(VR), 혼합 현실(MR) 기법 활용의 방안 모색이 요구되고 있다. 따라서 세계 여러 나라 주제 가상 현실 프로그램(Google Earth, Google Cultural Institute)과 관련 앱, 증강 현실 그림책과 QR코드 활용, 유아 코딩교육 등과 같은 소프트웨어적인 활용과 더불어 전술한 다양한 스마트기기를 비롯한 인공지능로봇 등의 하드웨어적인 활용방법 제시를 통해 유아교육 분야에서의 학문적 · 실천적 전문성을 높이고자 한다.

### 1) 증강 현실과 인공지능의 상황중심교육으로의 적용

증강 현실이나 가상 현실 기술이 유아교육에 적용될 경우 전조작기 유아들의 특성상 현실과 가상을 혼돈할 수 있다는 것이 우리 유아교육자나 현장의 유아교육 전문가들이 가장 우려하는 것이다. 특히 가상 현실 고글이나 헤드셋을 끼고 엉금엉금 걸어가고 있는 유아들을 볼라치면 우주에서 환상 속에 헤매는 유아들의 모습으로까지 보이기도 한다. 데이비드 레비(David Levy) 워싱턴대학교 교수는 첨단 디지털기기에 익숙한 나머지 뇌가 현실에 무감각하거나 무기력해지는 현상을 일컬어 '팝콘 브레인(Popcorn brain)'이라 하였다. 이는 팝콘이 즉각 튀어오르는 것처럼 3차원적인 현상에만 반응할 뿐 그림책과 같은 2차원적인 자극에는 무감각하게 반응하는 현상을 지칭한다. 다른 사람의 감정이나 느리게 변화하는 현실에 무감각해지는 것과도 관련이 있다. 팝콘 브레인 현상을 방지하기 위해 미국 소아학회는 유아들의 스마트폰과 인터넷, TV 노출 시간의 엄격한 제한을 권고한 바 있다.

이러한 우려에도 불구하고 '포켓몬 Go'와 같은 증강 현실 기술을 적용한 게임이나 앱이 인공지능 교육용 앱으로 적용될 경우 유아교육 현장의 콘텐츠로의 통합이 용이하게 될 텐데 증강 현실 GPS 앱 형태가 대표적인 예일 것이다. 물론 유아교사에 의해 적절히 놀이 중심, 활동 중심으로 운영되는 것을 전제로 해서 말이다.

증강 현실 식물성장 앱에 있어서는 저수지(현실)에서 물을 끌어 벼를 키우는 논농사나 고추를 키우는 밭농사(가상) 활동으로도 상황 중심적으로 적용할 수 있다. 증강 현실 도시경영 앱에 있어서는 사막이나 공터(현실)에 카지노나 도시(가상)를 건설하는 활동으로 적용할 수 있다. 인공지능 상황중심 교육 환경에서는 상황에 맞는 캐릭터가 등장할 수 있는데, 문화유적지에는 유적지 해설사 몬스터가 등장하고, 박물관에는 박물관 해설사 몬스터가 등장하여 전시물을 소개할 수 있으며, 소방훈련을 하는 유치원에는 소방사 몬스터가 나타나 시범을 보이고 유아들의 활동을 지도할 수 있을 것이다.

[그림 8-1]과 같이 'circusAR' 앱의 경우는 증강 현실 교육 콘텐츠를 활용한 교육활동에 사용 가능한 대표적인 국내 앱이다. 유아교육기관에서 박물관 견학 시 circusAR 사이트에서 인쇄한 '박물관이 살아있다' 인쇄물에 circusAR 앱이 실행되어 있는 스마트폰이나 태블릿을 가져다 대면 박물관의 실제 유물에 3D 가상을 겹쳐서 경험할 수 있다. circusAR 사이트에서 인쇄한 '흥부놀부', '개미와 친구들' 동화의 경우는 유아교육기관 교실에서 유아교사의 3차원 이야기 나누기 자료로 사용될 수 있다. 지구에 관련된 동화라면 유아교사가 교실에 나타난 3차원 지구를 돌려보면서 이야기를 들려주고 상호작용할 수 있다.

그림 8-1 박물관에서 전시물을 소개하는 증강 현실 가상 캐릭터(약 제조 캡슐) 장면

사진출처: 스마트폰 캡처화면(www.circuscompany.com).

## 〈메모〉 'circusAR' 사이트

'circusAR' 사이트의 증강 현실 그림 인쇄는 아래 유구종 사이트를 참조하면 인쇄하여 증강 현실을 경험할 수 있다.

네이버에서 '유구종'을 검색하여 아래 '유아교육기관 스마트폰·태블릿PC 활용 프로그램 ' 사이트의 '커뮤니티>Q&A>26번 자료' 링크를 눌러 'circusAR' 사이트의 증강 현실 그림 인쇄 사이트로 방문하기 바란다.

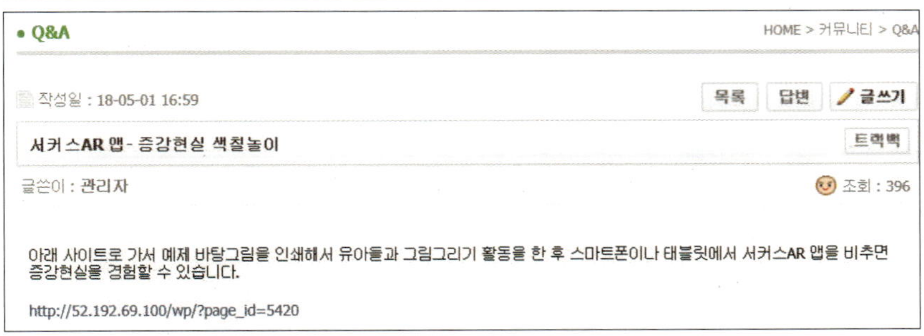

최근 의학 분야에서는 막힌 혈관을 뚫는 세균 크기의 인공지능로봇이 등장한 것을 보면, 유아교육 분야에서의 인공지능 적용은 다양하게 예상해 볼 수 있다. 영유아 안전과 관련하여 '스마트버스' 유치원·어린이집 앱이 실시간 운행정보와 위치를 제공하고 탑승한 유아들을 점검하는 시스템도 하나의 예가 될 수 있다. 인공지능 스마트기기는(최근에 유아들에게 활용도가 높아지고 있는 유아용 Smart watch인 키즈폰과 같은) 선택활동영역에서 놀이하는 유아의 활동을 기록할 것이며 활동 순서를 안내할 수 있을 것이다. 극놀이영역에서는 인공지능 스마트기기가 전자태그를 통해 유아들의 동극활동을 TV 화면에 실시간으로 보여 줄 뿐 아니라 증강 현실 캐릭터와 통합 운영되는 극놀이 활동을 가능하게 할 수 있다.

[그림 8-2]는 증강 현실 그림책에 스마트폰이나 태블릿을 가져다 댈 때 나타나는 증강 현실 화면이 전자칠판상에 나타난 것으로(미러링 기능), 공룡(가상)이 유치원 교실(현실)에 나타난 증강 현실 장면을 보여 준다. 최근에는 이러한 증강 현실 그림책을 온라인에서 쉽게 접할 수 있는데, [그림 8-3]은 네이버에서 '증강 현실 그림책'을 검색한 '네이버 쇼핑' 결과의 일부를 보여 준다.

그림 8-2 증강 현실 그림책과 극놀이

사진출처: 원주 별마로유치원 제공.

그림 8-3 네이버에서 '증강 현실 그림책'을 검색한 '네이버 쇼핑' 검색결과의 일부

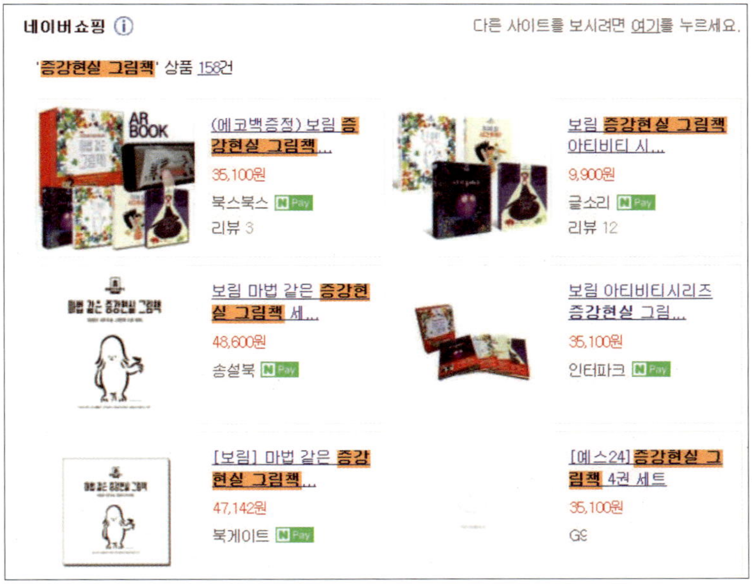


사진출처: 네이버 쇼핑검색(https://shopping.naver.com/).

최근 유아교육 콘텐츠 제공 업체 등에서는 다양한 증강 현실 놀이활동을 제공하고 있는데 이러한 활동을 이용할 경우 유아와 부모들이 스마트기기를 활용하여 간단한 증강 현실 놀이를 경험할 수 있다. 증강 현실 놀이를 경험할 수 있는 사이트로는 키드키즈(www.kidkids.net), 지니키즈(www.genikids.com), 깨비키즈(www.kebikids.com) 등이 있는데, [그림 8-4]는 깨비키즈 사이트(www.kebikids.com)에서 제공하는 'AR색칠놀이' 활동이다. 깨비키즈 사이트에서 '깨비학습지〉엄마표〉AR색칠놀이'로 들어가면 무료로 사용이 가능하다. [그림 8-4] 상단 화면의 'AR색칠놀이' 화면에서 '펭귄'을 선택하면 하단 왼쪽 화면과 같은 '인쇄하기' 화면이 나타나는데, 여기에서 '인쇄하기(인쇄하기)'를 누른 다음, 인쇄 화면에서 '인쇄' 단추를 누르면 펭귄을 인쇄할 수 있다. 인쇄한 후 스마트폰이나 태블릿에서 앱을 실행한 다음 인쇄물에 가져다대면 실제 장면에 등장하는 가상 펭귄을 경험할 수 있다.

그림 8-4 깨비키즈 사이트에서 제공하는 AR색칠놀이 활동

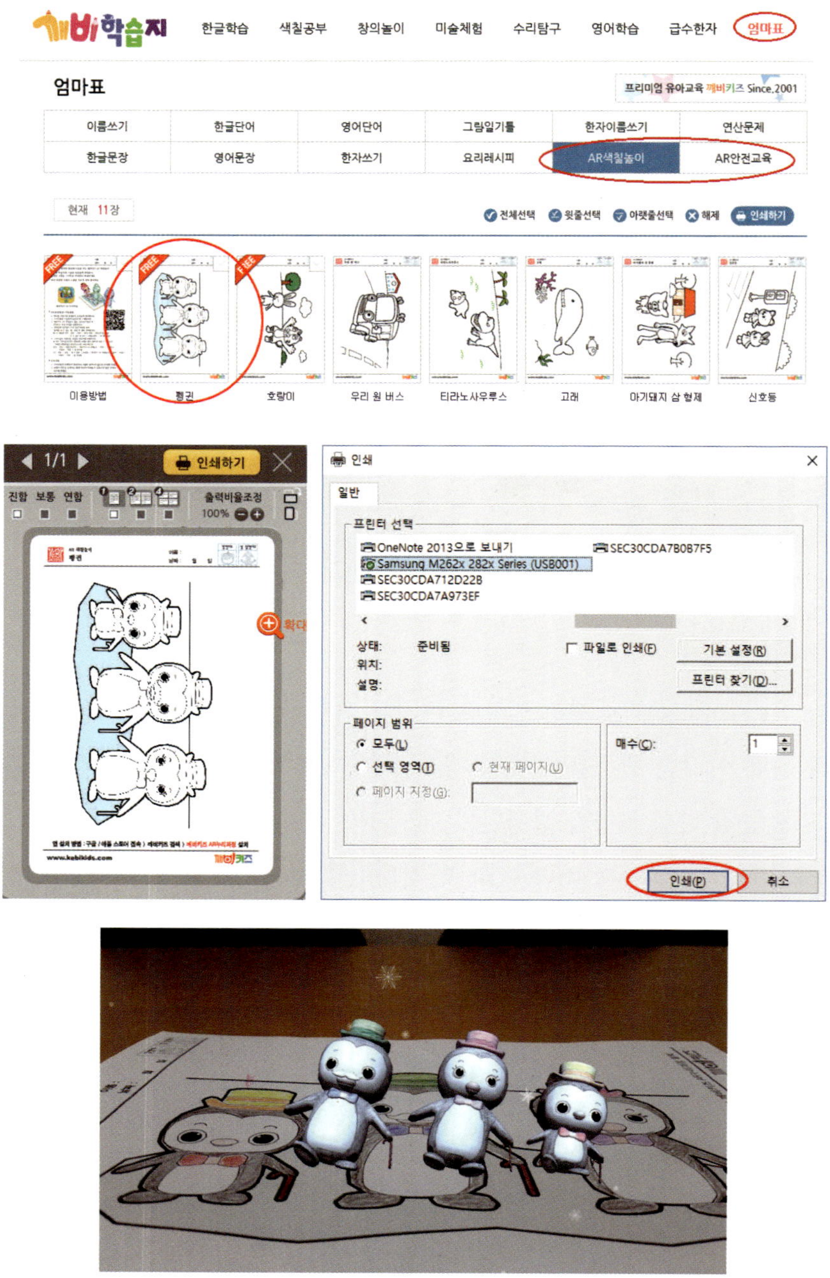


사진출처: 깨비키즈 사이트, 스마트폰 캡처화면.

### 〈메모〉 깨비키즈 'AR색칠놀이' 증강 현실 앱 사용방법

깨비키즈 'AR색칠놀이' 증강 현실 앱은 아래 이용방법 내용을 참조하여 '깨비키즈 AR누리과정' 앱을 설치하면 된다. 설치 후 깨비키즈 홈에서(www.kebikids.com) 해당 콘텐츠를 인쇄하여 유아가 색칠활동을 하게 한다. 유아의 색칠활동이 끝나면 스마트폰이나 태블릿에 앱을 실행하고 색칠한 인쇄물에 가져다 대면 증강 현실을 경험할 수 있다.
홈페이지에서 인쇄를 위해서는 무료회원 가입을 하면 사용 가능하다.

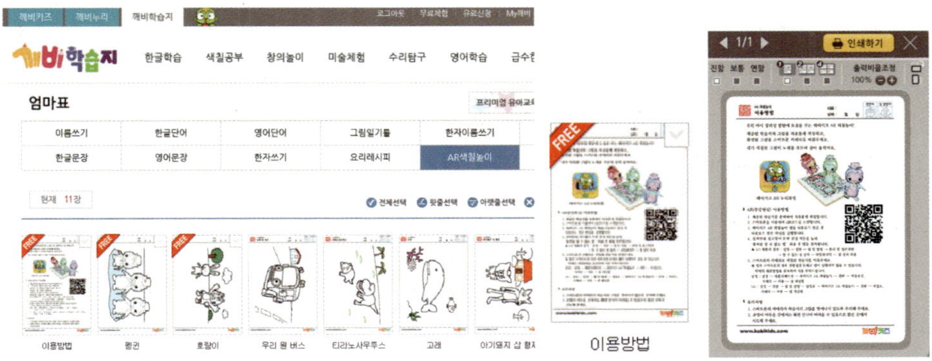


## 2) 유아교육에서의 인공지능 App과 스마트 매체 활용

U+ IPTV '아이들나라' 서비스의 경우 AI 스피커가 없어도 유플러스 리모컨이 있으면 유아들이 음성 명령으로 TV를 통해 정보 검색이 가능하다. 이제 TV가 더 이상 바보상자가 아니라 인공지능 서비스가 되어 유아들과 음성으로 상호작용하고 정보를 제공하는 기기가 된 것이다. 뿐만 아니라 유아들은 사물인터넷(IoT) 기능을 통해 가정이나 유아교육기관 교실에서 여러 가지 스마트기기들을 작동하고 상호작용할 수 있다. 말 한마디로 제어가 가능한데, 일일이 전등을 켜거나 할 필요 없이 "나 잘 거야!"라고 말하면 조명과 TV는 꺼지고 동시에 가습기는 켜지게 설정도 가능하다. IPTV와 인공지능, 사물인터넷(IoT) 기능이 통합된 것이다. 이

제 유치원에서도 여러 매체와 교구들이 연결되어 유아들과 상호작용할 수 있는 인공지능 매체 시대가 도래한 것이다.

그림 8-5 리모컨으로 음성검색하고 상호작용하는 U+ IPTV '아이들나라' 서비스

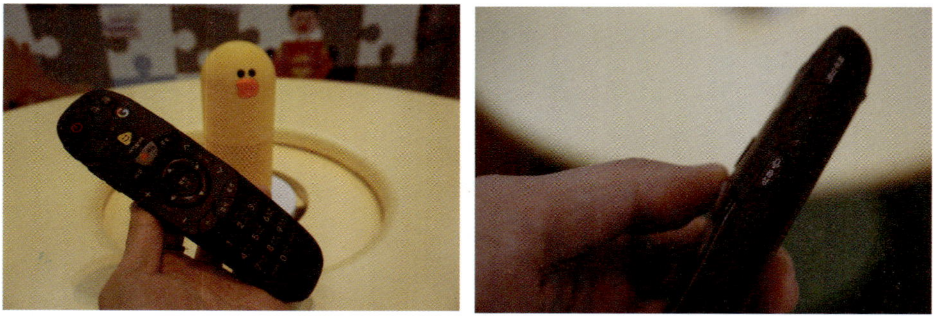

사진출처: 네이버 블로그 '세아이맘 기린'(https://blog.naver.com/herajy1/221178122733).

미국 아마존에서 공개한 가정용 사물 인터넷 기기 에코의 후속 모델 '에코 닷(Echo Dot)'의 경우 음성으로 정보 검색을 하거나 가정 내 사물 인터넷 기기 등을 조작하는 것을 가능하게 한다. 이러한 인공지능 기기가 드론과 결합한다면 유아교육 현장에서의 효율성은 극대화될 수 있다. 아이들이 음성으로 명령하면 원하는 곳으로 마음껏 날아다닐 수 있는 마법의 빗자루가 만들어질 수도 있는 것이다. 이와 같이 인공지능[1] 기술은 앞으로 스마트기기와 더불어 발전하여 갈 텐데 유아교육에서의 활용성도 갈수록 증가해 갈 것이다.

최근 유치원에서 사용하는 대부분의 교수매체들이 스마트폰과 같은 스마트매체로 통합하는 형태를 취하고 있는데, 이는 유아교육 분야에서 적극적으로 대처해야 하는 유치원 교육환경의 변화라고 할 수 있다. 유치원에서 사용하던 슬라이드 매체는 컴퓨터의 파워포인트 프로그램이 그 역할을 대신하더니 최근에는 스마트폰이나 태블릿의 슬라이드 앱(파워포인트 앱, Polaris Office 앱 등)으로 이동하

1) 인간의 학습능력을 포함한 모든 인지능력을 컴퓨터나 전자기술로 실현하는 것을 목적으로 하는 기술영역

는 추세이다. 유치원에서 사용하던 비디오카메라(캠코더) 매체는 이미 스마트폰 동영상 카메라가 대치하고 있으며 무비메이커(Movie Maker)와 같은 컴퓨터 동영상 편집 프로그램도 스마트기기의 동영상 앱(Viva Video, PowerDirector 앱 등)이 대치해 가고 있다.

특히 [그림 8-6]에서 보듯이, 유치원에서 수업활동자료를 확대해서 보기 위해서는(60배까지 확대 가능) 스마트폰 현미경, 유아 발표 등을 큰 소리로 녹음하기 위해서는 스마트폰 마이크, 자연의 소리 등을 증폭해서 듣기 위해서는 스마트폰 청진기 매체 등을 사용할 수 있다. 또한, 기존의 스캐너는 스마트폰 스캐너로, 기존의 팩스는 스마트폰 팩스로, 기존의 프린터는 스마트 프린터로 사용이 가능한데, 별도의 비용이 전혀 들지 않는다는 것뿐 아니라 속도 면에서도 훨씬 빠르고 공간을 차지하지 않으면서 간편하다는 것이 스마트 매체의 장점이다. 이러한 스마트 매체들은 서로 공유되어 최대한의 효과가 있을 수 있는데, [그림 8-7]에서는 이러한 스마트 스캐너, 스마트 팩스, 스마트 프린터 앱의 공유기능을 보여 주고 있다. 스마트 스캐너로 스캐닝한 자료는 스마트폰상에서 곧바로 스마트 팩스로 전송하거나 스마트 프린터로 프린트할 수 있다.

그림 8-6 스마트폰 현미경, 스마트폰 마이크, 스마트폰 청진기 매체

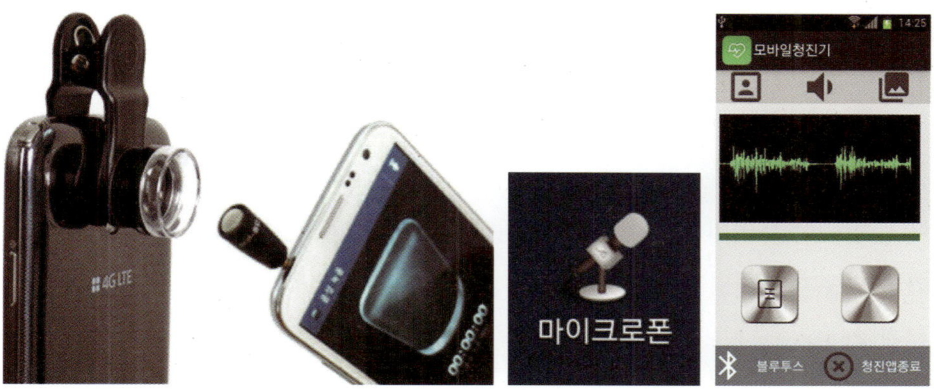


사진출처: 네이버 쇼핑검색(https://shopping.naver.com/).

그림 8-7 스마트폰 스캐너, 스마트폰 팩스, 스마트 프린터 앱의 활용과 공유기능

사진출처: 스마트폰 화면 캡처.

최근에는 한국어, 영어, 일본어, 중국어 등을 실시간으로 통역해 주는 앱이 등장해 인공지능시대를 실감하게 하고 있다(통역비서, 지니톡, Papago). 이러한 앱들은 특히 각국 언어로 하는 연속대화를 실시간으로 통역해 주는 기능을 탑재하고 있으며 그 정확도 또한 높아서 우리나라의 인공지능 번역 기술이 진일보했다는 것을 실감하게 한다. 이러한 앱들은 단어나 문장 데이터베이스에서 인출된 데이터에 근거하여 통역하는 것이 아니라 해당 대화에 가장 적절한 상황이나 맥락을 고려한 인공지능 번역과 통역이 이루어지고 있다. 최근 Naver Labs에서 개발한 인공신경망(Artificial Neural Network) 기반 번역 서비스가 베타로 오픈 되었는데, 네이버 번역이나 구글 번역에 비해 인간의 언어에 가까운 번역을 제공할 것으로 기대를 모으고 있다.

또한, 일본어를 필터링해서 영어로 바꾸어 주는 인공지능 통역기, 귀에 꽂아서 사용하는 웨어러블 인공지능 통역기가 등장한 것을 보면 이제 외국어 공부가 필요치 않은 시대에 와 있는지도 모른다.

그림 8-8 귀에 꽂아서 사용하는 웨어러블 인공지능 통역기 '파일럿(Pilot)'과 네이버 인공지능 번역기

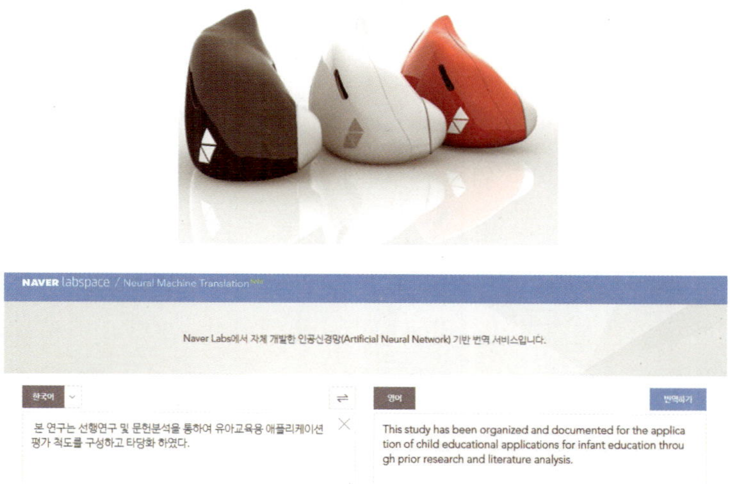


사진출처: http://funtenna.funshop.co.kr/article/5936, https://papago.naver.com/.

최근에는 사물이나 식물, 그림까지 인식하여 관련 정보를 제공하는 앱도 그 활용도가 증가하고 있다. '다음 꽃 검색'의 경우 다음 앱의 검색기능에서 사용할 수 있으며 스마트폰 카메라로 꽃을 찍어 꽃 이름 검색을 하면 꽃 이름과 꽃에 관한 정보를 제공한다. '우리식물찾기' 앱의 경우 나뭇잎을 찍으면 나무 이름과 정보를 제공하는 기능이 있는데, 흰 종이 위에 고정한 상태에서 촬영해야 하며 100가지 나무에 국한되어 있어 인공지능 나무 검색 앱이라고 하기에는 기능이 떨어지지만 유치원 탐구활동에 활용 가능하다. 꽃이나 식물, 나무의 사진을 찍어서 앱으로 질문을 올리면 수많은 전문가들이 거의 실시간에 가깝게 답을 알려 주는 '모야모'라는 앱은 유아교육기관에서 그 활용도가 높다고 할 수 있다.

인공지능(AI)기술을 활용한 포토 앱 '프리즈마(Prisma)'는 개개인의 사진들을 명화로 만들어 주는 앱이다. 이 앱에서 터치 한 번이면 촬영한 사진이 뭉크, 피카소, 고흐, 리히텐슈타인, 세잔느, 몬드리안 등의 화풍으로 변신하는 것이 가능하다. 뿐만 아니라 스케치 스타일, 수채화, 모노크롬, 만화, 일러스트, 구름, 모자이크 등의 35가지 화풍을 지원하는데 전문화가 수준의 인공지능 작품을 순식간에 만들어 준다는 점에서 '포켓몬 고' 만큼이나 세계적으로 주목을 받고 있다. MS는 인공지능(AI) 기술로 촬영을 자동화하는 카메라 앱 '픽스(Pix)'를 iOS용으로 출시했는데, 안드로이드(Android) 버전도 출시 예정이다. 셔터 버튼을 누르면 알아서 전후 10프레임을 촬영하고 노이즈 제거, 색 보정을 한 뒤 그중 베스트 샷을 자동으로 골라주는 기능을 가지고 있다. 이미지를 자동 추출해서 약 2초 정도 동영상을 만들어 주는 '라이브 이미지' 기능도 있다. 삼성전자는 차세대 스마트폰에 인공지능을 도입하기 위한 본격적인 준비에 착수하여 갤럭시S8부터 인공지능을 활용한 기술을 선보였다.

'구글 고글스(Google Goggles)'는 스마트폰에서 이용할 수 있는 앱의 일종으로, 휴대전화로 찍은 이미지를 통해 검색 결과를 얻는 인공지능 서비스로 최근 '구글 렌즈'로 업그레이드되었다. 프랑스 파리에 가서 에펠탑을 찍으면 구글 고글스는 에펠탑에 대한 정보를 보여 주고 해리포터 소설책의 표지를 찍으면 해리포터 책에 대한 정보를 보여 준다. 내가 찍는 모든 정보가 다 검색의 대상이 된다. 명동 한복판에서 구글 고글스를 켜 놓은 상태로 주변을 스마트폰으로 둘러보면 스마트폰 화면에 그 장소에 대한 정보가 나오고 그 나온 정보를 터치하면 관련된 정보를 보여준다. 하지만 현재는 도서, 역사 유적지, 명소, 명화 등에 한해 정확한 정보를 제공하고 있으며 한글 서비스 또한 제약이 있다. 하지만 올해 안에 발표될 것으로 예상되는 구글의 안드로이드 스마트폰 기본 카메라 앱에는 강력한 인공지능 증강 현실 검색 기능이 추가될 것으로 보인다. 새로운 카메라 앱을 이용하면 주변 도로나 환경을 스캔해서 목적지나 검색하고자 하는 대상(실제)을 손가락(가상)으로 추적할 수 있다.

그림 8-9 '다음 꽃검색'과 'Google Goggles(구글 렌즈)' 앱

사진출처: 네이버 블로그(http://blog.naver.com/sks7476), 네이버 뉴스(2010. 08. 24일자)

'구글 어시스턴트'는 사용자의 음성을 인식해 질문을 파악하고 지도 안내, 음악 재생, 예약, 스케줄 조회, 메시지 전송 등을 수행하는 인공지능(AI) 비서 시스템이다. 구글 스마트폰 픽셀에서 최적의 상태로 적용되는 구글 어시스턴트는 인공지능 기술의 미래를 보여 주는데, 예를 들어, "7월의 자동차 사진을 보여 줘"라고 말하면 어시스턴트가 사용자의 구글 포토 앨범에서 자동차 이미지를 가져온다. "그랜드 캐니언(Grand Canyon)을 찾아 줘"라고 명령하면, 어시스턴트가 구글 지도를 보고 직접 운전 방향을 안내한다(ITWORLD, 2016. 10. 21일 자).[2]

구글 운영체제를 사용하는 최신폰에 적용된 '구글포토' 앱은 인공지능 사진 클라우드 서비스이다. 구글포토에 업로드된 사진 중에서 비슷한 사진, 비슷한 얼굴을 어시스턴트가 골라서 애니메이션이나 영상을 자동으로 생성해 준다. 그 외에도 찍은 장소, 사람, 앨범 등도 인식해서 자동으로 분류해서 보여 준다.[3] [그림

2) http://www.itworld.co.kr/news/101685#csidxfbd7ac4c861b094bef885062ddec599
3) http://cafe.naver.com/dolpeople/12917, 재미있는 구글포토의 어시스턴트를 아세요?

8-10]은 구글포토 어시스턴트 화면구성과 발표자 스마트폰에서 어시스턴트가 자동 생성한 동영상과 앨범을 보여 준다. 어시스턴트는 저자가 시드니로 여행한 이틀간의 사진만 모아서 'Sydney로의 여행' 이라는 제목의 동영상과 앨범을 만들었다. 내 허락도 없이 사진을 인식해 멋대로 제목을 붙였다.

그림 8-10 구글포토 어시스턴트 화면구성과 자동 생성한 동영상과 앨범

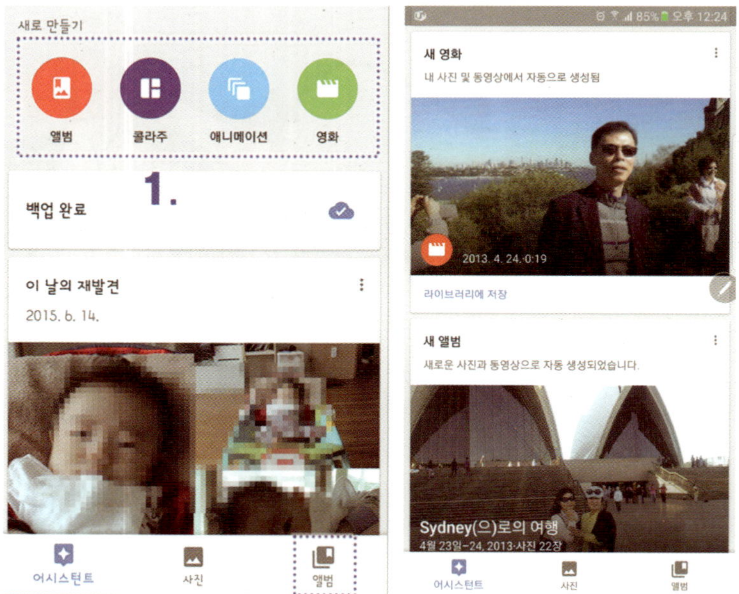


사진출처: 스마트폰 화면 캡처.

### 3) 스마트 교육환경, 스마트폰·태블릿 활용 프로그램

유아교육기관에서도 유비쿼터스 환경에 대한 관심이 커지면서 스마트폰과 태블릿 PC 활용 방안이 모색될 필요가 있다. 유아들에게 스마트폰과 태블릿 PC가 미칠 수 있는 신체적·정신적 유해성에 대한 논의는 계속되어야 하지만 디지털 시대 유아들의 특성과 사회적 요구를 보육 분야에서도 일정 부분 수용해 가야 할 것이다.

현재 유치원과 어린이집에서 활용 가능한 대표적인 태블릿 PC로는 삼성의 갤럭시 탭과 애플의 아이패드가 있다. 이러한 태블릿 PC들은 유아들의 호기심을 유발할 수 있는 사용자 인터페이스로(매력적인 디자인, 큰 화면, 밝고 선명한 화면, 소리와 음악 재생, 확대 기능, 손가락으로 명령하는 터치패드, 진동과 감각 기능 등) 유아 중심의 다양한 활동이 가능하다는 장점이 있다. 이러한 유아중심의 탐색적인 태블릿 PC 활동은 디지털 매체 과몰입 등 부작용도 예견되는 등 논란의 여지가 있으나 미래 보육분야의 매체로서 그 교육적 활용이 모색되어야 하는 부분이다.

스마트폰과 태블릿 PC는 스마트 TV와 더불어 증강 현실 기술을 등에 업고 교수매체 분야에서 강력한 영향을 미칠 것으로 예상된다. 유아교육과 보육 분야도 예외가 될 것 같지는 않으며 유아 교수매체나 교수자료 제작에도 많은 활용이 기대된다. 다음은 스마트기기의 유아교육과 보육 매체로서의 활용방안 세 가지를 제시한 것이다.

첫째, LCD 프로젝터나 대형 TV, PC 모니터 화면에 투사될 경우 스마트폰의 플래시 동화, 동요, 교수자료 등을 이용한 이야기 나누기 활동, 동화·동요 들려주기 활동 등이 가능해진다.

둘째, LCD 프로젝터나 대형 TV 화면에 투사될 경우 유튜브 동영상이나 파워포인트 자료 등을 이용한 이야기 나누기 활동, 집단 활동 등이 가능해진다. 특히 유튜브 동영상의 경우 스마트폰 애플에서 활동 주제에 따른 동영상을 검색하여 시간, 장소에 구애받지 않고 실시간으로 시청하고 다운받을 수 있기 때문에 이야기 나누기 활동 등에 효과적으로 활용될 수 있다. [그림 8-11]은 갤럭시S와 DLP 포켓 프로젝터를 연결한 장면과 AV케이블을 이용하여 갤럭시 탭 화면을 대형 TV에서 활동하고 있는 장면이다.

그림 8-11 스마트폰과 DLP 포켓 프로젝터의 연결, 대형 TV 활동

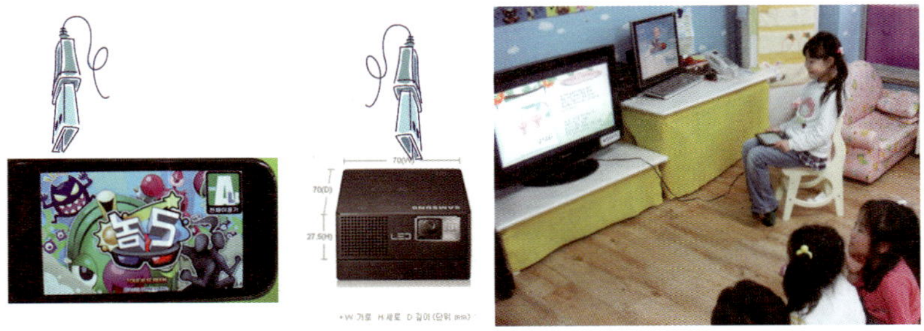

사진출처: 강릉시 옥천어린이집 제공.

셋째, 스마트폰에 디지털현미경 렌즈를 장착할 경우 디지털현미경으로 사용이 가능해져서 과학탐구활동이나 자연탐구활동 등으로 전개될 수 있다. 뿐만 아니라 스마트폰에 증폭 마이크를 장착할 경우 풀벌레나 곤충의 소리를 들어 보는 활동, 청진기를 장착할 경우 나무 소리를 들어 보는 탐구활동을 다양하게 전개할 수 있다.

스마트폰 앱은 인터넷 콘텐츠와는 다르게 장시간을 요하지 않고 이동 중이거나 잠깐의 시간을 사용하여 이용할 수 있다는 것이 큰 특징이며, 이것은 유아들의 시기적 특성과 맞물린다고 할 수 있다(이주연, 2011). 이러한 이동성과 통합성이라는 특성과 관련하여 유아교육기관에서도 유비쿼터스 환경에 대한 관심이 커지고 있으며 사용자 인터페이스로 유아 중심의 다양한 활동이 가능하다는 장점을 가지고 있으므로 유아들의 호기심을 유발할 수 있는 미래 유아교육분야의 매체로서 스마트폰과 태블릿 PC를 활용할 수 있는 교육적 방안이 모색되어야 한다(유구종, 2011). 다만 어린 시기에 스마트폰에 장시간 노출되는 것이 유아의 신체적·정서적 측면에 미치는 역기능에 대한 견해도 많은 만큼 신중히 접근되어야 할 것이며, 태블릿 PC나 매립형 스마트칠판 형태를 적극 고려해야 할 것이다.

유아교육기관에 매립형 스마트칠판이나 탁자형 스마트칠판을 설치하여 스마트영역을 설치하게 되면 기존 선택활동영역 구성과 적절히 통합될 수 있을 뿐만 아니라 스마트칠판상의 프로그램이 유아교육기관 교육활동을 적절히 보조하고 통합될 수 있다는 측면에서 그 활동도가 높다 할 수 있다. 예를 들어 [그림 8-12]

사이트에 제시된 프로그램 활동안 내용 중에서 태블릿 실로폰 활동은 음률놀이영역과 통합될 수 있으며 증강 현실 블록놀이 활동은 쌓기놀이영역과 적절히 통합 운영될 수 있다. 태블릿상의 실로폰 연주 활동이나 3차원 가상의 블록을 이동하여 맞추는 활동은 기존 흥미영역의 실물 놀잇감 활동을 보조하고 다양하게 한다. 스마트 그림책 활동은 언어영역, 스마트현미경 활동은 과학놀이영역, 스마트칠판의 스마트팔레트 활동은 미술놀이영역, 집짓기 앱 활동은 목공놀이영역과 잘 통합될 수 있다. 게임으로 인기를 누리던 '마인 크래프트(MINE CRAFT)'의 경우 MS가 최근 교육용 버전으로 출시하였는데, 컴퓨터뿐 아니라 스마트칠판 등의 스마트기기에서도 운용 가능하여 교사가 참여하는 상호작용적인 건축 활동이 가능해졌다. 이집트 피라미드, 그리스 신전 등을 스마트기기에서 탐험하고 건축할 수 있으며 교사를 위하여 칠판 기능도 제공한다.

본서에서는 현 시점에서 가장 적합한 스마트기기 활용 교육 형태라고 여겨지는 대형화면을 통한 스마트기기 투사에 의한 대집단 활동형태와 더불어 유아들과 교사의 협력활동에 의한 소집단이나 프로젝트 활동 형태를 통합 가정한다. 이러한 이론적 근거에 의해 개발된 유치원 스마트기기 대·소집단활동 프로그램 활동안은 [그림 8-12]에 제시된 '유아교육기관 스마트폰·태블릿 PC 활용 프로그램' 사이트에서 다운받을 수 있다(네이버에서 '유구종' 검색 → '유아교육기관 스마트폰·태블릿PC 활용 프로그램' 클릭(www.youngchild.kr)〉스마트폰 활용 프로그램〉'프로그램 활동안' 메뉴).

그림 8-12 유아교육기관 스마트폰·태블릿PC 활용 프로그램 사이트 메인화면 구성

사진출처: 유아교육기관 스마트폰·태블릿PC 활용 프로그램(www.youngchild.kr).

저자가 한국연구재단의 지원을 받아 온라인상에 구축한 '유아교육기관 스마트폰·태블릿PC 활용 프로그램'은 향후 지속적으로 관리될 것이며 유아교육 현장의 교사들뿐 아니라 유아를 자녀로 둔 부모들을 위하여 스마트폰과 태블릿 PC를 활용한 활동을 전개하기 위해 도움을 줄 것이다. 이 프로그램에는 유아 게임 과몰입 예방 프로그램이 포함되어 있으며 유아교사들을 위한 ICT 기본 기술들이 소개되어 있어 유아교육 정보화에 기여할 수 있을 것이다. 특히 최근 관심을 모으고 있는 오프라인 전자책과 온라인 전자책, 스마트 전자책 등을 제작하는 방법을 제시하고 있으며 실제 구축 예를 소개하고 있다([그림 8-12] 참조).

### 4) 스마트 지도, 스마트 다문화 활동

유아교육기관의 위치나 실외 전경을 소개하거나 스마트 지도 활동을 전개하기 위해서는 '다음 로드뷰'를 활용할 수 있다. 또 유아교육기관의 실내 전경을 소개하

기 위해서는 다음 스토어뷰를 활용할 수 있다. 네이버에서도 유사한 증강 현실 길 찾기 서비스를 제공하고 있어서 활용할 수 있다. 이러한 유아교육기관 로드뷰 장면(찾아오시는 길 등)은 동영상으로 캡처하여 이메일에 첨부하여 발송할 수도 있다.

갤럭시 탭이나 아이패드의 내비게이션 앱을 이용할 경우 '우리 동네'를 주제로 한 우리 동네 기관 찾기, 견학지 길 찾기 등 다양한 활동으로 전개할 수 있다. 이는 다음 지도나 네이버 지도 등의 지도 앱을 이용한 우리 집 찾기, 우리 집 가는 길 알아보기, 우리 동네 기관 찾기, 견학지 길 찾기 등의 활동과 통합될 경우 기존의 지도나 지구본 매체를 효율적으로 대체할 수 있다. 특히 다음 지도 앱의 경우는 '로드뷰' 기능이 있어서 유아교육기관에서 견학지에 방문하기 전에 실제 견학지로 가는 길을 확인하고 견학지를 화면상에서 실제 형태 그대로 확인해 보는 활동으로 전개할 수 있다.

'구글어스'의 경우는 세계의 여러 나라를 주제로 세계 각국의 유적지나 유명 건물 등(에펠탑, 피라미드, 루브르 박물관 등)을 소개하고 이야기 나누기 활동을 전개할 때 유용하게 사용할 수 있는 프로그램으로 '유아교육기관 스마트폰·태블릿 PC 활용 프로그램(네이버에서 '유구종' 검색 → '유아교육기관 스마트폰·태블릿 PC 활용 프로그램' 클릭(www.youngchild.kr)〉멀티교사교육〉'프로그램 활용' 메뉴 6번 자료)사이트나 인터넷상에서 무료로 다운받아 사용할 수 있다.

'Google Cultural Institute'는 우리나라와 세계 여러 나라의 박물관이나 미술관 등을 3차원 가상 현실로 보여 줌으로써 '세계 여러 나라'나 '다문화'를 주제로 한 활동으로 전개할 수 있는 가상 현실 사이트이다. 구글어스가 해당 건물이나 유적지 등을 대상으로 지도상에서 가상 현실 외부 견학을 가능하게 한다면, 'Google Cultural Institute'는 해당 박물관이나 미술관 등을 대상으로 가상 현실 실내 견학을 가능하게 한다. [그림 8-13]에서 보듯이 유아들은 선생님과 함께 경기도 어린이 박물관을 실제로 방문한 것처럼 가상 경험할 수 있다.

구글어스는 해당 사이트에서 프로그램을 다운받아 설치하면 사용 가능하며, Google Cultural Institute는 사이트상에서 직접 실행 가능하다. 두 프로그램 모두 스마트기기에서 앱을 설치하여 사용할 수도 있으나 구글어스는 우리나라의 경우 보안상의 문제로 설치에 제약이 있다. 두 프로그램의 앱 설치방법은 다음 페이지의 〈메모〉를 참고하기 바란다.

**그림 8-13** 'Google Cultural Institute' 사이트와 앱(구글문화)

사진출처: 해당 박물관 사이트(https://artsandculture.google.com).

## 〈메모〉 '구글어스'와 '구글 아트앤 컬쳐' 앱 활용 사이트

'구글어스'와 '구글 아트앤 컬쳐' 앱 설치방법은 유구종 사이트의 아래 자료를 참조하거나 다운로드 받을 수 있다.

네이버에서 '유구종' 검색 → '유아교육기관 스마트폰·태블릿PC 활용 프로그램' 클릭 (www.youngchild.kr)>커뮤니티>Q&A의 10번, 12번, 24번 자료

## 5) 전자칠판

전자칠판은 초대형 화면 구현이 가능하고 타 스마트기기들과 연결될 수 있을 뿐 아니라 유아들의 손가락 터치에 반응함에 따라 다음과 같은 장점이 있다. 첫째, 유아들에게 수업활동의 흥미를 불러일으킨다. 둘째, 교사나 유아가 컴퓨터에서 벗어나 자유롭게 활동에 임할 수 있다. 셋째, 전자칠판의 화면상에서 손가락으로 직접 활동할 수 있기 때문에 실제 활동이나 실물교육과 연관수업이 가능하다. 넷째, 시각적인 효과를 이용하여 듣기 활동이나 문자 지도를 재미있게 진행할 수 있다. 그 외에도 듣기, 말하기, 읽기, 쓰기를 동시에 진행할 수 있으며 교사-유아, 유아-유아 상호작용을 활발하게 한다.

[그림 8-14]는 스마트기기 활용 유치원 스마트환경 구축의 일부분으로 전자칠판을 활용하여 적용한 수업활동의 예이다.

**그림 8-14** 전자칠판을 활용한 유아 안전예방 교육

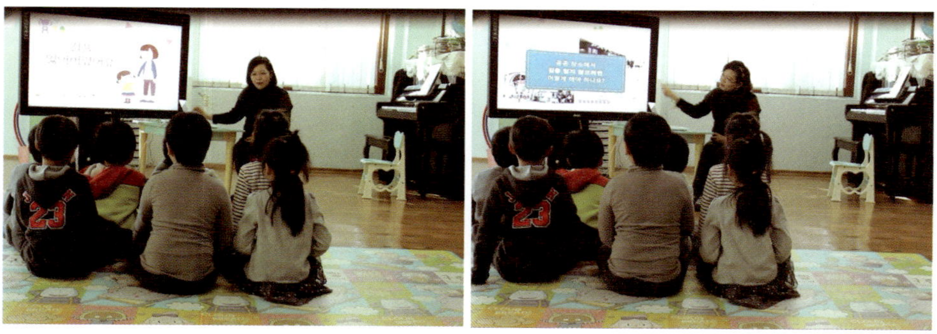

사진출처: T시 H유치원 제공.

## 6) 유아교육에서의 AI로봇 활용

유아교육에서의 AI(인공지능)로봇 활용은 교사 행정업무, 일상 활동, 대·소집단활동, 자유선택활동 등에 적용될 수 있다. 보안상의 이유로 무선인터넷 사용에

제약이 있을 수 있으며 회사가 여러 번 인수합병되는 동안 AS의 어려움이 발생하는 등 여러 가지 문제점에도 불구하고 현재도 유아교육기관에서 활용되고 있는 제니보 로봇은 인공지능로봇의 미래를 가늠해 보게 한다. 제니보 로봇이 유아교육기관으로 보급된 이후로 국공립 유아교육기관의 경우 보안상 와이파이 환경의 제약 등으로 활용에 제약을 받고 있는 상황이기는 하나 유아교육 분야에서 인공지능의 효율적인 적용 예로 많은 시사점을 제공할 것이다. 특히 제니보 인공지능로봇의 경우 100여 가지의 음성명령(앉아, 앞으로, 뒤로 등)을 수행할 뿐 아니라 상황이나 유아의 반응형태에 따라 다양한 감정표현을 함으로써 유아들과 감정교류를 할 수 있고 공감능력 형성에 도움을 줄 수 있다는 장점이 있다. [그림 8-15]는 넘어진 제니보 로봇이 일어날 수 있도록 응원하고 마음을 교류하는 유아들의 활동 장면이다. 이러한 인공지능로봇 활동의 가장 큰 장점은 타인이나 애완동물과의 공감과 같은 감정교류가 로봇이라는 ICT 매체와도 가능하다는 점을 배우는 것이다.

그림 8-15 넘어진 '제니보' 로봇과의 공감 활동

| 관찰 사례 | ✓ 제니보가 넘어졌어요. |
|---|---|
| 유아의 반응 | - " 못 일어날 것 같아요."<br>- " 일어날 수 있을 것 같아요."<br>- " 뭐라고 해주면 좋을까?"<br>- " 힘내라.. 잘 해라...라고 해줘요."<br>- (제니보가 일어나자 유아들은 박수를 쳐준다.)<br>- "아까 넘어져서 안 다쳤어?" - "괜찮아?" |

사진출처: 경기도 에덴유치원 제공.

KT는 '키봇 1'에 이어 '키봇 2'를 개발 시판했는데, 홈 모니터링, 빔프로젝터, 자율주행 등 기존 제공되던 대부분의 기능뿐만 아니라 다양한 콘텐츠를 포함시켰다. '키봇 2'는 2012년에 '제니보'에 이어 교육부에서 시행한 'R-러닝(Robot based Learning)' 인증을 받은 바 있는데, 'R-러닝 인증'은 교육과학기술부 산하의 로봇기반 교육지원단이 R-러닝용 로봇의 기술적 완성도 및 내장되어 있는 콘텐츠의 유아교육 적합성, 안전성, 신뢰성 등을 엄격한 심의를 통해 인증하는 제도이다. 인증을 통과한 로봇은 교육청 지원을 통해 전국의 유치원으로 보급된 바 있다. 유치원에 보급된 '키봇 2'는 다양한 콘텐츠, 로봇기능, 영상통화 등 기존의 기능뿐만 아니라, 유치원 교육에 특화된 서비스들이 탑재되었다. 출결관리 및 일정관리, 교사와 아이들이 상호교감하며 공부할 수 있는 다양한 멀티미디어 콘텐츠 등은 효과적으로 교과활동을 지원할 수 있게 설계되었다.

**그림 8-16** 유치원에 보급된 바 있는 KT의 교육용 통신 로봇 '키봇 2'

사진출처: 네이버 블로그(https://blog.naver.com/moto2020/221024751963).

SKT는 유아 · 초등생이 교육용 스마트로봇 '알버트'와 '아띠'를 이용해 SW 개발 과정(코딩)을 학습할 수 있도록 하는 학습교구 패키지인 스마트로봇 '코딩스쿨'을 보급하였는데 유아 코딩교육의 가능성을 보여 주었다는 측면에서 고무적이다. KT의 경우 키봇 1, 키봇 2를 선보이며 교육용 로봇 사업에 적극 나섰지만 이후 키봇 3

생산을 취소했다. 이러한 로봇들이 지속적으로 유아교육에 활용될 수 있기 위해서는 하드웨어(HW)적인 기술수준보다도 AI 기술과 소프트웨어를 더 발전시키고 이를 로봇에 적용하는 교육적 관점에서의 기술(technology)이 요구된다 할 것이다.

미래 스마트시대에는 동화, 신체, 영어활동까지 인공지능로봇이 유아교사를 보조하는 시대일 것이다. 타임지가 발표한 2018년 25대 혁신 제품에 선정된 키즈엠社의 AI로봇 '루카'는 유아들에게 디지털기기나 로봇을 통하여 동화를 읽어 주는 것이 아닌 유아의 그림책 읽기를 도와주는 인공지능 로봇이라는 측면에서 고무적이다. [그림 8-17]의 AI로봇 '루카'는 종이책을 읽는 유아에게 음성지원을 하고 상호작용을 유도하는 역할을 할 것이다. 세계에서 가장 빠르고 정확한 이미지 인식 기술이 탑재된 '루카'는 동화구연과 녹음 기능을 비롯하여 연동된 앱(App)을 통해 다양한 책 놀이를 제공한다.

그림 8-17 상호작용하는 AI로봇 '루카'

사진출처: 키즈엠(kizm.co.kr).

### 7) 유아교육에서의 빅 데이터 활용과 코딩교육

빅 데이터 활용 절차는 '수집, 저장, 처리, 분석, 시사점 도출'의 과정을 거친다. 유아교육 분야에서도 이러한 절차를 걸쳐 다양한 유아교육 수업전략이나 이론을 개발할 수 있다. 즉, 교사 역할이나 교사의 반성적 사고와 같은 교육적 요구는 빅 데이터 시스템에 수집, 저장되어 분석된다면 유아교육 교수방법이나 교수전략 수립과 개발에 효과적으로 활용될 수 있는 것이다. 빅데이터 활용의 중요성은 나날이 증가하는 추세이다.

유아교육 활동이나 교수방법, 놀이형태, 상호작용 패턴 등의 교육현상 분석을 위해 빅 데이터 활용 방법이 모색될 수 있다.

코딩교육의 장점은 코딩놀이를 통하여 논리성과 순차성을 습득하게 되는 것이라고 할 수 있다. 이러한 논리·수학적 코딩활동은 스토리텔링 코딩(그래픽 인터페이스 환경에서의 이야기 만들기와 영화 스토리 만들기와 같은 형태의 코딩)과 같은 인공지능 활동으로 적용이 가능하다는 장점이 있다. 예를 들어, 코딩으로 배우는 스토리텔링 수학 '키드코딩'은 만 3~5세 유아 대상 유치원·어린이집 특별활동 코딩 교육 프로그램이다. '코딩 & 플레이 프리스쿨' 프로그램은 SKT와 스마트로봇 '알버트' 공급 계약을 맺은 방문교육 및 교사 양성 프로그램이다. 유아들이 실제 진행하기 힘든 텍스트 코딩을 배우는 것이 아니라 코딩교육의 개념을 놀이를 하듯 익혀 CT(Computational Thinking, 컴퓨터적 사고력)를 증진할 수 있도록 구성해 논리적 사고, 창의적 사고, 의사소통 능력, 문제해결 능력을 키울 수 있도록 개발된 프로그램이다.

대표적인 유아 코딩로봇으로는 '비봇(Bee-Bot)', '로머(Roamer)', '알버트(Albert)', '오조봇(Ozo bot)' 등이 있다.

그림 8–18 '키드코딩'과 '코딩 & 플레이 프리스쿨' 프로그램

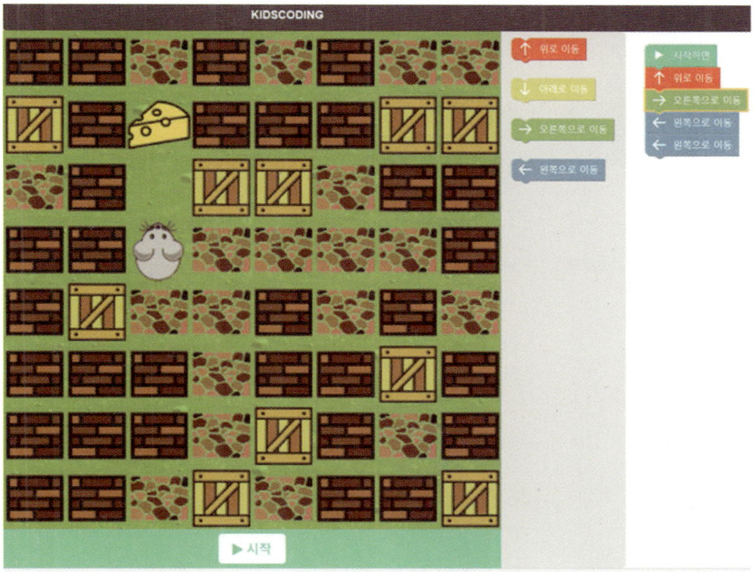

사진출처: 코딩&플레이(www.codingnplay.co.kr).

## 2. 유아교육과정에서 교육공학과 스마트 활동 통합

유아교육기관 교실에서, ICT 기기나 앱은 소집단이나 대집단 활동 시간에 그리고 유아들의 독립적인 놀이 시간(선택활동 시간)에 잘 통합될 수 있다. 집단활동 시간에 여러 가지 방법들을 동원하여 새로운 ICT 기기나 앱을 소개해 주고 선택활동 시간에는 유아들 스스로가 상호작용을 통하여 ICT 기기나 앱을 활용한 활동을 할 수 있게 환경을 마련해 주는 것이 좋은 방법이 될 수 있다.

### 1) 집단활동 시간에 ICT, 앱 사용하기

#### (1) 대집단활동 시간에 수행하기(미러링 기능 활용)

대집단활동 시간에는 스마트기기와 관련된 활동에 모든 유아가 참여해 보는 것은 어려운 반면 대집단을 대상으로 소개한 활동이 추후 성공적인 개별 활동에 도움이 되기 때문에 중요하다.

대집단활동 시간의 스마트기기 활동을 위해서는 스마트폰이나 태블릿의 화면을 무선으로 연결하는 기능이 필수적이다. 스마트폰과 TV의 대형화면과의 연결은 '미러링(Mirroring and Casting)' 기능[4]을 이용하여 무선으로 연결하거나 '미러링 케이블'로 유선으로 연결하면 된다. 자세한 방법은 다음 페이지의 〈메모〉를 참고하기 바란다.

4) 미러링과 캐스팅(Mirroring and Casting) 기능, 미러링과 캐스팅은 스마트폰에 표시되어야 할 내용을 주변의 다른 장치에 표시되도록 하는 기술이다.

### 〈메모〉 미러링 케이블과 스크린 미러링

스마트 TV는 스크린 미러링 기능이 있어서 스마트폰에서 '스크린 미러링(삼성 폰의 경우는 스크린 미러링 혹은 스마트 뷰, LG 폰의 경우는 미러 캐스트, 애플 폰의 경우는 화면 미러링 혹은 Air play)' 기능을 활성화하기만 하면 스마트폰 화면을 연결할 수 있다. 스마트폰의 '스크린 미러링' 기능을 활성화하고 TV를 '외부입력' 상태로 하면 무선으로 스마트폰 화면을 TV 화면으로 연결할 수 있다. 아래는 삼성 폰의 미러링 환경설정 화면이다.

일반 TV의 경우는 스크린 미러링 기능이 없기 때문에 스마트TV로 바꿔 주는 기능이 필요한데, 스크린 미러링 기능을 가능하게 해 주는 어댑터를 이용하면 된다. 일반 TV나 모니터, 빔프로젝터의 뒷면 HDMI 단자에 '미러링 어댑터(동글이)'를 끼우고 스마트폰이나 태블릿의 '스크린 미러링(스마트 뷰, 미러 캐스트, 화면 미러링)' 메뉴를 이용하여 연결만 해 주면 된다.

아래 화면은 네이버에서 [스크린 미러링 코시]를 검색하여 검색된 '코시(cosy)'社의 '미러링 어댑터(동글이)' 제품이다. 이 제품은 모든 종류의 스마트기기와 미러링이 가능하며(구글폰, 애플폰) 추가로 앱을 설치할 필요가 없는 장점이 있는 반면 가격도 저렴한 편이다.

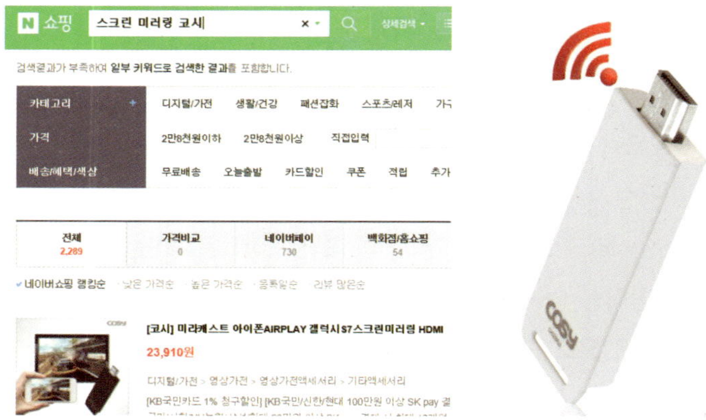


사진출처: 네이버 쇼핑검색(https://shopping.naver.com/), 코시(cosy)社.

물론 아래와 같이 미러링 케이블(MHL케이블)을 구입하여 스마트폰이나 태블릿의 단자와 일반 TV나 모니터, 빔프로젝터의 뒷면 HDMI 단자를 연결해 주면 유선으로 미러링 기능을 구현할 수 있다. 스마트폰이나 태블릿의 단자는 스마트기기의 종류에 따라 다르기 때문에 규격에 맞는 것을 확인하고 구입해야 한다.

사진출처: 네이버 쇼핑검색(https://shopping.naver.com/), 아트뮤社.

### (2) 소집단활동 시간에 수행하기

소집단활동 시간에는 스마트기기를 중심으로 유아들이 교사와 함께 원형으로 앉게 되면 스마트기기와 교사 둘 다에 주의 집중할 수 있게 된다. 스마트기기 활동을 보면서, 교사는 각 단계마다 유아들로부터 반응을 유발할 수 있는 질문을 할 수 있다. "어떻게 하면 태블릿에서 소리가 나게 할 수 있을까?", "어떻게 하면 코딩로봇이 앞으로 갈까?", "이 단추를 누르면 어떤 일이 일어날까?"와 같은 질문이다. 교사가 단추를 눌러 볼 수도 있지만, 더 바람직한 것은 유아들에게 단추를 차례로 눌러 보게 하는 것이다. 이렇게 하면 유아들이 사용법에 익숙해지게 하는 장점도 있지만 자신이 행한 행동이 어떤 결과를 가져오는지 지켜 보게 하는 수단이 되기도 한다. 이런 관찰은 유아들로 하여금 스마트기기에 대한 두려움보다는 스마트기기를 스스로 통제하고 있다는 '자기 통제력'과 '기기 통제력'을 갖게 해 준다.

이는 유아들의 스마트기기 관련 기초 능력의 출현 개념으로 사용되는 '발현적 스마트능력(emergent smart ability)'과 관련될 수 있다. 유아들에 있어 실생활에서 활용될 수 있는 스마트기기를 친구들과 놀이처럼 작동해 보는 경험이 쌓이게 되면 자연스럽게 스마트기기에 대한 자신감이 생겨 스마트교육으로 이어질 것이다. 숲을 방문하여 스마트폰 현미경으로 꽃이나 나뭇잎을 탐구하는 소집단활동을 전개하면서 유아들은 숲에 대한 지식이나 자연에 대한 사고의 확장뿐 아니라 스마트기기에 대하여 자연스럽게 접근하게 되고 능력감을 형성할 것이다. 유아들이 소집단활동을 통하여 유아교사, 친구들과 함께 코딩로봇을 가지고 놀아본 경험은 스마트기기에 대한 통제력 형성에 도움을 준다. [그림 8-19]에서 유아들은 단추를 누르는 명령 하나하나가 스마트로봇을 작동하게 한다는 것을 깨닫게 되면서 자기도 모르게 스마트기기에 대한 통제력과 능력감을 형성하게 된다.

유아 1: 얘들아, 이 단추를 누르니까 로봇이 앞으로 가는 것 같아!
유아 2: 어! 두 번 누르니 더 멀리 간다.
유아 3: 한 번 누르면 조금 가고, 두 번 누르면 멀리 가는 것 같은데?
교사: 그렇구나! 그럼, 어떻게 하면 뒤로 갈 수 있을까?

(유치원 스마트로봇 활동 관찰)

**그림 8-19** 코딩로봇(비봇) 소집단활동

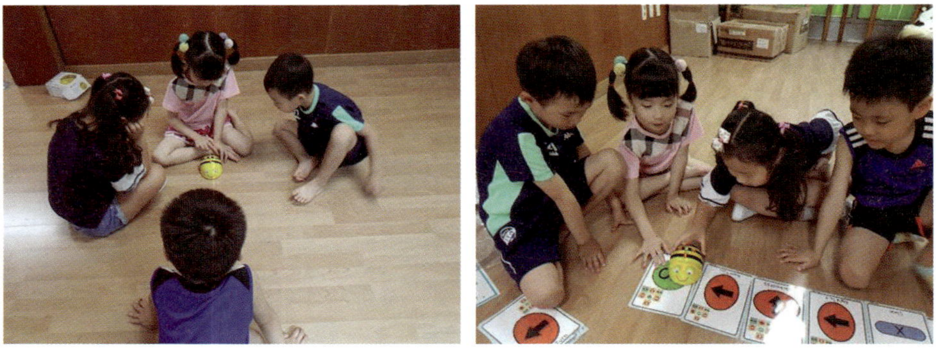

사진출처: 광주광역시 문예동산유치원.

### 2) 선택활동 시간에 ICT, 스마트 활동 통합하기

유아교육기관 선택활동 시간에 있어 스마트기기는 컴퓨터영역, 조작놀이영역, 역할놀이영역과 같이 특정 영역에서 활용될 수 있다. 또한 컴퓨터영역과 더불어 통합된 스마트영역에서 활용될 수도 있다. 최근 스마트기기가 다양한 영역에서 광범위하게 활용되고 있기 때문에 유아교육기관의 영역들과 자연스럽게 통합 운영될 수 있는 것이다.

언어영역에서는 인공지능 로봇이 책을 읽어 주고 유아들이 질문하면 화면상에 콘텐츠를 상영해 줌으로 답해 준다. 음악영역에서는 태블릿의 피아노 앱이나 실로폰 앱으로 연주 활동을 할 수 있다. 홀로그램 피아노를 이용해서는 온몸으로 연주할 수 있다. 미술영역에서는 태블릿으로 그림 그리기 활동을 할 수 있으며, 극놀이영역에서는 AR 그래픽화면을 배경으로 극놀이를 전개할 수 있다.

최근에는 자유선택활동이 컴퓨터와 더불어 스마트기기 등을 활용한 활동과 통합하여 '스마트영역'으로 통합적으로 운영될 필요성이 제기된다. 이제는 컴퓨터 선택활동도 스마트기기 등과 더불어 '스마트 선택활동'의 일부분이 되고 있는 것이다.

유아교육기관에 매립형 스마트칠판(홀로그램 바닥)이나 탁자형 스마트칠판(홀로그램 테이블)을 포함하여 스마트영역을 설치하거나 홀로그램 통합 선택활동영역을 구성하게 되면 기존 선택활동영역과 적절히 통합될 수 있을 뿐만 아니라 스마트칠판상의 프로그램이 유아교육기관 교육활동을 적절히 보조하고 통합될 수 있다는 측면에서 그 활동도가 높다 할 수 있다. 예를 들어 태블릿 실로폰 활동이나 홀로그램 실로폰 활동은 음률놀이영역과 통합될 수 있으며 증강 현실 블록놀이 활동은 쌓기놀이영역과 적절히 통합 운영될 수 있다. 태블릿이나 홀로그램상의 실로폰 연주 활동이나 3차원 가상의 블록을 이동하여 맞추는 활동은 기존 흥미영역의 실물 놀잇감 활동을 보조하고 다양하게 한다. 스마트 그림책 활동은 언어영역과, 스마트현미경 활동은 과학놀이영역과, 매립형(바닥형) 스마트칠판의 스마트팔레트 활동은 미술놀이영역과, 전자블록이나 홀로그램 집짓기 활동은 목공놀이영역과, 홀로그램 모래놀이 활동은 모래놀이영역과 잘 통합될 수 있다. 예를 들어 [그림 8-20]과 같은 홀로그램 테이블이 스마트영역에 배치될 경우 아래 예와 같은 다양한 통합활동 전개가 가능하다. [그림 8-20]의 경우 자연탐구 활동의 예인데, 모래놀이영역에서는 실제 모래를 파고 씨앗을 심어 가꾸는 활동을, 미술영역에서는 자연을 배경으로 동물그림을 배치하고 손으로 그려 넣는 활동을 전개할 수 있다.

> 유아 1: 선생님, 손가락으로 누르니까 코뿔소가 소리를 내며 뛰어가요.
> 유아 2: 어! 손가락 두 개를 펼치니까 비가 주룩주룩 내려요.
> 유아 3: 나뭇잎을 짧게 누르면 조금 날아가고, 오래 누르면 멀리 날아가는 것 같아요.
> 교사: 그렇구나! 홀로그램은 우리가 누르면 움직여 주는구나!
>
> (유치원 홀로그램 테이블 활동 관찰)

그림 8-20 탁자형 스마트칠판(홀로그램 테이블)

사진출처: 인피니티미디어社 제공(www.infimedia.co.kr).

예를 들어 [그림 8-21]과 같은 홀로그램 바닥 형태로 스마트영역이 구성될 경우 아래 예와 같은 다양한 통합활동 전개가 가능하다. 유아교육기관 교실에 홀로그램 바닥 선택활동영역이 구성될 경우 유아들의 손과 발을 통한 터치는 물론 신체활동 동작을 인식할 수 있기 때문에 음악, 미술활동과 동작활동의 통합활동에 적용하기 용이하다.

> 교사: 자! 친구와 부딪치지 않고 드럼 연주를 해 볼까요?
> 유아 1: 바닥에 있는 드럼을 발로 누르면 드럼 소리가 나요.
> 유아 2: 세게 밟으면 큰소리가, 살살 밟으면 작은 소리가 나요.
> 유아 3: 우리 같이 밟아 보자. 어떤 소리가 날까?
>
> (유치원 홀로그램 바닥 활동 관찰)

그림 8-21 바닥형 스마트영역(홀로그램 바닥)

사진출처: 토모노트社 제공(www.nurinote.com).

이러한 선택활동 시간은 유아들이 코딩로봇 활동을 전개하기 용이한 시간이다. [그림 8-19]와 같은 코딩로봇은 선택활동영역에 배치되어서도 유아주도적인 코딩 놀이 활동 전개로 이어진다. 소집단활동 시간에 교사, 친구들과 함께 조작해 본 경험은 선택활동 시간에 친구들 앞에서 자랑스럽게 뽐내는 자기 주도적이며 문제해결적 활동으로 이어질 것이다.

선택활동 시간의 놀이활동은 교사에 의하여 스마트기기를 활용한 관찰, 평가 활동으로 전개될 수 있다. 강원유아교육진흥원 평가 앱의 경우 유아교육기관의 선택활동 시간 놀이활동을 유아교사가 관찰 평가할 수 있도록 설계되어 있다. 유아의 사회성이나 공격성 등을 평가양식에 따라 스마트폰으로 평가할 수 있을 뿐 아니라 누리과정 5개 영역별로 관찰평가가 가능하다. 특히 유아의 놀이 음성을 텍스트로 변환하는 STT[5] 기능이 포함되어 있어, 놀이 기록화를 통한 평가활동, 반성활동을 저장할 수 있다. 새로운 누리과정은 선택활동 시간의 놀이 기록화와 협의체 구성을 통한 교사의 평가활동과 반성활동을 강조하고 있는데, 스마트시대의

5) TTS(Text To Speach)가 텍스트 자료를 음성으로 변환하는 기술을 의미하는 반면, STT(Speach To Text)는 입력되는 음성을 텍스트 자료로 변환하는 기술을 말한다.

유아교사에게 적합한 평가·반성활동 앱이라 할 수 있다. [그림 8-22]와 같이 앱 스토어에서 [강원유아교육진흥원]을 검색하고 설치하면 사용할 수 있는데, 오른쪽 화면의 앱이 최신버전이다.

**그림 8-22** 선택활동 시간 놀이 관찰, 평가 앱(강원유아교육진흥원 유아평가 앱)

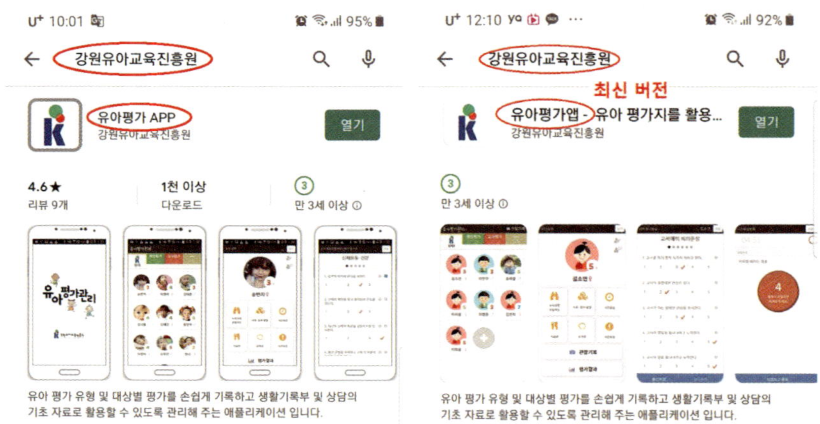


### 3) 이야기 나누기 시간에 ICT, 스마트 활동 통합하기

이야기 나누기 시간은 유아들이 만든 것이나 집에서 가져온 것을 유아교사가 스마트폰이나 태블릿으로 찍어서 대형화면으로 한꺼번에 모아서 보여 주고 공유하는 시간으로 계획할 수 있다. 물론 찍은 사진을 파워포인트로 제작하여 보여 줄 수도 있다. 대형화면으로 보면서 유아들에게 이야기하게 하면 다른 유아들과 자신이 경험한 것을 나누는 시간이 될 수 있으며 이러한 활동을 확장해 나가도록 격려하는 시간이 될 수 있다.

이야기 나누기 시간에 대표적으로 전개할 수 있는 활동이 스마트기기나 스마트 블록 등을 활용한 집단적인 이야기 만들기 활동이다. 교사는 유아들의 이야기를 스마트기기의 동영상 제작 앱(UCC 제작 앱), 동화 만들기 앱 등을 이용하여 미리 만들어 놓거나 유아들과 함께 만들어 보면서 이야기 나누기 시간에 이야기 나눌 수 있다. 집단 이야기는 현장견학 경험과 관련될 수도 있고 휴일이나 가족과 같은 주제에 대한 창의적인 이야기일 수도 있다.

[그림 8-23]은 유아들의 이야기나 사진을 이용하여 유아교사가 이야기 나누기 시간에 간단하게 동영상 콘텐츠를 제작할 수 있게 해 주는 '비바비디오(VivaVideo)' 앱이다. 사진이나 동영상을 이용하여 배경음악을 넣고, 음성이나 텍스트, 스티커 등을 삽입하여 이야기를 만들고, 동영상이나 움직이는 그림(gif)으로 저장하여 이야기 나누기 활동에 사용할 수 있다. [그림 8-23]에서처럼 앱 스토어에서 '비바비디오'를 검색하여 설치한다(왼쪽 그림). 미리 준비한 유아들의 작품이나 그림, 활동장면 사진들을 선택한 다음 편집기 화면 하단에 있는 테마를 선택하기만 하면 해당하는 테마로 손쉽게 동영상 제작이 가능하다(가운데 그림). 해당 장면에서 하단의 '효과' 단추를 누르면 원하는 글자나 말풍선, 스티커 등을 삽입할 수 있다(가운데 그림). 동영상(mp4)이나 움직이는 그림(gif)으로 저장하려면 '갤러리로 저장' 단추를 누르면 되고, 카카오톡으로 보내거나 유튜브에 올리려면 하단의 '공유' 아이콘 을 누르면 된다(오른쪽 그림).

**그림 8-23** 이야기 만들기에 활용 가능한 동영상 제작 앱 '비바비디오'

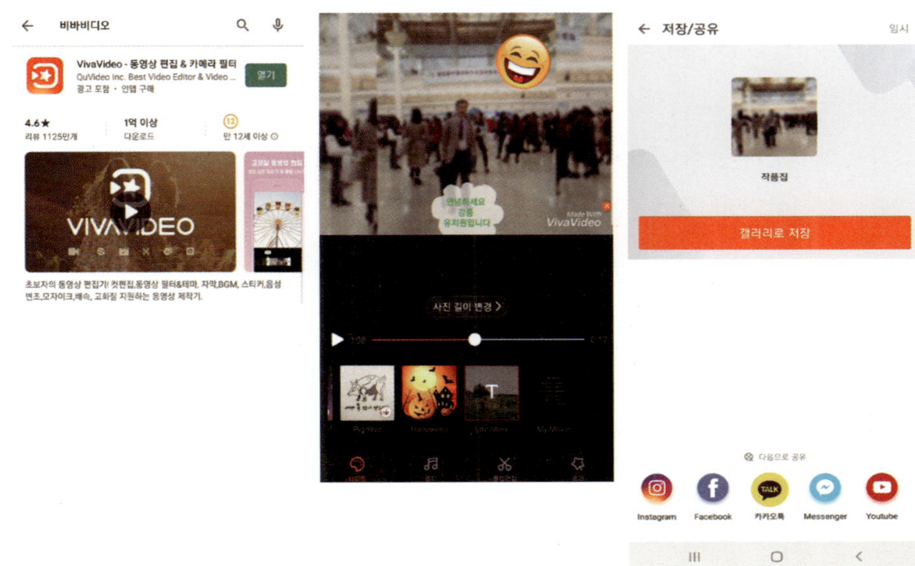

[그림 8-24]는 유아교사와 유아들이 함께 이야기 나누기 시간에 간단하게 동화 콘텐츠를 만들어 볼 수 있는 '북트랩스(BookTraps)-어린이 동화 만들기' 앱이다. [그림 8-24]와 같이 앱 스토어에서 '동화제작'을 검색하여 설치하면 되는데, 유아교사가 이야기 나누기 시간에 활용할 수 있는 간단한 이야기 나누기 자료를 제작하기에 적합하다. 특히 '북트랩스' 동화제작 앱의 경우 유아들의 사진을 그림책 페이지에 삽입하는 기능이 있어서 유아들을 주인공으로 하는 상황을 만들 수가 있다. 또한 유아들의 그림이나 작품을 삽입하는 기능을 통해 유아 스마트 그림전시나 작품전시에 활용할 수 있다.

[그림 8-25]는 '우리반 일기'를 제목으로 유아교사와 유아들이 함께 간단한 이야기를 만들어 보는 장면이다. 8페이지짜리 '우리반 이야기'를 제작하고 있는데, 유아들의 얼굴이나 유아들이 만든 것, 집에서 가져온 것들을 스마트폰으로 직접 찍어 삽입, 제작할 수 있다. [그림 8-26]에서 보듯이 '북트랩스' 앱은 저장, 인쇄, 공유 기능이 있어 유아교사가 언제든지 이야기를 만들어 저장하고 불러낼 수 있게 설계되어 있다. [그림 8-26]의 왼쪽 그림에서 '내 책'을 누르면 유아교사가 기존에 제작한 이야기들을 불러내서 수정하거나 인쇄, 공유할 수 있다. [그림 8-27]의 오른쪽 그림과 같은 '공유 기능( )'의 경우 페이스 북이나 유튜브에 올려 공유할 수 있다. [그림 8-26]의 중간 그림에서 보듯이 무선프린터로 출력할 경우 나만의 미니북(이야기 그림책)을 제작하여 오프라인 활동에 사용할 수 있다.

[그림 8-27]의 왼쪽 그림은 '북트랩스' 앱의 '나만의 캐릭터 제작' 기능인데, 그림책이나 이야기의 주인공을 유아교사와 유아가 직접 만들어 볼 수 있다. 앱에서 제공하는 조각그림들과 스마트폰으로 촬영한 유아 사진을 이용하여 제작하면 나만의 그림책이나 이야기 나누기 자료에 등장하는 주인공이나 캐릭터가 될 수 있다. [그림 8-28]은 '북트랩스' 앱의 'VR' 기능과 VR안경(VR 카드보드)에 나타난 VR 화면이다. 유아들이 왼쪽 그림의 'VR' 기능을 누르면 오른쪽 그림과 같은 VR 화면을 볼 수 있는데, VR안경이나 카드보드를 착용한 상태에서 보면 제작한 이야기를 실제 3D 동화장면으로 볼 수 있다.

그림 8-24 이야기 만들기에 활용 가능한 동화 만들기 앱 '북트랩스' 설치

그림 8-25 '북트랩스' 앱으로 유아교사의 동화 만들기 제작 예

그림 8-26 '북트랩스' 앱의 저장, 인쇄, 공유 기능

사진출처: 플레이스토어(play.google.com), BookTraps社.

그림 8-27 '북트랩스' 앱의 '나만의 캐릭터 제작' 기능과 '공유' 기능

사진출처: 플레이스토어(play.google.com), BookTraps社.

그림 8-28 '북트랩스' 앱의 'VR' 기능과 VR안경(카드보드)에 나타난 VR 화면

사진출처: 플레이스토어(play.google.com), BookTraps社.

스마트 블록(smart block)을 활용한 이야기 만들기 활동도 가능하다. 스마트 블록은 기존의 조립형 놀잇감인 블록에 사물인터넷 기술이 적용되어 스마트기기로 제어하거나 연결할 수 있는 블록을 말한다. 최근에는 스마트 블록이 다양한 이야기 형태로 시판되고 있어서 유아교육기관 이야기 나누기 활동에 활용될 경우 스마트 블록의 배열로 대형화면에 이야기를 전개할 수 있다. 다음의 '모블로(MOBLO)' 스마트 블록의 경우 유아들이 블록을 순서대로 채우는 활동을 통해 화석을 발굴하고, 공룡이 살던 과거의 모습을 스마트폰으로 볼 수 있어서 대형화면과 연결할 경우 공룡 이야기로 확장할 수 있다. 유아들이 손가락을 이용해 조작한 블록이 스마트폰을 통해 대형화면에 그림 이야기로 나타나니 유아들의 주의 집중을 유도하는 스마트 활동이라 할 수 있다. 스마트폰과 TV의 대형화면과의 연결은 '미러

링(Mirroring and Casting)' 기능[6)]을 이용하여 무선으로 연결하거나 '미러링 케이블'로 유선으로 연결하면 된다.

그림 8-29 스마트 블록 '모블로(MOBLO)' 공룡 이야기 활동

사진출처: 네이버블로그 짱아슘(blog.naver.com/csm0227sm/221146053172)

## 3. 발현적 ICT 유아교육과정

'정보통신기술(Information and Communications Technology, ICT)'이란 정보기술(Information Technology)과 통신기술(Communication Technology)을 합한 말로 정보기기에 관한 하드웨어 기술과 정보기기의 운영과 관리에 필요한 소프트웨어 기술을 포함한다. 스마트폰, 태블릿 등 스마트기기가 사실상 컴퓨터에 해당되는 기기라는 점을 감안하면 'C-P-N-D'라는 표현이 ICT를 설명하는 데 가장 유용하다 할 것이다. 콘텐츠가 더 이상 디바이스 내부에 존재하는 것이 아니라 네트워크 형태로 어디서든 접근이 가능하다는 개념인 만큼 '콘텐츠(C)-플랫폼(P)-네트워크(N)-디바이스(D)' 개념이 적절하다. 스마트기기와 전자제품들이 'IoT(사물인터

6) 미러링과 캐스팅(Mirroring and Casting) 기능, 미러링과 캐스팅은 스마트폰에 표시되는 화면이 주변의 다른 장치에 표시되도록 하는 기술이다.

넷)'로 연결되어 네트워크상의 콘텐츠로 접근 가능한 만큼 4차 산업혁명시대 ICT 개념은 모바일(mobile),[7] 웨어러블(wearable),[8] 빅데이터(big data)[9] 개념을 포괄하는 의미로 해석되어야 할 것이다.

오늘날 친숙한 ICT 제품들로는 전화, TV, 오디오, 비디오, CD플레이어, 디지털카메라, 컴퓨터 등의 전자기기와 더불어 스마트폰, 태블릿 등의 스마트기기, 스마트워치, 스마트밴드 등의 웨어러블 기기, 전자 놀잇감, 스마트 로봇 등을 들 수 있다. 특히 최근에는 스마트폰과 태블릿을 중심으로 모든 기기들이 연결되는 'IoT(사물인터넷)'가 그 중심개념을 차지하고 있다. 현재 우리나라 유아교육과정이나 유아교육 프로그램들을 보면 스마트기기 활용을 포함한 정보통신 기술 활용에 대한 부분이 미진한 것이 사실인데, 정보통신 기술의 활용은 유아교육프로그램의 훌륭한 도구로 기여할 수 있다는 측면에서 그 필요성이 부각되고 있다.

미국에서는 NAEYC(전미 유아교육협회)가 1996년에(1998년에 개정) 「NAEYC 입장 진술: ICT와 유아, 3세~8세」라는 책자를 출판하였다(NAEYC, 1996). 이 책자는 NAEYC의 「유아교육에서의 발달에 적합한 실제, 0세~8세(Copple & Bredekamp, 2010)」라는 책이 유아교육과정의 지침이 되어 온 것처럼 발달에 적합한 유아 ICT 교육과정의 지침이 되어왔다. 유럽에서는 부모와 유아교사들을 위한 ICT 실제와 지침을 제공하기 위해 DATEC(발달에 적합한 유아 ICT 교육; Developmentally Appropriate Technology in Early Childhood) 프로젝트가 수행되고 출판되었다. DATEC 프로젝트는 처음 EU(유럽연합)에 의해 지원되었으며(1999~2001년) 그 이후는 IBM 회사에 의해 지원받았다.

사실 DATEC 프로젝트는 처음에는 가장 적절한 형태의 ICT 유아교육과정을 개발하는 데 기여하였으며(Siraj-Blatchford & Siraj-Blatchford, 2002, 2003), 현재는

7) mobile device, 모바일 장치, 스마트폰 등 호주머니에 휴대할 수 있는 소형 컴퓨터 장치. (출처: Oxford Advanced Learner's English-Korean Dictionary)
8) wearable device, '입을 수 있는 기계'라는 뜻으로서 입거나 몸에 부착하여 사용하는 장치.
9) 기존 데이터에 비해 너무 방대해 이전 방법이나 도구로 수집, 저장, 검색, 분석, 시각화 등이 어려운 정형 또는 비정형 데이터 세트.

ICT 교육과정이 다음과 같은 두 가지 형태로 진행되고 있다.

① 발현적 ICT 소양교육(emergent technological literacy) 프로그램

② ICT 관련 도구를 실제적으로 다루는 유아의 능력 개발

발달에 적합한 유아 ICT 교육은 발현적 ICT(emergent technology)교육을 중심으로 한 교육과정으로 전개될 수 있다(Siraj-Blatchford & Siraj-Blatchford, 2002; Siraj-Blatchford, 2003).

발현적 ICT 교육과정(emergent technology curriculum)은 다른 '발현적(emergent)' 교육과정과 유사한 적용이 가능하다. 발현적 읽기쓰기(emergent literacy) 활동을 하는 교사가 쓰기 활동으로의 시초로 '끼적거리기' 활동을 촉진하는 것과 마찬가지로, 발현적 ICT 교육에 있어서는 유아가 ICT 제품을 놀잇감으로 사용하는 것을 격려한다(유구종, 2005). 발현적 ICT 교육과정 속에서 정보기기들과 멀티미디어 자료들은 유아들의 창의성을 자극하고 놀이를 지속하게 하는 놀이활동의 도구이다. 유아교육기관 일과 운영에 있어서도 선택활동 시간, 이야기 나누기 시간, 집단 활동 시간 등에 있어 정보기기와 멀티미디어 자료 활용이 강조된다. 유아들이 활동을 통하여 가설을 세우고 검증해 가는 과정에서 정보기기와 멀티미디어 자료는 흥미와 관심을 유발하기 위한 도구이며 활동의 자료(sources)가 된다.

예를 들어, 놀이동산에 견학가기 전에 교사와 함께 태블릿이나 컴퓨터로 견학 갈 놀이동산 인터넷 사이트에서 사진이나 동영상을 통하여 간접 경험한 것을 다양한 방법으로 표상해 본다면 레지오 에밀리아 접근법에서 말하는 프로젝트가 발현하는 계기가 될 수 있다. 물론 인공지능 앱이나 인공지능 스피커를 통하여 놀이동산 가는 길을 검색해 볼 수도 있을 것이다. 이렇게 발현된 프로젝트가 전개되면서 유아들은 가설을 설정하고 다양한 경험과 표상을 통하여 끊임없이 검증해 갈 텐데, 이때 인터넷 자료는 경험을 재구성하는 데 도움을 주는 반성적 자료로 쓰일 수 있다.

### 〈메모〉 발현적 ICT 교육, 발현적 스마트 교육

발현적 문식성(발생적 문식성, emergent literacy)이 읽기쓰기 능력이 나타나기 이전 유아들의 읽기쓰기 관련 기초 능력의 출현 개념으로 사용되듯이, 발현적 ICT(발생적 ICT, emergent technology)는 정보 통신 능력이 부족한 유아들의 ICT 관련 기초 능력의 출현 개념으로 사용된다. 마찬가지로 발현적 스마트능력(발생적 스마트능력, emergent smart ability)은 유아들의 스마트기기 관련 기초 능력의 출현 개념으로 사용될 수 있다. 예를 들어, 정보기기를 다루는 능력이 부족한 유아들이 슈퍼마켓 역할놀이 활동을 하면서 현금 등록기 전자 놀잇감을 놀이 과정에서 사용한다면 자신도 모르게 ICT 제품을 다룰 수 있다는 능력감을 형성해 갈 것이다. 마찬가지로 프로젝트 활동을 전개하면서 유아들이 소방서 현장 견학 이전에 소방서에 관한 토의 과정에서 인터넷 검색 활동을 전개하는 것은 토의 과정을 더욱 풍부하게 하여 다양한 표상활동으로 이어질 수 있을 것이다. 놀이동산 프로젝트 활동에서는 아마도 유아들이 멋진 포즈로 디지털 카메라나 태블릿 카메라 앱을 다루는 모습을 보게 될 것이며, 이러한 경험은 가족 여행에서 디지털 카메라나 태블릿을 들고 난리법석을 떠는 것으로 이어질 것이다. 스마트 블록을 끼우고 태블릿 앱으로 연주하면서 노래 만들기 활동을 전개해 본 유아는 피아노 활동에서 능력감을 발휘할 것이다.

유아들의 이러한 놀이에서는 태블릿 PC나 스마트폰이 적절하게 활용되어 유아들의 프로젝트 활동 전개에 도움을 줄 수 있다. 스마트기기는 사진 촬영과 동영상 촬영, 음성 녹음뿐 아니라, 최근에는 360도 사진이나 동영상 촬영, 현미경 기능, 내시경 기능 등이 탑재되어 있어 프로젝트 활동을 더 확장할 수 있게 도와준다. 특히 자연탐구 활동에 있어 숲을 방문하여 탐구하는 활동을 전개하면서 숲에 대한 지식이나 자연에 대한 사고의 확장뿐 아니라 스마트기기에 대한 자연스러운 접근과 능력감을 형성하여 4차 산업혁명 시대의 스마트 활용 능력에 기초가 될 수 있는데, 이러한 것을 발현적 스마트능력이라 할 수 있다.

발현적 읽기쓰기 활동을 하는 교사가 유아들에게 다양한 종류의 읽기쓰기 자료들을 읽어 주는 것과 마찬가지로 발현적 ICT 교육활동을 하는 교사는 유아들에게 다양한 종류의 ICT, 스마트기기와 프로그램들을 소개한다. 유아 교사는 유아들에게 성인이 되었을 때 부딪혀야만 하는 필수적인 ICT, 스마트 경험을 제공해야만 한다. 이러한 유아기 경험에는 여러 가지 ICT 기기들과 소프트웨어, 앱들(태블릿, 컴퓨터, 전화, TV, 전자 놀잇감, 로봇 등과 해당 조작 스프트웨어, 앱)을 가지고 놀이하는 것이 포함된다. 또한 살아가고 있는 세상의 ICT 기기들의 사용에 관심을 갖게 되는 것도 포함된다.

예를 들어 [그림 8-30]에서 보는 현금등록기 전자 놀잇감을 통해서는 마트나 백화점 현금등록기에 관심을 갖게 하고 사회 극놀이 경험을 제공할 수 있다. 실제로 유아들은 카드나 가상화폐를 적외선으로 스캔하여 전자계산을 경험할 수 있다. 이렇게 유아들이 전자기기를 사용하여 계산해 보는 경험은 유아 언어교육이나 수학교육 측면에서 중요할 수 있는데, 대부분의 전자기기는 입력에 따라 화면에 계산과정을 제시해 주고 카드 소유자 이름 등이 나타나 있어 읽기쓰기(발현적 읽기쓰기 능력)와 수학(발현적 수학능력)의 기초가 형성될 수 있기 때문이다. 레고社의 원격 조종 자동차의 경우 유아들이 블록을 조립하고 자동차를 조작해 보는 놀이를 통하여 자동차를 운전해 보고 싶어 하는 욕구를 해소할 수 있게 해 주며, 전자기기를 컨트롤할 수 있다는 능력감(ICT 능력감)을 제공할 수 있다.

**그림 8-30** 현금등록기 전자 놀잇감, 레고社의 원격 조종 자동차

사진출처: 다모아 스토어(damoastore.co.kr), 레고社(www.lego.com/ko-kr).

최근에는 골판지를 접고 조립하면 오토바이, 낚싯대, 피아노 등이 만들어지는 교육용 골판지 놀잇감이 시판되고 있는데, 전자제품 등이 만들어지는 과정이나 작동하는 과정을 놀이를 통해 경험함으로써 기기에 대한 친근감과 능력감을 갖게 하는 데 도움을 줄 수 있다는 장점이 있다. [그림 8-31]은 금을 따라 접다 보면 자연스럽게 조립이 되어 기기를 작동해 볼 수 있는 피아노 골판지 놀잇감이다. 피아노 건반을 누르면 본체 스피커에서 소리가 나기 때문에 유아들이 피아노 연주 놀이를 하기에 적합하다. 블록을 끼우면 동물 등의 소리를 낼 수도 있다. 낚싯대 골판지 놀잇감의 경우는 낚싯대를 조립하고 낚시놀이를 해 보면서 릴낚시의 원리를 자연스럽게 알아 갈 수 있으며, [그림 8-31] 하단 왼쪽의 오토바이 골판지 놀잇감의 경우는 실제 오토바이처럼 오토바이 버튼을 눌러 시동을 걸고 핸들을 비틀어서 액셀러레이터를 밟고 앞으로 나아간다. 물론 오토바이가 부르릉거리는 소리나 실제 달려가는 장면은 본체 화면에서 나타나는 것이지만 유아가 핸들을 꺾거나 들어 올리는 몸짓은 그대로 화면의 오토바이에 반영되기 때문에 신체운동 효과와 더불어 기기의 조작에 관한 능력감에 도움을 줄 수 있다는 것이 가장 큰 장점이라 할 수 있다. [그림 8-31] 하단 오른쪽의 로봇 골판지 놀잇감의 경우는 유아가 조립한 로봇 골판지를 장착하고 움직이면 본체 화면의 로봇은 움직임을 그대로 인식하여 따라 움직이게 된다. 유아의 움직임에 따라 화면에서는 로봇끼리 싸움을 하는 게임이 전개되는 것이다.

그림 8-31 닌텐도(Nintendo) 라보(LABO)

사진출처: blog.naver.com/jewoo001/221449142625, 네이버 포스트 소드맨(m.post.naver.com).

[그림 8-32]에서 보는 상호작용 TV 놀이를 통해서는 유아들이 자연스럽게 TV와 상호작용하며 TV 놀이를 즐길 수 있다. 특히 최근에는 인터넷 망을 이용해 인터넷 활동과 상호작용 방송 서비스를 즐길 수 있는 IPTV가 유아교육 분야에서도 많이 활용되고 있는데, [그림 8-33]은 유아교육용 IPTV 서비스인 LG U+ '아이들나라'의 상호작용 그림책 '내가 만든 그림책' 서비스 장면이다. 그림에서 보듯이 유아들이 그린 그림을 스마트폰으로 찍어 주면 그린 그림이 캐릭터로 인식되어 TV 속에서 살아 움직이게 되는 AR 기술이다. 유아가 도화지에 크레파스로 그린 그림이 TV 화면의 동화에서 캐릭터가 되어 애니메이션되는 것이다. IPTV에서는 일방향의 기존 TV 전달매체와는 달리 유아, 스마트기기와 상호작용하는 매체가 되는데, 유아 얼굴을 주인공으로 하여 애니메이션 동화를 들려주고 태블릿에서 촬영하는 장면을 배경으로 증강 현실 캐릭터를 보여 주기도 한다.

유치원에서는 'ICT 놀이'를 전개할 수 있는데, 사무실이나 마트 계산대, 은행 등의 ICT 환경을 놀이로 통합할 수 있다. 발현적(발생적) 읽기쓰기 활동을 전개하는 유아 교사가 그림책 읽어 주기 활동을 하여 역할 시범 보이기 활동을 하는 것처럼,

발현적(발생적) ICT 활동을 전개하는 유아 교사는 ICT 기기를 사용하는 것을 시범 보이고 이야기 나누기 활동을 한다. 이렇게 함으로써 유아들은 기초적인 ICT 지식을 얻게 될 뿐 아니라 ICT 기기들의 가치도 알게 된다. 따라서 유아들은 앞으로 경험하게 될 ICT 기기들에 대한 긍정적 태도를 갖게 될 것이다. 이러한 긍정적 태도는 또한 ICT 활용을 동기화할 것이다.

그림 8-32 Leapster社의 유아용 상호작용 TV

사진출처: 매직앤젤(magicangel.kr/goods), Leapster社(www.leapfrog.com).

그림 8-33 IPTV (LG U+의 '아이들나라' 상호작용 그림책)

사진출처: 네이버 블로그 '꽃잔'(blog.naver.com/ishine75/221333421711).

유아의 발현적 읽기쓰기 능력 발달에 관한 많은 연구들은 부모의 책 읽어 주기 활동과 도서관에 함께 가는 활동이 읽기쓰기 발달에 효과적이라는 점을 밝혀왔다(Melhuish, Sylva, Sammons, Siraj-Blatchford, Taggart, 2001). 유사하게 유아교육기관에서는 부모와의 협력하에 부모의 ICT 관련 활동을 격려함으로써 유아의 발현적 ICT 능력에 도움을 줄 수 있다. 이런 측면에서 유아교육기관이 이메일, 인터넷 등을 통하여 가정이나 지역사회와 교류하고 공유하는 네트워크 프로그램도 중요하게 취급되고 있다.

유아들 놀이의 확장과 변형을 위한 기록화에 디지털 기기들을 활용하는 것을 디지털 기록화(digital documentation)라고 할 수 있다. 프로젝트 활동이 진행되는 동안 유아들의 제안과 토론은 녹음될 필요가 있고 유아들의 작품과 활동은 교사나 유아들에 의하여 사진이나 동영상으로 남겨질 필요가 있다. 이러한 기록화 내용들은 이메일, 인터넷 등을 통하여 가정이나 지역사회에 전달되고 부모나 지역사회와 함께하는 ICT 활동이 전개될 수 있다. 이런 활동들을 통하여 유아들 입장에서는 ICT 교육의 발현이 될 수 있으며 부모나 지역사회 입장에서는 유아교육기관과의 연계에 도움을 받게 되는 것이다.

## 4. ICT 활용 프로젝트 접근법

### 1) 개념 및 이론적 배경

프로젝트는 '특정 주제에 대한 깊이 있는 탐구'이며 그 중심 특성은 조사(investigation)이다. 즉, 스스로 제기한 질문의 답을 찾는 깊이 있는 탐구활동이다(Katz & Chard, 2000). 프로젝트 활동은 유아들이 선택한 주제에 대한 심도 있는 연구로서, 그러한 과정에서 유아교육기관에서 습득한 내용과 밖의 생활 간에 관련성을 인식하게 된다. 프로젝트는 체계적인 교수에서 학습한 기본적인 학문적 기술들과 지식을 적용해 보기 위한 방법으로 극놀이, 구성하기, 색칠하기, 그리기와 같은 다양한 표현방법을 활용하게 하는 기회를 제공한다(김숙자 외, 2003).

통합교육활동에 있어서 일반적인 교육활동들은 주제(theme)별로 혹은 단원(unit)별로 진행되는데, 프로젝트 접근법에서의 주제와는 다르다. 아주 넓은 의미의 주제인 '도구와 기계', '동물' 등과 같은 주제는 교사가 여러 가지 자료를 수집하여 유아들에게 이런 주제에 대한 학습을 유도하는 것으로서 유아들의 참여가 적극적으로 이루어지지 않는다. 단원은 유아들이 꼭 알아야만 하는 것이라고 교사가 설정한 특정한 주제를 말하며 수업활동을 위해 미리 계획하여 구성한다. 프로젝트 접근법은 주제의 선정부터 철저하게 아동중심철학을 반영하고 있으며 프로젝트 단계별로 유아의 참여를 강조한다는 점에서 분명한 차이가 있다.

유아들에게 있어 심도 있게 다룰 필요가 있는 주제를 선정하여 프로젝트 접근법을 전개할 때 정보를 다루고 수집, 저장, 인출하며 정보를 주고받는 데 사용되는 ICT 기기(정보기기)[10)]에 대해서 다루는 것이 필수적이 되어 가고 있다. 대표적인 것이 인터넷과 스마트 매체이다.

## 2) 프로젝트 단계

ICT(정보기기와 스마트기기) 활용 프로젝트 활동은 일반적으로 다음과 같은 단계를 거치게 된다.

### (1) 주제 정하기

ICT 기기(정보기기와 스마트기기)를 활용한 프로젝트 접근법에서는 프로젝트 주제 정하기 단계에 있어서 유아들에게 의미 있는 맥락을 제공하고 유아들의 흥미에 부합하는 것이어야 한다는 관점에서 인터넷 자료나 콘텐츠(contents), 앱(application) 자료를 최대한으로 이용한다. 교사는 유아의 흥미 및 교육적 가치를 고려하여 주제를 선정하여야 하지만, 유아들이 막연히 흥미 있다고 말하는 분명치 않은 주제를 선정할 경우 제대로 된 프로젝트가 진행되기 어렵다. 예를 들어 '피터팬'이나 '인어공주' 영화를 보고 피터팬이나 인어공주에 관심을 갖는 것은 잠깐 지나가는 관심에 지나지 않을 수도 있고 구체적이지 못한 환상에 그치는 경우도 있

10) 본 책에서는 스마트기기를 포괄하는 개념으로 사용한다.

다. 이런 경우 피터팬이나 인어공주에 관한 토론 활동도 하고 극놀이 활동도 해서 심층 활동으로 전개될 수는 있겠지만 유아에게 교육적으로 도움을 줄 수 있다고 장담하기는 어렵다.

이러한 관점에서 프로젝트 주제 정하기 단계부터 유아들이 관심 있어 하고 친숙해하는 주제를 선정하여 유아들에게 자신의 경험을 말해 보게 하는 것이 좋다. 이러한 과정에서 실세계 관련 내용을 담고 있고 유아들에게 흥미를 갖게 하는 인터넷 자료나 콘텐츠, 앱 자료는 의미 있는 맥락을 제공하여 도움을 줄 수 있다. 예를 들어 유아교사는 [그림 8-34]와 같은 '아차산성' 앱 내용을 대형화면을 통해 보여 주고 유아들과 함께 태블릿으로 실제 경험해 보았는데, '주제 정하기' 단계에서 유아들의 경험과 연결하여 의미 있는 맥락을 제공해 줄 수 있었다. '아차산성' 앱은 네이버에서 검색하여 '원스토어'에서 설치하면 된다.

그림 8-34 '아차산성' 앱 검색 및 원스토어 설치화면

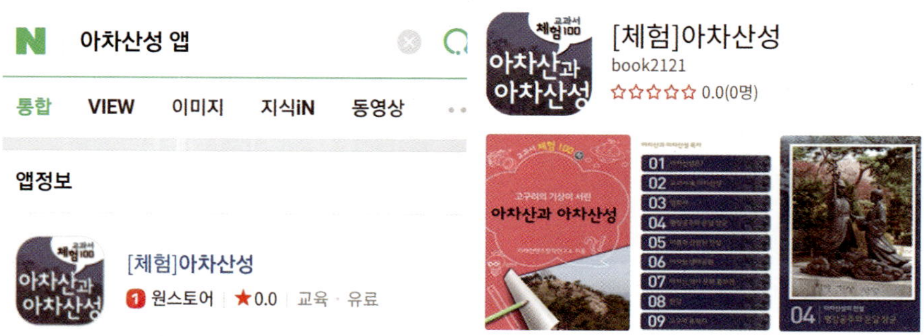


사진출처: 네이버 검색, 원스토어(www.onestore.co.kr).

### (2) 계획 단계

프로젝트 주제가 결정되면, 유아들은 그 주제에 대해서 어떤 면을 탐구할 것인지를 계획하고 필요한 자료 준비를 한다. 계획 단계에서는 교사가 주제에 관한 자기 자신의 경험, 지식, 아이디어를 떠올려 보고 이를 주제망이나 개념망으로 조직해 보는 것이 중요하다. 이렇게 교사가 브레인스토밍(brainstorming)과 조직화 과

정을 통하여 주제망을 구성하게 되면 영유아와 함께 협의를 하는 과정에서 정교화되고 프로젝트의 계획을 위한 기초로서 사용될 수 있다. 이때 인터넷 자료 검색은 효과적으로 활용될 수 있다. 특히 유아들과 함께 브레인스토밍을 통한 생각 모으기, 유목화 등의 활동을 전개하는 데 있어 인터넷 자료와 멀티미디어 자료 경험은 의미 있는 맥락을 제공하여 도움을 줄 수 있다. 이에 따라 유아교사는 브레인스토밍을 통한 생각 모으기 과정에서 '마인드 맵(Mind Map)' 프로그램이나 앱을 사용할 수 있는데, 마인드 맵 활동은 유아교사의 프로젝트 계획을 조직화해 주기도 하지만 유아들에게 보여 줄 경우 유아들의 탐구거리에 대한 생각이나 새로운 개념 형성에 도움을 줄 수 있다. 이러한 마인드 맵 프로그램에는 대표적으로 '씽크와이즈', '알마인드' 등이 있는데, [그림 8-35] 왼쪽 화면은 씽크와이즈 앱을 활용하여 유아교사가 생각 모으기 활동을 전개하는 장면이다.

프로젝트 수행을 위한 자원의 점검에 있어서는 지역사회 인적 자원과 물적 자원 등의 1차 자원뿐 아니라 책이나 포스터, 동영상, 멀티 자료, 인터넷 자료 등과 같은 2차 자원도 포함되어야 한다. [그림 8-35] 오른쪽 화면은 유아들이 문수산성에 방문하기 전에 인터넷 검색을 통하여 유아들과 함께 문수산성을 탐색하고 문수산성 가는 길을 알아보는 화면이다.

그림 8-35 '씽크와이즈' 마인드 맵 화면(왼쪽)과 네이버 검색 화면(오른쪽)

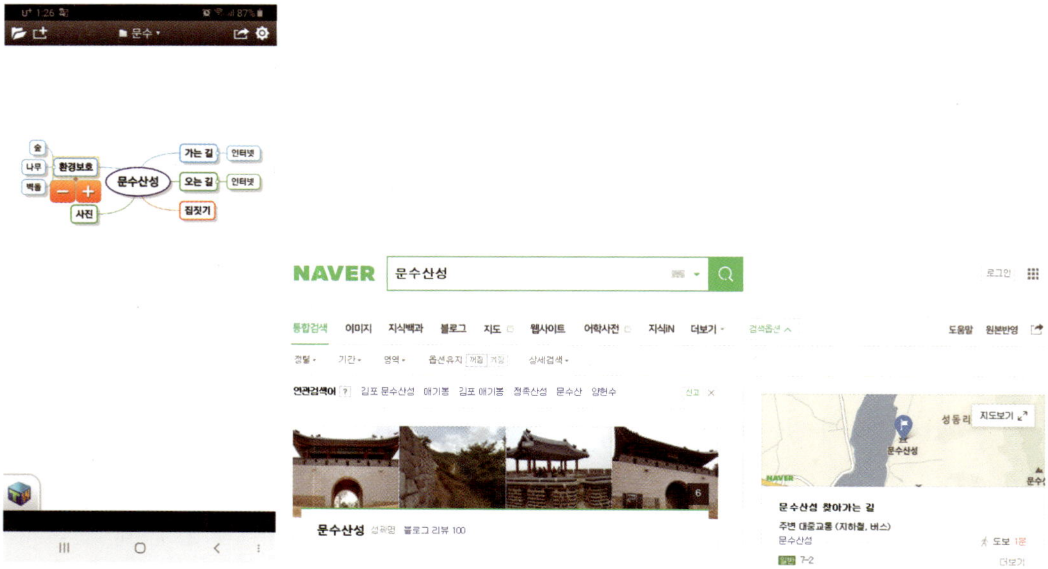


사진출처: 네이버 검색, 스마트폰 캡처화면.

### (3) 프로젝트의 수행 단계

수행 단계는 현장 활동과 기록화, 현장 활동과 기록화에 대한 토론, 표현활동 등으로 이루어진다.

현장 견학을 통한 유아들의 1차 경험은 2차 자원인 책이나 차트, 지도, 팸플릿, 그림, 포스터, 사진, 동영상, 인터넷, 멀티미디어 자료 등을 통해 더욱 강화될 수 있다. 현장에서의 1차 경험을 스마트기기로 촬영한 사진이나 동영상과 더불어 인터넷 자료, 멀티미디어 자료를 다루고 검색하는 활동은 프로젝트 활동 전개에 적합하며 유아들의 다양한 표상활동에 유용할 수 있다. 현장 활동에 대한 토론 과정에서도 이러한 멀티미디어 활동들이 기여할 수 있다. 특히 현장 활동에 대한 토론 과정에서 유아교사가 견학 장소의 인터넷 사이트에 방문하여 토론거리를 제공하는 일은 기록화 내용의 제공과 더불어 현장의 기억을 되살리고 재표상하는 계기가 된다는 측면에서 중요하다.

교실에 돌아오면 말하기, 그리기, 극놀이, 쓰기, 단순한 숫자, 측정, 표 그리기 등의 방법을 동원해서 표현활동을 한다. 이때 소집단별로 모둠활동을 통해 다양하게 표현활동을 할 수 있는데, 그림이나 동작 표현과 같은 오프라인 표현활동과 더불어 그림 그리기 앱이나 동영상 제작 앱, 그림책 제작 앱 등을 활용한 디지털 표현활동이 전개될 수 있다. 이러한 디지털 표현활동들은 컬러인쇄 등을 이용하여 교실 내의 다양한 표현활동들과 통합될 수 있다. 목장 방문 후 인터넷 사이트의 사진이나 스마트폰으로 찍어 온 사진을 인쇄한 것들, 그림 그리기 앱으로 그려 인쇄한 젖소 그림들은 유아들 표현활동에 있어서 동극활동의 머리띠로, 책만들기 활동의 주인공이나 배경 장면으로 통합될 수 있다.

유아들은 현장 활동 때 자신이 경험한 것을 그리거나 기록하게 된다. 교사 또한 유아 각각의 반응과 관심을 기록하는 것은 물론 교실로 돌아왔을 때 유용하다고 판단되는 정보들을 기록해야 한다. 이러한 기록 자료들은 유아들의 다양한 표상 활동에 도움을 주는데, 유용하게 사용될 수 있는 것이 스마트폰이나 태블릿과 같은 스마트기기로 촬영한 디지털 이미지, 동영상, 녹음 음성파일 등이다. 최근에는 게임기나 스마트폰, 태블릿 PC 등이 이러한 기능들을 하기 때문에 유아교육기관이나 어린이집에서 프로젝트 활동에 효과적으로 사용할 수 있다. 특히 [그림 8-36]과 같은 유아용 녹음기, 유아용 캠코더를 활용할 경우 유아들이 교사의 도움을 받아 음성을 녹음하고 디지털 사진과 동영상을 촬영하는 과정을 프로젝트에 통합하는 것이 용이해진다. 오른쪽 사진은 Icore社의 토이카메라로 128MB 메모리가 장착되어서 디지털 사진과 동영상을 촬영할 수 있을 뿐 아니라 간단한 사진, 동영상 편집 기능이 들어 있다. 따라서 유아들이 현장에서의 프로젝트 수행 단계에서 사진 편집기(photo editor)로 촬영한 사진을 수정하고 소리와 효과를 넣어 간단한 슬라이드 쇼를 제작할 수 있다. [그림 8-37]은 유아교육기관 디지털기록화 활동에 사용 가능한 Leapster社의 유아용 캠코더 겸용 디지털카메라이다. 8배로 디지털 줌이 가능하여 확대가 자유로우며, 고화질 비디오 촬영이 가능하고(avi 파일 저장), 플래시가 장착되어 있어 야간 촬영이 가능하여 유아교육기관 디지털 사진

활동과 동영상 활동에 적합한 제품이다.

[그림 8-38]은 삼성 갤럭시 탭의 유아용 모드인 '갤럭시 탭 키즈 홈(Galaxy Tab Kids Home)'과 유아용 태블릿 '카카오키즈 탭(kakaokids Tab)'이다. '갤럭시 탭 키즈 홈'은 삼성의 갤럭시 탭 태블릿의 유아용 콘텐츠들을 별도로 사용할 수 있도록 하는 환경이며, '카카오키즈 탭'도 삼성 갤럭시 탭의 하드웨어를 그대로 사용하기 때문에 기존의 카메라 촬영 기능 등을 사용할 수 있는 것이 장점이다. [그림 8-39]는 아마존(amazon)社의 유아용 태블릿인 '아마존 파이어 키즈(amazon fire kids)'이다. '아마존 파이어 키즈'는 유아용 그림책과 동영상 상영 콘텐츠, 유아용 앱들이 풍부해서 프로젝트 주제 관련 콘텐츠 활용에 유용하다. 유아용 태블릿을 사용할 경우 유아들이 교사의 도움을 받아 음성을 녹음하고 디지털 사진과 동영상을 촬영하는 과정을 프로젝트에 통합할 수 있을 뿐 아니라 현장에서의 프로젝트 수행 단계에서 인터넷 검색 등이 가능하다는 장점이 생긴다.

**그림 8-36** 유아용 녹음기, 유아용 캠코더 놀잇감, Icore社의 토이카메라

사진출처: 네이버 쇼핑 검색(shopping.naver.com), Icore社, 저자 촬영.

그림 8-37 Leapster社의 유아용 캠코더 겸용 디지털카메라

사진출처: 매직앤젤(magicangel.kr/goods), Leapster社.

그림 8-38 갤럭시 탭 키즈 홈과 카카오키즈 탭(kakaokids Tab)

사진출처: 네이버블로그 blog.naver.com/hajago84, da3411.blog.me/221246688755

그림 8-39 아마존 파이어 키즈(amazon fire kids)

사진출처: 네이버 쇼핑검색(https://shopping.naver.com/), amazon社.

둥근마음 어린이집에서는 '문수산성' 프로젝트를 수행하면서 ICT 활용의 예를 제시하였다. 유아들은 산성(山城)을 견학한 후 산성이 왜 쌓여 있는지, 어떻게 쌓여 있는지, 또한 무엇 때문에 이러한 산성을 쌓았는지에 대한 궁금증을 해결하기 위해 산성을 탐색하였다. 현장학습 이후 유아들은 태블릿 PC로 인터넷을 검색하고 책을 찾아보면서 이러한 궁금증을 해결하기 위한 노력을 경주하였다. 산성에 다녀온 유아들은 문수산성 사이트뿐 아니라 여러 가지 정보를 찾기 위해 교사의 도움을 받아 인터넷 사이트에서 다양한 정보를 수집하였고 이를 다른 유아들과 함께 공유하고 싶어 하였다. 심지어 주말을 이용해 다른 여러 산성을 직접 가 보는 유아들도 있었고, 태블릿 PC로 찍어온 사진들은 토론을 통해 공유되었으며 프로젝트 전시에 활용되었다.

그림 8-40 산성 견학 태블릿 PC 촬영과 산성에 관한 인터넷 탐색 활동

사진출처: 둥근마음 어린이집.

### (4) 전시와 평가 단계

전시와 평가 단계에는 그동안 열심히 활동해 온 과정, 경험들을 요약하고 리뷰하는 과정이 포함된다. 전시와 평가에 있어서는 그동안의 계획 단계, 수행 단계 등에서 나온 결과물들을 순서대로 전시, 게시함으로써 사고의 흐름과 진행과정을 알아보는 기회로 삼는다.

프로젝트의 전개 과정과 표현활동 장면, 표현활동 결과물 등을 담은 태블릿 PC로 촬영한 디지털 이미지와 동영상, 태블릿 PC로 녹음한 음성파일 등은 디지털 기록화와 디지털 전시 형태로 전시될 수 있다. 이때 유아교사용 디지털 기록화 프로그램과 유아용 디지털 기록화 프로그램들이 사용될 수 있다. 본서에서는 유아교사용 디지털 기록화 프로그램으로는 '플립앨범(Flip Album)' 전자책과 파워포인트 슬라이드를 추천하는데, 전자책의 경우는 파워포인트 프로그램이 설치되어 있지 않은 컴퓨터에서도 실행이 가능하다는 장점이 있다. 유아용 디지털 기록화 프로그램으로는 '어린이를 위한 그리기'나 '주니몽(Junimong)'과 같은 유아용 그림 그리기 앱을 활용할 수 있다.

아래의 예는 '눈'을 주제로 유아들이 프로젝트를 전개한 과정을 플립앨범 프로그램을 사용하여 전자책 형태로 디지털 기록화한 내용이다. [그림 8-41]의 기록화 전자책은 유아들이 눈을 체험하는 과정과 토론활동을 전개한 후의 다양한 표상활동들을 담고 있다. 기록화 전자책 내의 동영상 왼쪽 하단에 있는 비디오 단추( )를 누르면 비디오가 상영된다. 배경음악과 눈을 주제로 한 교사의 질문, 토론 내용들이 음성으로 삽입되어 있어서 유아들의 다양한 확산적 사고와 재표상을 유도할 수 있다.

그림 8-41 '눈' 프로젝트의 플립앨범 기록화를 통한 전시

## 3) ICT 활용 프로젝트 접근법의 실제

### (1) 프로젝트 접근법으로의 멀티미디어 콘텐츠 통합

프로젝트 접근에 있어서 유아들은 심도 있게 다룰 필요가 있는 주제를 선정하여 계획을 세우고 철저한 조사에 참여하게 된다(Katz & Chard, 1989, 2000). 유아들은 몇 개의 모둠으로 나누어 활동에 참여하고 그들이 가장 흥미 있어 하는 하위 주제를 선정하여 프로젝트 활동을 전개해 나갈 수 있다. 이러한 유아 하나하나가

주도가 되는 학습환경에 있어서 인터넷 검색이나 앱, 컴퓨터 프로그램, 인터넷 콘텐츠들이 유용하게 사용될 수 있다.

'교통기관'을 주제로 프로젝트 활동을 전개한 K 병설유치원에서 인터넷 콘텐츠와 스마트기기 앱을 이용한 유아들은 다음과 같이 컴퓨터가 많은 도움을 주었다고 표현했다.

> 「주니어네이버」는 정말 대단해요. 자동차, 배, 비행기 모두를 볼 수 있고 소리도 들을 수 있어요. 바퀴, 창문을 맞추면 차가 '붕' 하고 출발하죠.
> 「주니어네이버」에서는 자동차, 배, 비행기에 예쁘게 색칠해서 프린트할 수 있어요. 프린트한 것들을 오려 붙이니까 재미난 책이 만들어졌어요.
> 선생님이 알려 주신 「깨비키즈」의 '표지판 찾기'게임을 하고 인쇄해서 놀고 나니까 교통 표지판에 대해서 잘 알게 되었어요. 도로에서 실제로 본 표지판과 똑같았어요.
> (유치원 프로젝트 활동 관찰)

### 〈메모〉

「주니어네이버」

네이버社에서 만든 어린이 전용 포털, 어린이 동영상, 학습, 누리과정 내용 등을 포함한 다양한 콘텐츠 검색이 가능하다.

「깨비키즈」

깨비키즈의 콘텐츠는 유구종 교수의 사이트인 '유아교육기관 스마트폰·태블릿PC 활용 프로그램'에서 '수업커뮤니티자료실>학부강의실>14번 자료'에서 해당 링크를 눌러 샘플을 실행하고 원하는 콘텐츠를 선택하면 실행할 수 있다.

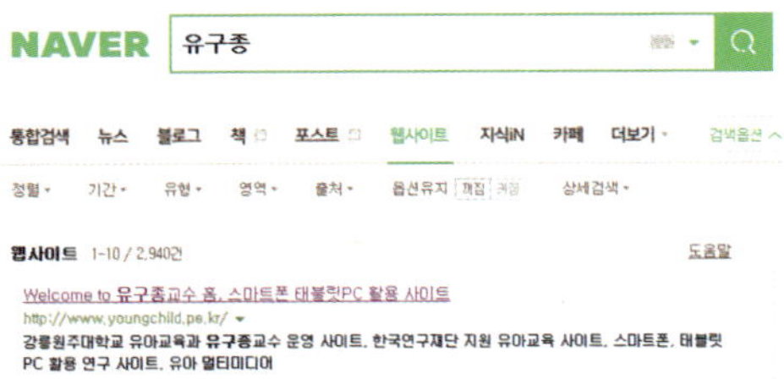


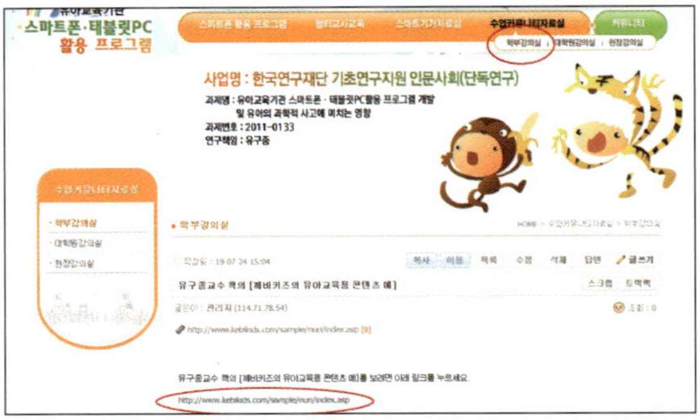

교사는 유아들과 함께 교통기관에 관계된 인터넷 사이트에서 여러 가지 교통기관에 관계된 자료들을 얻을 수 있었으며 유아들의 표현활동을 풍부하게 해 주었다고 표현하였다.

인터넷 콘텐츠에 대한 유아들의 표현에서 볼 수 있듯이 컴퓨터를 이용한 활동에 참여한 유아들이 대단한 컴퓨터 능력을 갖고 있었다는 것은 분명하다. 유아들은 프로그램들을 조작하는 방법을 알고 있었으며 '교통기관'이라는 프로젝트 수행에 있어서 활동 목표를 달성하는 데 컴퓨터가 이용되어야 하는 이유도 알고 있었다. 또 유아들은 인터넷이 그들이 흥미 있어 하는 대부분의 주제에 대해서 찾을 수 있게 해 준다는 것도 알고 있었다. 이러한 기회를 통하여 유아들은 컴퓨터에 호기심을 갖게 되고 컴퓨터의 능력을 체험할 수 있게 된다. Fosnot(1989)이 지적하였듯이 오늘날 대부분의 정보는 컴퓨터 공학을 이용하여 쉽게 접근이 가능하다. 그러한 정보를 찾는 방법, 정보를 조직하고 종합하는 방법, 구성적으로 조작하는 방법 등을 아는 것이 아주 중요하게 되었다.

앞에서 예로 든 K 유치원에서 '교통기관' 동영상을 본 후에 유아들은 고속전철에 관하여 알고 싶어 했다. 이때 유아교사는 '네이버(www.naver.com)' 검색엔진을 이용하여 고속전철 관련 연구소와 회사 사이트에 들어갈 수가 있었다(예를 들면, 키즈 코레일, info.korail.com/mbs/kids). 유아교사는 이러한 인터넷 사이트상에서 유아들에게 여러 가지 고속전철 사진을 보여 주고 고속전철 시뮬레이션도 보여 주었다([그림 8-42], [그림 8-43] 참조). 유아들과 교사는 '고속전철이 얼마나 빠를까?'에 대하여 토론하였다.

그림 8-42 키즈 코레일(info.korail.com/mbs/kids)

그림 8-43 고속전철 관련 인터넷 자료

사진 출처: 네이버 이미지검색(www.naver.com).

### (2) 프로젝트 접근법으로의 앱 통합

스마트영역은 분명히 유아교육기관 학습환경을 풍부하게 해 주는데, 유아들에게 다양한 활동을 제공하는 도구 역할을 하는 동시에 교사에게는 다양한 정보와 자료 제공의 역할을 한다. 유아에게는 그림을 그리고(그림 그리기 앱), 책을 만들고(그림책 만들기 앱), 일기를 쓰거나 편지를 쓰고(일기 쓰기 앱, 편지 쓰기 앱), 도서관 역할까지 해 주는 장소가 스마트영역(스마트기기와 컴퓨터)이다. 예를 들면, '어린이를 위한 그림 그리기'나 '주니몽(Junimong)'과 같은 유아용 그림 그리기 앱은 유아교사의 도움을 받아 유아들이 스마트기기에서 그림을 그리고 공유할 수 있으며, 피카부 베이비북(Bithouse, Inc.)은 유아 사진과 더불어 일기를 쓸 수 있다. '어린이를 위한 그림 그리기' 앱은 유아들이 동물, 식물, 새, 교통기관 등을 마음껏 그리면 다양한 애니메이션과 음성으로 실행해 주어서 유아들의 프로젝트 활동에 도움을 줄 수 있다. 앞에서 예로 든 K유치원에서는 [그림 8-44]와 같은 '교통기관' 그리기 활동을 통하여 만들어진 그림의 애니메이션과 소리를 대형화면으로 같이 시청한 다음 인쇄하여 기록화 자료에 붙여 넣었다.

그림 8-44 '어린이를 위한 그리기' 앱의 '교통기관' 그리기 활동

유아교사는 앱 콘텐츠나 인터넷 콘텐츠의 내용, 인터넷 사이트의 내용에서 '교통기관'과 관련된 정보를 얻고 '교통기관'을 주제로 활동을 전개하기 위해서 필요한 교재 · 교구 제작에 도움을 얻어서 유아들의 흥미를 증진할 수 있게 된다.

스캐너나 스마트폰 스캐너 앱을 이용하여 그림을 컴퓨터 그림으로 변환할 수 있게 되고 스마트폰, 태블릿을 이용하여 유아의 표정이나 동작을 컴퓨터로 입력할 수 있게 되면서 유아교육기관 교사는 자기 교실만의 멀티미디어 프로젝트를 창조할 수 있게 된다.

## 〈메모〉 스마트폰 스캐너 앱

「캠스캐너(CamScanner HD)」

'캠스캐너'는 스마트폰에서 문서를 스캔해서 스캔 파일로(jpg, pdf) 저장해 주고 공유해 줄 뿐 아니라 문자를 인식해서 텍스트 파일(txt)로 전환해 주는 스마트폰, 태블릿 PC의 앱이다. 특히 [그림 8-45] 왼쪽처럼 스캔한 문서의 6개 모서리를 인식하여 오른쪽 사진처럼 A4용지와 같은 크기의 스캔문서로 스캔해 주기 때문에 기존 스캐너를 완벽하게 대치할 수 있는 앱이다. 유아들의 활동 장면이나 그림, 작품 등도 '캠스캐너' 앱으로 촬영할 경우 스캔한 문서처럼 반듯한 사진자료를 얻을 수 있다. 이렇게 스캔한 사진자료는 하단의 장면에서처럼 스마트기기의 '공유' 기능을 통하여 '카카오톡'으로 보내서 다른 반 선생님들이나 부모들에게 공유할 수 있다([그림 8-46] 왼쪽). '모바일 팩스' 앱이 스마트기기에 설치되어 있을 경우 스캔한 사진자료를 상대편 팩스로 전달할 수 있다. 원하는 상대방의 팩스번호(일반 팩스도 물론 된다)를 입력하고 발송하면 일반 팩스처럼 팩스 전송이 가능하다.

그림 8-45 스캔문서로 스캔하기(위), '캠스캐너' 앱 설치와 문자 변환하기(아래)

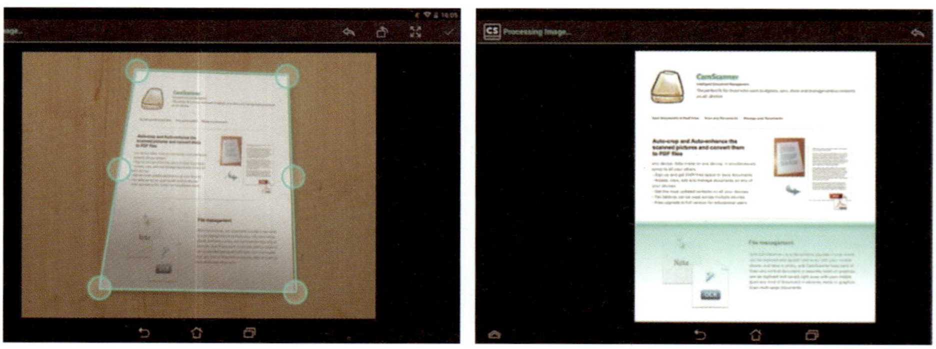

다음 페이지에 계속

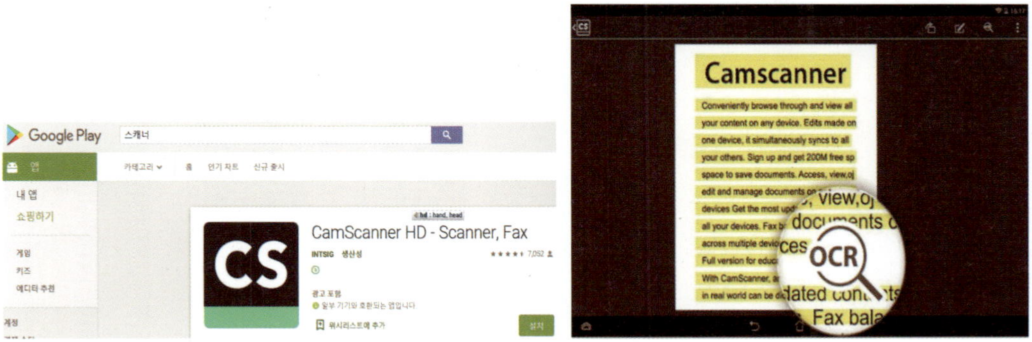


그림 8-46 스캔 문서 '공유'기능 선택(왼쪽), '모바일 팩스'와 '카카오톡'으로 보내기(오른쪽)

09
CHAPTER

# 새 누리과정과 놀이 기록, 놀이 읽어내기

**학습 및 활동내용**

1. 새누리과정에서 강조하는 디지털기록화 프로그램과 앱을 알아보자.
2. 유아용 앱을 활용한 놀이 흐름을 살펴보자.
3. 새 누리과정에서의 스마트기기를 활용한 놀이 기록 방법을 알아보자.

## 1. 디지털기록화 프로그램과 앱

새 누리과정에서 강조하는 유아의 자발적인 놀이는 관찰, 기록될 뿐 아니라 유아 교사에 의하여 교육적으로 해석되고 의미가 발견될 수 있을 때 효과적인 개입이 이루어지고 교육적 활동이 될 수 있다. 이러한 디지털 기록뿐 아니라 디지털 전시 또한 놀이의 공유와 협의, 토론 등에 적절히 활용될 수 있는데, 본 절에서는 이러한 디지털 기록과 전시, 공유에 활용 가능한 프로그램과 앱(App), 웹(Web) 등을 소개한다.

### 1) 놀이 기록화 프로그램

대표적인 놀이 기록화 프로그램으로는 일반적으로 많이 활용되는 파워포인트 프로그램을 예로 들 수 있다. 하지만 파워포인트 프로그램의 경우는 프로그램이 설치된 컴퓨터에서만 실행되는 한계가 있기 때문에 전자책 제작 프로그램이 많이 활용되는데, 본서에서는 '플립앨범' 프로그램을 추천한다. 플립앨범과 같은 전자책 제작 프로그램으로 제작한 전자책이나 디지털 놀이기록은 프로그램이 설치되어 있지 않은 컴퓨터에서도 자동실행될 뿐 아니라 삽입된 동영상이 전자책 내에 삽입되므로 별도의 동영상 파일이 필요치 않은 점이 장점이다.

플립앨범 프로그램의 경우는 〈메모〉를 참고하여 '유아교육기관 스마트폰 · 태블릿PC 활용 프로그램(www.youngchild.kr)' 사이트'에서 설치해서 사용해 보기 바란다.

그림 9-1 전자책 제작 프로그램인 '플립앨범' 프로그램

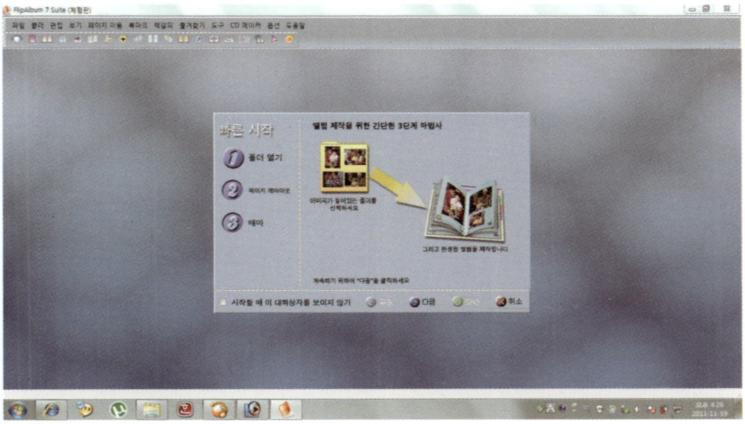

'플립파워포인트' 프로그램은 파워포인트 프로그램에서 제작한 'ppt' 파일을 불러들여 멀티미디어 요소를 부가하여 온라인 전자책으로 제작할 수 있다. 다음페이지 '메모'의 부록시디의 위치에서 설치할 수 있다.

그림 9-2 온라인 전자책 제작 프로그램인 '플립파워포인트' 프로그램

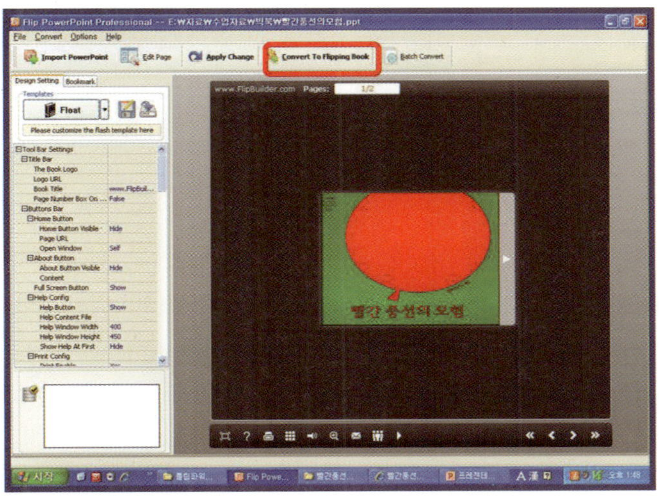

Convent To Flipping Book을 눌러 전자책을 만든다.

## 〈메모〉 프로그램 다운 위치 및 설치방법

* 플립앨범 프로그램의 최근 버전(7.0 데모버전)은 유구종 교수의 '유아교육기관 스마트폰·태블릿PC 활용 프로그램(www.youngchild.kr)' 사이트에서 설치해서 사용할 수 있다. 한글판은 1개월 사용 제한이 있는 데모프로그램이다(1번 자료).

- 지속적으로 사용하려면 영문판(9번 자료)을 설치하면 되는데, 아래 그림과 같이 '커뮤니티>Q & A'에서 '6번 자료'를 참조하여 '시리얼 넘버'를 입력하기 바란다.
- 사용방법은 '5번 자료'를 참조하기 바란다.

['유아교육기관 스마트폰·태블릿PC 활용 프로그램(www.youngchild.kr)' 사이트>멀티교사교육>프로그램활용]

* '플립파워포인트' 프로그램은 유구종 교수의 '유아교육기관 스마트폰·태블릿PC 활용 프로그램(www.youngchild.kr)' 사이트의 다음 위치의 설치파일을 실행하면 설치할 수 있다. 또한 아래의 사이트(A-PDF.com)에 방문하여 다운로드 받을 수도 있다.

- 유구종 사이트(www.youngchild.kr)>멀티교사교육>프로그램활용>2번 자료
- http://www.a-pdf.com

## 2) 놀이 기록화 앱(app)과 웹(web)

본 저자의 자문으로 강원유아교육진흥원에서 개발한 '평가관리 앱'의 경우는 마켓(플레이스토어, 애플 앱스토어에서 '강원유아교육진흥원' 검색)에서 무료로 설치할 수 있을 뿐 아니라 웹상에서도 접근이 가능하여 연계 활용될 수 있기 때문에 유아교사의 유아평가와 놀이 기록을 위하여 효과적으로 활용될 수 있다. 최근에 업그레이드된 '평가관리 앱'의 경우 유아들의 놀이 녹음이나 동영상의 기록뿐 아니라 STT(Speech to Text)기능이 포함되어서 음성을 텍스트로 변환하여 유아교사가 적절히 수정하여 기록할 수 있다. [그림 9-3] 왼쪽 화면의 오른쪽 상단에서 '관찰기록'을 터치한 다음 오른쪽 화면 하단에서 '기록등록( )'을 누르면 음성이나 영상을 기록하여 앱에 저장할 수 있다. [그림 9-4]의 왼쪽 화면과 같이 '녹음( )' 단추를 터치하고 녹음을 완료하면 오른쪽 화면과 같이 자동으로 음성이 텍스트로 변환된 것을 확인할 수 있다. 텍스트 변환 기능(STT)에 있어서는 아직 불안전한 상태이므로 자동 변환된 놀이 텍스트 파일은 상단의 '수정' 단추를 눌러서 교정해 주어야 한다.

그림 9-3 강원유아교육진흥원의 '평가관리 앱'의 관찰기록과 기록등록(음성, 영상)

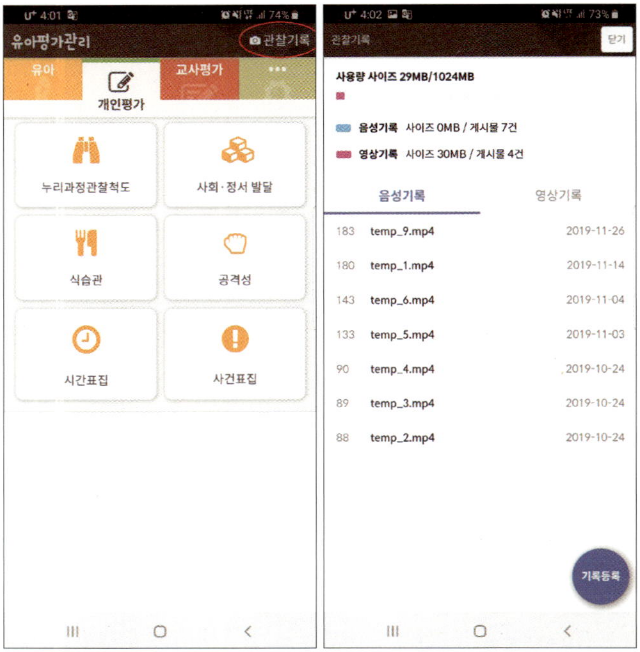


그림 9-4 강원유아교육진흥원의 '평가관리 앱'의 음성녹음과 텍스트 변환기능

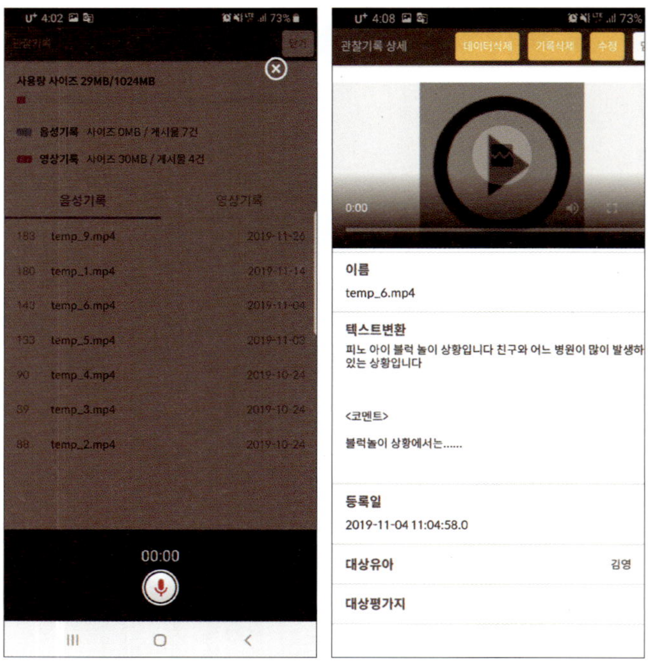

## 3) UCC 제작 프로그램과 앱을 통한 놀이 기록화

UCC 제작 프로그램은 컴퓨터에서 동영상을 제작하는 프로그램을 일컫는 것으로 본서에서는 일반적으로 많이 사용되어 온 '무비메이커' 프로그램을 추천한다([그림 9-5], [그림 9-6] 참조). 최근에는 윈도우 10에 기본적으로 설치되어 있는 '비디오 편집기(비디오 편집기)' 프로그램을 많이 사용하는 추세이다.

UCC 제작 앱(app)은 스마트기기에서 동영상을 제작하는 앱을 일컫는 것으로 본서에서는 일반적으로 많이 사용되고 있는 '비바비디오'와 '파워디렉터' 앱을 추천한다([그림 9-7] 참조). 두 가지 앱 모두 간단하게 UCC를 제작하기에 적절한 앱으로 마켓(플레이스토어, 애플 앱스토어)에서 무료로 설치할 수 있다.

그림 9-5 윈도우 라이브 무비메이커(Windows 7, 10용)

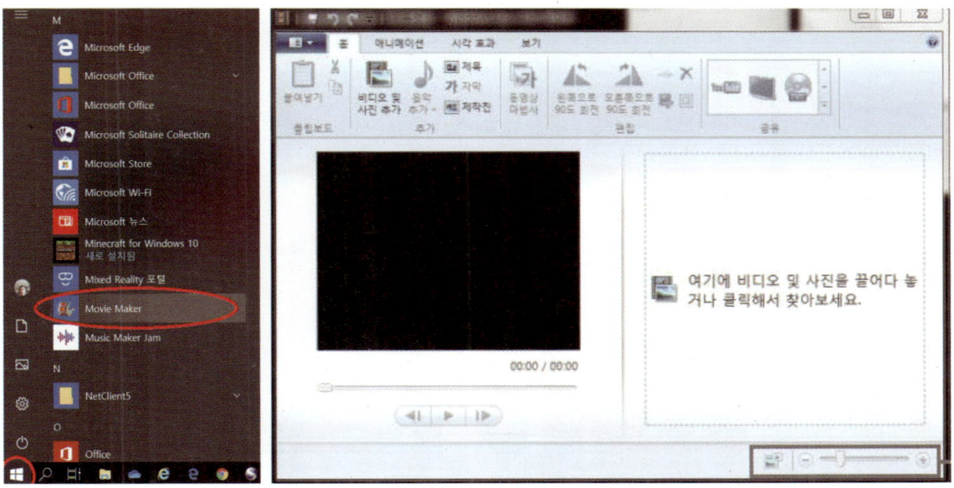

그림 9-6 '무비메이커' 프로그램(Windows XP용)

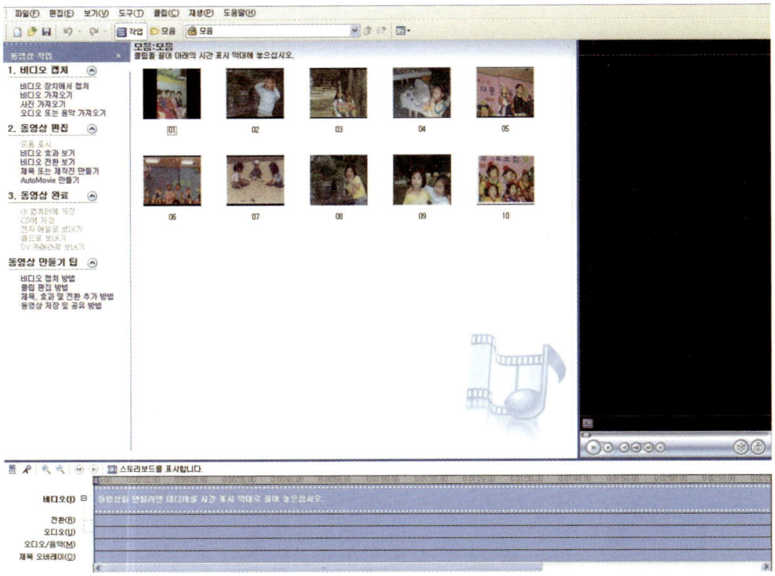


그림 9-7 '비바비디오'와 '파워디렉터' 앱 설치

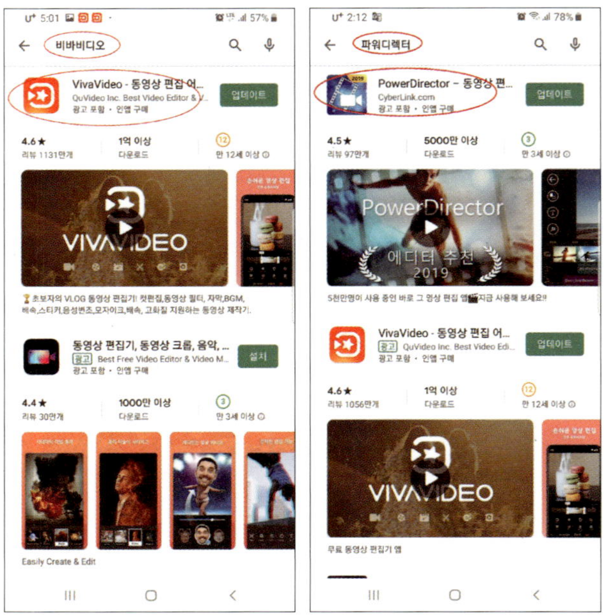

### 〈메모〉 윈도우 라이브 무비메이커(Windows 7, 10용) 다운 방법

윈도우 라이브 무비메이커(Windows 7, 10용)의 경우는 네이버에서 검색하여 다운로드, 설치한다.

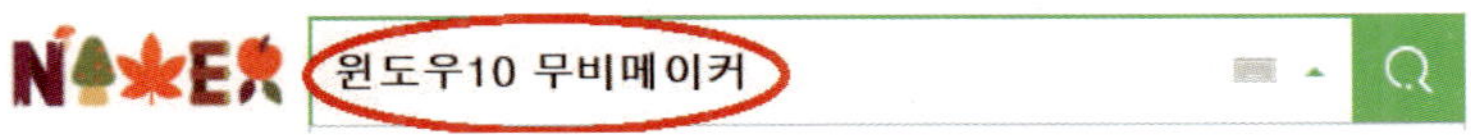


## 2. 유아교육용 앱 활동 기록화 및 활동안

### 1) 유아용 앱 활동 사례

유아용 앱은 어떻게 활용하느냐에 따라 많은 장점이 있다. 우선 무선 네트워크와 스마트기기 및 관련 어플리케이션의 활용이 자유로운 스마트 교육환경에서 지식 공유가 효과적으로 구현될 수 있으며(계보경 · 김정현 · 류지현, 2007; 윤정현 · 강석진 · 노태희, 2016; 이인숙, 2013), 채유정(2015)은 유아들은 앱 콘텐츠가 보여 주는 예기치 못한 시청각적인 변화에 즉각적으로 흥미롭게 반응하며 언어 · 비언어적인 표현을 할 수 있다고 하였다. 앱 콘텐츠는 스마트기기 화면에 나타난 사물이 살아 있는 것처럼 움직이거나 유아가 화면을 터치하여 직접 움직여 보는 경험을 통해 새로운 시각에서 사물을 접하게 하여 다양한 시각에서 사물의 움직임을 관찰할 수 있도록 돕는다. 마지막으로 앱 콘텐츠는 기존의 웹(web) 콘텐츠와 달리 생생하게 살아 있는 듯한 체험이 가능하도록 한다.

다음은 유아용 앱을 활용한 사례를 제시하고자 한다. 유아들은 '동화히어로 다문화체험편' 앱 콘텐츠를 활용하였으며, 앱 콘텐츠를 활용하여 유아들이 상호작용하는 구체적인 사례를 제시하면 다음과 같다.

〈사례 1〉 활용 앱: 동화히어로 다문화체험편

**동화히어로 다문화체험편**

☑ 설치방법: 구글플레이스토어/애플 앱스토어 → '동화히어로 다문화체험편' 검색 및 설치

유아 1: '세계 여러 나라'라고 적혀 있어.
유아 2: 여기 좀 봐봐. ㅇㅇ이다.
유아 1: 으악. 나다. 내 얼굴로 바뀌었어.
유아 2: (노래를 따라서 흥얼거리며) 이렇게 인사하나 봐. 또 어디 가볼까? 선생님 나가려면 어떻게 해요?
교사: 처음으로 돌아가고 싶으면 여길 누르면 돼.
유아 1: 난 미국! 미국 가보고 싶어.
유아 2: 미국으로 가볼까?
유아 1: 응! 아하하 미국 사람들 옷인가 봐.
교사: 그래. 미국 사람들이 입는 전통의상이야.

**그림 9-8** '동화히어로 다문화체험편' 앱 활동 사례

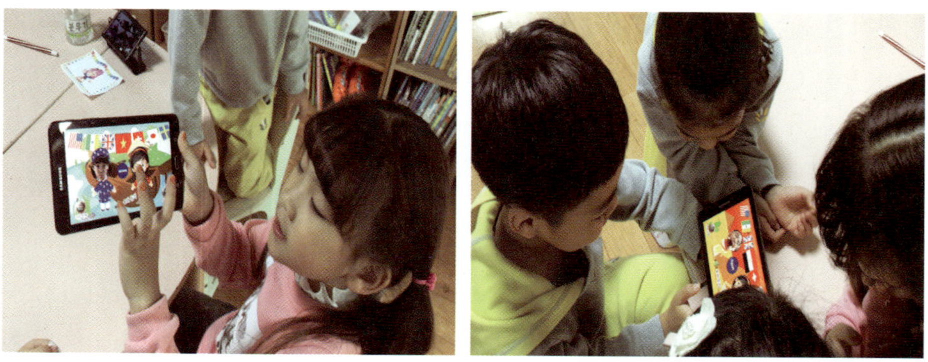

사진출처: S시 E어린이집 제공.

위의 사례에서 유아들은 앱 콘텐츠 활동에 즉각적으로 반응하며 몰입하는 것을 관찰할 수 있었다. 앱 콘텐츠 내에서 캐릭터가 자신의 얼굴로 바뀌는 장면에서 유아들은 '으악!'이라고 말하며 즉각적으로 반응하였다. 이러한 앱 콘텐츠의 예기치 못한 시청각적인 변화는 유아의 흥미와 몰입감을 유도하여 사물을 인지하고 사고 과정을 확장하도록 이끌 수 있다.

다음은 영아용 앱을 활용한 사례를 제시하고자 한다. 영아들은 '베이비 버스-터치놀이' 앱 콘텐츠를 활용하였으며, 영아들이 앱 콘텐츠를 활용하여 상호작용하는 구체적인 사례를 제시하면 다음과 같다.

〈사례 2〉 활용 앱: '베이비 버스–터치놀이'

**터치놀이**

☑ 설치방법: 구글플레이스토어/애플 앱스토어 → '터치놀이' 검색 및 설치

(화면에 나타나는 손가락 모양을 영아가 누르자 화면에 따라서 지문이 찍히며 무당벌레로 변한다.)
영아 1: 이거 봐요.
교사: 무당벌레가 나타났네? 또 눌러 볼까?
(영아가 손가락 모양을 누르자 점선으로 그려진 원 모양이 나타난다. 영아가 원을 누르자 지문이 나비의 날개가 되어 나비 캐릭터가 화면을 날아다닌다.)
영아 1: 나비다! 나비가 되었어요.
교사: 나비가 날개가 생겨서 신났나 봐.
영아 1: 또 누를래요.
교사: 이번엔 어떤 친구가 나올까 궁금하다. ㅇㅇ야 계속 터치해 보자.

그림 9-9 '베이비버스- 터치놀이' 앱 활동 사례

사진출처: S시 E어린이집 제공.

위의 사례에서 영아는 앱 콘텐츠의 직관적인 인터페이스로 스스로 앱 콘텐츠를 활용할 수 있었다. 또 영아는 친숙한 곤충이나 동물 캐릭터가 자신의 터치로 인해 생겨나는 것에 흥미를 보이며 계속해서 화면을 터치하면서 활동을 이어 가는 모습을 보인다. 이는 매력적인 교수매체가 영아의 흥미를 유발하고, 관심과 주의 집중을 유도하여 즐거움과 만족감을 주는 데 기여하고 있음을 알 수 있다.

### 2) 유아용 앱 활동에서의 놀이 흐름 및 계획안

새 누리과정에서 유아교육 활동의 중심은 '놀이중심 유아교육'이라고 볼 수 있다. 다만 예비유아교사의 이해를 돕기 위해 앱을 활용한 계획안을 제시하였으니 참고하기 바란다.

#### (1) '꽃이름' 앱 활동

'꽃이름' 앱은 우리 주변의 아름다운 꽃들, 나뭇잎 등에 대한 정보를 제공한다. 계절별, 색깔별, 이름별 등으로 구분하여 찾을 수 있다. 좋아하는 꽃이나 나뭇잎은 '채집'하여 보관할 수 있다.

아래의 예에서 유아들은 '꽃이름' 앱을 활용하여 다음과 같은 단계(과정)를 걸쳐 앱 놀이 활동을 전개하였다.

### '꽃이름' 앱 활용 놀이 흐름

**① (놀이)상황설명**
유아들이 '꽃이름' 앱을 보며 여러 종류의 봄꽃을 살펴보고, 정보를 알아보고 있다.

**② 상호작용 및 활동내용 기록**
'꽃이름' 앱에서 벚꽃, 진달래 등 봄꽃의 사진과 정보를 살펴보며 유아들이 이야기를 나누고 있다.
교사: 앱에서 또 찾아보고 싶은 봄꽃이 있니?
유아 A: 오면서 개나리를 봤는데, 자세히 보고 싶어요.
유아 B: 나도 같이 보자.
유아 A: (앱 화면에서 개나리꽃 사진을 찾아내며) 여기 있다. 꽃잎이 네 개인가?
유아 B: 다 붙어 있는 것 같은데?
교사: 선생님도 궁금하네. 개나리의 꽃잎이 네 개일까 아니면 하나일까? 자세히 알아보자.

**③ 해석 및 공유**
놀이활동 해석: 유아들이 주변에서 볼 수 있는 친숙한 봄꽃에 대해 궁금해하였으며, 앱을 활용하여 꽃에 대한 정보를 찾아보고 친구와 공유하면서 새로운 궁금증을 발견하였다. 이에 교사는 유아들이 궁금증을 해결할 방법을 상호작용하였다.
공유: 놀이활동 과정을 기록한 사진이나 영상을 동료 교사와 공유하여 확장활동에 대해 의논한다. 또한 스마트 알림장에 부모와 공유하여 가정과 놀이활동 내용을 연계한다.

**④ 반성 및 피드백**
유아들은 '꽃이름' 앱을 사용하여 궁금한 봄꽃에 대해 스스로 조사하는 모습을 보였다. 놀이상황에서 한 유아가 등원 길에 본 개나리에 대한 흥미를 보이며, 앱에서 개나리에 대한 정보를 검색하고, 친구와 공유하였다. 이에 따라 다른 유아들도 실제 봄꽃을 촬영하여 '꽃이름' 앱으로 조사하고 싶어 하였다. 유아들의 요구를 반영하여 교사는 바깥놀이 시간에 앱을 활용하여 봄꽃을 알아보는 놀이를 제안하였다.

그림 9-10 '꽃이름' 앱 활동 사진

사진출처: S시 E어린이집 제공.

〈표 9-1〉 '꽃이름' 앱 활용 계획안

<table>
<tr><td>생활주제</td><td>봄</td><td>활동명</td><td colspan="3">봄에 피는 꽃</td></tr>
<tr><td>활동목표</td><td colspan="5">• 봄에 피는 꽃에 관심을 갖는다.<br>• 봄에 피는 꽃의 종류에 대해 안다.<br>• 꽃의 정보를 스스로 찾을 수 있다.</td></tr>
<tr><td>누리과정 관련 요소</td><td colspan="5">• 탐구생활: 탐구하는 태도 기르기–탐구과정 즐기기<br>• 탐구생활: 과학적 기초능력 기르기–생명체와 자연환경 소중하게 여기기</td></tr>
<tr><td rowspan="2">활동자료</td><td rowspan="2">• '꽃이름' 앱, 봄꽃 사진</td><td rowspan="2">운영체제</td><td>구글 플레이스토어</td><td colspan="2">애플 앱스토어</td></tr>
<tr><td></td><td colspan="2"></td></tr>
<tr><td></td><td>활동단계</td><td colspan="2">활동내용</td><td colspan="2">기능 및 사용법</td></tr>
<tr><td rowspan="3">활동방법</td><td>도입<br>(계획)</td><td colspan="2">• 봄의 날씨를 느껴 본 경험에 대해 이야기를 나눈다.<br>– 너희는 무엇을 보았을 때 봄이라고 느끼니?<br>– 봄이 되어서 주변이 어떻게 변했니?<br>• 봄꽃을 본 경험에 대해 이야기 나눈다.<br>– 봄에 어떤 꽃을 보았니? 어떤 꽃이 필까?</td><td colspan="2"></td></tr>
<tr><td>전개<br>(수행)</td><td colspan="2">• 봄꽃 사진을 보며 이야기를 나누어 본다.<br>– 이 꽃을 본 적이 있니?<br>이 꽃의 이름은 무엇일까?<br>• 앱에 있는 여러 종류의 봄꽃을 살펴본다.<br>– 이 꽃은 어떻게 생긴 것 같니?<br>– 이 꽃은 어떤 향기가 날 것 같니?<br>– 이 꽃은 왜 이런 이름이 지어졌을까?<br>• 앱에 있는 여러 종류의 봄꽃 정보를 알아본다.<br>– 이 꽃에 대해 궁금한 점이 있니?<br>– 이 꽃에 대해 어떤 것을 알고 싶니?<br>– 궁금한 점을 어떻게 알아볼 수 있을까?<br>• 꽃에 대한 정보를 알아본 후 꽃들을 비교해 본다.<br>– 이 꽃과 비슷한 꽃은 어떤 것이 있을까?<br>– 이 두 꽃의 다른 점은 어떤 것이 있니?<br>– 봄에 피는 꽃들을 색깔별로 나누어 볼 수 있을까?<br>– 빨간색을 가지고 있는 꽃들은 어떤 것들이 있니?</td><td colspan="2">• '꽃이름' 앱 사용 방법<br>– 구글 플레이스토어에서 '꽃이름' 앱을 다운받아 설치한다.<br>– '꽃 찾기' 메뉴를 터치하여 선택한다.<br>– 원하는 꽃을 찾아 정보를 확인한다.</td></tr>
<tr><td>마무리<br>(평가)</td><td colspan="2">• 활동을 마치고 나서 이야기를 나눈다.<br>– 봄에 피는 꽃은 어떤 것들이 있었니?<br>– 꽃에 대해 궁금했던 것을 알게 되었니?<br>– 어떤 꽃이 가장 기억에 남니?</td><td colspan="2"></td></tr>
</table>

| | |
|---|---|
| 확장활동 | • 과학활동: 산책하며 봄에 피는 꽃을 찾아본다.<br>• 조작활동: 같은 봄꽃카드를 찾아 뒤집어 본다.<br>• 언어활동: 다양한 봄꽃이 나온 앱을 보고 봄꽃의 이름을 말해 본다. |
| 평가 | • 기본적인 프로그램 사용법을 이해하고 있는가?<br>• 봄에 피는 꽃의 종류에 대해 알고 있는가?<br>• 꽃에 대한 정보를 스스로 찾을 수 있는가?<br>• 활동에 즐겁게 참여하였는가? |
| 활동의 유의점 | • 계절별, 색깔별로 나누어 꽃을 살펴볼 수 있다. |

### (2) 'ibugs' 앱 활동

'ibugs' 앱은 화면에 보이는 이미지와 가상의 이미지가 합쳐진 증강 현실 앱으로 여러 종류의 곤충을 관찰할 수 있으며, 곤충을 터치하면 곤충의 움직임을 관찰할 수 있다. 곤충에 대한 백과사전 정보를 제공한다.

유아들은 'ibugs' 앱을 활용하여 다음과 같은 단계(과정)를 걸쳐 앱 놀이 활동을 전개하였다.

### 'ibugs' 앱 활용 놀이 활동 흐름

① (놀이)상황설명

유아들이 'ibugs' 앱에서 곤충들의 생김새와 움직임을 관찰해 보고, 곤충들의 움직임을 신체로 표현해 보는 놀이활동을 하고 있다.

② 상호작용 및 활동내용 기록

유아들이 'ibugs' 앱에서 장수풍뎅이의 움직임을 보고 이야기를 나누고 있다.

유아 A: 이것 봐! 장수풍뎅이가 뿔을 흔들고 있어.

유아 B: (화면의 장수풍뎅이를 터치한다) 어! 만지니까 날아갔어!

유아 A: 정말이네? 나도 해 볼래, 날아갔다가 나무로 다시 돌아왔어.

유아 B: (양팔을 펼쳐 뛰어가며) 이것 봐! 장수풍뎅이처럼 날아간다.

유아 A: (머리 위로 팔을 올려 뿔 모양을 만든 후) 나는 장수풍뎅이 뿔이 있다.

③ 해석 및 공유

놀이활동 해석: 유아들은 앱에서 나타나는 곤충의 움직임에 대해 친구와 자유롭게 소통하였으며, 그 과정에서 자연스럽게 곤충의 움직임을 신체로 표현하는 놀이활동이 나타났다.

공유: 놀이활동 과정을 기록한 사진이나 영상을 동료 교사와 공유하여 확장활동에 대해 의논한다. 또한 스마트 알림장에 부모와 공유하여 가정과 놀이활동 내용을 연계한다.

④ 반성 및 피드백

유아들은 'ibugs' 앱에서 장수풍뎅이의 움직임에 흥미를 보이며 관찰하였으며, 자신의 신체로 장수풍뎅이의 모습을 표현할 방법에 대해서 적극적으로 이야기 나누는 모습을 보인다. 유아들은 장수풍뎅이의 움직임을 표현하면서 자신들의 모습을 기록해 주길 제안하였고, 교사는 유아들의 놀이를 동영상으로 찍어 보여 주었다. 동영상에서 나타나는 자신들의 모습을 보고 유아들은 "팔을 좀 더 흔들어 보면 어떨까?", "뿔을 만들어서 머리에 붙이면 좋겠다."라는 반응을 보이며, 놀이가 다양한 영역으로 확장되었다.

**그림 9-11** 'ibugs' 앱 활동사진

사진출처: S시 E 어린이집 제공.

10

CHAPTER

# 유아교육에서의 스마트 교수매체 활용

**학습 및 활동내용**

1. 스마트기기에 장착 가능한 스마트 교수매체와 활용방법에 대하여 알아보자.
2. 360도 카메라(VR카메라)와 전자태그 활용제작 방법을 알아보자.

인공지능과 가상 현실·증강 현실, 빅데이터, 3D프린터 등이 시대의 화두가 되고 있는 요즘 유아교육에서의 스마트 매체 활용은 점차 필수적인 것으로 여겨지고 있다. 이런 시점에서 본서에서는 유아교육에서의 멀티미디어 교수매체와 스마트 교육환경 실천 방안 제시를 위하여 유아교육 현장에 활용될 수 있는 스마트폰이나 태블릿 PC, 전자칠판, 3D스캐너·프린터, 디지털현미경, 스마트폰 마이크, 스마트청진기, 인공지능 통역기 등의 스마트기기 활용 방안을 제시하고자 한다. 이러한 스마트기기들은 스마트폰에 장착되는 경우가 많아서 독립적인 매체에 비하여 훨씬 저렴한 가격에 판매되고 있으며 App(앱)과 적절히 상호작용하면서 최대한의 기능을 발휘할 수 있다.

최근 유아교육기관에서 사용하는 대부분의 교수매체들이 스마트폰과 같은 스마트매체로 통합하는 형태를 취하고 있는데, 이는 유아교육 분야에서 적극적으로 대처해야 하는 교육환경의 변화라고 할 수 있다. 유아교육기관에서 사용하던 슬라이드 매체는 컴퓨터의 파워포인트 프로그램이 그 역할을 대신하더니 최근에는 스마트폰이나 태블릿의 슬라이드 앱(파워포인트 앱, Polaris Office 앱 등)으로 이동하는 추세이다. 유치원이나 어린이집에서 사용하던 비디오카메라(캠코더) 매체는 이미 스마트폰 동영상 카메라가 대치하고 있으며 무비메이커와 같은 컴퓨터 동영상 프로그램도 스마트기기의 동영상 앱(Viva Video, PowerDirector 앱 등)이 대치해 가고 있다. 또, 유아들에게는 가상보다는 실세계 위주의 활동이 제공되어야 한다는 우려에도 불구하고 최근 급격하게 스마트기기가 보급됨에 따라 유아교육 분야에서도 스마트기기에 최적화된 전자그림책과 증강 현실(AR), 가상 현실(VR), 혼합 현실(MR) 기법 활용의 방안 모색이 요구되고 있다.

# 1. 스마트 스캐너, 팩스, 프린터

## 1) 스마트 스캐너

유아교육기관에서 유아들의 사진이나 공문서 등을 컴퓨터 파일로 변환하기 위해서는 일반적으로 스캐너가 사용되어 왔으나 최근에 와서는 스마트폰 스캐너 앱이 등장하여 편리하게 활용될 수 있다. 대표적으로 캠스캐너(CamScanner)와 MS 오피스 렌즈(MS Office Lens), 포토스캐너(Google Photo) 등이 있는데, 아래 사진은 구글 플레이스토어에서 세 개의 앱을 검색하여 설치하는 장면이다.

그림 10-1 스마트 스캐너 설치

사진출처: 구글 플레이스토어(play.google.com).

'캠스캐너(CamScanner)'는 모서리 조정기능과 아크로뱃 파일 제작 기능이 편리하며, 'MS 오피스 렌즈(MS Office Lens)'는 상대적으로 스캔한 사진의 화질이 우수한 편이고, '포토스캐너(Google Photo)'는 스캔할 경우 빛의 반사각을 잘 조정해 주는 장점이 있다. 캠스캐너와 MS 오피스 렌즈는 사용에 제약이 없는 앱이며, 포토스캐너의 경우는 구입하지 않는 경우 사진에 회사 마크가 찍히는 단점이 있다.

[그림 10-2]는 캠스캐너 모서리 조정기능을 보여 주는 화면으로, 스마트폰으로 비스듬하게 촬영된 사진을 모서리 조정기능을 통하여 수직으로 촬영한 사진처럼 변환할 수 있다. [그림 10-3]은 캠스캐너의 OCR 기능(사진의 글자를 인식하여 텍스트 파일로 전환해 주는 기술)에 대한 설명 화면이다. 이렇게 인식된 사진의 영어 글자들은 '구글 번역'과 같은 번역 앱으로 보내(공유기능) 한국어로 번역될 수 있다.

**그림 10-2** '캠스캐너'의 모서리 조정 기능

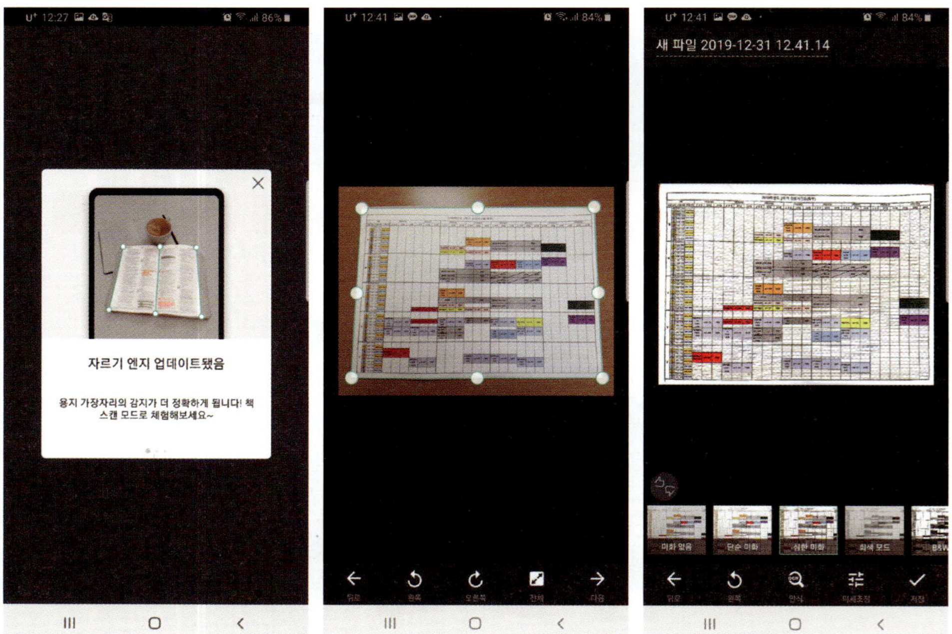

그림 10-3 '캠스캐너'의 OCR 기능

[그림 10-4]는 MS 오피스 렌즈의 모서리 조정 기능을 보여 주는 화면으로, 왼쪽 사진을 촬영한 후 모서리 조정기능을 사용하면 오른쪽 사진과 같이 직각 사진으로 변환할 수 있다. 사진이 스캔되고 변환되면 화면 하단의 공유()를 터치해서 '카카오톡'과 같은 SNS 앱으로 보내 공유하거나 '팩스' 앱으로 보내 팩스로 발송할 수 있다. 물론 본인의 프린터와 와이파이로 연결된 상태에서 프린터 앱으로 보내 온라인으로 인쇄할 수도 있다.

그림 10-4 'MS 오피스 렌즈(MS Office Lens)'의 모서리 조정 기능과 공유 기능

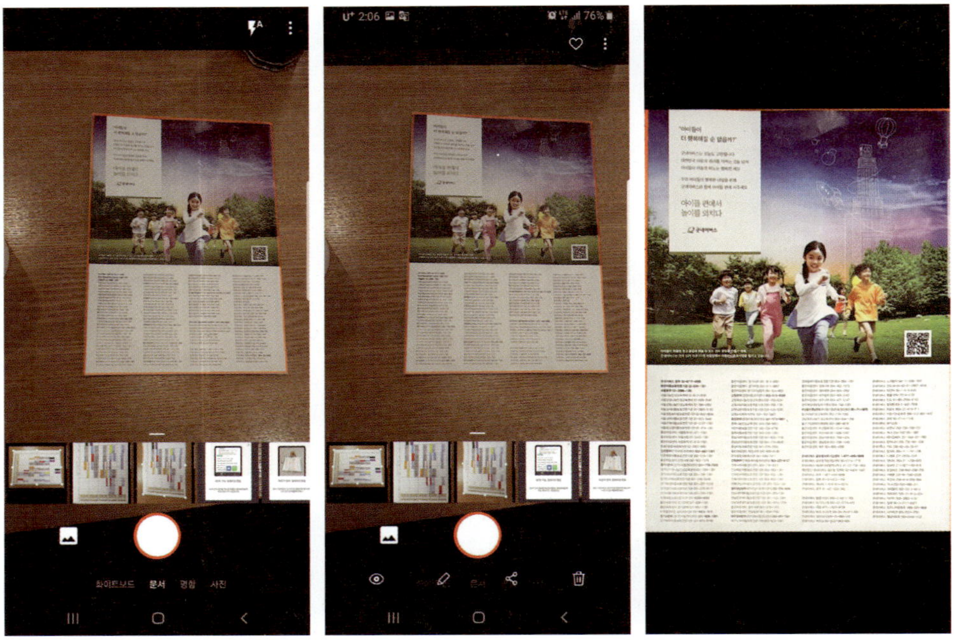


[그림 10-5]의 왼쪽 그림은 스캔사진 편집 기능에서 텍스트를 입력하는 장면이다. 화면 오른쪽 상단의 T를 터치한 다음 글자색을 선택한 후 글자를 입력하면 되는데, 아래에서는 [우리 유치원]을 입력하였다. 중간 그림과 같이 텍스트가 자리를 잡으면 하단의 '완료' 단추를 누르면 오른쪽 그림과 같은 '저장' 화면이 나타난다. '갤러리'를 선택하고 저장 단추를 눌러 저장하면 스마트기기의 '갤러리' 폴더에 편집한 사진이 저장된다.

그림 10-5 'MS 오피스 렌즈(MS Office Lens)'의 글자편집, 저장 기능

## 2) 스마트 팩스, 프린터

### (1) 스마트 팩스

앞의 [그림 10-4]에서, 'MS 오피스 렌즈(MS Office Lens)' 앱에서 하단의 공유()를 터치해서 '팩스' 앱으로 보내 팩스로 발송하거나 프린터 앱으로 보내 온라인으로 인쇄하는 공유기능에 대해 설명한 바 있다. [그림 10-6]은 이러한 공유기능으로 사용 가능한 스마트 팩스 앱인 '모바일 팩스(Mobile Fax)' 앱의 설치와 시작 화면이다. '모바일 팩스'의 경우 아이폰이나 아이패드의 경우 사용할 수 없기 때문에 유사한 기능의 '엔팩스(Enfax)'를 설치해서 사용하기 바란다. [그림 10-6]의 오른쪽 화면에서처럼 애플 앱스토어에서 '엔팩스'를 검색하여 설치할 수 있다.

'모바일 팩스' 앱 설치를 위해서는 [그림 10-6]의 왼쪽 화면과 같이 앱 스토어

에서 [팩스]를 입력하고 검색한다. 그러면 맨 위에 '모바일 팩스' 앱이 나타나는데, 선택하고 설치한다. 처음 실행하면 [그림 10-6]의 가운데 화면과 같은 시작화면이 나타나는데, 여기에서 '사진/문서 첨부(사진/문서 첨부)'를 터치하면 [그림 10-7]의 왼쪽 화면과 같은 '파일선택' 화면이 나타난다. 이 '파일선택' 화면에서 '카메라'를 선택하면 카메라 앱이 나타나는데, 카메라 앱에서 촬영한 장면을 팩스로 발송할 수 있다. 이 '파일선택' 화면에서 '갤러리'를 선택하면 갤러리 앱에서 전송할 사진파일을 선택할 수 있는데, 기존에 촬영한 장면을 팩스로 발송할 수 있다. [그림 10-7]은 '갤러리'를 선택하고 기존에 촬영한 임명장을 팩스로 발송하는 장면이다. [그림 10-7]의 가운데 화면처럼 팩스를 받을 팩스번호를 입력한 다음 오른쪽 그림의 하단 '팩스발송'을 터치하면 팩스가 발송된다.

**그림 10-6** '모바일 팩스' 앱의 설치와 시작 화면, '엔팩스'의 설치

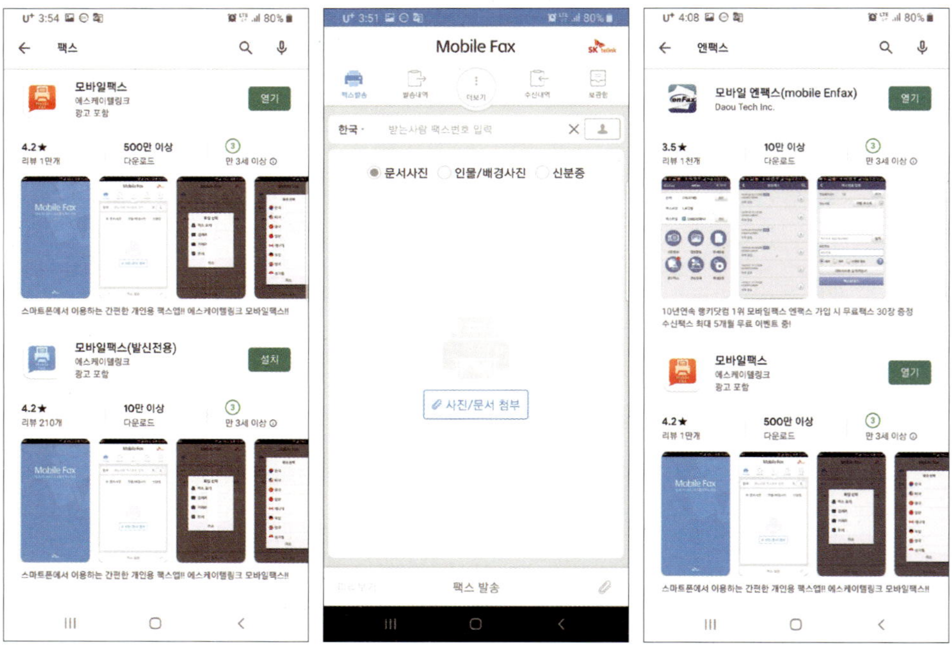

그림 10-7 '모바일 팩스'에서의 팩스발송

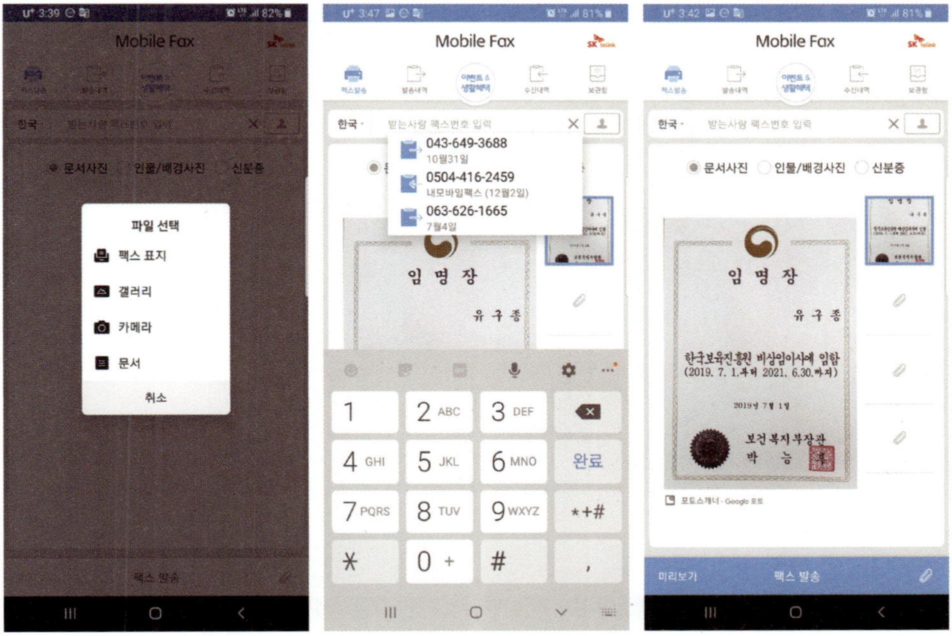


사진출처: 저자 촬영, 스마트폰 캡처화면.

'모바일 팩스'의 경우 팩스 수신도 가능한데, [그림 10-8]의 왼쪽 화면과 같이 화면 상단의 [수신내역]을 누르면 도착한 팩스를 확인할 수 있다. 받을 팩스번호는 앱을 처음 설치할 때 선택할 수 있는데, 앱 설치화면에서 제공하는 번호 중에서 원하는 팩스번호를 선택하면 본인의 '모바일 팩스' 번호가 된다. 저자의 경우는 휴대폰 뒷번호와 같은 팩스번호를 선택하였다.

물론 받은 팩스는 공유 기능을 사용하여 카톡으로 보내거나 프린터로 인쇄할 수 있다. [그림 10-8]의 오른쪽 화면 상단의 '공유(ꈊ)'를 터치하고 공유하면 된다.

그림 10-8 '모바일 팩스'에서의 팩스수신과 공유 기능

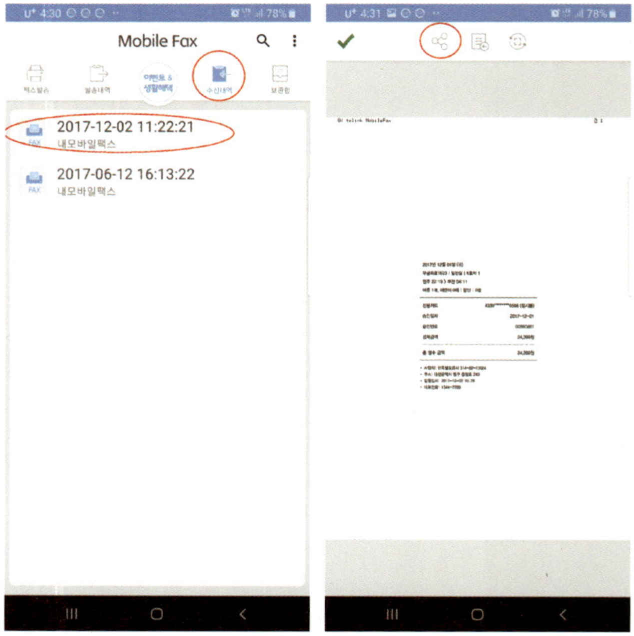


### (2) 스마트 프린터[1)]

최근의 프린터들은 대부분 스마트기능이 탑재되어 있어 스마트폰이나 태블릿의 앱을 이용하여 프린터로 신호를 보내 곧바로 인쇄할 수 있다. 유아교육기관에 와이파이가 작동하여 프린터와 스마트기기가 동일한 무선 공유기(AP장치)에 연결되어 있는 경우 프린터의 스마트기능 사용이 가능하다. 유아교육기관의 한 교실에서 유아교사가 앱으로 유아들의 작품을 촬영한 다음 '인쇄'를 터치하면 행정실의 프린터로 인쇄가 가능한 것이다.

1) 모바일 기기와 연동되어 무선으로 인쇄할 수 있는 프린터이다. 스마트폰, 노트북, PC와 무선으로 연결하여 인쇄할 수 있어 공간의 제약이 없이, 인터넷 연결이 되면 모바일 기기 내 저장되어 있는 문서, 사진을 인쇄할 수 있다(네이버 지식백과 쇼핑용어사전 '스마트 프린터').

최근에는 프린터에 NFC 태그가 붙어 있어 스마트폰을 가져다 대면 NFC 태그를 인식하여 자동으로 프린터 앱이 실행되고 유아교사가 앱에서 촬영하거나 기존의 사진을 불러온 다음 '인쇄'를 터치하면 곧바로 인쇄되는 기능이 보편화되고 있다.

그림 10-9 스마트 프린터의 스마트기능

사진출처: 네이버 지식백과 쇼핑용어사전 '스마트 프린터'

[그림 10-9]는 본인의 프린터와 와이파이로 연결된 상태에서 프린터 앱으로 보내 온라인으로 인쇄하는 공유기능을 설명한 장면이다. 다음에서는 프린터로 삼성 프린터의 예를 들며, 앞에서 설명한 캠스캐너(CamScanner)에서 스캔한 유아의 그림 작품을 삼성 '클라우드 프린트(Cloud Print)' 앱으로 공유하여 스마트 프린터로 인쇄하는 과정을 제시한다.

[그림 10-10]의 왼쪽 화면과 같이 캠스캐너에서 스캔한 다음, 상단에서 '공유(∞)'를 터치한다. 그러면 오른쪽 화면과 같은 '공유' 화면이 나타나는데, 여기에서 본인의 스마트 프린터 앱을 선택하면 된다. 여기에서는 삼성 '클라우드 프린트(Cloud Print)' 앱을 선택하였다. 그러면 [그림 10-11]의 왼쪽 화면과 같이 프린트할 사진이나 문서의 종류를 선택하는 화면이 나타나는데, 여기에서는 '사진'을 선택하였다. 오른쪽 화면과 같이 '미리보기' 화면이 나타나면 하단의 '인쇄'를 터치하여 온라인으로 인쇄한다.

**그림 10-10** 캠스캐너에서 스캔한 사진을 스마트 프린터로 공유하기

**그림 10-11** 앱에서의 스마트 프린터로의 인쇄

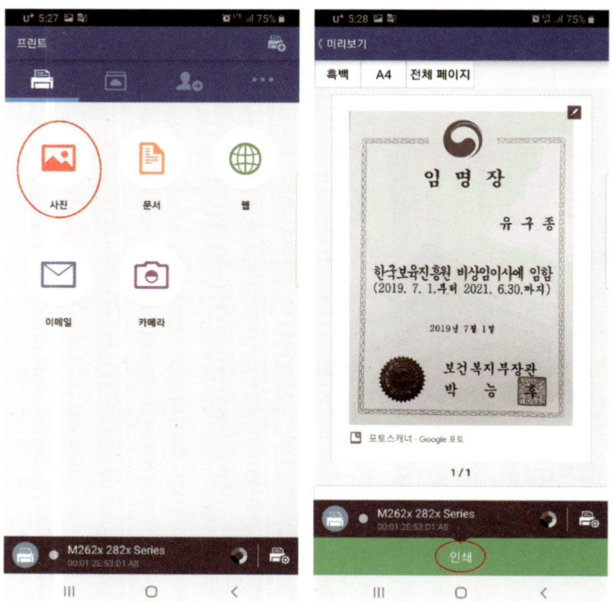


사진출처: 저자 촬영, 스마트폰 캡처화면.

## 2. 360도 카메라(VR 카메라)

영유아교육기관에서의 사진자료는 최근까지 디지털 평면사진 형태로 활용해 왔다. 디지털카메라나 스마트폰, 태블릿으로 촬영하여 그림파일(bmp, jpg 등)로 보관하거나 카톡이나 메일 등으로 공유하여 사용해왔다. 특히 유아들의 작품이나 행사 장면 등을 촬영하여 소식지로 전달하거나 홈페이지, 카페 등에 탑재하여 가정과의 연계활동에 활용해 온 것이다. 최근에는 360도 디지털사진 형태가 등장하여 영유아교육기관에서 다양하게 활용 가능하다. 360도 VR 사진자료는 스마트기기나 컴퓨터에서 360 방향으로 사진을 시청하게 할 뿐만 아니라 유아들이 VR기기(HMD)를 착용할 경우 현장에서 실물을 감상하는 것과 유사한 경험을 제공한다. 영유아교육기관에서는 스마트폰을 카드보드(구글에서 만든 종이 재질의 HMD)에 삽입한 상태에서 360도 VR 사진자료를 체험하는 것이 대표적인 활용법이라 할 수 있다. 360도 VR 사진자료를 체험할 수 있게 해 주는 카드보드는 [그림 10-12]와 같이 온라인상에서 구입 가능하다.

이러한 360도 VR 사진자료를 생성하기 위한 가장 쉬운 방법은 360도 카메라(VR 카메라)를 사용하여 촬영하는 것이다. 360도 카메라는 전후좌우 모든 방향을 동시에 촬영할 수 있기 때문에 영유아교육기관에서 사진자료로 사용할 경우 자연탐구활동이나 표현활동에 있어서 다양하게 활용될 수 있는 장점이 있다. 360도 카메라로 촬영된 VR 동물이나 식물 사진을 전후좌우 방향으로 돌려가면서 구석구석 탐색하는 활동은 유아들의 다양한 표현활동을 유도할 것이다. 또한 전 세계의 다양한 문화(유적지나 전통의상 등)를 360도 사진으로 체험하는 활동은 사회생활영역에서의 유아들의 사고를 확장해 주는 기회가 될 수 있다. 특히 카드보드나 HMD기기를 착용하고 3D로 체험할 경우 유아들이 유적지를 걸어 다니면서 체험하거나 마치 전통의상을 입어 보는 간접 경험을 제공할 수 있어서 다양한 다문화 경험이나 사회적 경험을 제공할 수 있다는 장점이 있다. [그림 10-15]는 '인스타 360도 VR 카메라'로 유치원 신체표현활동을 촬영한 VR 장면이다.

**그림 10-12** VR 사진자료 3D 체험을 위한 '카드보드'와 온라인구입 화면

사진출처: 저자촬영, 네이버 쇼핑검색(https://shopping.naver.com/).

그림 10-13 온라인상에서 '360도 카메라' 구입

사진출처: 네이버 쇼핑검색(https://shopping.naver.com/).

[그림 10-14]는 이러한 360도 카메라 중의 하나로 비교적 저렴하면서도 뛰어난 성능을 발휘하여 영유아교육기관에서 효과적으로 사용 가능한 인스타 360도 VR 카메라(Insta 360 Air VR Camera)이다. 인스타 360도 VR 카메라는 [그림 10-13]에서와 같이 스마트폰 단자에 맞는 제품(마이크로 5핀, USB C타입)을 온라인으로 구입하면 된다. 구입한 360도 카메라를 스마트폰의 단자에 끼우면 [그림 10-14]의 오른쪽 화면과 같이 설치한 'Insta 360 Air' 앱이 자동으로 실행된다. 실행된 'Insta 360 Air' 앱에서 가운데 하단의 '녹화 단추( )'를 누르고 촬영하면 된다.

그림 10-14 '인스타 360도 VR 카메라'와 '전용 앱(Insta360 Air)'

사진출처: 네이버 쇼핑검색(https://shopping.naver.com), 어반긱스(urbangeeks)社, 구글 플레이스토어(play.google.com)

**그림 10-15** '인스타 360도 VR 카메라'로 촬영한 유치원 활동

사진출처: D시 K어린이집 제공.

유아교육기관에서 이러한 360도 카메라를 구입할 상황이 안 될 경우 360도 VR 사진을 얻기 위해서는 '카드보드 카메라' 앱을 이용하면 된다. 앱 스토어에서 스마트폰에 '카드보드 카메라' 앱을 설치하고 나를 중심으로 360도 회전하면서 촬영하면 360도 카메라를 장착하지 않고도 그럴듯한 360도 VR 사진을 얻을 수 있다([그림 10-16] 참조).

**그림 10-16** '카드보드 카메라' 앱의 설치와 촬영장면

사진출처: 구글 플레이스토어(play.google.com).

## 3. 전자태그

### 1) 전자태그의 개념, 인식 기능, 영유아교육기관 활용

전자태그[2)]는 태그, 라벨, 카드 등에 정보를 저장하여 별도로 설치된 리더기나 스마트폰의 카드기능이 활성화된 상태에서 스마트폰에서 읽을 수 있다(인식 기능).

RFID는 무선 주파수(Radio Frequency, RF)를 이용하여 물건이나 사람 등과 같은 대상을 식별(identification)할 수 있도록 해 주는 기술을 말한다. RFID는 RFID 태그에 정보를 저장하여 적용 대상에 부착한 후, RFID 리더를 통하여 정보를 인식하는 방법으로 활용된다. RFID는 기존의 바코드(barcode)를 읽는 것과 비슷한 방식으로 이용된다. 그러나 바코드와는 달리 물체에 직접 접촉을 하지 않고도 데이터를 인식할 수 있다. 또한, 여러 개의 정보를 동시에 인식하거나 수정할 수도 있으며, 태그와 리더 사이에 장애물이 있어도 정보를 인식하는 것이 가능하다(국립중앙과학관, 2019). 매일 이용하는 교통카드는 대표적인 RFID 태그 중의 하나이며, 고속도로의 하이패스도 RFID 기술을 이용하고 있다.

NFC(Near Field Communication)는 가까운 거리에서 무선 데이터를 주고받는 통신 기술을 의미하며, NFC 기능이 있는 스마트폰을 기기에 접촉하기만 하면 자동으로 블루투스 페어링이 된다. 복잡한 설정 과정 없이 쉽고 빠르게 스마트폰과 블루투스 기기를 연결한다. NFC 접촉 시 스마트폰의 NFC 기능이 켜져 있어야 하고, 잠금 화면이 해제되어 있어야 한다(쇼핑용어사전, 2019). [그림 10-17]은 이러한 스마트폰의 NFC 기능 작동을 위한 설정 화면이다. 스마트폰의 '설정' 화면에서 [그림 10-17]과 같이 '기본모드'로 설정하면 모든 NFC 기능을 사용할 수 있다. 이렇게 NFC 기능을 설정한 다음 NFC 태그에 스마트폰을 접촉하면 해당하는 스마트폰 앱이 자동으로 실행되거나 태그에 기록된 정보가 실행된다. 또한 NFC 기기

2) 반도체 칩이 내장된 태그, 라벨, 카드 등의 저장된 데이터를 무선주파수를 이용하여 비접촉으로 읽어내는 인식시스템. 출처: 네이버 지식백과(https://terms.naver.com)

(기기에 부착된 태그 부분)에 스마트폰을 접촉하면 기기의 정보를 읽어들이거나 기기를 작동할 수 있다.

그림 10-17 스마트폰의 NFC 기능 작동을 위한 설정 화면

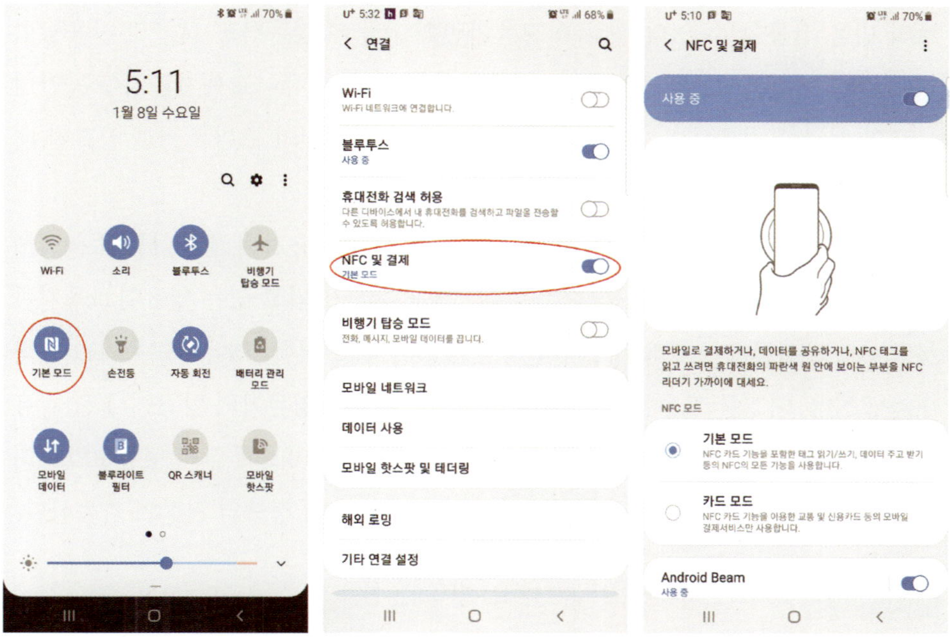


사진출처: 저자 촬영, 스마트폰 캡처화면.

## 2) 영유아교육기관에서의 전자태그 활용

스마트폰에 이러한 NFC 기술이 들어가 있으면 여러모로 편리하게 생활할 수 있다. NFC 장치에 신용카드, 교통카드, 쿠폰, 신분증 등을 담아 두면 지갑을 가지고 다니지 않아도 스마트폰만으로 다양한 서비스를 즐길 수 있다. 예를 들어, NFC 장치가 달린 스마트폰만으로 교통카드 없이 대중교통을 이용하거나, 신용카드를 따로 꺼내지 않고도 가게에서 결제를 할 수 있다. 박물관에서는 전시 유물 설명판에 표시된 NFC 태그에 스마트폰을 가져다 대면 유물에 대한 글과 사진을 내

려 받아 읽을 수 있다(천재학습백과 초등 소프트웨어 용어사전, 2019).

이러한 전자태그를 영유아교육기관에서 활용할 경우 교구에 대한 정보 획득뿐 아니라 다양한 교육활동에 도움을 받을 수 있다. 예를 들어, 영유아교육기관에서 [그림 10-18]과 같이 스토리 빔(동화를 상영하는 빔프로젝터 기기)에 접촉하면 스토리 빔을 작동할 수 있다. 영유아교육기관의 교구에 접촉하면 교구의 사용방법이나 관련 교육콘텐츠를 스마트폰에 상영할 수 있다. 영유아교육기관의 교통안전 교구의 태그에 접촉하면 교통안전 콘텐츠를 스마트폰이나 스마트폰과 연결된 대형 TV화면으로 볼 수 있게 되는 것이다.

유아교육기관에서는 이러한 NFC 태그나 RFID를 이용하여 영유아들의 출석체크나 놀잇감 관리 등에 활용할 수 있는데, 최근 문제가 되고 있는 영유아교육기관 통학버스 안전문제를 영유아교사가 직접 해결할 수도 있다. 영유아교육기관 통학버스에 NFC 태그를 이용할 경우 교사의 스마트폰으로 영유아의 탑승이나 출석 유무를 확인할 수 있으며, RFID 태그를 이용할 경우 통학버스에 달려 있는 RFID 리더를 통하여 장애물이나 거리에 관계없이 탑승이나 출석 정보의 저장이 가능하다.

**그림 10-18** 교사의 스마트폰으로 NFC 태그를 인식하는 장면

스마트폰 잠금 해제 (NFC 활성화되어 있어야 함)　　'NFC 태그' 부분에 접촉

사진출처: 쇼핑용어사전(2019), 'http://www.enuri.com'에서 2020년 1월 인출.

## 3) 전자태그의 제작 기능

전자태그를 디지털 도어락(door lock, 출입문 자물쇠)에 가져다 대면 자동으로 출입문이 열리는 기능을 전자태그에 저장할 수 있으며, 스마트폰을 전자태그에 가져다 대면 내비게이션이 실행되고 직장까지 가는 길을 안내하는 기능도 전자태그에 저장할 수 있다. 유아교육기관 교육과정 운영에 있어서도 전자태그 제작 기능은 유용하게 활용될 수 있다. 스마트폰을 유아교육기관 공룡 교구에 부착된 전자태그에 가져다 대면 해당 공룡의 동영상을 스마트폰으로 감상할 수도 있고 해당 교구와 상호작용하는 방법을 설명하는 동영상을 시청할 수도 있다. 다음은 동영상을 유튜브에 올렸다고 가정한 상태에서 유튜브 링크를 전자태그에 저장하는 과정을 설명한다.

[그림 10-19]는 태그에 정보를 저장할 수 있는 NFC 태그 스티커(상단 사진)와 RFID 태그 스티커(하단 사진)이다. 이러한 공 태그 스티커(정보가 저장되지 않은 구입 당시의 태그)에 정보를 쓰고 지울 수 있게 해 주는 앱을 실행해야 한다. 여기에서는 전자태그 제작을 위하여 가장 많이 사용되고 있는 [그림 10-20]의 'NFC Tools' 앱을 사용한 태그 제작방법을 제시한다.

유튜브 동영상 링크를 전자태그에 저장하기 위해서 먼저 [그림 10-20]과 같이 'NFC Tools' 앱을 설치하고 실행한다. [그림 10-20]의 왼쪽 화면은 앱 스토어 설치 화면이고 오른쪽 화면은 앱을 처음 실행하면 나타나는 태그 읽기 모드 화면이다. 이 화면 상태에서 스마트폰을 태그 상단에 접촉하면 태그 정보가 실행된다.

그림 10-19 태그 제작을 위한 쓰기/읽기 NFC 태그(상단), RFID 태그(하단) 스티커

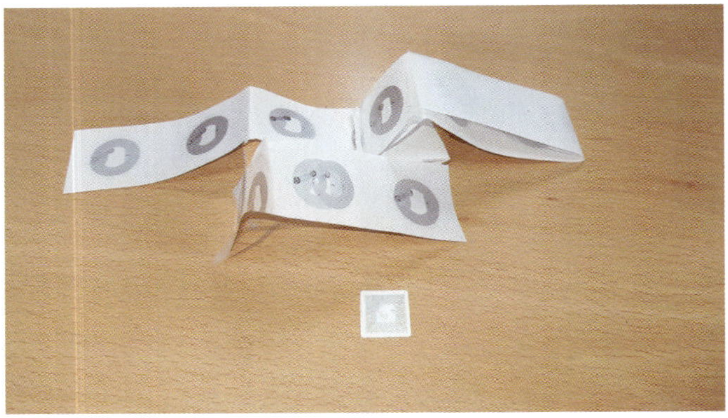

그림 10-20 NFC 태그 제작을 위한 NFC Tools 앱 설치와 실행

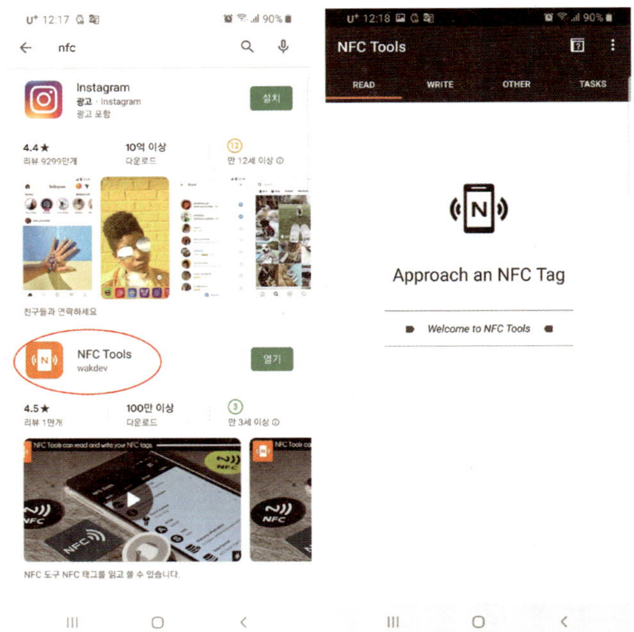

태그 제작과정을 설명하기 위해서 유튜브 동영상을 태그에 링크하는 방법을 제시한다. 여기에서는 유아교육 유튜브 동영상 제작 예제로 제작한 앨범동영상 링크를 입력하였다.

태그 코드 제작을 위해서는 [그림 10-21]의 왼쪽 상단 화면과 같이 'NFC Tools' 앱에서 먼저 '쓰기(WRITE)', '레코드 쓰기( Add a record)'를 차례로 선택한 다음 추가할 레코드 유형을 선택하면 된다. 유아교육기관 홈페이지나 블로그 등의 내용을 링크하기 위해서는 'URL'을 선택하면 되고, 유튜브 동영상을 링크하기 위해서는 'Video'를 선택하면 된다. 여기에서는 [그림 10-21]과 같이 'Video( Video Add a video link)'를 선택한 다음 Video 유형 선택화면에서는 'Youtube'를 선택한다. 그러면 [그림 10-21]의 하단 오른쪽 화면과 같이 코드 입력 화면이 나타나는데, 'Code(코드)' 부분에 [zF26YiyOW1w]를 입력하고 'OK' 단추를 터치한다.

**그림 10-21** 태그 제작 앱(NFC Tools)에서의 태그 코드 제작 과정

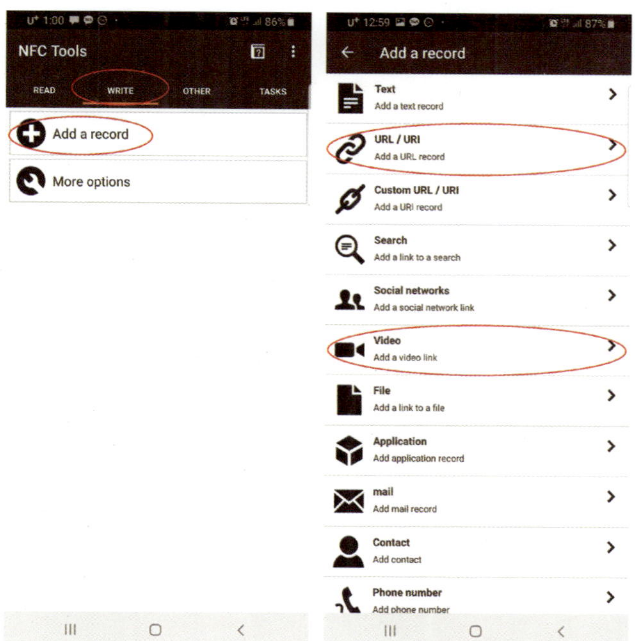


다음 페이지에 계속

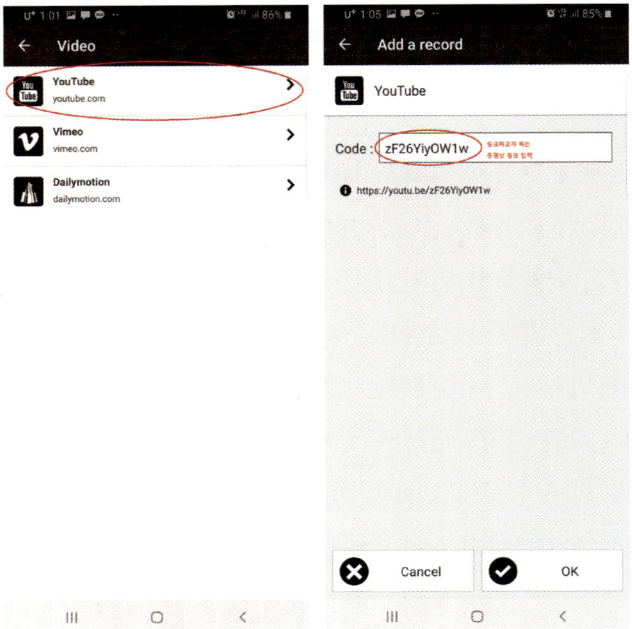


그러면 [그림 10-22]의 왼쪽 화면과 같은 태그 코드가 만들어지는데, 여기에서 공 태그로 정보를 저장하기 위하여 'Write(Write / 25 Bytes)' 단추를 터치하면 오른쪽 화면과 같이 'NFC 태그에 접촉하라는(올려놓으라는) 메시지'가 나타난다. Write 단추 오른쪽 수치는 제작된 태그의 용량으로, 25바이트가 저장되었다는 의미이다.

[그림 10-22]의 오른쪽 화면과 같이 'NFC 태그에 접촉하라는(올려놓으라는) 메시지'가 나타나면 NFC 태그 위에 스마트폰을 가져다 댄다. 그러면 태그에 유튜브 동영상 링크가 저장되어 제작이 완료된다. 이렇게 제작된 태그의 저장 링크나 정보는 언제든지 변경 저장이 가능하고 삭제도 가능하다. [그림 10-23]은 제작한 NFC 태그 상단에 스마트폰을 접촉하여 스마트폰 앱에서 동영상이 실행되는 장면이다. 제작한 태그의 링크 정보가 실행된 것이다.

그림 10-22 태그 제작 앱(NFC Tools)에서의 공 태그로의 정보 저장 과정

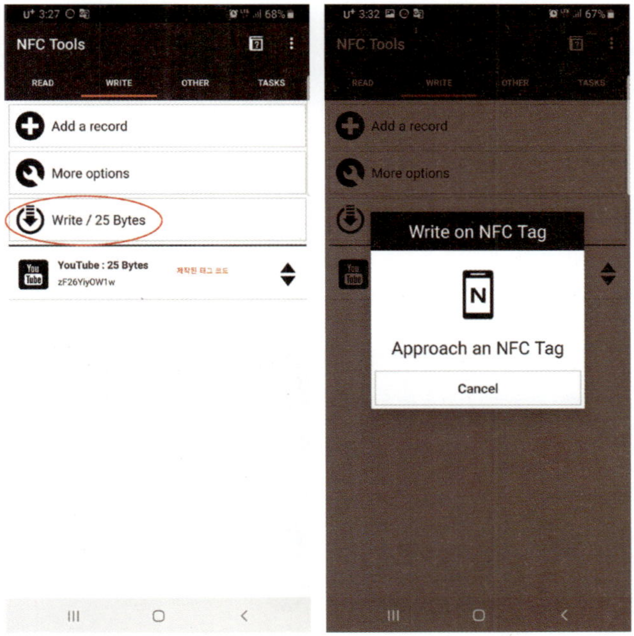


그림 10-23 제작한 NFC 태그를 접촉하면 스마트폰에서 실행되는 유튜브 링크 동영상

사진출처: 스마트폰 캡처화면, 저자 촬영.

특정 앱을 실행하기 위해서는 [그림 10-24]와 같이 추가할 레코드 유형으로 'Application(앱)'을 선택하고, 앱 선택화면에서 원하는 앱을 선택하면 된다. 여기에서는 내비게이션으로 원하는 목적지를 입력하기 위해 'T map' 앱을 선택하였다. 원하는 앱을 선택한 다음 'OK' 단추를 터치하면 태그가 제작되는데, 이 태그 스티커 위에 스마트폰을 접촉하면 자동으로 내비게이션이 실행된다. 물론 목적지를 설정하는 태그 제작도 가능하다.

그림 10-24 태그에 접촉 시 실행할 'Application(앱)'을 선택하는 장면

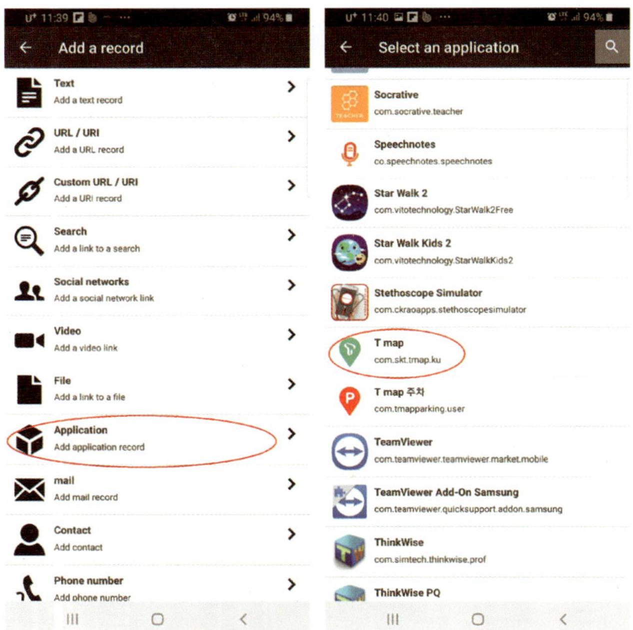

11

CHAPTER

# 유아교육에서의 스마트 매체 환경

**학습 및 활동내용**

1. 유아교육에서의 스마트 매체 환경을 알아보자.
2. 3D프린터와 360도 동영상 활용방법에 대해 살펴보자.
3. 동영상과 인터넷 방송 활용 방법에 대해 살펴보자.

## 1. 유아교육에서의 3D프린터 활용

### 1) 유아교육과 3D프린팅

3D프린터는 원하는 재료와 디자인을 통해 입체적인 결과물을 찍어내는 기계이다. 전통적 방식의 2차원 프린터와 달리 3차원의 입체적인 결과물을 찍어내는 3D프린터는 입체적인 공간에 결과물을 출력하는 기계이며, 현대사회에 제3의 산업혁명을 가져올 기계로 주목받고 있다(김선호, 2015; 백상흠, 2015; 허석·조재훈, 2014). 이러한 3D프린터의 특성은 유아교구에도 적용될 수 있다(이희경, 2015). 새로운 매체의 도입은 교실에서 산출되는 여러 교육적 생산물들의 변화를 초래할 수 있다(유구종 외, 2014).

현대사회의 테크놀로지의 발달은 오프라인뿐만 아니라 온라인을 통한 유아교구의 개발·활용을 가능하게 하였으며, 교육부는 2010년 3월부터 유치원에 로봇 기반 교육을 보급하기 시작했다(이정욱 외, 2011). 유아교육에서 적절하게 3D프린터를 적용한다면, 교육과 유아의 놀이에 필요한 교구를 제작하는 데 활용할 수 있는데, 유아교육분야에서 교수매체와 관련하여 시각 보조물을 수업에 활용하고 이를 직접 제시한다면, 추상적인 교수내용을 보다 구체화하여 제시할 수 있으며, 학습자의 구체적인 개념 형성을 돕고 흥미를 유발시켜 인상적인 학습을 할 수 있다(박남숙·안은정, 2010).

한편, 영국 교육부는 교육과정을 개편하면서 2014년부터 3D프린팅 교육을 5세부터 16세 학생에게 시행하도록 하였다. 우리나라 또한 미래창조과학부와 산업통상자원부(2014)가 3D프린팅과 관련한 교육기관을 지원하고 교육 커리큘럼을 개발하는 등 인재육성을 위해 초·중등 교육과정에 3D프린팅 수업을 포함한 시범교육의 시행을 제시하고 있다. 3D프린터는 현재 교육현장에서 적용가능한 교육의 매개체로 각광받고 있으며, 3D출력물을 만들 수 있는 능력을 배양하는 활동의 교육적 가치가 강조되고 있다(박혜란, 2016). 하지만 국내의 3D프린터의 보급과 교육적 매개체로서의 활용은 아직 초기 단계이며, 다양한 저가형 3D프린터가 보급되고 있으나 3D프린팅 기술은 아직 대중화되지 않았다(조원진·이현주·문명운, 2014). 그러나 3D프린팅 기술의 발전을 통해 그 활용영역이 점점 확대되고 있으며, 이는 3D프린터가 유아교육 분야에서도 폭넓게 활용될 것으로 예측되고 있다(이희경, 2015).

## 2) 3D프린팅의 과정

3D프린팅의 과정은 가상의 사물을 모델링 및 스캐닝한 뒤 슬라이싱 프로그램을 통한 작업을 거쳐 3D프린터로 프린팅하는 순으로 제시한다.

### (1) 3D스캐닝

3D스캐닝을 위해서는 '3D스캐너'가 필요하다. 3D스캐너를 통해 현실 속 물체의 3D형태를 촬영하여 모델링하는 과정을 3D스캐닝이라고 한다. 3D스캐너 또한 현재는 3D프린터처럼 고가의 장비에 해당한다. 3D프린팅을 위한 대표적인 과정 중 하나이며, 현실의 사물을 복잡한 프로그래밍 과정 없이 스캔할 수 있다는 장점이 있다. 하지만 장비의 가격과 성능에 따라 스캐닝의 정밀성에 큰 차이가 있으며, 고가라는 단점이 있다. 본 책에서는 신도리코의 'SENSE' 스캐너를 사용하였으며 사용과정의 예시는 다음과 같다.

그림 11-1 3D스캐너 SENSE를 활용한 휴지곽 스캔

3D스캐너의 경우 제품에 해당하는 전용 프로그램이 필요하다. 본 교재에서는 신도리코 SENSE 스캐너 전용 프로그램을 사용하여 스캐닝을 진행하였다. 스캐닝하고자 하는 사물을 스캐너로 스캔하면 가까운 물체를 자동으로 인식한다. 사물을 회전시키며 스캔하며 휴대용 스캐너의 경우 스캐너 이동시켜 사물 전방위를 스캔하는 것이 가능하다.

그림 11-2 3D스캐너 SENSE로 스캔된 디자인

[그림 11-1]과 [그림 11-2]처럼 스캔이 완료된 디자인 파일은 3D스캐너 프로그램 내에서 불필요하게 스캔된 부분을 지우거나 디자인 자르기 등의 작업이 가능하다. 추후 3D 모델링 프로그램을 통해 추가적인 작업을 거치거나 혹은 바로 3D 슬라이싱 프로그램으로 옮겨 슬라이싱 작업, 서포터(지지대) 작업 등의 과정을 거쳐 3D프린팅이 가능하다.

### (2) 3D 모델링 프로그램 및 3D 슬라이싱 프로그램

3D프린팅을 위해서는 3D디자인을 위한 3D 모델링 프로그램과 3D디자인을 3D프린터에서 프린팅하기 위한 슬라이싱 프로그램이 필요하다. 앞서 언급한 3D 모델링 프로그램은 3차원의 실물 또는 물리적인 환경을 묘사하여 컴퓨터로 구현해 주는 것을 의미한다. 슬라이싱이란 사전적 의미로는 일정한 면을 살려 얇게 써는 것을 의미하며 3D프린팅에서 슬라이싱이란 적층형 3D프린터가 적층해야 하는 면적, 위치, 횟수 등을 정해 주기 위해 프로그래밍을 통해 모든 층을 잘라주는 것을 의미한다. 일반적으로 사용하는 3D 모델링 프로그램과 3D 슬라이싱 프로그램을 소개하면 다음과 같다.

#### ① 3D 모델링 프로그램 – 3D Builder

Microsoft에서 제공하는 3D Builder는 Microsoft 공식 홈페이지에서 3D Builder를 검색하여 무료 다운로드가 가능하다(www.microsoft.com/ko-kr/p/3d-builder/9wzdncrfj3t6?rtc=1&activeTab=pivot:overviewTab).

그림 11-3 3D Builder 다운로드 홈페이지

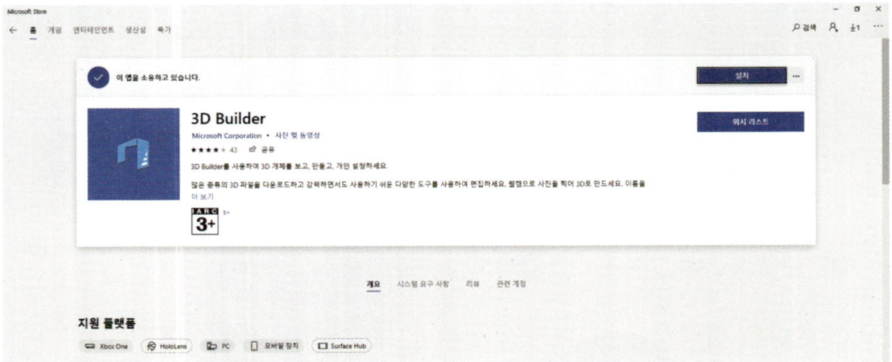


일반적인 3D 모델링 프로그램과 마찬가지로 기본적으로 탑재된 모델들이 카테고리별로 분류되어 있으며, 그리기, 도형 등을 통한 모델링도 가능하다.

그림 11-4 3D Builder를 통한 햄버거 재료 모델링

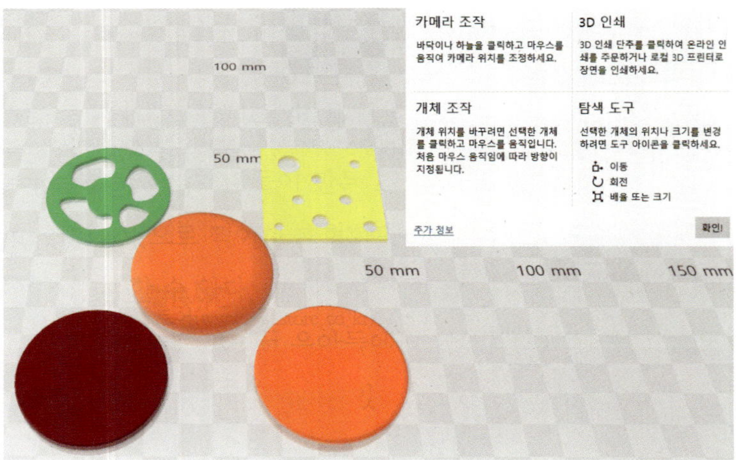


3D builder가 가지는 다른 모델링 프로그램과의 차별성은 일반적인 bmp, jpg 등의 2D이미지 파일을 손쉽게 3D 렌더링이 가능하다는 점이다. 아래의 그림은 이미지 무료제공 사이트인 언스플래쉬(unsplash.com)에서 제공하는 에펠탑의 사진

을 3D렌더링 한 것이다. 2D 이미지파일을 로드함과 동시에 자동으로 3D렌더링을 통해 3D개체화를 시키며, 수준, 부드러움, 질감, 반전 등의 조절을 통해 사물만 추출하기 등이 가능하나 이는 약간의 숙련도를 요구한다.

**그림 11-5** 에펠탑 3D 렌더링

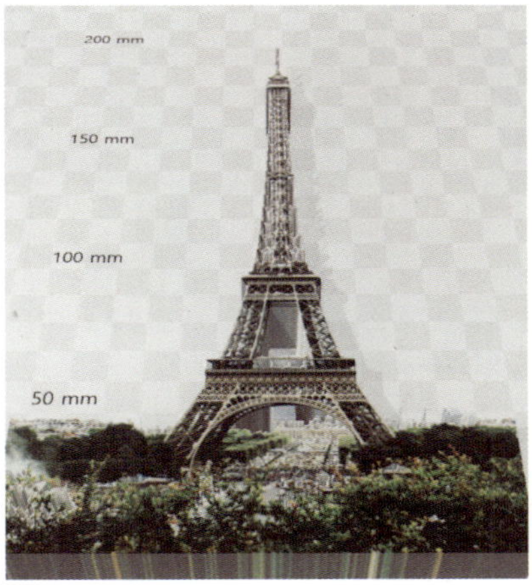


사진출처: 언스플래쉬(unsplash.com).

### ② 3D 모델링 프로그램 - 그림판 3D

그림판 3D는 Windows 10 출시와 함께 내장되어 있는 기본 소프트웨어이다. Windows 10 이전 버전에서 사용하던 그림판의 2D 기능에 3D 기능이 추가된 그림판으로서 상단메뉴인 3D 셰이프와 3D 라이브러리 메뉴를 통해 3D 모델링 작업을 할 수 있다. 3D 셰이프 메뉴에서는 3D개체, 3D 모델 등 기본 탑재되어 있는 사람 또는 사물 등을 원하는 축과 크기에 맞춰 디자인할 수 있으며 3D로 그리기 기능에 있는 다양한 그리기 기능과 색을 통해 디자인이 가능하다.

**그림 11-6** 그림판 3D의 3D 셰이프 기능

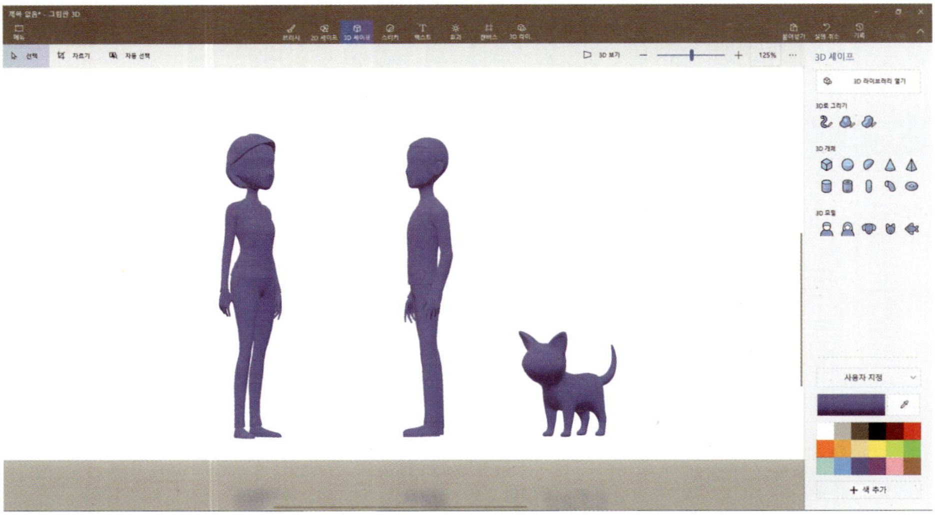


이외에도 3D 라이브러리에는 동물, 음식, 우주, 곤충, 공룡 등의 이미 완성된 디자인을 탑재하여 원하는 카테고리의 디자인을 추가할 수도 있다.

**그림 11-7** 그림판 3D의 3D 라이브러리 기능

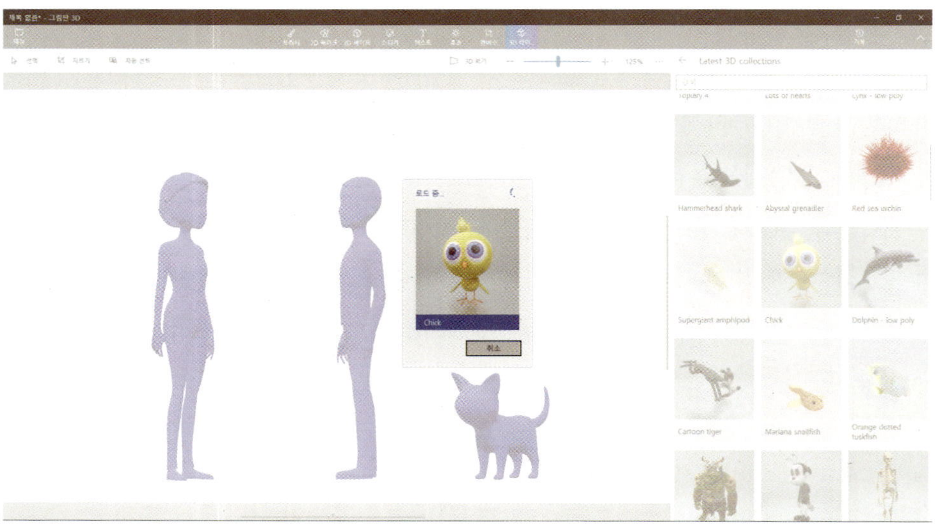

### ③ 3D 슬라이싱 프로그램 - 3D WOX

모델링된 디자인 파일은 슬라이싱 프로그램을 통한 슬라이싱 작업이 필요하다. 적층형 3D프린터가 쌓아올리는 세부적인 과정을 만들어 주는 것이다. 슬라이싱 프로그램은 3D프린터에서 제공하는 전용 프로그램이 없는 경우 큐라(Cura)와 같은 보편적으로 많이 사용되는 슬라이싱 프로그램을 사용하면 된다. 본 교재에서의 슬라이싱 파일은 본 교재에 사용한 3D프린터인 3D WOX의 슬라이싱 파일인 3D WOX Desktop을 사용하였다. 슬라이싱 프로그램의 기본적인 세팅은 프린터 모델에 적합한 사이즈, 출력물의 크기 또는 위치, 서포터(지지대) 등을 설정하는 것이다.

**그림 11-8** 3D WOX의 기본 설정과 모델링 이미지 불러오기

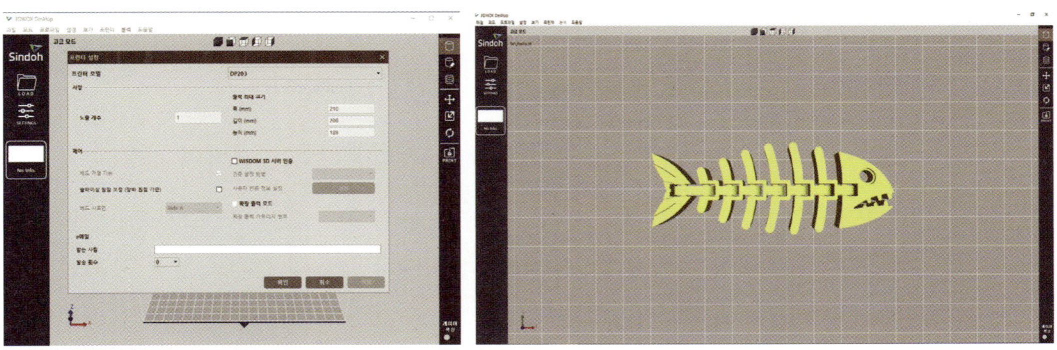


슬라이싱과 서포트, 출력크기 및 위치 등 필요한 작업이 완료된 디자인 파일은 3D프린터 출력에 적합한 G-code 파일로 변환이 필요하다. 일반적으로 슬라이싱 프로그램을 통해 쉽게 변환 후 저장이 가능하다. 변환된 파일은 3D프린터와 컴퓨터가 연결된 경우, 슬라이싱 프로그램에서 직접 출력이 가능하며, G-code로 변환된 파일을 USB에 저장하여 3D프린터에 옮겨 출력할 수도 있다.

그림 11-9 3D WOX를 통해 로드된 모델링 파일의 슬라이싱 변환장면

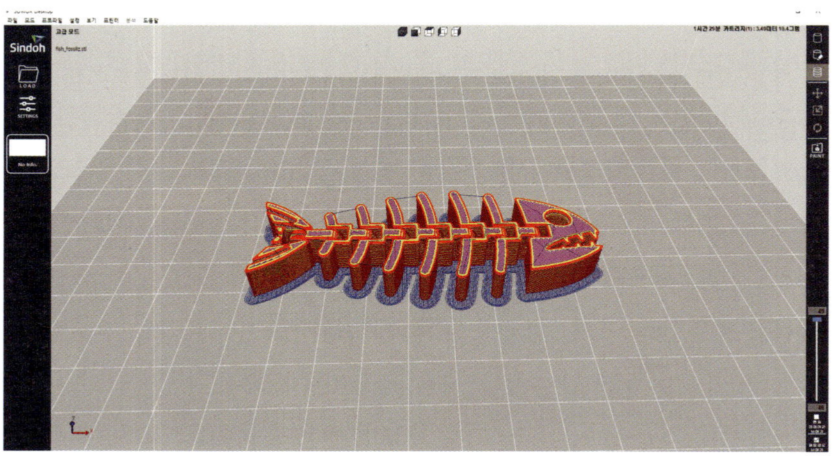


### (3) 3D프린팅

#### ① 3D프린터 설치 및 기본설정

3D프린터를 최초 설치하는 과정을 말한다. 컴퓨터와 연결하여 사용이 가능하며 USB 등의 저장매체를 통하여 독립적으로도 사용이 가능하다. 최초 설치 시 필라멘트 카트리지 장착 및 삽입, 수평조절, 노즐과 배드의 간격조절 등의 기본설정을 수행하여야 한다.

그림 11-10 3D프린터(3D WOX)

### ② 필라멘트 카트리지 장착하기(PLA, ABS, NYLON, PVA, WOOD 등)

3D프린터에서 지원하는 필라멘트의 종류, 프린팅하고자 하는 대상의 특성 등을 고려하여 필라멘트를 선정하여야 하며, 제품의 매뉴얼에 맞게 필라멘트를 장착한다.

그림 11-11 3D프린터의 필라멘트(PLA) 장착

### ③ 스캐닝 또는 원하는 모델링 파일 다운로드

3D프린터로 원하는 출력물을 출력하기 위해서는 모델링 디자인 파일을 슬라이싱 프로그램을 통해 변환한 G-code 파일이 필요하다. 모델링 디자인 파일은 직접 사물 또는 사람을 스캐닝하거나 모델링 사이트에서 이미 디자인된 파일을 다운로드 받을 수 있다. 일반적인 스캐닝 방법은 본 절의 '2) 3D프린팅의 과정→(1) 3D스캐닝(p. 315)'에 소개되어 있으며, 보편적으로 사용되는 모델링파일 제공 사이트에는 싱기버스(www.thingiverse.com), 메이커봇(www.makerbot.com), 3D warehouse(3dwarehouse.sketchup.com) 등이 있다. 적절한 사이트를 선택하여 원하는 디자인의 모델링 파일을 다운로드 할 수 있다.

그림 11-12 싱기버스 홈페이지를 활용한 3D 모델링 파일 무료 다운로드

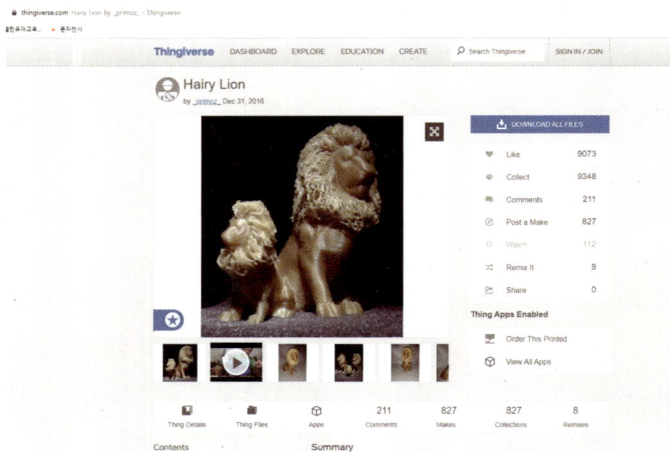


### ④ 슬라이싱 프로그램을 이용하여 모델링 파일 변환하기

모델링된 디자인 파일을 슬라이싱 프로그램을 통해 G-code 파일로 변환해 주는 작업이 필요하다.

### ⑤ USB를 통해 3D프린터에 모델링된 파일 삽입 및 출력

G-code로 변환된 디자인 파일을 USB 저장매체 등을 사용하여 3D프린터로 옮기면 출력이 가능하다. 3D프린터와 필라멘트의 종류, 출력물의 크기 등에 따라 출력시간에 차이가 있으며, 최종적으로 출력된 출력물은 배드에서 떼어낸 후 서포터(지지대)를 제거한 뒤 필요시 채색, 마감처리 등의 과정을 거쳐 최종적으로 완성된다.

그림 11-13 USB로 3D프린터에 G-code 파일 주입

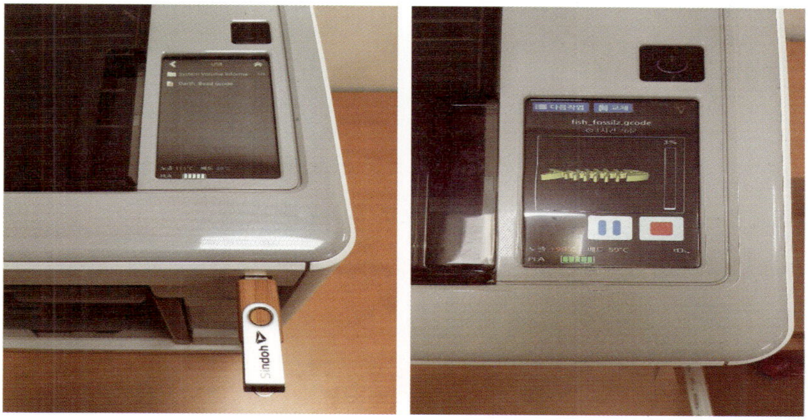

### ⑥ 완성된 출력물을 3D프린터의 배드에서 제거하기

[그림 11-14]는 3D프린터를 활용하여 제작하였으며 유치원 현장에서 적용이 가능한 '관절 물고기'와 '드론' 놀잇감이다. 필라멘트의 종류에 따라 다양한 색상으로 제작이 가능하며, 아래의 사진처럼 물고기 관절의 움직임을 표현하는 것 또한 가능하기 때문에 기존 테이블동화 놀이나 역할놀이의 맥락에 현장성을 부여할 수 있다.

그림 11-14 3D프린터를 이용하여 출력한 관절물고기와 드론 놀잇감

## 3) 3D프린팅을 활용한 유아교구제작 및 현장활용 사례

### (1) 유아교구에 적합한 필라멘트

유아교구 제작을 위한 재료는 가볍고 견고하여야 하는데, 모래나 금속은 충격을 주었을 때에 안전성에 우려가 되므로 전시 및 감상을 위한 교구로 활용될 수 있으며, 플라스틱은 무게나 강도를 고려할 때 유아용 교구를 제작하기에 적합하다(이희경, 2015). 앞서 제기된 비용 부담 및 기술적 한계의 문제점은 앞으로 3D프린터와 관련한 특허들이 소멸되면서 사용의 편의성, 품질, 속도, 유지보수비용 등이 보다 개선된 3D프린터들이 지속적으로 개발될 것이며, 비용의 측면에서도 보다 저렴한 3D프린터들이 출시될 것으로 예상되고 있다(권동현, 2015). 실제로 최근 IT기술의 발달로 산업현장에서 만들어지고 활용되던 3차원 데이터의 제작과 보급이 전 방위적으로 이루어지고 있으며, 혁신에 유리한 시장정착 여건 조성(최윤찬, 2014)과 적층형 제조장비의 등장으로 인해(Roberson, Espalin, & Wicker, 2013) 지속적으로 가격이 하락하고 있으므로, 초기 투자비용에 대한 부담과 제작시간에 대한 문제는 차츰 해결될 것으로 보인다. 대표적인 필라멘트를 소개하면 다음과 같다.

그림 11-15 PLA 필라멘트

사진출처: 네이버 블로그 (blog.naver.com/unseschool).

- PLA: 가장 대중적이고 일반적으로 많이 사용되는 필라멘트이다. 옥수수 전분을 주원료로하여 독성이 없고, 균열이나 수축현상이 적으며 녹는점이 균등하기에 기포발생 확률이 적으며, 가격이 저렴하다는 장점을 가진다. 하지만 온도와 습도에 민감하고 표면 경도가 단단하여 후가공이 어렵다는 단점이 있다. 검은색 외에도 다양한 색상의 필라멘트가 있다.

- ABS: ABS의 생김새는 PLA와 큰 차이가 없다. PLA와 더불어 가장 많이 사용되는 3D프린터 필라멘트로 후가공이 쉬운 편이다. 사포 및 아세톤 훈증을 통해 표면을 매끄럽게 다듬을 수 있으나 단점은 수축현상이 일어날 수 있어 히팅배드가 필요하며 악취로 인해 환기가 필요하다는 점이다.
- WOOD: 일반적 필라멘트에 나무의 특성을 살린 재료이다. 나무의 색과 향을 그대로 연출이 가능하다는 장점이 있으나 작은 노즐에서는 막힘현상이 잦아 사용이 어렵다는 단점이 있다.

그림 11-16 ABS 필라멘트

사진출처: 네이버 블로그 (blog.naver.com/unseschool).

그림 11-17 WOOD 필라멘트

사진출처: 네이버 블로그 '쓰리디윕' (blog.naver.com/3dwib).

### (2) 3D프린팅을 활용한 유아교구 제작의 필요성

3D프린터와 3D스캐너를 활용한 유아교구제작은 기존 교구제작의 한계를 뛰어넘어 다양한 이점을 제공한다. 기존의 유아교육 현장에서는 생소했던 3D프린터라는 매체의 도입은 새로운 매체에 대한 유아의 호기심, 창의성, 몰입 증진의 효과를 기대할 수 있으며, 피사체 3D프린팅 과정과 결과물 관찰을 통해 수업의 질을 높일 수 있다. 일반적으로 미술영역과 과학영역에서의 활용도가 가장 높을 것으로 기대되며, 상상물이나 현장체험이 어려운 장소, 실물 등의 대체재를 제공해 주는 역할 또한 수행할 수 있을 것으로 기대되고 있다. 이러한 관점에서 3D프린팅을 활용한 유아교구제작의 필요성을 요약하면 다음과 같다.

〈표 11-1〉 유아교구제작의 필요성

| | |
|---|---|
| 교육적 효과 | • 새로운 매체의 도입으로 인한 유아의 호기심, 창의성, 몰입 증진의 효과와 피사체 3D프린팅 과정의 체험과 결과물 관찰을 통해 수업의 질을 높일 수 있다.<br>• 미술영역이나 과학영역 또는 관련 활동 시 질 높은 교육 자료를 제공할 수 있다.<br>• 교육의 활용도 측면에서의 효율성을 높일 수 있다. |
| 대체재 | • 수업 및 현장체험이 힘든 경우 적절한 대체재로 활용할 수 있다.<br>• 평면적으로 나타낼 수밖에 없었던 현실적 제약을 뛰어넘어 입체적이고 실제와 유사한 형태의 결과물을 제공할 수 있고, 장소 및 시간 등의 현실적 제약을 극복할 수 있다.<br>• 모형제작을 통해 실물자료를 대체할 수 있다. |
| 테크놀로지 교육의 기회와 환경제공 | • 4차 산업혁명시대를 살아갈 유아들을 위해 앞으로 익숙해질 3D프린터를 적용할 필요가 있다. |

### (3) 3D프린팅을 활용한 유아교구 제작의 문제점 및 활성화 방안

다만 앞서 언급한 이점에도 불구하고 3D프린팅을 현재의 유아교구 제작에 도입하기 위해서는 몇 가지 문제점이 있다. 3D프린팅은 비교적 최근에 교육현장에 도입된 기술로서 당장 현장에 도입하기에는 기술적 · 비용적 · 교육적 측면의 몇 가지 문제점이 제기되고 있다. 3D프린팅을 위한 장비와 필라멘트의 가격에 대한 부담과 또 이를 유지하기 위한 비용에 대한 문제가 첫 번째이다. 또한 일부 필라멘트의 경우 제작시간이 길어 일과시간에 이를 운용하고 관리하는 데 드는 시간적 제약과 이를 책임지고 관리할 기술자의 부재가 존재한다. 두 번째는 3D프린팅에 대한 활동 프로그램과 활용 방안의 부족이다. 아직 교육적 효과에 대한 신뢰가 확보되지 못하였으며, 도입을 하려 해도 적용할 활동 프로그램 및 활용 방안이 부족한 실정이다.

앞서 언급한 문제점을 보면 유아교육 현장으로의 3D프린팅 기술의 도입이 불가능하거나 먼 미래의 이야기로 느껴질 수 있다. 하지만 언급된 문제점 중에서는 부정적 관점으로 인해 잘못 인식되고 있는 문제점들이 있으며, 현재는 많은 문제점들이 개선되었기 때문에 도입이 적극적으로 고려될 필요가 있다. 3D프린팅을 유아교육 현장에 도입하기 위한 유아교육 현장의 요구와 앞선 문제점들에 대한 방안은 다음과 같이 정리된다(이건우, 2019).

첫째, 3D프린터라는 새로운 매체를 접하는 현장의 인식 개선과 이를 현장에 적용하기 위해 적극적으로 활용하려는 교사의 인식 전환이 필요하다.

둘째, 3D프린터의 보급과 보편화를 위한 정부차원에서의 지원과 프로그램 보급, 교사 연수 등의 정책적 지원이 필요하다.

셋째, 예비 유아교사 교육 등을 통해 유아교사의 사전지식이 선행되어야 한다.

넷째, 다양한 연구 등을 통해 3D프린터의 교육적 측면과 기술적 측면에 대한 신뢰가 확보되어야 한다.

### (4) 3D프린팅의 현장적용 사례

3D프린터를 영유아교육기관에서 활용하는 것은 크게 두 가지로 나뉜다. 첫 번째는 운영관리 측면에서의 활용이다. 예를 들어 파손된 교구나 환경구성을 위한 사물을 출력하여 운영관리 측면에서 활용하는 것이다. 두 번째는 교육과정 측면에서의 활용이다. 유아들과 3D프린터에 대해 알아보고 출력하고 싶은 사물에 대해 이야기 나누고 색과 모양 등을 계획하여 최종적인 출력물을 통한 놀이를 진행할 수 있다. 앞서 말한 일련의 과정은 통합적인 놀이로 진행될 수 있다.

교육과정의 측면은 모든 과정이 통합적인 놀이로 진행되는 것을 의미한다. 교구제작에 있어 모델링 디자인을 구하기 쉽고 출력시간이 적으며, 현장에서 즉각적으로 활용하기 좋은 3D프린팅 놀이나 활동의 예로는 막대인형과 테이블인형을 활용한 테이블 동화놀이나 역할놀이가 대표적이라고 할 수 있다. [그림 11-18]은 유아들의 놀이계획을 통해 3D프린팅된 놀잇감과 기존 놀잇감을 통합하여 테이블 동화 형태의 역할놀이를 진행하고 있는 장면이다. 놀이에 사용된 관절물고기 세 마리는 3D프린팅을 통해 출력된 3D놀잇감이다.

그림 11-18 3D프린터로 제작된 '관절물고기' 활용 놀이(테이블인형 놀이)

사진출처: W시 S유치원 제공.

아직 3D프린터가 구비되지 않은 영유아교육기관에서도 3D놀잇감을 활용할 수 있다. 원하는 디자인을 모델링해 주거나 모델링된 디자인을 출력해 주는 업체를 이용할 수 있는데, 다양한 동화인형 등의 3D프린팅을 대행해 주는 업체를 이용하는 방법이 있다. [그림 11-19]는 3D프린팅 미술 놀잇감으로 3D프린팅을 통해 출력된 인형을 빨간모자 인형으로 색칠하는 장면이다.

그림 11-19 3D프린팅을 통해 제작한 '빨간모자' 인형(3D프린팅 미술 놀잇감)

사진출처: 네이버 블로그 '하비 인더 박스'(blog.naver.com/hobbyinthebox).

## 2. 360도 카메라, 360도 동영상

### 1) 360도 영상의 활용 및 역효과

스마트폰에 360도 카메라를 장착하여 촬영하거나 '카드보드 카메라' 앱을 통하여 촬영할 경우 VR 사진을 얻을 수 있는데, 이러한 VR 사진의 경우 360도 방향에서 사진을 볼 수 있을 뿐 아니라 카드보드 등의 VR기기를 통하여 시청할 경우 본인이 촬영 현장에 가 있는 듯한 가상 현실을 경험할 수 있다. 구입을 위해서는 [그림 11-20]과 같이 포털사이트 쇼핑검색을 이용할 수 있다. [그림 11-20]과 [그림 11-21]은 네이버 쇼핑검색에서 '360도 카메라'를 검색하는 화면과 Insta社의 '인스타 360도 카메라'이다. 삼성이나 LG 등 국내에서도 다양한 '360도 카메라'가 시판되고 있다. [그림 11-21]의 오른쪽 화면, 스마트폰 장착 카드보드의 경우는 비싼 가격의 VR기기를 대신할 수 있는 반영구적인 접는 카드보드 VR기기로 유아교육기관에서도 간편하게 활동에 이용할 수 있다. 특히 부모참여수업 등을 통하여 부모와 유아가 함께 카드보드를 접어서 VR기기를 만들어 보는 활동을 전개한 후 360도 콘텐츠나 360도 카메라로 촬영한 360도 사진, 동영상을 시청하는 활동을 할 수 있다.

그림 11-20 포털사이트 쇼핑검색 (360도 카메라)

사진출처: 네이버 쇼핑검색(https://shopping.naver.com/).

다만 유아들의 경우 장시간 활동 시 어지럼증을 유발할 수 있을 뿐 아니라 '팝콘 브레인(popcorn brain) 증상을 겪을 수 있기 때문에 주의가 필요하다. 워싱턴대학교의 David Levy 교수는 팝콘이 튀어 오르듯 즉각적인 현상에만 몸이 반응할 뿐 다른 사람의 감정이나 느리게 변화하는 현실에는 무감각하게 반응하는 것을 비유하여 '팝콘 브레인'이라는 용어로 표현한다(Cohen, 2011). 특히 3차원 영상은 유아에게 일시적으로 엄청난 주의 집중을 요구하는데, 시각적인 자극으로 주의력을 빼앗긴 상태가 지속적으로 오랜 기간 반복되면 유아는 2차원적인 자극이나 문자 자극에는 무감각해질 수 있으며 심각한 경우 점점 더 큰 자극과 반응을 추구하게 되어 ADHD나 폭력적 성향으로 이어질 수도 있어 주의가 필요하다. 따라서 유아 대상의 360도 카메라 활동이나 VR 활동은 태블릿 등을 이용한 2차원 360도 영상 위주의 활동 형태로 전개하되 간단한 놀이형태의 VR기기 활동을 사후활동 형태로 부가하는 것이 바람직할 것이다. 유아들이 VR기기를 착용하고 가상 현실에 빠져 있는 시간은 길지 않아야 한다는 것이다.

## 2) 360도 카메라 활용

[그림 11-22]는 360도 카메라 사진 이미지로, 왼쪽 사진은 태블릿에 나타난 2차원 360도 영상 이미지이고, 오른쪽 그림은 VR기기로 보이는 VR 영상 이미지이다.

그림 11-21 360도 카메라와 스마트폰 장착 카드보드

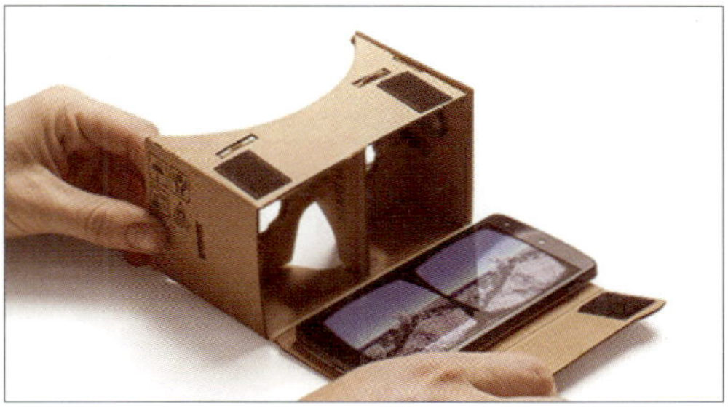

사진출처: 네이버 쇼핑검색(https://shopping.naver.com/), 인스타 360도 카메라(왼쪽), 카드보드(오른쪽).

그림 11-22 360도 카메라 사진 이미지

사진출처: 동해 ㅇㅇ어린이집 제공.

[그림 11-23]은 360도 카메라로 촬영한 VR 동영상을 유튜브에 올려 QR코드로 제작한 다음 수업활동 계획안에 삽입한 장면이다. 활동안에 삽입된 QR코드를 스마트기기로 스캔하면 실험 과정이나 유아들의 활동과정을 3차원 동영상형태로 볼 수 있다. 물론 대형 TV나 모니터, 전자칠판 등의 매체와 연결하여 보여 준다면(스크린 미러링) 이야기 나누기나 대집단활동에도 활용하는 것 또한 가능하다.

**그림 11-23** 360도 카메라 활용 수업활동 계획안

| 전개 | | ② '물을 빨아들이는 휴지' 실험영상을 본 후 실험해본다. | • QR코드1- 유튜브 |
|---|---|---|---|
| | | - 동영상 속에서 어떤 실험을 했나요?<br>- 실험에 어떤 재료들이 필요할까요? (물컵 2개, 휴지, 비닐, 종이, 물, 물감)<br>- 친구들도 동영상처럼 선생님과 함께 물이 든 컵과 물이 들어 있지 않은 컵 사이를 휴지, 비닐, 종이로 연결하여 물의 이동을 알아보도록 해요.<br>- 친구들 실험을 안전하게 하려면 어떻게 해야 할까요?<br><br>[실험방법]<br>1) 휴지, 종이, 비닐을 길게 말아서 준비한다.<br>2) 하나의 컵에 물을 담고, 물감을 섞는다.<br>3) 휴지, 종이, 비닐로 물이 든 컵과 물이 들어 있지 않는 컵 사이를 연결한다.<br>4) 물이 이동하는지 기다려본다. | • QR코드2-(종이) 360° 카메라<br><br>• QR코드3-(비닐) 360° 카메라 |

사진출처: 강릉원주대학교 수업활동 자료.

## 3) 유튜브에서의 360도 영상

360도 동영상은 유튜브에서도 시청할 수 있는데, 유튜브에서 다음과 같이 [유아 공룡 vr]이라고 검색창에 입력하고 검색하면 공룡 관련 유아 360도 동영상을 시청할 수 있다.

아래 그림은 '다이노 탐험대' 티라노사우루스를 시청하는 장면으로 컴퓨터에서는 아래 화면 좌측 상단의 'navigator bar'의 방향키를 눌러 360도 회전하며 시청할 수 있다(2D 360도 화면). VR기기를 쓰고 시청할 경우, 지쳐서 벌판에 쓰러져 죽어 있던 공룡이 갑자기 뛰어다니는 실감나는 3D 현장으로 방문할 수 있게 된다(3D 360도 화면). 물론 앞의 [그림 11-21]에서 제시한 스마트폰 장착 카드보드를 착용할 경우 VR기기와 같은 기능을 한다.

## 3. 동영상과 인터넷 방송

### 1) 유튜브(YouTube)와 다운로드

유튜브(YouTube)의 동영상 파일을 다운로드 받기 위해서는 '알툴'의 동영상 다운로드 기능을 활용하면 된다([그림 11-24] 참조). 이와 더불어 두 가지 방법이 더 있는데, 아래와 같이 인터넷 주소창에 주소를 입력하거나(익스플로러) 크롬 추가파일을 설치함으로써(크롬) 간단하게 다운로드 받는 방법이 있다.

그림 11-24 '알툴'의 동영상 다운로드 기능

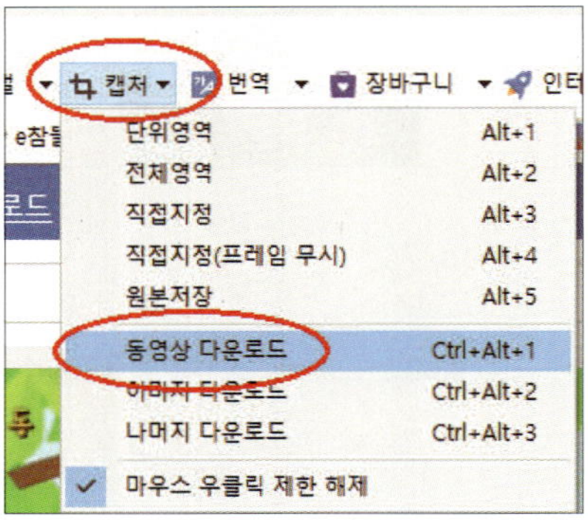


### (1) 주소창에서 다운로드하기(익스플로러, 크롬 브라우저)

유튜브에서 원하는 동영상을 검색하여 수업활동에 활용 시, 경우에 따라서 다운로드해 놓을 경우 인터넷 연결과 관계없이 지속적으로 접근이 가능하여 편리할 수 있다.

① 유튜브에서 원하는 동영상을 검색한다. 아래에서는 유치원 놀이활동을 참고하기 위해서 '유치원 놀이'를 검색하였다. 유치원에서의 블록놀이 활동이 검색된 것을 볼 수 있다.

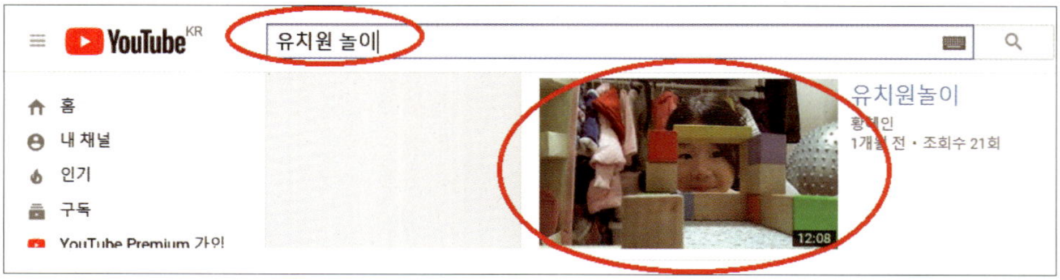

② 다운로드를 위해서는 검색한 동영상 주소창의 주소를 일단 복사한다. 복사가 되면 새로운 창을 열고 주소창에 복사한 주소를 '붙여 넣기' 한 다음 'youtube' 바로 앞에 'SS'를 추가한 다음 '엔터키'를 친다. 즉, 검색한 동영상 주소창의 주소가 'https://www.youtube.com/watch?v=4a6ly3F39vY'라면 'https://www.ssyoutube.com/watch?v=4a6ly3F39vY'와 같이 'SS'를 추가한 다음 '엔터키'를 친다(아래 그림 참조).

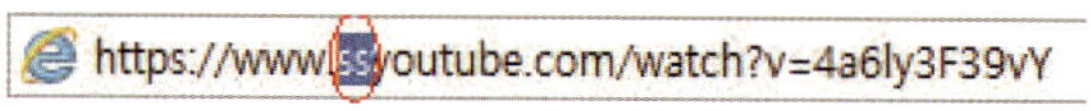


③ 그러면 아래와 같은 사이트가 연결된다. 연결된 사이트에서 원하는 동영상 포맷을 선택한 다음 아래 화면에서의 '다운로드(다운로드)' 버튼을 클릭하면 다운로드가 가능하다. 아래 화면은 MP4 720 포맷을 선택한 다음 다운로드 버튼을 클릭하여 동영상을 다운로드받는 장면이다. 오른쪽 하단의 HD / MP3 버튼을 누르면 HD 고화질 동영상이나 MP3 음악(음성) 파일로 다운로드 받을 수 있다.

④ 다운로드 버튼을 클릭하면 아래와 같이 저장 대화창이 나타나는데, 여기에서 동영상을 보기 위해서는 '열기' 버튼을, 동영상 파일로 저장하기 위해서는 '저장' 버튼을 클릭한다. 저장하기 위해서는 아래와 같이 '다른 이름으로 저장'을 선택한 다음 적당한 폴더를 지정하고 저장한다.

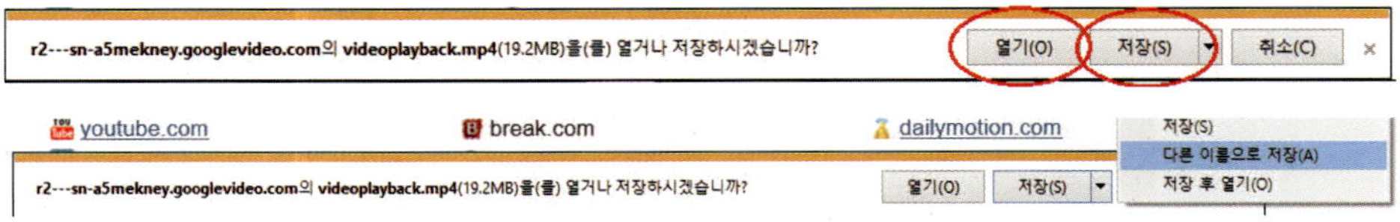


### (2) 크롬 웹 스토어 추가파일 설치하기(크롬 브라우저)

크롬에는 '확장 프로그램'이라는 기능이 있어서 수많은 확장 프로그램을 설치할 수 있다.

① 아래 화면과 같이 크롬 브라우저에서 왼쪽 상단의 '앱( 앱)' 버튼을 눌러 'chrome 웹 스토어( )'에 들어가서 [MeddleMonkey]를 검색한다. 그러면 아래와 같이 'MeddleMonkey' 확장프로그램이 나타난다. 여기에서 'chrome에 추가(Chrome에 추가)' 버튼을 눌러 설치한다.

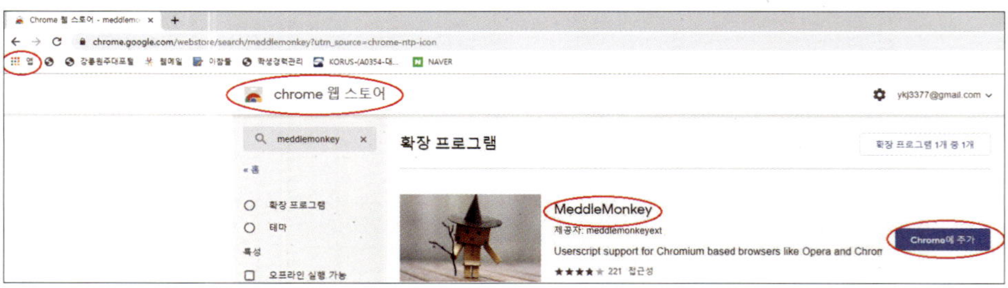


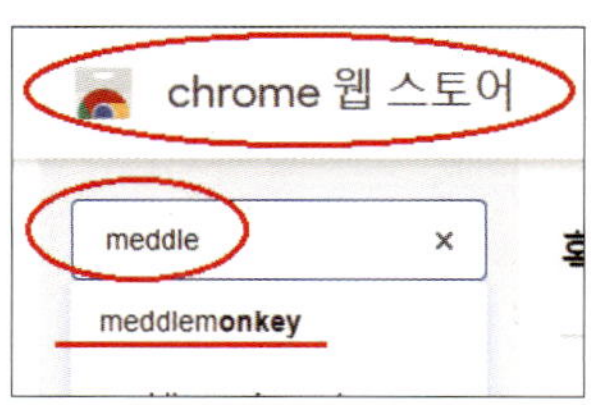

② 아래와 같이 '확장 프로그램 추가' 확인 창이 나타나면 '확장 프로그램 추가(확장 프로그램 추가)' 버튼을 누른다. 그러면 'MeddleMonkey' 확장프로그램이 크롬 브라우저에 추가된다.

③ 그러면 이후 유튜브 홈페이지를 방문하여 원하는 동영상을 검색하여 동영상이 실행되면 동영상 하단 우측에 자동으로 '다운로드( )' 버튼이 생긴 것을 볼 수 있다. 이 버튼을 누르면 어떤 동영상도 다운로드가 가능하게 된다.

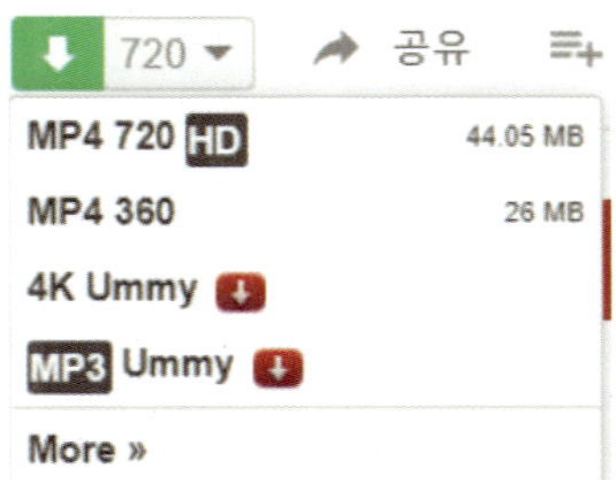


## 2) 동영상 업로드

유튜브에 동영상을 업로드하기 위해서는 유튜브 홈에서 아래와 같이 '로그인' 단추를 누르고 로그인한 후 동영상을 업로드하면 된다.

① 유튜브 홈에서 아래와 같이 '로그인' 단추를 누른다. '계정 선택' 창에서 계정을 선택하고 비밀번호를 입력한 다음 '다음' 버튼을 클릭하여 로그인한다. 비밀번호를 잊은 경우 아래의 '**비밀번호를 잊으셨나요?**'를 누르고 비밀번호를 알아본 다음 입력한다.

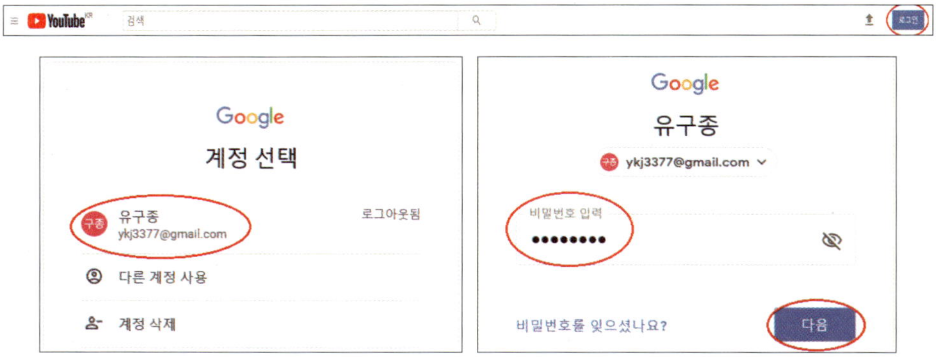


② 로그인 되면 유튜브 홈에서 아래와 같이 우측 상단의 '업로드(⬆)' 단추를 누른다.

③ 아래와 같이 '업로드할 파일을 선택' 화면이 나타나면 아래 스크롤바에서 '공개'나 '비공개' 중에서 선택한 다음 '업로드 하기( )' 버튼을 클릭한다.

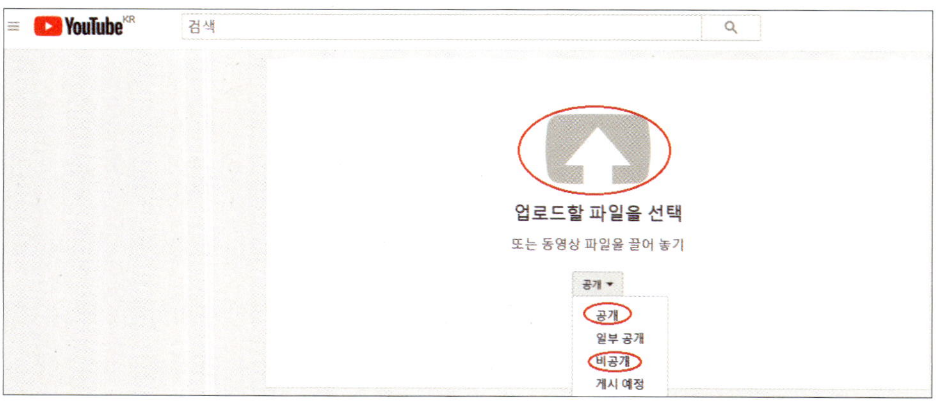

④ '업로드할 파일 선택' 화면이 나타나면 아래와 같이 업로드할 파일을 선택한 다음 '열기' 버튼을 클릭한다. (여기에서는 예제로 '11.mpg' 파일을 선택하였다.)

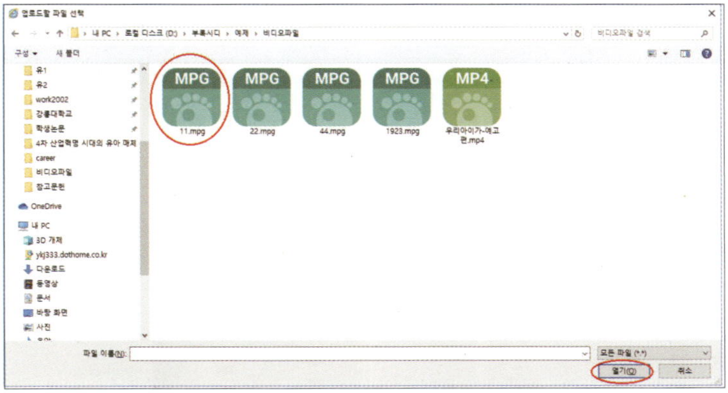


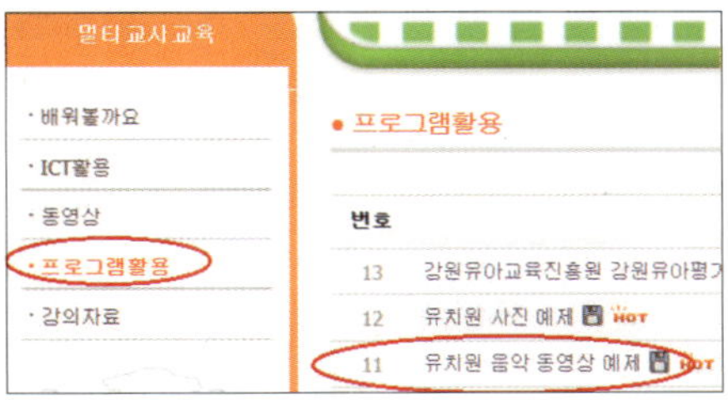


⑤ 그러면 아래와 같이 동영상 업로드가 완료되고 '처리 완료' 메시지가 나타나는데, 여기에서 '완료' 단추를 누르면 동영상 업로드가 완료된다.

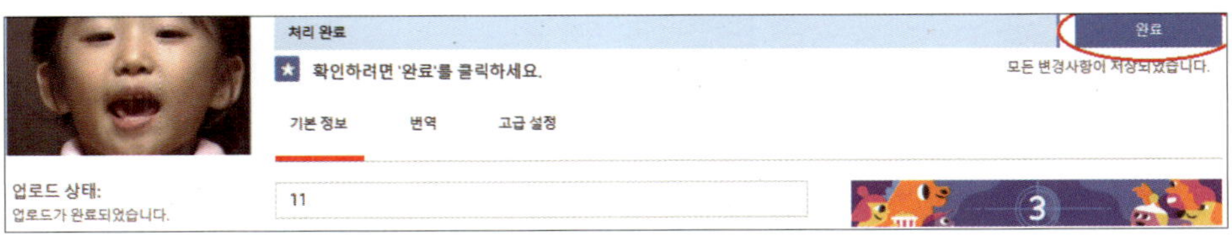

⑥ 완료된 동영상은 아래와 같이 '유구종'을 검색하면 볼 수 있다. 물론 동영상의 링크를 카카오톡으로 전송하거나 QR코드로 제작하여 유아교육기관 부모들과 공유할 수 있는 것 또한 가능하다.

⑦ 유아교육기관 부모들과 유튜브 동영상을 공유하기 위해서는 아래와 같이 업로드된 동영상에 마우스를 가져다 대고 마우스 오른쪽 버튼을 누른다. 그러면 아래와 같이 팝업 메뉴가 나타나는데, 여기에서 '바로 가기'를 누른다. 이렇게 복사된 '바로 가기' 링크를 카카오톡으로 전송하거나 QR코드로 제작하여 가정과 교류하는 활동 전개가 가능하다. '바로 가기' 링크를 QR코드로 제작하는 방법에 관하여는 유구종 교수의 '유아교육기관 스마트폰 · 태블릿PC 활용 프로그램(www.youngchild.kr)' 사이트〉멀티교사교육〉강의자료〉4번 자료를 참고하기 바란다.

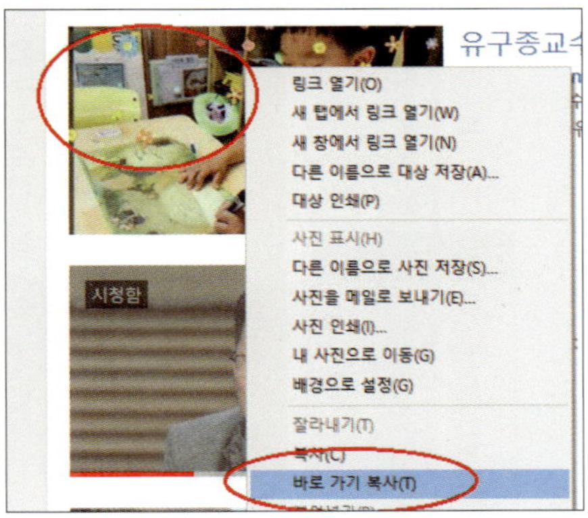


## 3) 실시간 방송(개인 인터넷방송)

유튜브에서는 실시간 인터넷방송이 가능한데, 유아교육기관에서도 적절히 활용할 경우 유아교육활동이나 가정연계활동으로 전개가 가능하다. 특히 유아교육기관에서 유아들의 활동이나 작품 등을 실시간 인터넷방송으로 송출할 경우 지역사회와 연계하거나 다문화 활동으로 전개할 수 있다. 최근에는 스마트폰의 카메라 기능과 외장 마이크를 이용하여 실시간 방송을 송출하는 경우가 증가하고 있으며, 컴퓨터상에서의 실시간 방송을 위해서는 웹캠과 마이크가 준비되어 있어야 한다.

### (1) 스마트폰 실시간 방송

스마트폰으로도 유튜브 실시간 스트리밍이 가능하다. 다만, 휴대기기에서 유튜브 실시간 스트리밍을 사용할 수 있는 기준이 상향 조정되어(2019년 12월 기준), 유튜브 채널의 구독자가 1,000명 이상일 경우에만 실시간 스트리밍을 진행할 수 있다. 때문에 조건을 만족하지 못하는 경우 데스크톱이나 노트북에서 실시간 방송을 실시하여야 한다.

① 스마트폰으로 유튜브 실시간 방송을 하기 위해서는 아래와 같이 구글 스토어나 애플 앱스토어에서 '유튜브' 앱을 설치한 다음 '유튜브' 앱 우측 상단의 아이콘을 터치한다.

② '유튜브' 앱이 실행되면 아래 화면에서 우측 상단의 '실시간 스트리밍 시작'을 터치한다. '권한 요청' 창이 나타나면 '허용' 버튼을 터치하고 실시간 방송을 시작한다.

### (2) 웹캠 실시간 발송

데스크톱이나, 웹캠을 통한 실시간 스트리밍은 구독자 수에 상관없이 진행할 수 있다. 또 '웹캠'을 이용하면 실시간 스트리밍 인코딩 소프트웨어가 없어도 컴퓨터로 간단한 실시간 스트리밍 환경을 구성할 수 있다. 물론 아래와 같이 실시간 스트리밍 인코딩 소프트웨어를 설치해야 제대로 된 실시간 방송을 구현할 수 있으며, 웹캠은 Chrome 브라우저에서 사용하는 것이 좋다.

① 아래의 유튜브 홈페이지 화면에서 '동영상 또는 게시물 만들기' 아이콘을 클릭한다.

② 제목을 입력하고 '스트림 만들기' 버튼을 클릭한다. 실시간 스트림을 다른 날짜로 예약할 수도 있다.

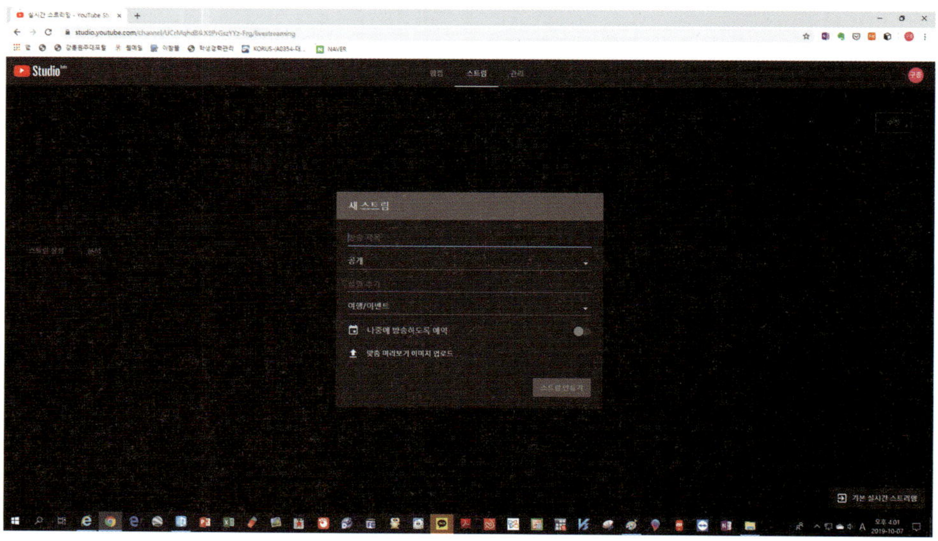


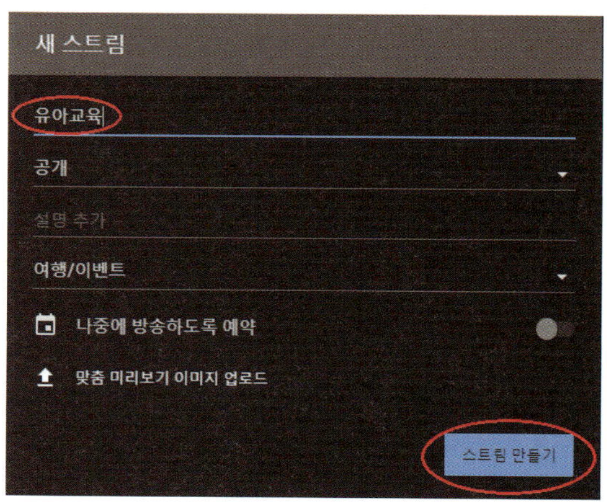

③ '실시간 스트리밍 시작'을 클릭한다. 상단 탭에서 '웹캠'을 선택하고 '실시간 스트리밍 시작'을 클릭한다. 아래와 같이 '권한 요청' 창이 나타나면 '허용' 버튼을 클릭한다. 그러면 '실시간 스트리밍' 화면이 나타나는데, 여기에서 실시간 방송을 시작한다.

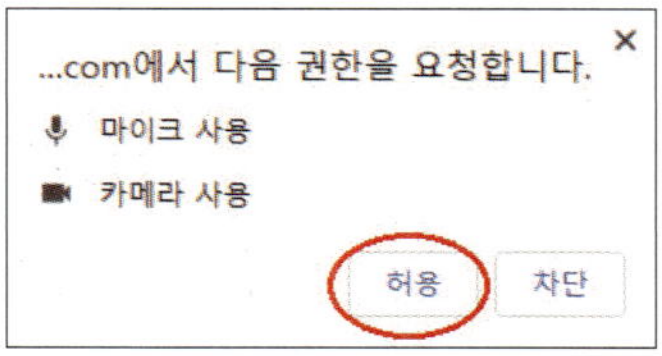


④ 컴퓨터상에서 실시간 방송을 위해서는 웹캠과 마이크가 준비되어 있어야 할 뿐 아니라 스트리밍 인코딩 소프트웨어를 설치해 주어야 하는데, 일반적으로 'OBS Studio'를 많이 사용한다. 인코딩 소프트웨어를 설치한 다음 아래의 실시간 '스트림 설정' 내용이나 실시간 스트리밍 설정 화면에서 '스트림 이름 및 키'의 '복사' 단추를 눌러 복사하여 스트리밍 인코딩 소프트웨어의 '인코더 설정' 부분에 붙여 넣어 준다. 그러면 인코딩 소프트웨어에서 실시간 방송이 가능하다. 아래 화면에서처럼 'OBS Studio'의 경우, 소프트웨어 설치 시 '구성 마법사' 화면의 '스트림 키(링크)'란에 유튜브의 '스트림 만들기' 신청 시 자동 생성된 킷값을(위와 같이 '복사' 단추를 눌러 복사해 둔 킷값) 입력하거나 붙여 넣어 주면 된다.

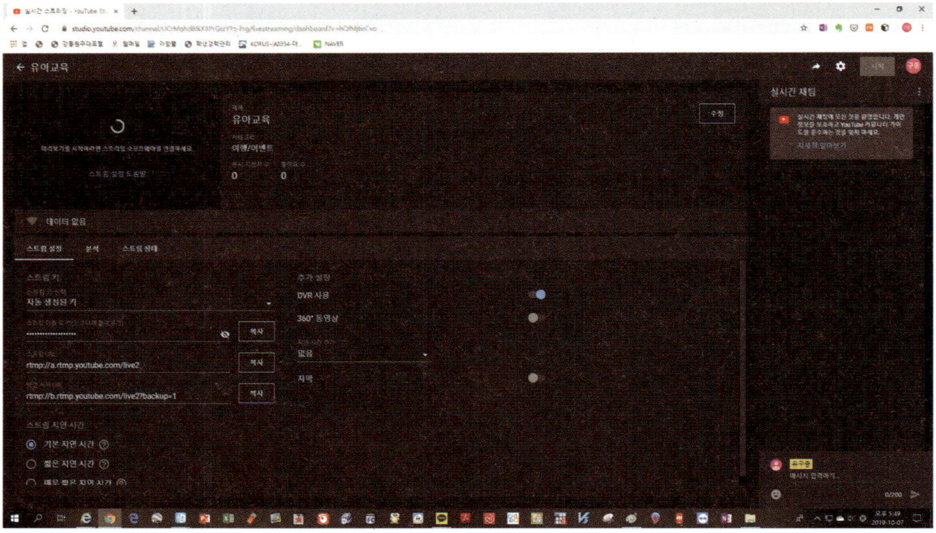

유아교육
실시간 채팅
데이터 없음
스트림 설정
분석
스트림 상태
자동 생성된 키
rtmp://a.rtmp.youtube.com/live2
rtmp://b.rtmp.youtube.com/live2?backup=1
복사
DVR 사용
360° 동영상
자막
기본 지연 시간
짧은 지연 시간


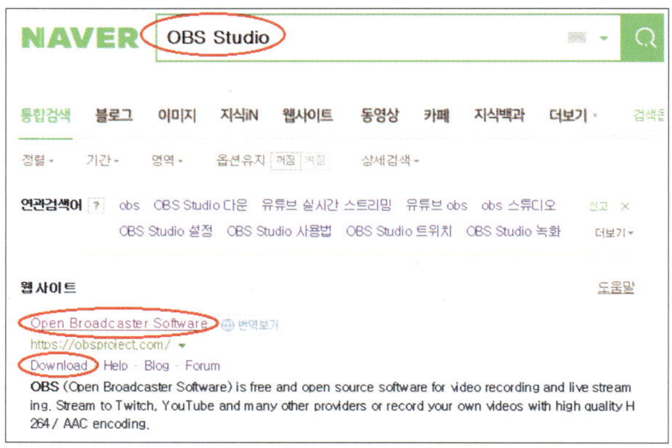

NAVER
OBS Studio
통합검색
블로그
이미지
지식iN
웹사이트
동영상
카페
지식백과
더보기
정렬
기간
영역
옵션유지
상세검색
연관검색어
obs
OBS Studio 다운
유튜브 실시간 스트리밍
유튜브 obs
obs 스튜디오
OBS Studio 설정
OBS Studio 사용법
OBS Studio 트위치
OBS Studio 녹화
더보기
웹사이트
도움말
Open Broadcaster Software
번역보기
https://obsproject.com/
Download · Help · Blog · Forum
OBS (Open Broadcaster Software) is free and open source software for video recording and live streaming. Stream to Twitch, YouTube and many other providers or record your own videos with high quality H264 / AAC encoding.

Open Broadcaster Software
Home
Download
OBS Studio
Latest Releases 23.0.2 23.0.1 23.0.1
Windows
macOS 10.11+
Linux
Free and open source software for video recording and live streaming.


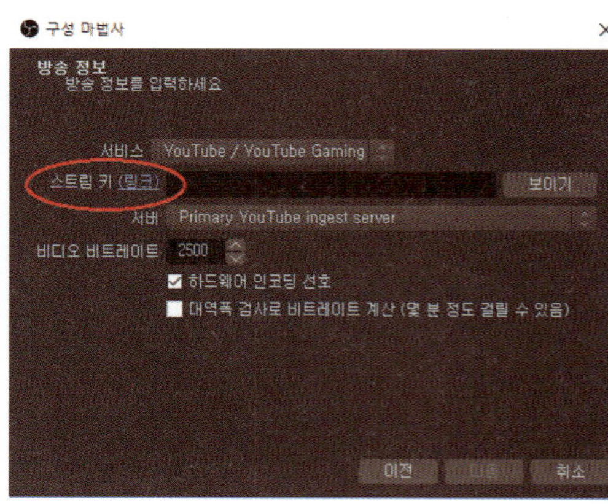

구성 마법사
방송 정보
방송 정보를 입력하세요
서비스
YouTube / YouTube Gaming
스트림 키 (링크)
보이기
서버
Primary YouTube ingest server
비디오 비트레이트
2500
하드웨어 인코딩 선호
대역폭 검사로 비트레이트 계산 (몇 분 정도 걸릴 수 있음)
이전
다음
취소

⑤ 스트리밍을 완료하려면 실시간 스트리밍 화면 하단의 '스트림 종료'를 클릭한다. 12시간 미만의 모든 스트림은 자동으로 보관 처리된다. '실시간' 탭에서 이전에 실시했거나 현재 진행 중인 또는 앞으로 진행 예정인 스트림을 확인할 수 있다.

⑥ 아래는 유튜브 홈에서 '유구종'을 검색하여 나타난 '실시간 스트리밍' 목록이다. 여기에서 실시간 스트리밍 시간에 시청하고자 하는 스트리밍을 선택하면 실시간 방송을 시청할 수 있다.

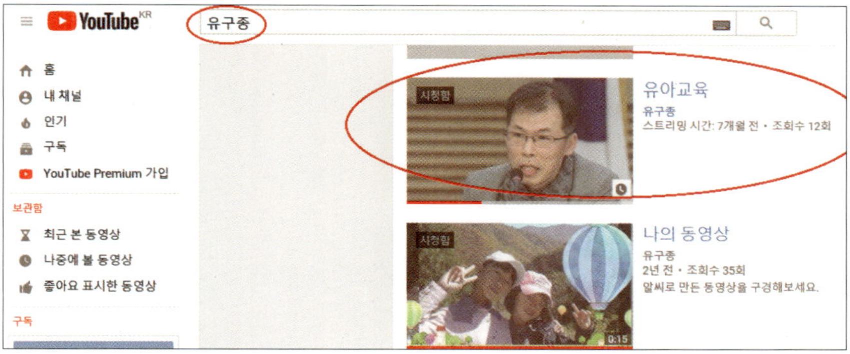

12
CHAPTER

# 원격교육과 ICT 기반 교수-학습

### 학습 및 활동내용

1. 원격교육의 필요성에 대해서 이야기할 수 있다.
2. 테크놀로지 기반 교육의 필요성에 대해서 이야기할 수 있다.
3. 이러닝의 필요성에 대해서 이야기할 수 있다.
4. 블랜디드 러닝의 필요성에 대해서 이야기할 수 있다.
5. 원격 수업을 위한 VOD 제작을 할 수 있다.
6. 화상 시스템을 활용한 원격 수업을 할 수 있다.

통신공학의 발달은 교육 분야에서도 새로운 시도를 가능하도록 하였다. 미래의 학교는 전통적인 건물과 강의실 그리고 교사라는 정형적인 구조에서 교실이 존재하지 않는 그리고 교사주도적인 수업에서 학습자 주도형으로 환경이 변화될 것이며, 나아가서는 지식 기반 학습이 진행되는 방향으로 발전될 수 있을 것이다.

컴퓨터와 통신공학 발달에 따른 교육의 변화는 장소와 시간 그리고 교수자의 변화를 요구한다. 언제, 어느 곳에서나 학습자가 원하는 정보를 탐색하고 획득하며 자신의 상황과 요구에 적절하게 재조합할 수 있도록 학습환경이 구축되고, 학습자는 자신에게 가장 적합한 방법과 전략으로 학습이 가능하게 된다.

최근 유튜브(Youtube) 등의 정보공유 사이트와 각종 포털 그리고 SNS 등을 활용한 수업과 학습 그리고 정보의 탐색과 획득은 젊은 학습자들에게는 기본적인 학습전략으로 자리 잡아 가고 있다. 과제작성에서부터 참고자료 검색 그리고 새로운 현상이나 이론에 대한 탐색도 가능하게 되었다. 21세기에 태어난 학생들은 디지털네이티브로 태어난 것이다.

## 1. 원격교육

### 1) 원격교육의 개념

원격교육은 말 그대로 멀리 떨어진 상태에서 실시되는 교육이다. 단순히 공간적인 거리만을 의미하는 것은 아니며, 공간과 시간적인 거리를 동시에 내포하고 있다고 할 수 있다. 원격교육이라는 명칭은 1982년 국제원격교육협회(International Council for Distance Learning)에서 시작한다. 국제원격교육협회는 이전의 국제통신교육협회의 후신이라고 할 수 있다. 기본적인 원격교육은 교수자와 학습자가 대면을 하지 않고 인쇄매체, 방송매체, 오디오와 비디오, 그리고 웹 등을 기반으로 이루어지는 교수-학습 활동이다. 원격교육은 교수자와 학습자가 얼굴을 맞대지 않은 상태에서 교수매체를 매개로 상호작용하는 형태이다.

원격교육의 정의는 다음과 같다(백영균 외, 2019).

- 지리적으로 떨어져 있는 교수자와 학습자가 학습과정을 촉진하기 위해 교수매체를 사용하여 상호작용을 이루는 방법이다(Tach & Murphy, 1995).
- 원격교육은 자율학습이 아니며 교수자와 학습자의 격리가 그들 사이의 통신의 단절을 의미하는 것은 아니다. 원격교육은 전통적인 교실수업에서 제공되는 것과 동등한 교육의 기회를 제공해야 한다(Heinich et al, 1996).
- 언제 어디서나 누구에게든지 교육의 기회를 제공하는 학습자 중심의 쌍방향 의사소통을 지향하는 교수-학습 체제로 일정한 교육목표와 의도를 갖는 계획적인 활동이다(권성호, 1998).

원격교육은 교육의 목적을 달성하기 위하여 교실이라는 공간을 떠나 교수자와 학습자가 매체를 기반으로 상호작용하는 교육적 활동이라고 할 수 있다. 최근의 원격교육은 통신기술의 발달이 힘입어 ICT 기술과 결합하면서 더욱 혁신적 형태로 발전하고 있다.

### 2) 원격교육의 특성

원격교육은 교수자와 학습자가 동일한 공간에서 동일한 시간에 만나지 않고 매체를 활용하여 교수-학습이 진행되는 교육행위라고 할 수 있다. 이러한 원격교육의 특성은 다음과 같다(박숙희 · 염영숙 · 이경희, 1997).

- 교수자와 학습자 간의 물리적 격리: 교수자와 학습자는 지리적 거리에 의하여 분리되어 있으며, 교수매체를 통하여 의사소통을 한다.
- 교수매체의 활용: 원격교육의 기초가 되는 것은 학습자가 개별적으로 사용하는 교수매체다. 교수매체에는 인쇄자료, 음향, 영상자료, 컴퓨터 코스웨어 등이 포함된다.
- 쌍방향 의사소통: 교수자와 학습자 간의 물리적인 격리가 의사소통의 단절을 의미하지는 않는다. 비록, 학습자가 교수자의 도움 없이 자습용 교재로 학습을 하지만 각종 피드백, 면대면 출석강의, 전화/팩스상담, 컴퓨터 통신을 통한 토론, 음성 또는 화상회의 시스템을 통한 쌍방향 의사소통이 필수적이다.
- 다수 대상의 개별학습: 다수를 대상으로 하면서도 공학적인 기재를 사용하여 사전에 계획, 준비, 조직된 교재로 개별학습이 이루어진다.
- 학습자의 책임감: 학습자는 언제, 어디서, 어떻게 학습을 할지 스스로 결정을 해야 하기 때문에 자신의 학습에 대하여 책임감을 갖는다.
- 지원 조직의 필요: 원격교육은 형식적인 학교교육과 달리 각종 교재개발과 학생지원 서비스를 위한 물리적 및 인적 조직이 필요하다.

원격교육은 학교교육의 일환으로 교육의 목적을 달성하기 위하여 교수자와 학습자가 공간적 및 시간적으로 분리된 상태에서 교수매체를 기반으로 상호작용하는 교수-학습 활동이라고 할 수 있다. 원격교육은 완전한 형태의 교수-학습이라기보다는 자학자습의 특성을 더욱 강하게 갖는다고 할 수 있다. 이러한 관점은 학습자가 학습과정에서 교수자의 즉각적인 지원을 받기 어려우며, 학습과정에서 지나치게 학습자 의존을 허용하기 때문이다. 자기주도 학습능력이 높은 학습자는 원격교육에서 학습진행에 특별한 어려움이 없겠지만, 자기주도 학습능력이 낮은 학습자에게는 학습진행에 매우 큰 부담이 있는 것이 사실이다.

## 2. 테크놀로지 기반 교육

### 1) 테크놀로지 기반 교육의 개념

테크놀로지 기반 교육은 첨단 기술공학의 발달에 힘입어 발전하기 시작하였다. 그 시작은 인터넷 기반 교육이라고 할 수 있다. 인터넷 기반 교육은 1990년대 시작한 월드와이드웹(WWW.)을 활용하여 가상의 공간에서 교수-학습이 진행된 것을 시작으로 21세기 들어와 유무선 통신 기기를 활용하여 다양하게 이루어지고 있다.

교육부에서는 오래된 학교를 첨단기기를 기반으로 하는 스마트 학교로 개선하기 위하여 2025년까지 저탄소, ICT교실로 조성하는 '그린스마트 미래학교' 계획을 발표하였다. '그린스마트 미래학교'는 기존의 스마트 교육을 보다 확대 강화하는 것으로서, 스마트(SMART) 교육이란 자기주도적(self-directed), 학습흥미(motivated), 수준과 적성(adaptive), 풍부한 자료(resource enriched), 정보기술활동(technology embedded)의 첫 글자를 따온 것이다.

그림 12-1 그린스마트 미래학교

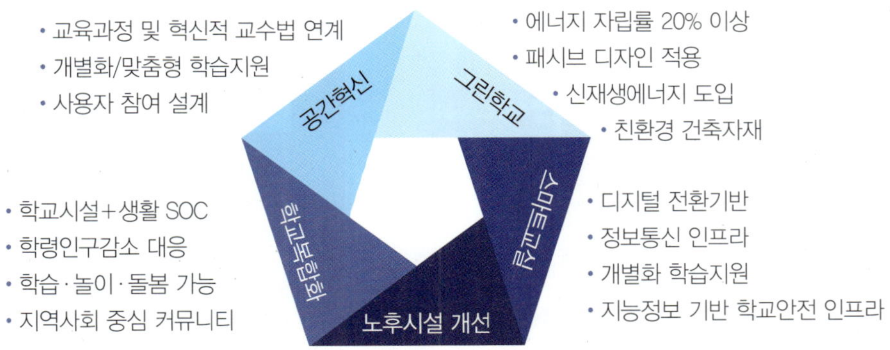


출처: 교육부(2020). 그린스마트 미래학교 사업계획(안). p. 4.

테크놀로지 기반 교육의 기본은 인터넷을 통한 교수-학습을 기본으로 한다. 또한 교실과 가정만을 연결하는 것이 아니라, 교실과 가정 그리고 사회전체를 하나의 교육적 망(web)으로 연결하는 것이다. 뿐만 아니라 실시간 상호작용과 화상을 통한 비대면 수업이 가능하다.

21세기 테크놀로지 기반 교육은 학교교육을 보완하는 수준이 아니라, 학교교육을 대체하는 수준으로 발전하였다. 화상회의 시스템을 활용한 원격교육은 실시간 대면 수업과 동일한 수준의 수업을 가능하게 하였다. 발전한 테크놀로지를 기반으로 하는 교육은 원격이지만 실시간 수업과 즉각적인 상호작용을 가능하게 함으로써 수업의 질적 수준을 높일 수 있다.

특히 학습자의 학습집중도를 높일 수 있으며, 교수에 따른 학습의 진행만이 아니라 수업에 필요한 자료를 인터넷을 활용하여 즉각적으로 탐색하고 활용할 수 있다. 수업자료와 교수자 그리고 학습자가 하나의 화면에서 상호작용하면서 학습을 진행할 수 있기에 학습에 보다 집중할 수 있으며, 즉각적인 피드백이 가능하다는 장점도 있다.

**그림 12-2** 화상회의 시스템을 활용한 원격교육 영상

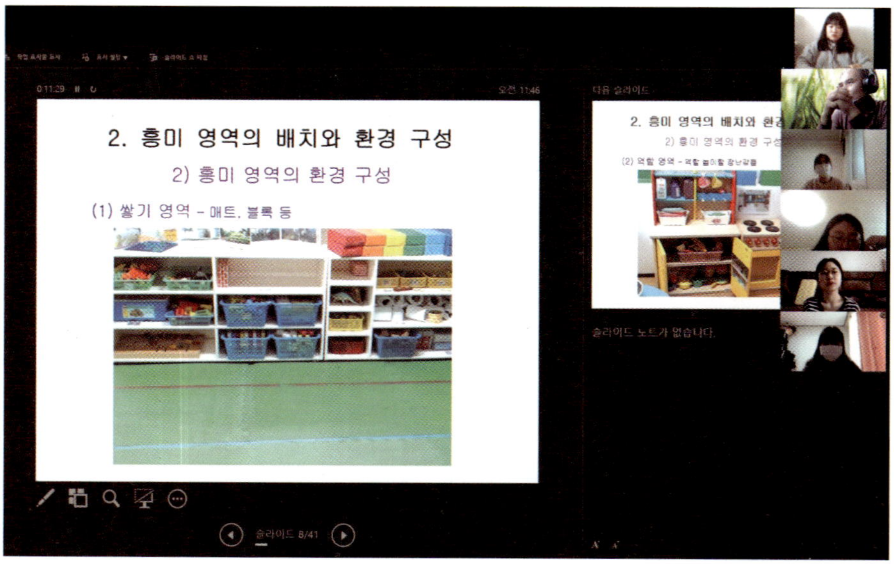

## 2) 테크놀로지 기반 교육의 특성

테크놀로지 기반 교육은 학교교육현장에서도 가능하지만 첨단 매체를 활용한 원격교육에서 그 효과성을 잘 보여 주고 있다. 기존의 이러닝이 주로 인터넷을 기반으로 하는 원격교육의 형태를 가진다면, 테크놀로지 기반 교육은 이러닝과 첨단 기기의 결합이라고 할 수 있다.

테크놀로지 기반 교육은 다음과 같은 특성을 가지고 있다.

- 강화된 상호작용이 가능하다. 원격교육과 이러닝에서 강조하는 것이 상호작용성이다. 상호작용은 매체를 매개로 하여 교수자와 학습자 그리고 학습자 간의 의사소통이 이루어지는 것을 의미한다. 그리고 강화된 상호작용은 교수자와 제3의 교수자, 학습자와 제3의 교수자, 학습자와 제3의 학습자, 그리고 교수자와 교수자료와의 상호작용과 학습자와 학습자료 간의 상호작용이 가능해진 것이다. 뿐만 아니라 상호작용을 위한 시간과 매체를 별도로 활용하는 것이 아니라 원격 수업이 진행되는 과정에서도 특정한 상호작용이 교수자와 학습자 간에 가능하며, 학습자와 학습자 간의 상호작용도 가능하게 하는 것이 강화된 상호작용이라고 할 수 있다. 강화된 상호작용은 수업 이해도를 높이고, 수업의 질적 수준을 보다 강화하게 된다.
- 매체의 활용성이 강조된다. 테크놀로지 기반 교육은 학습자의 매체 사용 능력이 학습의 성패를 결정하는 중요한 요소로 등장하게 되었다. 테크놀로지 기반 교육은 단순히 교수와 학습이 사이버 공간에서 결합된 것이 아니라, 학습자가 의도된 학습 결과를 얻기 위해서는 관련된 첨단 기기의 활용에 능숙해져야 한다는 전제가 있다. 따라서 매체활용 능력이 떨어지면 학습결과 역시 기대한 수준을 달성하기 어렵게 된다.
- 학습자 중심 학습이 강화된다. 테크놀로지 기반 교육은 교수자와 학습자가 실시간 원격대면을 통하여 학습이 진행될 뿐만 아니라, 학습자는 자신이 원하는 시간에 원하는 공간에서 학습을 진행할 수 있다. 이때 학습자는 자기주

도하에 학습이 이루어져야 하며, 학습을 지원하기 위한 모든 자원을 스스로 탐색하고 조합하여야 한다.

- 피드백 지원이 강화된다. 학습자 중심 학습의 진행은 필연적으로 학습의 오류를 유발할 수 있다. 학습과정에서의 오류를 최소화하기 위해서는 이와 관련된 피드백이 필수적으로 지원되어야 한다. 학습자는 원하는 시간에 피드백을 지원받기 위하여 다양한 매체를 활용할 수 있고, 즉각적인 피드백이 이루어지지 않는 경우 각종 매체를 활용하여 피드백을 받을 수 있게 된다.
- 비용효과성이 높다. 테크놀로지 기반 교육은 초기 학습자료 개발에는 막대한 비용이 소요되지만 개발된 학습 자료를 집합교육보다 많은 사람이 활용할 수 있기 때문에 교육에 투자되는 직접비용과 간접비용을 모두 줄일 수 있다.

## 3. 이러닝

### 1) 이러닝의 개념

기본적으로 이러닝(e-learning)은 인터넷 기반 학습이라고 정의할 수 있다(Rosenberg, 2000). 그리고 컴퓨터 기반 교육이나, 웹기반 교육 또는 가상학습 등을 포함하는 테크놀로지를 활용하는 것(한정선, 2000)이라고 할 수 있다. 그러므로 이러닝은 교실 내외에서 이루어지는 인터넷 등 첨단 테크놀로지를 기반으로 한 학습이라고 할 수 있다(백영균 외, 2019).

이러닝은 학교에서 실시하는 집합교육에서도 가능하며, 또한 학습자가 개별적으로 학습을 수행하는 것도 가능하다. 기존의 수업에서 인터넷을 기반으로 하여 학습에 도움을 받는 것과 면대면 수업이 아닌 상황에서 첨단 매체와 학습자료의 도움을 받아 학습을 수행하는 것이 모두 가능하다.

이러닝이 교육현장에서 각광을 받는 이유는 상호작용성, 접근용이성 및 편리성, 학습자 주도 학습 및 개별화 학습 그리고 비용효과성 때문이라고 할 수 있다(백영균 외, 2019).

- 상호작용성이란 학습자와 교수자, 학습자와 학습자, 이러닝 시스템과 학습자 간에 이전보다 긴밀한 커뮤니케이션이 가능해졌다는 말이다.
- 접근용이성 및 편리성이란 정해진 시간과 장소에 구애됨이 없이 학습자가 원하는 시간에 교실에 직접 가지 않고 학습할 수 있다는 의미이다. 즉 학습자의 원하는 시간과 공간에서 학습의 진행이 가능하다는 것이다.
- 학습자 주도 학습 및 개별화학습이 가능하다는 것은 이러닝을 통해 학습자의 자기주도적 학습이 가능해졌으며, 적절한 학습설계를 통하여 학습자의 수준과 흥미에 맞는 학습이 가능하다는 의미이다.
- 비용효과성이란 전통적인 수업에 비하여 비용이 절감될 수 있다는 말이다. 초기 투자비용은 많지만 만들어진 콘텐츠를 많은 사람이 학습할 수 있으며, 전통적인 집합교육을 실시할 경우 지출해야 할 교육시설 임대료, 숙박비, 식사비, 강사료, 업무 공백에 따른 기회비용 등을 절감할 수 있다는 의미이다.

### 2) 이러닝의 특징

학교교육의 한계를 극복하기 위한 노력은 다양하게 이루어져 왔다. 학교교육의 가장 근본적인 한계는 공간과 시간의 제한이라는 것이다. 이러한 제한을 극복하기 위한 노력으로 원격교육이 대두되었으며, 초기 원격교육의 한계를 극복하기 위하여 다양한 첨단 기술 공학이 적용되기 시작하였다. 그러한 특성을 갖추기 시작한 원격교육이 이러닝이라고 할 수 있다. 첨단 공학기술과 결합된 이러닝은 공간과 시간의 문제를 해결하고 학습자 중심의 학습이 가능하도록 설계되고 있다. 점차적으로 이러닝은 학습장면에서 교수자가 필요하지 않는 학습자 중심 학습 시대로 진보되고 있다.

이러닝의 특징을 제시하면 다음과 같다(Kearsley, 2000; 백영균 외, 2019).

| 항목 | 내용 |
|---|---|
| 연결성 | 학습자는 학습 동료, 교수자에게 이메일이나 화상회의를 통해 연락을 취할 수 있으며, 인터넷상의 여러 검색 방법을 동원해 연락정보를 얻을 수 있다. 또한 필요한 경우 전문가의 도움도 얻을 수 있다. |
| 학습자 중심 | 아직도 수업을 설계하고 조직하는 데 교수자의 역할이 크지만, 학습자는 참여활동을 통해 자신의 학습에 대하여 자신이 방향을 설정해 나간다. |
| 무제한성 | 학습자는 어떤 정보나 사람과도 접촉할 수 있기 때문에 교실의 벽이 허물어진다. 그러므로 학습자는 자신이 원하는 장소와 시간을 선택할 수 있으며, 직장에서는 직원의 교육에 시간과 경비를 많이 소모하는 교실연수를 이러닝으로 대체할 수 있다. |
| 공동체 | 교육은 배우기를 희망하는 학습공동체 내에서 이루어진다. 홈페이지가 사람과 사람을 연결해 공동체를 만들어 주는 구실을 하며, 컴퓨터 네트워크는 공동의 관심사를 가진 사람을 모아 학습의 동기를 북돋는다. |
| 탐구 | 많은 이러닝 활동은 어떤 형태의 모험과 발견학습 형태를 갖게 된다. 특히 초등학생은 인터넷상에서 정보를 탐색하는 활동을 좋아한다. 이러한 탐색활동의 대표적인 수업형태가 문제해결학습이라고 할 수 있는데, 이러닝 환경은 정보와 전문가와의 연결을 통해 이를 지원해 줄 수 있다. |
| 공유된 지식 | 이전에도 교육의 핵심적인 활동은 사람 간에 정보를 나누는 것이라고 할 수 있었지만, 인터넷상에 정보를 올려놓는 행위를 통해 즉시 여러 사람과 정보를 공유할 수 있다. 또한 특정인에게 국한되던 출판활동도 이제 모든 사람에게 개방되었다. |
| 다감각 경험 | 학습이 시각, 청각, 동작, 소리, 촉각, 후각 등을 동반하면 더 효과적이라는 사실에 비추어 멀티미디어 기술은 전통적인 수업 방법보다 훨씬 다양한 경험을 제공할 수 있다. |
| 실제성 | 가상의 세계는 기존의 교실보다 훨씬 현실과 닮았다. 학습자가 생생한 정보를 얻고 전문가와 교류할 수 있고, 또 현실과 유사하게 상황을 재생할 수 있기 때문에 현실성이 결여된 기존의 수업과는 대비된다. |

백영균 외(2019). 교육방법 및 교육공학, p. 40 재편집.

## 4. 블렌디드 러닝

### 1) 블렌디드 러닝의 개념

블렌디드 러닝(blended learning)은 혼합형 학습(hybrid learning)이라고도 한다. 원격 또는 비대면 수업의 장점과 기존 대면 수업의 장점을 결합하여 학습을 최적화하기 위한 노력이 블렌디드 러닝이라고 할 수 있다.

1990년 중반 이후 정보통신 기술의 발달과 인터넷의 도입으로 이러닝은 교육현장에 빠르게 확산되었다. 그 이유는 이러닝이 교육의 효과성과 효율성을 높여 주었고, 시·공간상의 제약에서 자유롭고, 비용 효율성이라는 장점을 갖고 있기 때문이다.

그러나 이러닝은 암묵적 지식 전달의 어려움, 비언어적 의사소통의 한계 등으로 비판받게 되었고(Al-Huneidi & Schreurs, 2013), 이를 극복하는 대안으로서 이러닝의 장점과 오프라인 교육의 장점을 혼합한 교수-학습 방법인 '블렌디드 러닝'으로 관심이 집중되었다(Bonk & Graham, 2012).

그리하여 2000년대 중반에는 미국의 전체 학교 65% 이상이 이미 블렌디드 러닝을 실시하였고(Valentino, 2013), 국내에서도 교육 혁신전략의 일환으로 블렌디드 러닝을 도입하는 대학이 증가하였다(이혜정·홍영일, 2010). 블렌디드 러닝은 강의실 수업과 이러닝이 가진 한계를 극복하고자 이러닝과 강의실 수업의 장점을 활용하며 서로의 단점을 보완하는 수업형태이다(홍효정, 2016).

블렌디드 러닝은 교육 효과성을 최대화하기 위하여 강의실 면대면 수업과 이러닝의 장점을 결합한 온·오프라인의 수업이 물리적으로 결합된 수업(박성익·이상은·송지은, 2007)이거나, 온·오프라인의 기술적, 공간적인 물리적 혼합에서 벗어나 공간적 조합뿐만 아니라 학습방법까지도 융합하여 최적화하는 교수-학습 형태(임정훈, 2004)라고 할 수 있다.

블렌디드 러닝은 온라인 교육의 장점과 단점 오프라인 교육의 장점과 단점을 상호 보완하고 여기에 학습자의 학습전략이 결합되어 최적의 학습효과를 달성할 수 있도록 지원하는 모형이다.

온라인 교육은 시·공간적 제약에서 벗어나지만, 장시간 노출됐을 경우 학습자가 지루함을 느낄 수도 있고, 웹에서 접근할 수 있는 학습 외 사이트 접속 등의 방해 요소로 학습에 집중하기 어려울 때도 있다. 이와는 달리, 오프라인 교육은 강의실에서 만남을 통한 학습으로 상호작용을 통한 교감을 할 수 있지만, 주어진 학습 자료와 동료 학습자들 외의 부가적인 자원 활용이 어렵다는 단점이 있다. 그러므로 상호작용 활동에서 시간적 제약, 학습자의 성격에 따른 참여 제약, 학습자원 활용의 어려움이 따른다. 그러나 블렌디드 러닝은 온라인과 오프라인이 혼합된 수업으로, 이러한 단점을 서로 보완할 수 있는 장점이 있고, 그 결과 학습자의 학습 만족도와 학습 성과를 높일 수 있다(Bernard et al., 2014).

블렌디드 러닝은 온라인 수업과 오프라인 수업을 교과 특성이나 수업 자원 그리고 교수자와 학습자의 특성에 맞게 병행하거나 혼용하는 것이 가능하다. 교수자 활동을 중심으로 블렌디드 러닝의 활용 유형을 제시하면, 오프라인 중심 온라인 보충형, 온라인 오프라인 병행형 그리고 온라인 중심 오프라인 보충형으로 나눌 수 있다(임병노 · 이준, 2007).

〈표 12-1〉 교수자 역할 중심 블렌디드 러닝 유형

| 도형 | 오프라인 중심<br>온라인 보충형 | 온라인 오프라인<br>병행형 | 온라인 중심<br>오프라인 보충형 |
|---|---|---|---|
| 예시 | 온라인 수업<br>(선수학습)<br>↓<br>면대면 수업(主)<br>↓<br>온라인 수업(후속 학습활동)/<br>면대면 수업(정리) | 면대면 수업<br>(오리엔테이션)<br>↓<br>온라인 수업(主)+<br>면대면 수업(副)<br>↓<br>면대면 수업(정리) | 면대면 수업<br>(오리엔테이션)<br>↓<br>온라인 수업(主)<br>↓<br>면대면 수업(정리)/<br>온라인 수업(정리) |
|  | 온라인 수업(선수학습)<br>↓<br>면대면 수업(主)+<br>온라인 수업(副)<br>↓<br>온라인 수업(후속학습활동)/<br>면대면 수업(정리) | 온라인 수업<br>(오리엔테이션)<br>↓<br>온라인 수업(主)+<br>면대면 수업(副)<br>↓<br>온라인 수업(정리) | 면대면 수업<br>(오리엔테이션)<br>↓<br>온라인 수업(主)+<br>면대면 수업(副)<br>↓<br>면대면 수업(정리)/<br>온라인 수업(정리) |
| 장점 | • 수업 내용 보충<br>• 예 · 복습 자료 제공<br>• 심화학습 제공<br>• 수업결손 보완 | • 수업시간 융통성 확보<br>• 수업결손 보완<br>• 예 · 복습자료 제공 | • 오프라인 활동 지원<br>• 게시판 토론방, 커뮤니티 활동 지원 |

출처: 홍효정(2016). 블렌디드 러닝을 위한 대학 교수자의 역량 도출 및 진단도구 개발, p. 18.

## 2) 블렌디드 러닝의 특징

이러닝은 물리적인 시간과 공간의 제한성 극복과 비용효과성, 개별 및 평생 학습의 가능성 등의 장점을 가지고 있음에도 불구하고, 정보 주변 단서나 전후 맥락, 다양한 감정을 없애 버리고 오로지 정보만 기술적으로 전달한다. 명시적인 지식 전달은 가능하지만 암묵적인 지식 전달에 한계가 있다. 그렇지만 블렌디드 러닝은 전통적인 면대면 수업 상황에서 학습자의 예상 밖 관심에 따라 주제 보충이 가능하다(백영균 외, 2019).

블렌디드 러닝을 계획할 때는 추구하는 목적에 따라 효율성, 효과성, 학습자 자기주도성 증진, 성과 향상, 실천공동체 육성 등을 고려할 필요가 있다. 구체적으로 보면 '효율성 증진'에서는 교육훈련 비용 감소, 학습시간 단축, 신속한 훈련 서비스, '효과성 증진'에서는 지식 유형에 따른 온라인과 오프라인의 통합, 학습자의 자기주도성 증진, '성과 향상'에서는 학습과 업무의 통합, 학습의 적시성, '실천공동체 육성'에서는 학습성과의 지속적 사후 관리, 비공식적 학습 경험 촉진, 지속적 지식 공유와 창조지원이 필요하다.

온라인과 오프라인의 장점을 모두 지원하고 단점을 상호보완하는 블렌디드 러닝의 특징에 대하여 홍효정(2016)은 다음과 같이 제시하고 있다.

첫째, 온라인과 오프라인 학습환경의 통합으로 학습도구와 학습자원이 풍부하다. 그러므로 블렌디드 러닝 환경에서는 학습자는 다양한 학습활동을 할 수 있다. 가령, 온라인 수업은 인터넷을 기반으로 하고 있어 학습활동 중에도 실시간으로 정보를 검색할 수 있고, 학습자 간에 정보를 공유할 수도 있다.

둘째, 블렌디드 러닝은 시·공간적 한계를 뛰어넘는다. 온라인과 오프라인으로 연계되어 구성원(교수자-학습자, 학습자-학습자) 간의 상호작용이 양방향으로 가능하다. 또한, 온·오프라인 활동의 연계로 상호작용을 실시간 혹은 비실시간으로 지속해서 유지할 수 있다. 그러므로 온라인과 오프라인 강의실 환경에서 오는 융통성으로 학습자의 학습이 강의실 수업 종료 후에도 지속된다는 특징이 있다.

셋째, 학습자의 학습기회가 확대된다. 오프라인 강의실 수업에서 학습할 수 없는 것은 온라인 학습에서 가능해짐으로써, 인터넷 기반의 테크놀로지를 활용하여 어떤 장소에서도 필요한 학습내용을 자유롭게 학습할 수 있다. 아울러 강의실 수업에서는 시간에 쫓겨 학생들과 충분하지 못했던 질의·응답, 자유 토론이 온라인에서 가능하다. 즉, 교수자는 다수의 학생에게 제공하지 못한 피드백 활동이 가능해진 것이다.

넷째, 학습자 중심의 맞춤형 접근이 가능하다. 단일 혹은 획일적인 교수 방법은 학습자의 개인차에 적응하기 어렵다. 그러나 블렌디드 러닝은 학습 방법이나 교육 매체의 다양화가 가능하므로 학습자들은 자신이 선호하는 방식에 따라 수업에 참여할 수 있고, 자신에게 맞는 학습전략을 활용할 수 있다. 그 예로, 학습자는 자신의 학습몰입이 잘 되는 시간에 맞춰 정규 학습 혹은 반복 학습을 할 수 있으며, 자신에게 적합한 수준별 학습도 가능하다.

마지막으로, 동료 학습자들의 학습활동 결과물 또는 학습 과정을 관찰할 수 있어 자신의 학습활동에 대한 성찰이 가능하다. 이때, 학습자는 교수자뿐만 아니라 동료학습자에게 피드백도 받을 수 있고, 학습 내용과 학습 결과의 공유도 할 수 있다. 이처럼 학습자의 적극적인 상호작용은 학습자가 깊고 넓은 학습을 할 수 있게 한다.

온라인 수업과 오프라인의 장점을 결합한 블렌디드 러닝의 특징을 주영주(2007)는 다음과 같이 네 가지로 제시하고 있다.

- 블렌디드 러닝은 학습이 단지 한 번의 이벤트가 아니라 지속적인 과정이라는 개념 아래 설계되었다. 기존 교육과의 온·오프라인 통합을 통한 실전 연계를 가능하게 하여 지속적인 학습이 가능하다.
- 학습공간과 기대의 확대이다. 온·오프라인 학습환경의 장점과 단점을 고려하여 개발되므로 시간과 공간을 초월한 교수설계가 가능하다. 학습장소와 시간에 구애받지 않으므로 학습장소를 집이나 거리, 업무현장 어디로든지 확대할 수 있다.

- 교육의 효과성을 극대화할 수 있다. 교수-학습과정 및 방법, 다양한 교수매체와 전략을 콘텐츠의 특성, 학습자의 학습스타일에 맞게 적절히 조화시켜 설계·개발할 수 있다.
- 개발 시간과 비용을 최적화할 수 있다. 온라인 형태의 개발비용은 많이 들지만 실행에 드는 비용을 최소화할 수 있고, 오프라인 방식은 실행에 드는 비용이 비교적 높은 편이나 시간활용을 집중시킬 수 있는 장점이 있다.

## 5. 원격 수업을 위한 영상 제작

### 1) 곰캠(GOM cam)을 활용한 원격 수업 영상 제작

원격 수업 또는 ICT 기반 교육을 위해서는 기본적으로 수업 자료로 PPT와 영상제작이 이루어져야 한다. PPT 자체에서 영상 제작을 위한 프로그램이 제공되고 있지만, 실제 사용에 어려움이 있다. 특히 PPT에서 제공되는 영상 프로그램은 편집과정에서 어려움이 있기에 숙달되기까지 시간이 많이 걸리고 초심자가 사용하기에 보완해야 할 문제점이 다수 있다.

여기에서는 국내에서 비상업적으로 제공되고 있는 영상 편집 프로그램인 곰캠(GOM cam)을 중심으로 원격 수업을 위한 영상제작 과정을 간략하게 다루어 보고자 한다. 곰캠 프로그램은 GOM Lab에서 제공되는 유료 및 무료 프로그램으로 원격교육을 위한 강의 자료를 손쉽게 제작할 수 있다는 장점이 있다.

#### (1) 곰캠의 설치

곰캠을 설치하기 위해서는 우선 포털이나 GOM Lab 홈페이지에 접속하여 프로그램을 무료로 다운로드하거나 유료버전을 구입할 수 있다. 무료버전은 최대 20분까지 영상녹화가 가능하며, 프로그램 사용에 별다른 제한은 없다. 관련 프로그램을 다운로드할 때는 컴퓨터 운영체제에 맞게 32bit 전용 또는 64bit 전용을 선택하여 설치하게 된다.

곰캠을 설치하기 전에 가능하면 곰캠 튜토리얼 영상을 활용하여 곰캠 사용법을 사전에 숙지하는 것이 프로그램 사용에 도움이 된다. 곰캠 튜토리얼 영상에서는 기본구성 알아보기와 화면 녹화하기, 녹화파일 편집과 관리하기, 이미지 캡처하기, 웹캠과 게임 녹화하기 그리고 강의 녹화하기의 여섯 가지를 제공하고 있다.

곰캠의 설치는 다운로드와 동시에 진행되므로 설치를 위한 별도의 과정을 요구하지 않는다. 곰캠의 설치를 마무리하면 바탕화면에 다음과 같은 단축아이콘이 만들어진다.

### (2) GOM Lab 프로그램의 실행

곰캠을 활용하여 원격 수업 영상자료를 제작하기 위해서는 두 가지 하드웨어가 필요하다. 한 가지는 웹용 카메라이며, 다른 한 가지는 마이크이다. 최근 제공되고 있는 웹용 카메라는 음성인식을 함께 제공하고 있기에 별도의 마이크를 설치할 필요가 없지만, 안정적인 음성을 녹음하기 위해서는 가능하며 별도의 마이크를 설치하는 것이 좋다.

다운로드하여 설치하는 곰캠 프로그램을 실행하면 화면과 같은 실행창이 활성화된다.

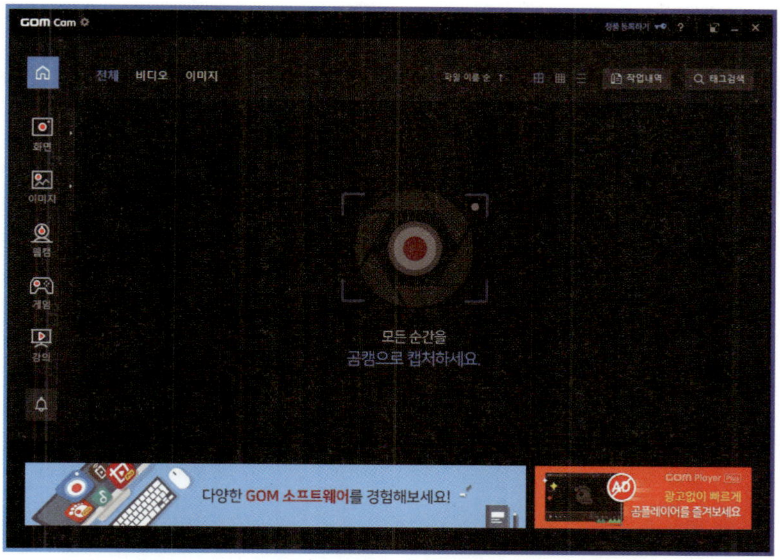


화면의 좌측을 보면 화면, 이미지, 웹캠, 게임, 그리고 강의라고 된 실행버튼이 있다. 본 절에서는 원격 수업을 위한 수업자료를 제작하는 과정을 안내하기 위하여 강의 부분만을 설명하겠다.

### (3) GOM cam을 활용한 영상 자료의 제작

좌측 버튼 중 '강의' 버튼을 클릭하면 다음과 같이 강의녹화 선택창이 활성화된다.

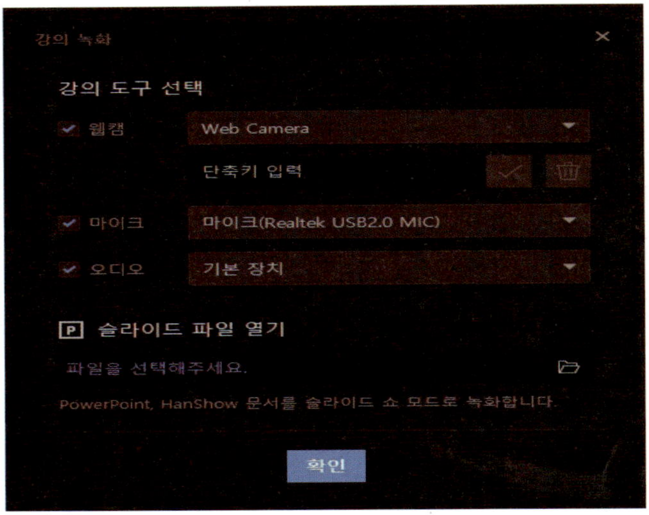


먼저 웹캠의 사용 여부를 확인한다. 사용하는 컴퓨터에 웹카메라를 설치하면 자동으로 인식하기 때문에 별도의 설치를 요구하지 않는다. 다음으로 사용 마이크를 선택하도록 되어 있다. 마이크 역시 컴퓨터에 설치된 기기를 자동으로 선택하기 때문에 별도의 설정을 요구하지는 않는다. 다만 두 개 이상의 마이크를 사용하는 경우에는 별도로 지정해 주어야 한다. 그리고 오디오는 컴퓨터에 설치되어 있는 기본 장치를 사용하게 된다. 오디오 역시 별도의 오디오를 설치하여 사용하고 있다면 설정을 지정해 주어야 한다. 이상의 과정은 사용자가 별도의 설정을 하지 않아도 자동으로 설정이 이루어지기 때문에 사용하는 데 큰 어려움은 없다.

그리고 이상의 과정이 끝나면 실제 수업에 사용할 슬라이드 파일을 로드하여야 한다. '파일을 선택해 주세요' 부분을 클릭하면 원하는 슬라이드 파일을 탐색할 수 있게 된다. 원하는 슬라이드가 있는 폴더를 탐색할 수 있으며, 수업에 사용할 슬라이드를 지정하면 파일이름(N) 창에 로드할 수 있다. 여기에서는 교육공학_intro 파일을 로드하였다.

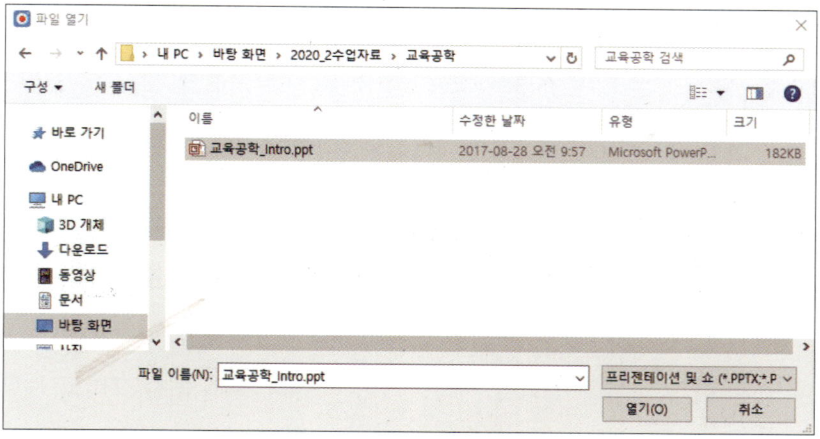


폴더에서 열기(O)를 클릭하면, 아래 화면에 있는 확인 버튼이 활성화된다. 활성화된 확인 버튼을 클릭하면 수업자료가 화면에 나타나게 된다. 이때 세 가지 방법으로 수업 자료를 제시할 수 있다.

첫 번째는 아래 영상과 같이 수업자료와 교수자 그리고 음성을 함께 로드하는 것이고, 두 번째는 수업자료와 음성만을 로드하는 것이다. 그리고 세 번째는 음성만을 로드하는 것이다. 여기에서 효과적인 것은 수업자료와 교수자 그리고 음성을 함께 로드하는 것이다. 이렇게 하면 교수자가 직접 수업을 하는 것과 같은 효과를 얻을 수 있다.

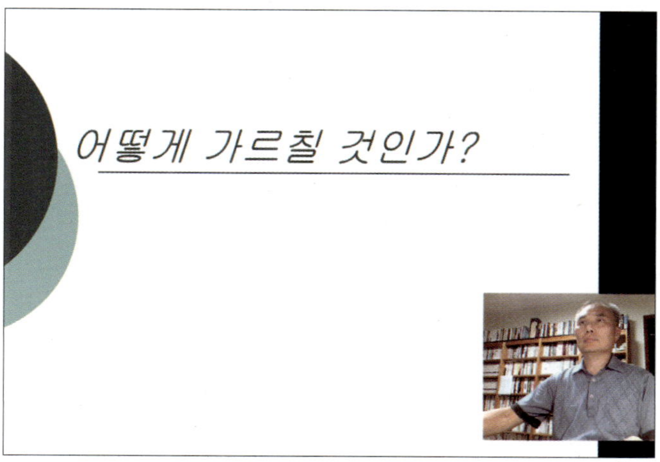

곰캠을 실행하면 상단에 녹화 메뉴가 나타나게 된다. 녹화 메뉴는 녹화 시작, 이미지캡처, 그리기, 효과설정/미리보기, 장치설정의 다섯 가지와 모니터링 화면, 저장 폴더 열기, 녹화메뉴 숨기기로 구성되어 있으며 각각의 기능은 다음과 같다.

먼저 녹화 시작 버튼은 녹화를 시작하거나 녹화의 일시 중지 그리고 녹화 중지를 할 수 있다. 녹화 버튼을 누르면 위의 그림이 아래와 같이 바뀌게 된다. 녹화 일시 중지 버튼과 녹화 중지 버튼이 활성화된다.

다음으로 이미지캡처 버튼을 누르면 저장 폴더에 자동으로 캡처한 화면이 png 파일로 저장된다.

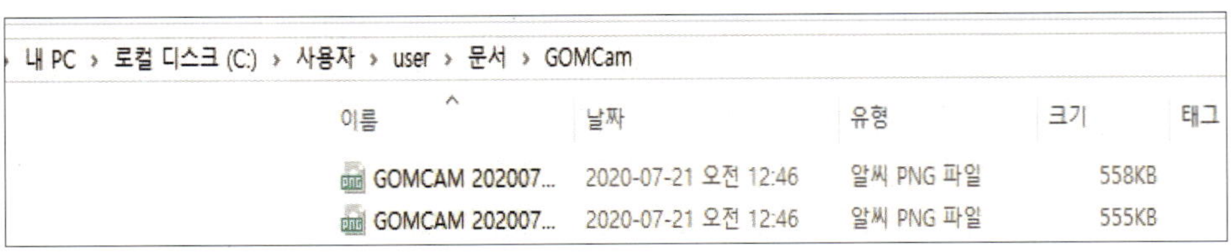


그리고 그리기 기능은 화상수업을 진행하는 데 있어서 매우 유용한 기능을 제공한다. 먼저 그리기 기능을 활성화시키면 그리기 기능을 활용할 수 있는 창이 활성화된다.

그리기 기능은 선택, 펜, 형광펜, 도형, 스탬프, 텍스트, 텍스트 크기 조절, 텍스트 또는 형광펜의 색상 조절, 실행취소와 다시 실행, 지우기, 삭제 등의 기능을 포함하고 있다.

아래 화면은 선택 버튼을 선택한 후 펜을 활성화시키고 파란색에 굵기는 5포인트로 설정하여 수업자료에 밑줄을 그은 것이다.

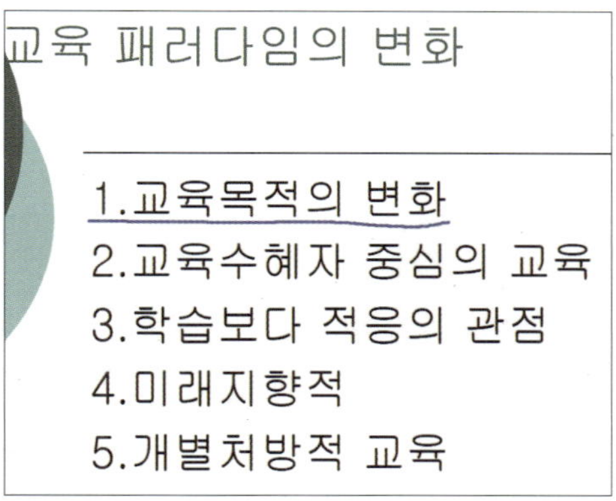

곰캠에서는 펜과 형광펜 기능을 사용하여 수업 자료에 다양한 표시와 부가적인 설명을 추가할 수 있다.

또한 텍스트 기능을 통하여 필요한 부가적인 설명을 추가할 수도 있다.

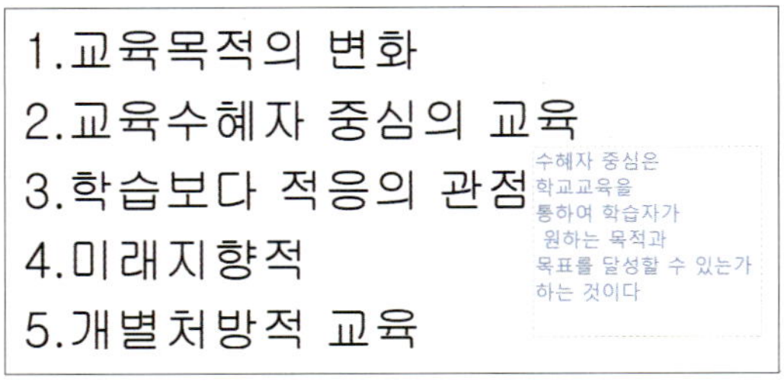


효과설정과 미리보기 기능에서는 영상으로 녹화하는 자료에 교수자가 원하는 객체를 추가하여 수업 효과성을 높일 수 있다. 효과 설정/미리보기를 활성화시키면, 별도의 창에 현장 화면이 로드된다.

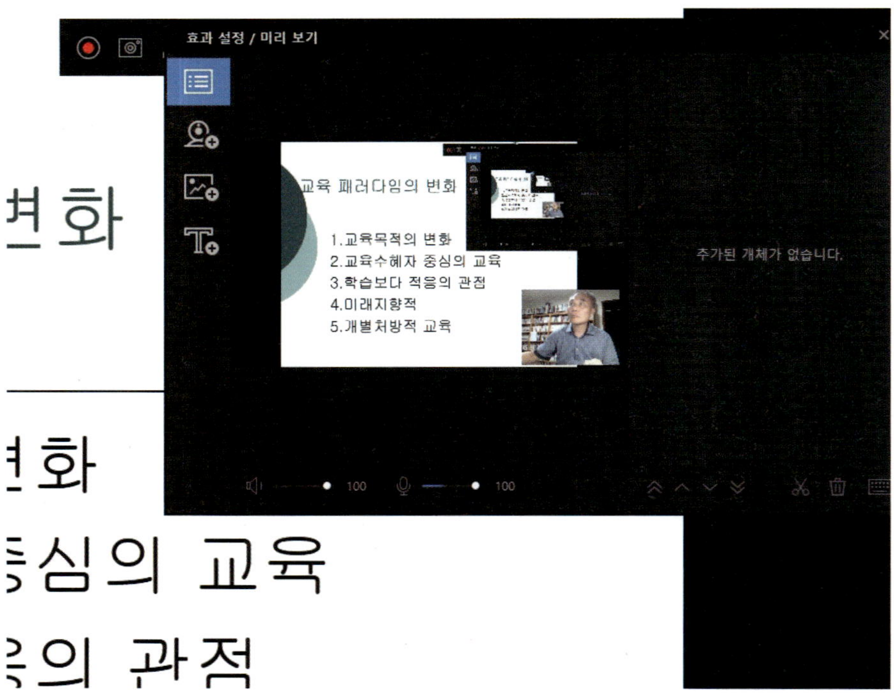

효과설정/미리보기에서 컴퓨터에 저장되어 있는 '인사'라는 이미지를 로드하였다.

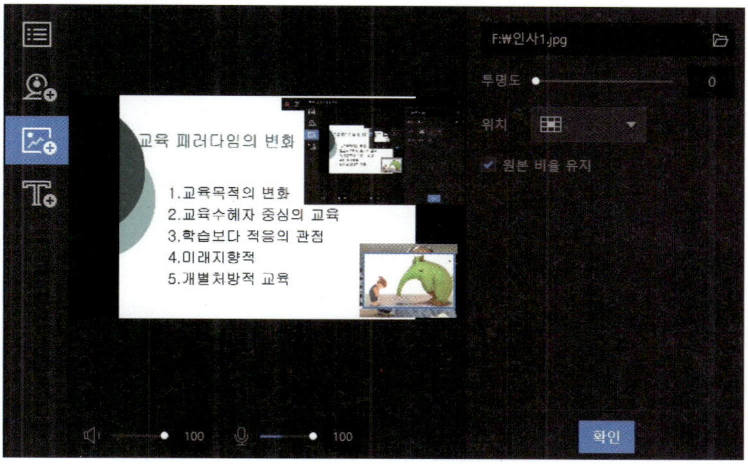


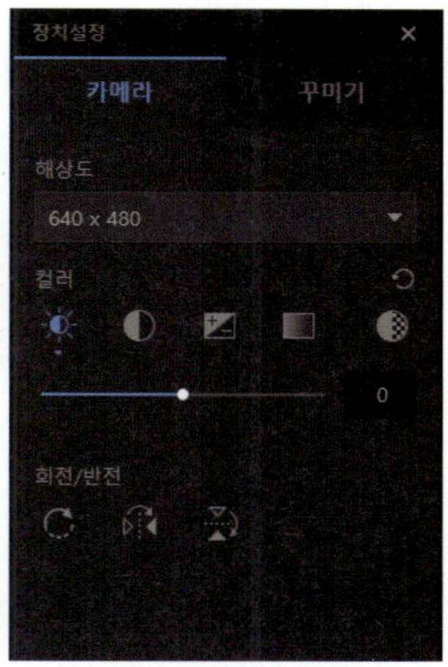


추가된 이미지는 녹화 중인 화면에서는 확인할 수 없고, 모니터링 화면에서만 확인할 수 있다. 그리고 추가된 이미지를 적용하여 녹화한 자료는 지정한 폴더에서 영상으로 확인할 수 있다. 적용한 이미지를 제거하려면 지정한 이미지를 선택한 다음 휴지통을 클릭하면 된다.

장치설정의 기능을 녹화하는 영상의 해상도와 컬러, 영상자료의 회전/반전을 조정할 수 있다. 기본적인 해상도는 640×480으로 되어 있다. 영상의 해상도 조정은 너무 낮게 설정을 하면 해상도가 낮고, 너무 높게 설정을 하면 선명하지만 저장되는 영상의 데이터 용량이 커져서 원격으로 로드하기가 어려워진다는 단점이 있다.

### (4) GOM cam을 활용한 영상 자료의 저장

곰캠을 활용하여 제작한 영상자료는 자동으로 내 PC〉문서〉GOMCam이라는 폴더에 MP3 파일로 저장이 된다. 이때 수업용 자료를 제작하기 위해서는 별도의 폴더를 설정하여 저장하는 것이 관리에 효과적이다.

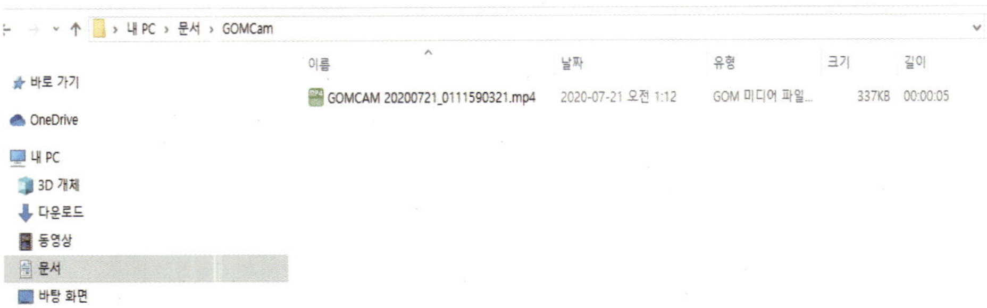


이상의 과정을 거쳐 제작된 수업자료는 유튜브나 웹하드, 또는 별도의 이러닝 공간을 활용하여 학생들에게 제공할 수 있다.

곰캠 프로그램을 다시 활성화시키면 기존에 저장된 영상자료를 보여 준다.

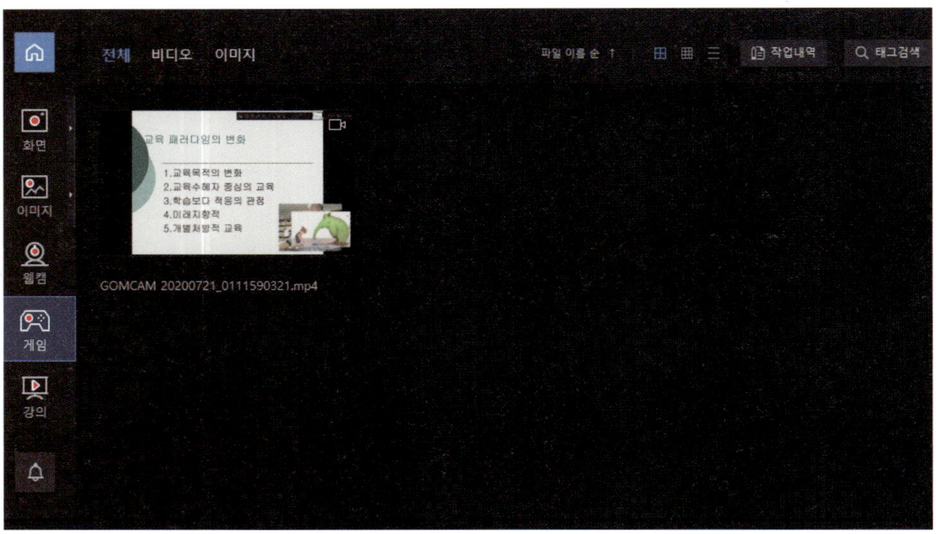

## 6. ZOOM을 활용한 실시간 원격 수업

### 1) ZOOM의 기본 기능

ZOOM은 클라우드 기반 화상회의 서비스로서 화상, 음성기능 그리고 자료의 업·다운로드 기능을 제공하고 있는 원격회의 프로그램이다. ZOOM은 원격 화상회의에 적절한 기능을 제공하고 있어, 실시간 원격 수업에 활용하기에는 최적의 솔루션 중의 하나라고 할 수 있다. 실시간 원격 수업에 사용되는 ZOOM은 유료버전과 무료버전이 있으며, 일부 기능상의 제한이 존재한다. 그렇지만 일반적인 수준의 실시간 원격 수업을 실행하는 데 큰 어려움이 없기 때문에 많은 학교와 직장에서 화상회의 플랫폼으로 사용하고 있다.

ZOOM을 활용한 실시간 원격 수업은 많은 다양한 기능을 갖추고 있지만, 기본적으로 수업자료의 업로드와 다운로드, 면대면 수업에 가까운 상호작용성, 학습자 상호 간 토론이 가능한 회의실 기능, 실시간 원격 수업 중 채팅 기능, 그리고 수업자료의 녹화기능이 있다. 이러한 기능은 ZOOM의 많은 기능 중에서 실시간 원격 수업을 진행하는 데 더욱 강력한 교수-학습 효과성을 높일 수 있는 기능이다.

ZOOM 프로그램을 효과적으로 사용하기 위해서는 기본적으로 ZOOM의 설치와 웹카메라 그리고 마이크가 설치되어야 한다. 최근에는 웹카메라에 기본적으로 마이크가 설치되어 있지만, 효과적인 음성 지원을 위해서는 가능하면 별도의 마이크를 설치하는 것이 좋다.

### 2) ZOOM의 다운로드 및 설치

ZOOM의 다운로드와 설치는 ZOOM 홈페이지에서 간단하게 다운로드받아 설치할 수 있다. 각종 포털에서 ZOOM을 검색하여 홈페이지로 접속하면 다음과 같은 화면이 나온다.

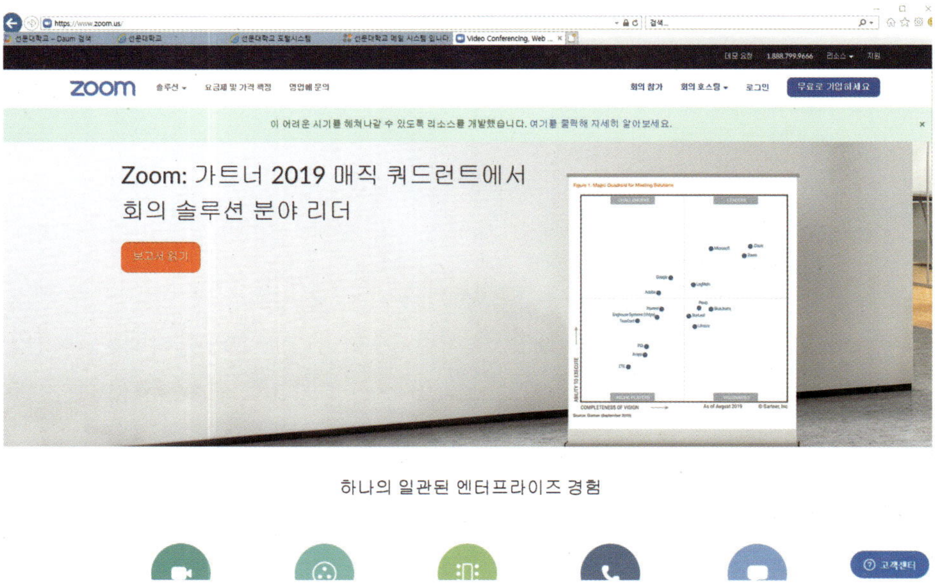


일반적인 사용자는 무료버전을 다운받아서 사용하면 된다. 그렇지만 전문적인 기능을 활용하고 싶으면 유료버전을 사용하는 것이 기능상의 제한이 없다. 가입 절차를 모두 마무리하면 사용자의 계정이 생성되었으며, ZOOM에 접속할 수 있다는 화면이 나타난다.

ZOOM의 가입을 마무리하면, 가입자의 계정이 활성화되어 있으며 다른 사람을 초대할 수 있는 URL이 형성되어 있음을 알려 주는 메시지가 나온다.

이제부터 ZOOM을 활용하여 원격 화상 회의를 진행할 수 있게 된다. 원격 화상 회의를 진행하기 위해서는 밑줄 친 부분을 복사하여 상대방에게 전송하면 개인용 컴퓨터, 노트북, 모바일, 태블릿 컴퓨터 등 각종 기기를 활용하여 화상회의에 참여할 수 있다.

### 3) ZOOM의 접속과 회의 초대

ZOOM의 홈페이지에 접속하면 자동으로 로그인되며, 우측 상단에 보면 '내 계정'이라는 링크가 활성화되어 있다. 이 부분을 클릭하면 ZOOM을 활용하여 실시간 원격 수업을 진행하기 위한 준비를 할 수 있게 된다.

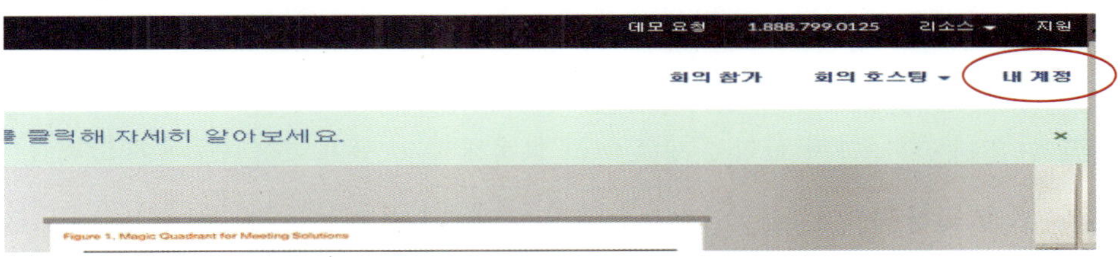

'내 계정'에서는 본인의 개인정보와 개인 회의 ID, 용량, 언어, 회의 진행 표준시간대 등이 안내된다. 용량은 회의에 참석할 수 있는 인원을 표시하는 것이며, 언어는 회의에서 사용하는 언어이다. 우측의 편집 기능을 통하여 사용하는 언어를 변경할 수 있다. 그리고 표준시간대는 자동으로 설정이 되지 않으며 역시 우측의 편집 기능을 통하여 대한민국 표준시간으로 변경할 수 있다.

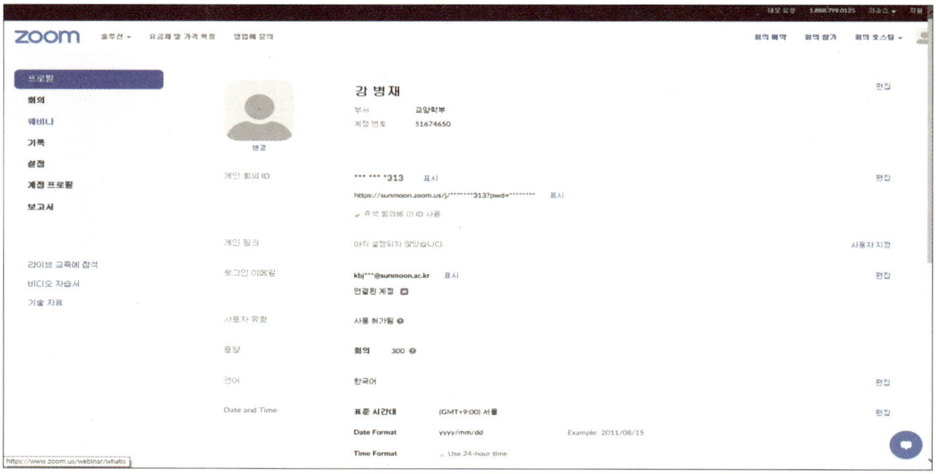


ZOOM의 강력한 기능 중의 하나는 '회의 예약' 기능이다. 원격 실시간 수업을 진행하기 위해서는 정해진 시간에 회의를 예약하고 학습자들에게 공지를 통하여 전달하면 오프라인 수업처럼 정해진 시간에 수업에 참여할 수 있게 된다.

회의 예약에서는 주제, 시점과 기간, 암호, 비디오와 오디오, 회의 옵션 등을 설정할 수 있다. 가능하면 회의 주제는 미리 설정해 주는 것이 학습자들에게 의미 있게 보일 수 있으며, 시점은 실시간 원격 수업이 진행되는 시간을 표시하고, 기간은 수업 진행 시간을 의미한다. 일반적으로 면대면 수업시간 1시간당 최소 25분에서 30분 이상을 진행하는 것이 기준으로 되어 있다. 만약 매주 또는 매일 같은 시간에 수업이 진행이 되면 '되풀이 회의'를 지정하면 별도의 예약을 할 필요가 없다. 암호의 설정은 외부인의 무단 접속을 방지하기 위하여 설정하는 것이 좋다. 그리고 '비디오'는 호스트와 참가자 모두 '켜기'를 설정하는 것이 수업 진행에 효과적이다. '오디오'는 '전화 및 컴퓨터 오디오'를 설정하는 것이 효과적이다. 원격 수업에서 모바일로 접속하는 학생이 많기 때문에 컴퓨터 오디오만 설정을 하면 모바일 접속자들에게는 음성이 들리지 않게 된다. 마지막으로 '회의 옵션'을 설정하게 되는데 가능하면 '입장 시 참가자 음소거'를 설정하는 것이 좋다. 이 기능이 설정되지 않으면 참가자가 입장할 때마다 딩동하는 소리가 발생하기 때문에 수업 진행에 방해가 될 수 있다. 그리고 '로컬컴퓨터에서 자동으로 회의 기록' 기능을 설정하는 것이 좋다. 이 기능을 설정하면 자동으로 수업 내용이 영상으로 녹화가 되기 때문에 보충수업 자료로 제공하면 학습 효과를 높일 수 있다.

회의 초대 설정을 완료한 후 아래에 있는 저장 버튼을 누르면 회의 예약이 성공적으로 마무리된 것이다. 이제 예약된 회의에 학습자들을 초대하여야 한다. 회의 저장 버튼을 누르면 '내 계정'에서 '초대 복사 ' 버튼이 활성화된다.

활성화된 '초대 복사' 버튼을 클릭하면 회의 초대 내용이 팝업창으로 나타난다. 그러면 '회의 초대 복사' 버튼을 클릭하면 '클립모드 엑세스' 허용 여부를 확인하는 창이 나타난다.

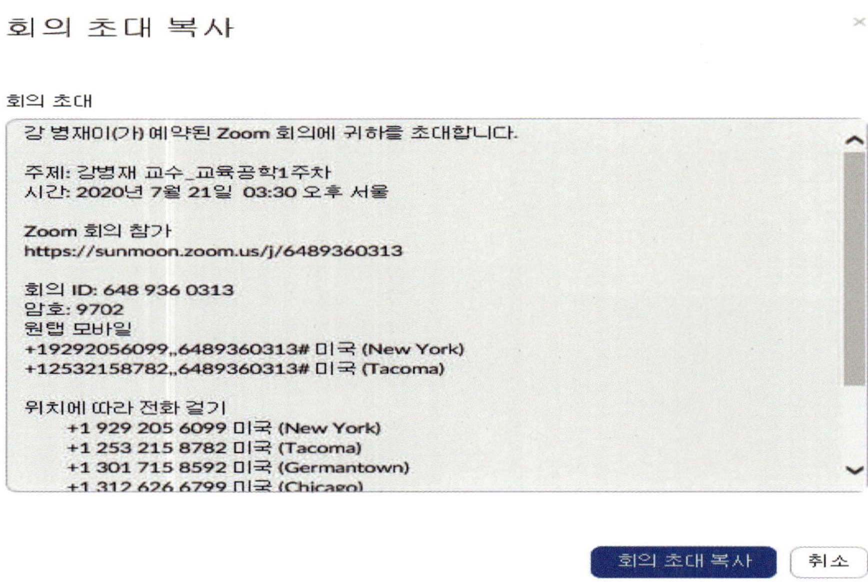

이때 '허용 안함'을 선택하면 회의 초대 복사를 하여도 클립보드에 복사가 되었다는 메시지가 뜨지만, 실제 초대 복사가 되지 않는다. 이 경우 다시 복사를 하려면 회의 초대 과정을 처음부터 다시 하여야 하는 번거로움이 있다. 복사한 초대는 메일이나 모바일 문자, 카카오톡 등 통신 수단을 활용하여 초대하고자 하는 사람에게 전달할 수 있다. 복사된 URL을 통하여 초대받은 사람은 별도의 접속 절차를 거치지 않고 바로 접속이 가능하다.

### 4) 참여자 ZOOM 접속

수업 참여자들은 정해진 시간에 초대된 ZOOM에 접속하여 수업을 진행하게 된다. 교수자는 참여자의 접속현황을 실시간으로 확인할 수 있으며, 또한 관리할 수 있다.

참여자가 회의에 접속할 때마다 참여자 정보를 확인해 준다.

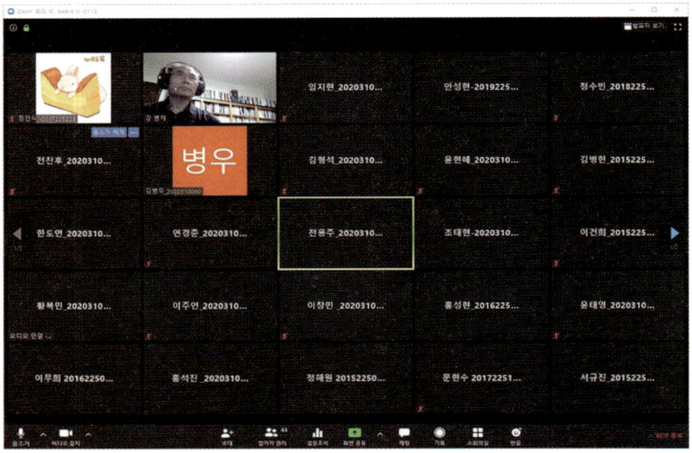

참여자 정보를 한 화면에 최대 25명까지 병렬로 나열할 수 있다.

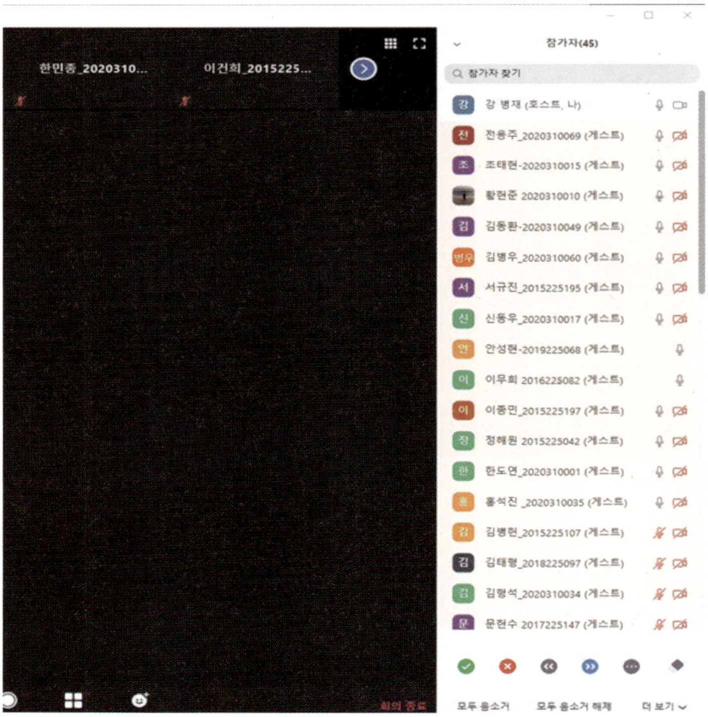

그리고 수업 진행을 위해서는 화면에 참여자를 모두 배열하는 것만이 아니라 참여자의 인적 정보만을 나열할 수도 있다.

### 5) ZOOM 활용 실시간 원격 수업의 진행

교수-학습 과정에서 ZOOM의 가장 강력한 기능은 ZOOM을 활용하여 실시간 수업을 진행할 수 있다는 것이다. 실시간 수업에서는 수업자료, 화상, 음성을 동시에 활용할 수 있으며, 교수자와 학습자의 실시간 상호작용이 가능하다. 또한 학습자와 학습자 간 상호작용도 가능하다.

ZOOM을 활용하여 실시간 원격 수업이 진행되기 위해서는 '화면 공유' 기능을 활용하여야 한다. ZOOM 프로그램을 활성하면, 화면 하단에 '화면 공유'라는 버튼이 확인된다. '화면 공유' 버튼을 클릭하면 교수자가 원하는 수업자료를 화면에 올릴 수 있다.

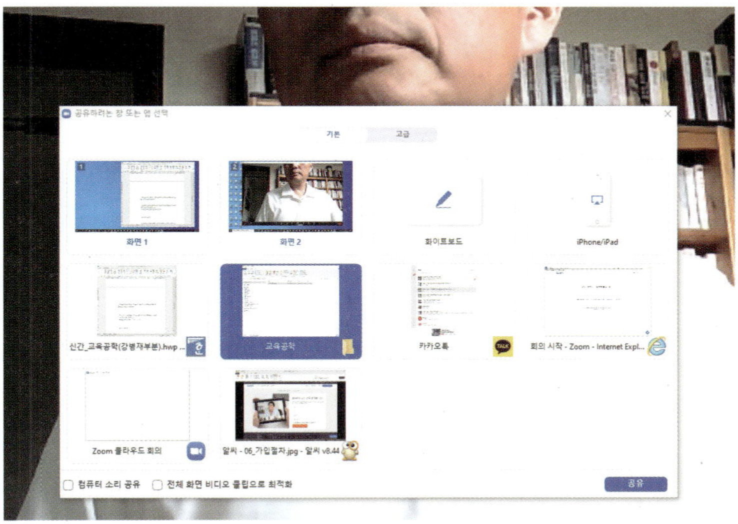


위의 그림과 같이 '화면 공유' 버튼을 활성화시키고, 탐색기능을 활용하여 '교육공학_intro'라는 슬라이드를 찾았다.

우측하단에 있는 '공유'라는 버튼을 클릭하면, '교육공학_intro'라는 슬라이드가 선택되어 있고, 현재 화면이 공유 중이라는 초록색 창이 활성화된다. 이제 ZOOM에서 해당 슬라이드를 통제할 수 있게 되었다. 공유를 중단하려면 '공유중지'를 클릭하면 된다.

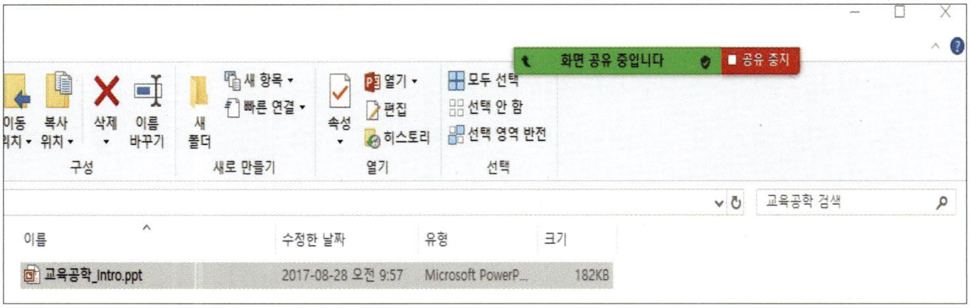


지금부터 참여자 즉 학습자의 화면에도 교수자의 화면과 동일하게 수업자료가 제시된다. 슬라이드를 있는 그대로 제시할 수도 있고, 프레젠테이션 형태로 제시할 수도 있다. 그리고 교수자의 모습이 화면에 나타나게 된다. 이때 교수자의 모습을 화면에서 제외시킬 수도 있다.

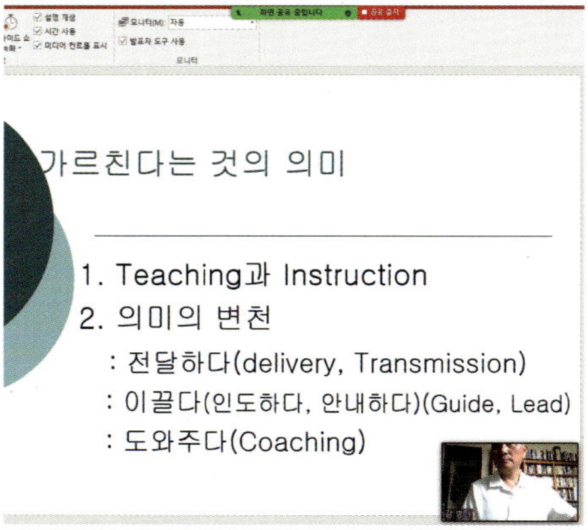

실시간 원격 수업에서 ZOOM의 강력한 기능 중의 하나는 수업 중에 학습자와 상호작용이 가능하다는 것이다. 학습자의 마이크를 켜고 끄는 번거로움은 있지만, 상호작용의 효과는 원격 수업에서 매우 크다고 할 수 있다.

또한 '화면 공유' 기능을 통하여 교수자가 제공하고자 하는 모든 수업 자료를 실시간으로 제공할 수 있으며, 화면의 관리 권한을 학습자에게 이양하여 발표를 하는 것도 가능하다.

ZOOM 활용 수업에서 의미 있는 기능 중의 하나는 소회의실 기능이다. 실시간 원격 수업에서 학습자 참여 토론 수업이 가능하다. 화면 하단의 메뉴바에서 '소회의실' 기능을 제공하고 있다.

'소회의실' 기능을 활성화시키면 참가자를 회의실에 자동 또는 수동으로 배정할 수 있다. 40명의 참여자가 있다면 토론 조별 크기는 여섯 명에서 여덟 명 정도가 적당하다. 그렇지만 조별 토론 이후 발표 시간까지 고려하면 4~5개 조가 적절하다. 따라서 참여자 40명을 다섯 개 회의실에 자동으로 배정을 하면, 컴퓨터가 자동으로 무작위 선정을 하여 각 회의실당 여덟 명씩을 배정하게 된다.

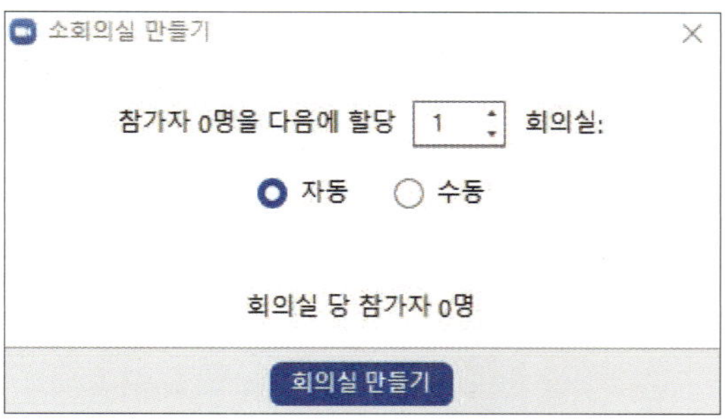

회의실 만들기의 옵션을 활용하여 회의 시간을 제한할 수도 있다. 즉, 지정된 회의시간 내에 조별토론을 마치고 전체 수업으로 돌아올 수 있도록 설정할 수 있는 것이다.

그리고 수업 보조 기능으로 채팅이 가능하며, 채팅은 비공개 채팅과 공개 채팅으로 할 수 있다. 교수자와 학습자의 개별적인 질문이나 응답은 비공개 채팅으로 하고, 전체 공지나 전체가 모두 알아야 하는 내용은 공개 채팅을 통하여 할 수 있다.

실시간 원격 수업이 끝난 다음에는 우측 하단에 있는 '끝내기' 버튼을 클릭하면 아주 간단하게 수업을 마무리할 수 있다. 그리고 수업이 끝난 다음에는 자동으로 수업 참여 보고서가 생성되어 보관된다. 수업 참여자의 관리와 수업 참여 시간을 관리하기에는 아주 유용하며, 수업 참여 결과는 엑셀 파일로 제공된다. 또한 사전에 '로컬컴퓨터에 기록'을 설정하였다면, 수업 종료 후 자동으로 수업 동영상이 MP3 파일로 저장이 된다. 이 MP3 파일은 별도의 관리를 통하여 학습자의 심화 또는 보충 수업자료로 제공될 수도 있다.

## 참고문헌

강명희 · 정재삼 · 조일현 · 이정민 · 임규연 · 소효정(2017). 교육방법 및 교육공학(3판). 경기: 교육과학사.
강인애(2003). 우리시대의 구성주의. 서울: 문음사.
계보경 · 김정현 · 류지현(2007). 증강 현실의 교육적 이해. 서울: 한국교육학술정보원.
곽향림(2002). 구성주의 관점에서 본 유아의 개념변화를 위한 과학교수방법. 유아교육학논집, 6(1), 87-109.
교육과학기술부(2009). 유치원 교육과정 해설서. 서울: 교육과학기술부.
교육과학기술부 · 보건복지부(2012). 3~5세 누리과정 해설서.
교육과학기술부 · 보건복지부(2013). 3-5세 연령별 누리과정 교사용 지침서.
교육부(2019). 2019 개정 누리과정(안) 공청회 발표자료집(2019-05-17). 서울. 교육부.
교육부(2010). 유치원 교사 양성 및 임용 체제 개선 방안. 유아교육선진화 기반 조성사업. 서울: 교육부.
교육부(2020). 그린 스마트 미래학교 사업계획(안).
권건일(1996). 교과교육과 실기교육방법의 이해. 서울: 문음사.
권동현(2015). 캐릭터 상품 제작 교육에 적합한 3D프린터 연구. 만화애니메이션 연구, 41(-), 455-486.
권성호(1998). 교육공학의 탐구. 서울: 양서원.
권성호(2011). 교육공학의 탐구(3판). 경기: 양서원.
권옥자 · 유혜숙 · 배인자 · 윤애희 · 정은주 · 박정민(2012). 유아를 위한 교수공학과 매체(개정판). 서울: 형설출판사.
김경배 · 김가란(2012). K-POP을 활용한 발견학습 기반의 한국어 단어학습 어플리케이션의 설계 및 구현, 과학과 문화, 9(1), 9-20.
김대현 · 김석우(2005). 교육과정 및 교육평사. 서울: 학지사.
김미량 · 조혜경 · 이석원 · 한정혜 · 한광현 · 신승용 · 최미애 · 지상훈 · 김소미(2008). 창의성 증진을 위한 로봇 활용 교육방안 연구. 서울: 한국교육학술정보원.
김선호(2015). 3D 프린팅과 기술 사회. 공업화학전망, 18(1), 11-26.
김숙자 · 곽상신 · 우수경 · 이진향 · 서성미(2003). 영유아교육프로그램. 서울: 문음사.
김신자 · 이인숙 · 양영선(2000). 교육공학의 이론과 실제. 서울: 문음사.
김애자(2007). CIPP 평가모형에 의한 전래동요 프로그램 평가준거 개발과 유아교육기관에 적용방안. 계명대학교 대학원 박사학위논문.
김영수(1998). 교수설계. 서울대학교 교육연구소(편). 교육학대백과사전. 서울: 하우동설.
김영희 · 허희옥 · 계보경 · 김혜정 · 김민정 · 이현영 · 박연정(2020). 유아교육에서의 교육방법 및 교육공학(2판). 서울: 학지사.
김은심 · 문용은 · 유향선 · 전선영(2009). 유아교사를 위한 교수매체의 이론과 실제(개정판). 서울: 창지사.
김은영 · 최혜윤(2020). 유아교육에서의 디지털 미디어 활용. 서울: 창지사.
김진숙 · 김경현 · 김미현 · 김수미(2008). 증강현실 기반 학습 콘텐츠 활용 수업의 교육적 효과 분석 연구. 연구보고 RR 2008-8. 한국교육학술정보원.
나일주 · 정인성(1998). 교육공학의 이해. 서울: 학지사.
노혜란 · 박선희 · 최미나(2012). 교육방법 및 교육공학(2판). 경기: 교육과학사.
문선모(2004). 교육심리학(학습발달중심접근). 서울: 양서원.
박길순 · 김덕건(2002). 유아교육기관에서의 LT협동학습 모형 적용(Ⅰ)-대인문제해결사고를중심으로. 열린유아교육연구, 7(2), 185-206.
박남숙 · 안은정(2010). 유아교수매체의 이론과 실제. 서울: 공동체.
박도순(2007). 교육평가. 서울: 교육과학사.
박미옥(2012). 유아평가의 실태와 교사의 인식과의 관계 연구. 가천대학교 대학원 미간행 석사학위논문.
박성익 · 왕경수 · 임철일 · 박인우 · 이재경 · 김미량 · 임정훈 · 정현미(2001). 교육공학 탐구의 새지평. 서울: 교육과학사.
박성익 · 이상은 · 송지은(2007). 블렌디드 러닝에서 효과적 온/오프라인 학습에 영향을 미치는 요인: 대학 강좌를 중심으로. 열린교육연구, 15(1), 17-45.
박성익 · 임철일 · 이재경 · 최정임 · 임정훈 · 정현미 · 송해덕 · 장수정 · 장경원 · 이지연 · 이지은(2012). 교육공학의 원리와 적용. 경기: 교육과학사.
박숙희 · 염명숙(2013). 교수-학습과 교육공학(3판). 서울: 학지사.
박숙희 · 염영숙 · 이경희(1997). 교육방법 및 교육공학. 서울: 학지사.
박혜경(1999). 구성주의적 컴퓨터 교수-학습 활동이 유아의 인지적, 정의적 특성에 미치는 영향. 중앙대학교 박사학위논문.
박혜란(2016). 만 5세 유아들의 3D프린터를 활용한 놀잇감 제작 프로젝트에 대한 질적 연구. 계명대학교 유아교육대학원 석사학위논문.
백상흠(2015). 3D 프린팅의 다양한 신공정 기술 및 특징 소개, 공업화학전망, 18(1), 2-10.
백영균 · 한승록 · 박주성 · 김정겸 · 최명숙 · 변호승 · 박정환 · 강신천 · 윤성철(2019). 스마트 시대의 교육방법 및 교육공학. 서울: 학지사.
변영계(2005). 교수 · 학습 이론의 이해(개정판). 서울: 학지사.
변영계 · 김영환 · 손미(2007). 교육방법 및 교육공학. 서울: 교육과학사.
성태제(2010). 교육평가. 서울: 학지사.
신명희(2002). 교수방법의 사회적 기초. 서울: 학지사.
심성경 · 김경의 · 변길희 · 김나림 · 최대훈 · 박주희(2007). 영유아를 위한 교수매체의 이론과 실제. 서울: 학지사.
우수경 · 김현자 · 신선희 · 유영의 · 김호 · 김현정(2019). 유아교육개론(2판). 서울: 학지사.
유구종(2005). 통합유아컴퓨터교육. 서울: 창지사.
유구종(2011). 유아교육기관 디지털 매체에 대한 새로운 시각. 한국열린유아교육학회 춘계학술대회 자료집, 103-139.
유구종 · 강병재(2005). 교육방법 및 공학. 서울: 창지사.
유구종 · 강병재 · 박선희(2014). 영 · 유아교육에서의 교육방법 및 교육공학. 서울: 창지사.
유구종 · 조희정 · 김은아 · 윤향실(2014). 유아 스마트매체 활용에 따른 상호작용 및사회 · 정서행동 양상 분석; 자유선택활동에서 생태학적 관점을 중심으로. 열린유아교육연구, 19(3), 159-186.
유기섭(2006). 교육심리학. 서울: 동문사.
유승우 · 임형택 · 권충훈 · 이성주 · 이순덕 · 전희정(2010). 교육방법 및 교육공학. 경기: 양서원.
유혜령 · 강은희 · 박지영(2009). 유아 교수공학과 교수 · 학습 방법(개정). 서울: 창지사.
윤기옥 · 정문성 · 최영환 · 강문봉 · 노석구(2009). 수업모형. 서울: 동문사.
윤운성(2001). 교육의 심리적 이해. 서울: 양서원.
윤정현 · 강석진 · 노태희(2016). 과학 수업에서 스마트 기기를 활용한 소집단 학습의 효과. 과학교육학회, 36(4), 519-526.
이건우 · 유구종(2019). 3D프린터의 유치원 현장적용을 위한 빅데이터 분석 및 델파이 조사 분석. 열린유아교육연구, 24(2), 415-442.
이기숙(2000). 유아교육과정(개정판). 서울: 교문사.
이성흠(2008). 교육방법 및 교육공학. 서울: 교육과학사.
이영자 · 신동주(2012). 유아교육기관 운영관리. 서울: 창지사.
이영준 · 김경 · 유헌창 · 임웅 · 계보경 · 고범석(2007). 로봇의 교육적 활용 방안 및 적정 기능 연구. 서울:한국교육학술정보원.
이인숙(2013). 스마트러닝에서 모바일 증강 현실의 효과적인 활용 방향성 제안. 한국디자인포럼, 40(-), 195-208.
이정욱 · 이민정 · 안경숙 · 임수진(2011). 로봇기반(R-Learning) 실행과정에서 나타나는 특성에 대한 탐색, 유아교육연구, 31(6), 353-378.
이종향(2014). 탐구학습을 적용한 경제교육활동이 유아의 경제개념과 공동체의식에 미치는 영향. 열린유아교육연구, 19(4), 383-400.
이주연(2011). 유아교육용 스마트폰 앱에 대한 부모 인식 조사: 유아의 행동패턴에 따른 부모 인식조사를 중심으로. 경희대학교 경영대학원 석사학위논문.
이혜정, 홍영일(2010). 대학수업의 질 제고를 위한 이러닝 교수법 온라인 콘텐츠 개발. 아시아교육연구, 11(1), 67-90.
이화여자대학교 교육공학과(1996). 교육공학과 교육방법. 서울: 교육과학사.

이화여자대학교 교육공학과(2001). 21세기 교육공학과 교육방법. 서울: 교육과학사.
이희경(2015). 유아교구 개발을 위한 3D프린터 활용 방안에 관한 연구. 어린이미디어연구, 14(4), 247-263.
임규연 · 허희옥 · 김영수(2009). 온라인 팀 프로젝트에서 팀 리더의 상호작용 패턴 분석. 교육정보미디어연구, 15(4), 295-317.
임규혁(2005). 교육심리학. 서울: 학지사.
임병노 · 이준(2007). 고등교육에서의 e-러닝 콘텐츠 실태와 시사점. 교육정보미디어연구, 13(2), 277-307.
임정훈(2004). 혼합형 학습(blended learning) 전략의 초 · 중등학교 현장 적용 가능성 탐색. 교육학연구, 42(2), 399-431.
임창재(1997). 교육학의 이해. 서울: 형설출판사.
장보경 · 이연규(2009). 유아의 연령과 성별에 따른 언어발달과 사회정서 발달의 차이. Montessori 교육연구, 14(2), 61-77.
정연희(2011). 유아 교과교재 및 연구법. 서울: 창지사.
정옥분 · 권민균 · 김경은 · 김미진 · 노성향 · 박연정 · 엄세진 · 윤정진 · 임정하 · 정순화 · 황현주(2016). 보육과정(3판). 서울: 학지사.
정재삼(2004). 교육프로그램 평가. 서울: 교육과학사.
조규락 · 김선연(2006). 교육방법 및 교육공학. 서울: 학지사.
조미헌 · 허희옥 · 강의성 · 류숙희 · 김용대 · 서정희(2013). 형식 교육과 비형식 학습 경험을 통합한 스마트프로젝트학습 활동 개발 및 적용. 한국정보교육학회 논문지, 17(3), 1-14.
조성일 · 강진영(2002). 교육학개론. 서울: 문음사.
조연순(2006). 문제중심학습의 이론과 실제: 문제로 시작하는 수업. 서울: 학지사.
조원진 · 이현주, 문명운(2014). 3D 프린팅 기술의 개요 및 소재 연구 동향. 재료마당, 27(3), 4-12.
주영주 · 최성희(2005). 교수매체의 제작과 활용. 서울: 남두도서.
진위교 · 장이철(1998). 학교 · 기업교육을 위한 멀티미디어 설계의 원리와 기법. 서울: 문음사.
채경전 · 김종한 · 김태영(2012). 초등학생을 위한 발견학습 모형 기반 프로그래밍 수업 설계. 한국컴퓨터교육학회 학술발표대회논문집, 16(1), 52-56.
채유정(2015). 유아교사의 스마트 매체 활용 현황 및 인식. 중앙대학교 교육대학원 석사학위논문.
천재학습백과 초등 소프트웨어 용어사전(2019). 2020년 2월 18일 인출.
최연철 · 신설아(2013). 사진면접을 통해 유아의 일상에 다가가기. 열린유아교육연구, 18(2), 129-152.
최윤찬(2014). 3D프린터 부상과 창조경제 접목방안. BDI 정책포커스, 242(-), 1-12.
최정임 · 장경원(2010). PBL로 수업하기. 서울: 학지사.
하수연 · 박원혁(2017). 유아교사를 위한 교육방법 및 교육공학. 서울: 동문사.
한국교육평가학회(2004). 교육평가용어사전. 서울: 학지사.
한국정보통신기술협회(2003). 컴퓨터 인터네 정보통신 용어사전(제4판). 서울: 두산동아.
한임순(1995). 새유아교육개론. 서울: 동문사.
한정선 · 김영수 · 주영주 · 강명희 · 정재삼 · 박성희(2008). 미래사회를 위한 교육방법 및 교육공학. 서울: 교육과학사.
허석 · 조재훈(2014). 소비자 관점의 3D 프린팅의 활용. 한국산업기술평가관리원.
허희옥 · 김미량 · 조미헌 · 이혹화 · 김민경(2008). 정보교육방법 탐구(제3판). 경기: 교육과학사.
홍기칠(2012). 교육방법 및 교육공학. 경기: 공동체.
홍성윤(1999). 효과적인 교수방법. 서울: 중앙대학교 출판부.
홍효정(2016). 블렌디드 러닝을 위한 대학 교수자의 역량 도출 및 진단도구 개발. 숙명여자대학교 박사학위논문.
황해익(2009). 유아교육평가의 이해. 서울: 정민사.

Al-Huneidi, A., & Schreurs, J. (2013). Constructivism based blended learning in higher education. In Information Systems, E-learning, and Knowledge Management Research(pp. 581-591). Springer Berlin Heidelberg.
Anderson, D., Frankel, J., Marks, J., Agarwala, A., Beardsley, P., Hodgins, J., Leigh, D., Ryall, K., Sullivan, E., & Yedidia, J.(2000). *Tangible interaction+graphical interpretation: a new approach to 3D modeling*. SIGGRAPH 2000, 27th international Conference on Computer Graphics and Interactive Techniques, New Orleans, LA, 393-402.
Azuma, R. T.(1997). A survey of augmented reality. In Presence: *Teleoperators and Virtual Environment*, *6*(4), 355-385.

Barron, B. J. S., Schwartz, D. L., Vye, N. J., Moore, A., Petrosino, A., & Zech, L.(1998). Doing with understanding: Lessons from research on problem-and project-based learning. *The Journal of the Learning Sciences, 7*, 271-311.

Barrow, H. S.(1994). Practice-Based Learning: Problem-based learning applied to medical education. Springfield, IL: Southern Illinois University School of Medicine. 서정돈 · 안병헌(역)(2005). 문제중심학습법. 서울: 성균관대학교 출판부.

Barrow, H. S. (1994). Practice-Based Learning: Problem-based learning applied to medical education. Springfield, IL: Southern Illinois University School of Medicine. 서정돈 · 안병헌(역)(2005). 문제중심학습법. 서울: 성균관대학교 출판부.

Barrows, H. S. (1985). *How to design a problem-based curriculum for the preclinical years*. New York: Springer.

Bernard, R. M., Borokhovski, E., Schmid, R. F., Tamim, R. M., & Abrami, P. C. (2014). A meta-analysis of blended learning and technology use in higher education: from the general to the applied. *Journal of Computing in Higher Education, 26*(1), 87-122.

Blumenfeld, P. C., Soloway, E., Marx, R. W., Krajcik, J. S., Guzdial, M., & Palincsar, A.(1991). Motivationg project-based learning: Sustaining the doing, supporting the learning. *Educational Psychologist, 26*(3-4), 369-398.

Blumenfeld, P. C., Soloway, E., Marx, R. W., Krajcik, J. S., Guzdial, M., & Palincsar, A. (1991). Motivating project-based learning: Sustaining the doing, supporting the learning. *Educational psychologist, 26*(Issue 3-4), 369-398.

Bonk, C. J., & Graham, C. R. (2012). *The handbook of blended learning: Global perspectives, local designs*. San Francisco, CA: Pfeiffer.

Borich, G. D.(2011). *Effective teaching methods: research-based pracitce*(7th ed.). Pearson Education, INC, Allyn & Bacon; 박승배 외 역(2011). 효과적인 교수법. 서울: 아카데미프레스.

Briggs, L. J.(1977). *Instructional design: Principles and applications*. NJ: Educational Technology Publications.

Briggs, L. J., Gustafson, K. L., & Tillman, M. H.(1991). *Instructional Design: Principles and application* (2nd ed.). New Jersey: Educational Technology Publication.

Bruner, J. S.(1960). *The process of education*. MA: Harvard University.

Bruner, J. S.(1996). *Toward a Theory of Instruction*. New York: W. W. Norton.

Cohen, E.(2011). Does life online give you popcorn brain? Retrieved from CNN Health website: http://www.cnn.com/2011/HEALTH/06/23/tech.popcorn.brain.ep/index.html(The Empowered Patient on CNN, June, 23, 2011).

Copple, C., & Bredekamp, S.(2010). *Developmentally appropriate practice in early childhood programs- serving children from birth through age 8*. Washington, DC: National Association for the Education of Young Children.

Cuban, L.(1997). 교사와 기계: 1920년대 이래 교실에서의 기계이용(박승배 역). 서울: 양서원.

D.A. Roberson, D. Espalin, R.B. Wicker.(2013), 3D printer selection: A decision-making evaluation and ranking model. *Virtual and Physical Prototyping, 8*(3), 201-212.

Decker, C. A., & Decker, J. R.(2005). *Planning and administering early childhood programs*(8th ed.). Columbus, OH: Charles, E. Merrill Publishing Co.

Dewey, J.(1900). Psychology and school practice. *Psychological Review, 7*, 105-124.

Dick, W. & Carey, L.(1996). *The systematic design of instruction*(4th ed.). NY: Harper Collin.

Dick, W., Carey, L., & Carey, J.(2001). *The systematic design of instruction*(5th ed.). New York: Longman.

Dick, W., Carey, L., & Carey, J. O.(2009). *The systematic design of instruction*(7th ed.). New York: Pearson.

Driscoll, M. P.(2005). Psychology of Learning fot Instruction(3rd ed). Boston: Allyn & bacon.

Duffy, T. M., & Bednar, A. K.(1991). Attempting to come to grips with alternative perspectives. In T. M. Duffy & D. H. Jonassen (Eds.). *Constructivism and the technology of instruction: A conversation*. NJ: Lawrence Erlbaum.

Fogarty, R.(1997). *Problem-based learning and other curriculum models for the multiple intelligences classroom*. Illinois: Training and publishing, Inc.

Fosnot, C. T.(1989). *Enquiring teachers, enquiring learners*. New York: Teachers College Press.

Gagné, R. M., & Briggs, L. J.(1979). *Principle of instructional design*(2nd ed.). New York: Holt, Rinehart & Winston.

Gardner, H.(2006). *Multiple intelligences: New horizons*. NY: Basic Books.

Gronlund, N. E.(1985). *Measurement and evaluation in teacning*(5th ed.). NY: MacMillan.

Hannafin, M. J. & Hill, J. R.(2007). Epistemology and the design of learning environments. In R. A. Resisier & J. V. Dempsey (Eds.). *Trends and Issues in Instructional Design and Technology*. NJ: Pearson Education.

Hannafin, M. J. and Peck, K. L.(1988). *The Design, Development, and Evaluation of Instructional Software*. New York: Macmillan.

Heinich, R., Molenda, M., Russel, J. D., & Smadino, S. E. (1996). *Instructional media and technologies*. NJ: Prentice-Hall, Inc.

Heinich, R., Molenda, M., Russell, J., & Smaldino, S.(2002). *Instructional Media and the new technologies for learning*. NJ: Pearson.

Johnson, J.(2001). 놀이와 유아교육(신은수 외 공역). 서울: 학지사.

Jonassen, D. H.(1999). Designing constructivist learning environment. In C. Reigeluth(Ed.). *Instructional design theories and models: A new paradigm of instructional theory*. NJ: Lawrence Erlbaum Associates, Publishers. Vol. Ⅱ.

Jonassen, D. H., & Grabowski, B. I.(1993). *Handbook of Individual Differnces: Earning and Instruction*. NJ: Lawence Erlbaum Associatcs, Inc.

Joyce, B., Weil, M., & Calhoun, E.(2015). *Models of teaching*(9th ed.). MA: Pearson Education.

Katz, L. G., & Chard, S. C.(1989). *Engaging children's minds: The project approach*. NJ: Ablex.

Katz, L. G., & Chard, S. C.(2000). *Engaging children's minds: The project approach*(2nd). Stanford: Ablex Publishing Corporation.

Keller, J. M.(1979). Motivational and instructional design: A theoretical perspective. *Journal of Instructional Development*, *2*(4), 26-34.

Keller, J. M.(1983). Motivational and instructional design. In C. M. Reigeluth (Ed.), *Instructional design theories and models: An overview of theory current status*. NJ: Lawrence Erlbaum Associates.

Keller, J. M., & 송상호. (1999). 매력적인 수업 설계. 서울: 교육과학사, 203-206.

Kilbane, C. R., & Milman, N. B.(2014). *Teaching Models: Designing instruction for 21st Century Learners*. NJ: Pearson.

Kirkpatrich, D.(1994). *Program evaluation: 4 levels*. San Francisco: Berret-koehler.

Krajcik, J. S., Blumenfeld, P. C., Marx, R. W., Bass, K. M., Fredricks, J., & Soloway, E.(1998). Inquiry in project-based science classrooms: Intial attempts by middle school students. *The Journal of Learning Sciences*, *7*(3-4), 313350.

McAfee, O., & Lenong, D. J.(2007). *Assessing and guiding young children's development and learning*(4th ed.). MA: Pearson Education.

Melhuish, E., Sylva, K., Sammons, P., Siraj-Blatchford, I. & Taggart, B.(2001). The Effective Provision of Pre-School Education(EPPE) Project Technical Paper 7: Social/Behavioural and Cognitive Developmentat 3_4 Year in Relation to Family Background. Report to the DfES. London: University of London institute of Education.

Merrill, M. D.(1983). Component display theory. In C. M. Reigeluth(Ed.), Instructional design theories and models: An overview of their current status. NJ: Lawence Erlbaum Associats. 박성익 · 임정훈(역)(1993). 교수설계 이론과 모형. 서울: 교육과학사.

Morrison, G. R., Ross, S. M., Kalman, H. K., & Kemp, J. E.(2011). *Designing effective instruction*. John Wiley & Sons. INC.

NAEYC(1996). NAEYC Position Statement: Technology and Young Children-Ages Three through Eight. *Young Children*, *51*, 11-16.

Piaget, J.(1977). *The development of thought: Equilibrium of cognitive structures*. NY: Viking Press.

Reigeluth, C. M.(Ed.)(1983). *Instructional design theories and models: An overview of theory current status*. Hilsdale, NJ: Lawrence Erlbaum Associate, Publishers.

Reigeluth, C. M.(Ed.) (1999). *Instructional design theories and models: A new paradigm of instructional design*(Vol. Ⅱ). Mahwah, NJ: Erlbaum.

Richey, R. C., Klein, J. D., & & Tracey, M. W.(2012). 교수설계 지식기반(정재삼 · 임규연 · 김영수 · 이현우 공역). 서울: 학지사.

Savery, J. R., & Duffy, T. M.(1996). Problem based learning: An instructional model and its constructivist framework. In B. G. Wilson (Ed.). *Constructivist learning environments: Case studies in instructional design*(pp. 35-48). Englewood Cliffs, NJ: Educational Technology, Pub.

Seels, B. B., & Richey, R. C.(1995). 교수공학: 정의와 영역(김영수 · 한정선 · 강명희 · 정재삼 공역). 서울: 교육과학사. (원본 발간일, 1994).

Simons, B. E., & Hedley, N.(2002). Using augmented reality for teaching carth-sun relationships to undergraduate geography students, Proceeding of First IEEE International Augmented Reality Toolkit Workshop, Darmstadt, Germany.

Siraj-Blatchford, J. & Siraj-Blatchford, I.(2002). Developmentally appropriate technology in early childhood: "video conferencing". *contemporary Issues in early Childhood, 3*(2), 216-25.

Siraj-Blatchford, J. & Siraj-Blatchford, I.(2003). *A Curriculum Development Guide to ICT in Early childhood Education*, published in collaboration with Early Education. Stoke on Trent: Trentham Books.

Siraj-Blatchford, J.(2003). *Developing new technologies for young children*. Stoke on Tren: Trentham Books.

Skinner, B. F.(1968). *The technology of teaching*. NY: Appleton-Century Crofts.

Slavin, R. E.(1990). Achievement effects of ability grouping in secondary schools: A best-evidenced synthesis. *Review of Educational Research, 60*(3), 471-499.

Smaldino, S. E., Lowther, D. L., & Russell, J. D.(2011). *Instructional media and technologies for learning*(10th ed.). MA: Pearson Education.

Smaldino, S. E., Russell, J. D., Heinich, R., & Molenda, M.(2005). Instructional media and technologies for learning (8th ed.). Upper Saddle River, NJ: Merrill; 설양환 · 권혁일 · 박인우 · 손미 · 송상호 · 이미자 · 최욱 · 홍기칠 공역(2005). 교육공학과 교수매체(8판). 서울:아카데미프레스.

Snyder, I. (Ed).(1998). page to Screen: Taking Literacy into the Electronic Era. London: Routledge.

Tach, E. C., & Murphy, K. L. (1995).Competencies for distance education professionals. *Educational technology research and development, 43*(1), 27-31.

Taylor, R. P. (Ed).(1980). *The Computer in School: Tutor, tool, tutee*. NY: Teachers College of Columbia University.

Valentino, C. (2013). Blended Learning: Across the Disciplines, Across the Academy. Canadian *Journal of University Continuing Education, 38*(1).

국립중앙과학관(2019). 'http://www.science.go.kr'에서 2020년 1월 8일 인출.

쇼핑용어사전(2019). 'http://www.enuri.com'에서 2020년 1월 8일 인출.

# 저자약력

## 유구종

〈학력〉

중앙대학교 사범대학 교육학과(학사)
중앙대학교 일반대학원 유아교육 전공(문학석사)
중앙대학교 일반대학원 유아교육 전공(문학박사)

〈경력〉

- 현, 국립강릉원주대학교 유아교육학과 교수
- 현, 한국열린유아교육학회 회장
- 현, 한국어린이문학교육학회 부회장, 편집위원
- 현, 한국실천유아교육학회 부회장
- 현, 한국영유아교원교육학회 이사, 편집위원
- 현, 한국유아교육학회 이사
- 현, 강원도보육정책위원회 위원장
- 현, 강릉시보육정책위원회 위원장
- 현, 강원유아교육진흥원 정보화위원회 위원장
- 현, 한국보육진흥원 비상임이사

## 강병재

〈학력〉

중앙대학교 사범대학 교육학과(학사)
중앙대학교 일반대학원 교육학(교육심리, 공학) 전공(교육학석사)
중앙대학교 일반대학원 교육학(교육심리, 공학) 전공(교육학박사)

〈경력〉

- 현, 경동대학교 유아교육과 교수
- 현, 한국열린유아교육학회 교육부회장
- 현, 한국아동보육복지협회 이사

## 박선희

〈학력〉

연세대학교 교육과학대학 교육학과(학사)
한양대학교 일반대학원 교육공학 전공(교육학석사)
한양대학교 일반대학원 교육공학 전공(교육학박사)

〈경력〉

- 현, 한남대학교 교직과 부교수
- 현, 한국어린이미디어학회 이사
- 현, 한국교육정보미디어학회 이사
- 현, 한국생명공학연구원 안전교육 자문위원
- 현, 고등직업교육평가인증원 평가위원

증 보

# 유아교육에서의 교수학습 및 교육공학

초판 1쇄 발행 2020년 8월 19일
증보 1쇄 발행 2023년 7월 10일

지 은 이 | 유구종 · 강병재 · 박선희
펴 낸 이 | 김기섭
편 집 인 | 이초롱 · 오선율
펴 낸 곳 | 창지사 www.changJisa.com
08589 서울시 금천구 가산디지털 1로 83 파트너스타워 1차 9층
전화 (02)719-2211~3
팩스 (02)701-9386
등 록 | 1977년 4월 28일 · 제1-421호



ISBN 978-89-426-1840-8 (93370)

값 23,000원